W0055995

Börsenkrach und Weltwirtschaftskrise

Der Weg in den Dritten Weltkrieg

Copyright © 2002, 2001, 2000 bei
Jochen Kopp Verlag, Graf-Wolfegg-Str. 71, D-72108 Rottenburg

Alle Rechte vorbehalten

Satz und Layout: Agentur Pegasus, Zella-Mehlis
Umschlaggestaltung: ARTELIER/Peter Hofstätter
Lektorat: Andreas von Rétyi
Karikaturen: Manfred Wenzel, Köln
Druck und Bindung: Wiener Verlag, Himberg

ISBN 3-930219-34-4

Gerne senden wir Ihnen unser Verlagsverzeichnis:
Kopp Verlag
Graf-Wolfegg-Str. 71
D-72108 Rottenburg
Email: info@kopp-verlag.de
Tel.: (0 74 72) 98 06 - 0
Fax: (0 74 72) 98 06 - 11

Unser Buchprogramm finden Sie auch im Internet unter:
http://www.kopp-verlag.de

GÜNTER HANNICH

BÖRSENKRACH UND WELT-WIRTSCHAFTSKRISE

Der Weg in den Dritten Weltkrieg

JOCHEN KOPP VERLAG

Inhalt

Vorwort

*»Wir müssen sagen, was wir denken,
müssen tun, was wir sagen, und müssen sein, was wir tun.«*
Alfred Herrhausen, ermordeter Chef der Deutschen Bank

Unsere Weltordnung gilt heute offiziell als sicher und als große Errungenschaft, erlernt aus den Fehlern der Geschichte. Nach dem Scheitern des Kommunismus und dem Ende der Ost-West-Konfrontation scheinen keine Alternativen zum kapitalistischen System mehr denkbar zu sein. Diese sogenannte »Beste aller Welten« zeichnet sich nach Meinung der Verantwortlichen durch stetiges Wirtschaftswachstum und Stabilität aus, was langfristig allen Menschen der Welt zu einer glücklichen Zukunft in friedlicher Umgebung verhelfen soll.

Was die Medien in diesem Zusammenhang gerne vergessen, sind die Hintergründe des Systems. Wer jedoch diesen Funktionsmechanismen auf die Spur gekommen ist, erkennt, daß unsere Geldordnung den entscheidenden Faktor in der Menschheitsentwicklung darstellt. Der Kapitalismus ist dabei auf ständige Expansion angewiesen, andernfalls kommt es zum schnellen Zerfall. Wie ein Krebsgeschwür muß das Finanzsystem immer größere Teile der Gesellschaft vereinnahmen, um selbst am Leben zu bleiben. Da jedoch in einer endlichen Welt kein unendliches Wachstum möglich ist, muß die Gesellschaft wie wir sie kennen zum Zusammenbruch verurteilt sein, solange die Zerstörungsmechanismen nicht beseitigt sind. Alle großen Kulturen sind bisher am falschen Geldsystem zugrunde gegangen und es gibt keinen Grund, warum heute die Entwicklung anders verlaufen sollte.

Viele Leser werden beim Studium dieses Buches erschrecken, wenn ihnen klar wird, daß die scheinbar vorhandenen Sicherheiten überhaupt nicht existieren. Aus logischen Zusammenhängen wird ihnen klar, daß unser System letztlich für die meisten zu unerträglichen Zuständen wie Armut und Elend führen muß, am Ende unter Umständen sogar zu einem neuen Weltkrieg. Durch die technischen Errungenschaften steht damit die Menschheit erstmals vor dem Abgrund, in den sie durch ein fehlerhaftes Kapitalsystem zu stürzen droht. Besonders erstaunlich ist es, daß die Verantwortlichen nicht versuchen, den Zerfall aufzuhalten. Im Gegenteil: Sie verschärfen die Lage sogar noch durch falsche Entscheidungen und Inkompetenz. Die Angst vor einer drohenden Wirtschaftskrise sitzt den Entscheidungsträgern offenbar so tief in den Knochen, daß sie keine Mühen und Kosten scheuen, beispielsweise einen effizienten Überwachungsapparat aufzubauen, um die Bevölkerung, die sie eigentlich vertreten und schützen sollten, zunehmend zu kontrollieren. Damit laufen scheinbar gezielte Vorbereitungen auf einen Crash ab, in dem die Bevölkerung weitgehend enteignet werden wird. Erstaunlicherweise stehen die meisten Menschen dem Geschehen völlig tatenlos gegenüber und haben jede Hoffnung auf eine Besserung der Lage aufgegeben. Sie verhalten sich wie der Gefangene im Kerker, der sich mit seiner Unfreiheit abfindet. Er wird nie die Freiheit finden, selbst wenn alle Türen offen stehen würden, weil er nie darauf vorbereitet war. Hingegen wird derjenige frei werden, der sich mit den Hintergründen beschäftigt hat und die Gelegenheit nutzt. Deshalb ist der Leser dazu aufgerufen, die Zusammenhänge mit wachen Augen zu betrachten und nicht den Kopf in den Sand zu stecken. Nur so kann der Ablauf der Geschehnisse beeinflußt und geändert werden.

Unser Geldsystem

»So sprach das Fleisch zu allen Zeiten,
nichts gibt es als das satt und Glücklichsein,
uns aber soll ein andres Wort begleiten,
das Ringende geht in die Schöpfung ein.«
Teil eines Gedichtes von Gottfried Benn

Für die meisten Menschen ist unser Geldsystem eine gegebene Größe, über die man sich keine weiteren Gedanken zu machen braucht. Die Medien sind ebenfalls bemüht, diese Haltung zu verstärken, indem die Bevölkerung dazu aufgerufen wird, Geldangelegenheiten am besten sogenannten Experten zu überlassen. Allgemein heißt die Devise: »Über Geld spricht man nicht, man hat es«. Es scheint bei diesem Thema engagierte Kreise zu geben, die ein breites Interesse an finanziellen Fragestellungen nicht wünschen. Wer jedoch die Geschehnisse unserer Welt verstehen und prognostizieren will, der kommt um eine grundlegende Beschäftigung mit unserem Geldwesen nicht herum.

Auffällig ist, daß alle Entwicklungen in der Gesellschaft und der Wirtschaft immer schneller ablaufen: Dauerte es etwa über vierzig Jahre, bis die deutsche Staatsverschuldung eine Billion DM erreichte, wurde die nächste Billion schon nach weiteren sechs Jahren erreicht. Genauso verhält es sich mit der Arbeitslosigkeit, der Ausbreitung der Armut, oder mit der Umweltzerstörung. Das Leben scheint heute geradezu rasant abzulaufen, ohne daß die meisten eine Erklärung dafür finden könnten. Mit dieser zunehmenden Geschwindigkeit, mit der die wirtschaftlichen und gesellschaftlichen Prozesse ablaufen, sind jedoch automatisch auch wachsende Instabilitäten für das Gesamtsystem verbunden. Es ist wie bei einem Fahrzeug, das immer schneller beschleunigt wird. Am Anfang ist es noch einfach, Hindernissen auf der Straße bei kleiner Geschwindigkeit auszuweichen, später reichen schon kleine Lenkbewegungen, um das Vehikel von der Fahrbahn zu schleudern. Interessant ist hier der Vergleich mit natürlichen Ordnungen, die immer zu einer Stabilisierung der Geschwindigkeit beziehungsweise des Zuwachses tendieren (Abb. 1).

Ein Lebewesen wächst beispielsweise am Anfang sehr schnell, wobei die Geschwindigkeit des Zuwachses mit zunehmender Zeit kleiner wird und beim Erreichen einer optimalen Größe ganz aufhört. Alle Systeme, die in der Natur zu beschleunigtem Wachstum neigen, zerstören sich am

14

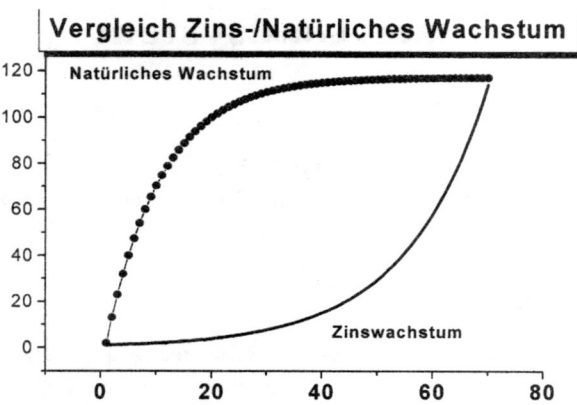

Abb. 1: Beschleunigtes und natürliches Wachstum

Ende selbst: So vermehren sich etwa Tumorzellen mit zunehmender Zeit immer schneller im Körper des Menschen und verdrängen gesundes Gewebe, bis der Mensch mit dem Tumor zugrunde geht. Ordnungen, die nicht zu einem stabilen Zustand tendieren, sind damit im realen Raum zum Zusammenbruch verurteilt, da es in einer endlichen Welt kein unendliches Wachstum geben kann. Es muß also in unserem Wirtschaftssystem einen Faktor geben, der eine beschleunigte Entwicklung erzwingt.

Ein System mit Verfallsdatum

Die Grundlage unseres Wirtschaftssystems stellt das Geld als Tauschmittel dar. Es ist deshalb sinnvoll, den Störfaktor in diesem Bereich zu suchen. Geld wird heute jedoch nur dann weitergegeben oder investiert, wenn ein ausreichend hoher Zins bezahlt wird. Anhand einer einfachen Rechnung läßt sich jedoch zeigen, daß dieses Zinssystem mit zunehmender Zeit immer instabiler werden und letztlich zerbrechen muß: Hätte jemand z. B. im Jahre Null nur einen Pfennig zu 5% Zins angelegt (bzw. einen Pfennig Schulden gemacht), hätte diese Anlage im Jahre 1466 den Wert einer Erdkugel aus Gold und im Jahr 1990 bereits den Gegenwert von 134 Mrd. Erdkugeln aus Gold erlangt (Abb. 2). Heute wären daraus schon unvorstellbare 200 Milliarden Erdkugeln aus Gold entstanden.

Eine ähnliche Rechnung brachte der Investmentexperte Marc Faber, als er betonte, daß noch keine einzige wachsende Geldanlage je langfristig funktioniert habe. Er nahm an, daß ein Dollar im Jahre 1000 zu 5% Zins

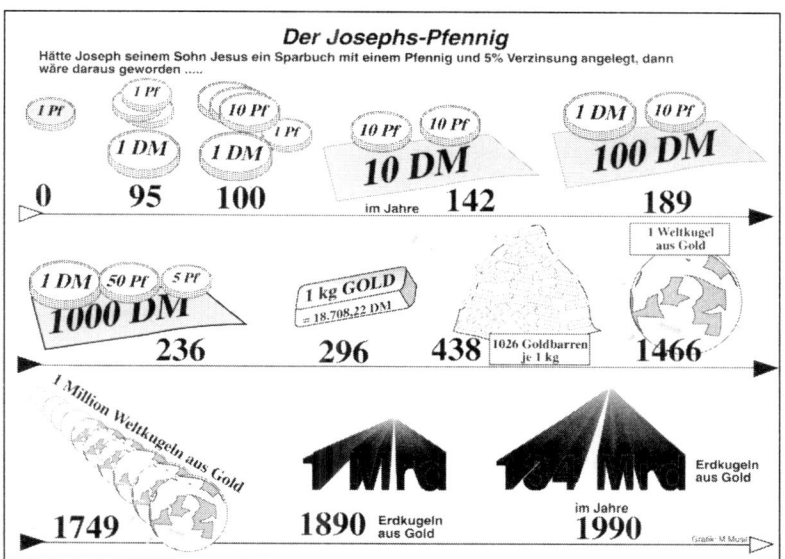

Der Josephs-Pfennig

Hätte Joseph seinem Sohn Jesus ein Sparbuch mit einem Pfennig und 5% Verzinsung angelegt, dann wäre daraus geworden .....

Abb. 2: Wert-Entwicklung einer Geldanlage von 1 Pfennig durch 5% Zinseszins (M. Musil)

angelegt worden wäre, und kam zum Ergebnis, daß allein die Zinsgewinne dieses Vermögens heute das gesamte Bruttosozialprodukt der Welt um das Viermillionenfache übertreffen würden! An diesen Beispielen wird deutlich, daß ein auf Zins aufgebautes System immer nur wenige Jahrzehnte funktionieren kann, bis es von neuem zusammenbricht. Da das Zinssystem nur begrenzte Zeit funktioniert, handelt es sich um ein System mit Verfallsdatum. Jedes Zinssystem stellt dabei ein sogenanntes Schneeballsystem dar, also eine Ordnung, die nur so lange funktionieren kann, solange es mehr Einlagen gibt als Zinsen ausgezahlt werden müssen. Während jeder bei Zinsversprechen von 100% im Jahr an ein »Schneeballsystem« denkt, also an ein System, das die versprochene Rendite nur durch neue Anlage überhaupt bezahlen kann, wird kaum jemand bei einem Zins von 5% mißtrauisch. Dabei explodiert jedes auf Zins aufgebaute System, wie obige Rechnungen verdeutlichen. Nur läuft das Hundert-Prozent-System zwanzigmal schneller als das Fünf-Prozent-System. Während das Hundert-Prozent-Schneeballsystem innerhalb weniger Jahre zusammenbricht, dauert es bei unserem Zinssystem mehrere Jahrzehnte. Weil der Zerfall nur alle zwei Generationen stattfindet, erkennen nur die wenigsten die Zusammenhänge. Hier stellt sich die Frage, warum fast alle Wirtschaftsordnungen in der Geschichte auf einem Zinsmechanismus basierten und letztlich damit zum Scheitern verurteilt waren. Wichtig ist dabei, sich über die grundlegenden Marktfunktionen klar zu werden.

Das Geld als Tauschmittel

Geld wurde zuallererst für seine Funktion als Tauschmittel geschaffen. Nur durch die Verwendung eines Tauschmittels ist Arbeitsteilung und damit Marktwirtschaft überhaupt möglich. Die folgenden Definitionen einiger Grundbegriffe verdeutlichen die Zusammenhänge.

Arbeitsteilung: Das Wirtschaftssystem, in dem wir leben, basiert auf der Arbeitsteilung. Wenn sich jeder auf die Tätigkeiten konzentrieren kann, die seiner Begabung und seinem Talent entsprechen, ist die gesamte Arbeitsleistung viel höher, als wenn der einzelne nur für den eigenen Bedarf produzieren würde.

Marktgesetz von Angebot und Nachfrage: Voraussetzung für die Arbeitsteilung ist das Vorhandensein eines freien Marktes, auf dem jeder seine erzeugten Waren anbieten kann. Am Anfang werden die Produkte noch gegen benötigte Güter direkt eingetauscht. Die Preisbildung erfolgt nach Angebot und Nachfrage. Wenn beispielsweise viele Leute Kleidungsstücke kaufen, weil sich ein neuer Modetrend gebildet hat, dann übersteigt die Nachfrage das Angebot.

Der Schneider kann deshalb den Preis erhöhen, bis gerade noch genügend Nachfrage da ist, um das Angebot gegen andere Güter einzutauschen. Diese »Marktwirtschaft« wirkt dabei selbstregulierend: Weil Kleidung teuer ist, werden viele Schneider dazu animiert, die Produktion zu steigern, womit das Angebotsdefizit beseitigt wird. Wenn, im anderen Fall, die Menschen wenig Kleidung kaufen, das Angebot nach Kleidung also die Nachfrage übersteigt, kann der einzelne Schneider keinen so hohen Tauschpreis für seine Ware verlangen. Durch den niedrigen Preis werden viele Schneider dazu gebracht, die Produktion zu reduzieren, da diese sich momentan nicht lohnt. Dadurch wird der Angebotsüberschuß wieder beseitigt. Der Markt reguliert, auch im Tauschhandel, mittels des Preises den Austausch so, daß Angebot und Nachfrage sich langfristig ausgleichen.

Vereinfachung des Tauschhandels durch das Geld: Bei fortgeschrittener Arbeitsteilung ist dieser Naturaltausch jedoch zu ineffektiv. Der Kleidungsproduzent möchte Kleidung gegen Brot eintauschen, der Bäcker hat in der heißen Backstube jedoch keinen Bedarf für warme Kleidung – der Handel kommt nicht zustande, eine weitergehende Arbeitsteilung und damit Leistungssteigerung im Wirtschaftssystem wäre unmöglich.

Auch kann der Tausch nur am gleichen Ort zur selben Zeit erfolgen und die Bezahlung von Dienstleistungen wäre sehr schwierig und umständlich. Die Lücke wird durch ein neutrales Tauschmittel geschlossen – Geld. Damit ist der Produzent nicht mehr auf direkten Austausch angewiesen. Der Tauschhandel kann von Ort und Zeit abgekoppelt werden. Der Kleidungshersteller kann nun seine Waren an Käufer absetzen, die jenes neutrale Tauschmittel besitzen. Mit dem Geld kann er nun an einem anderen Ort zu anderer Zeit das benötigte Brot erwerben. Auch Dienstleistungen können einfach mit dem Tauschmittel abgegolten werden. Da es wenig Sinn macht, beispielsweise Kieselsteine als »Geld« zu benutzen, da sie in beliebiger Menge von jedem zu beschaffen sind, boten sich in der Vergangenheit seltene Edelmetalle als Tauschmittel an.

Geld wird gehortet

Edelmetallgeld: Mit der Verwendung von Edelmetallen fingen jedoch die ersten Probleme im Geldwesen an. Die durch Arbeitsteilung gesteigerte Leistungsfähigkeit des Wirtschaftssystems erforderte eine entsprechende Vermehrung des umlaufenden Geldes. Die Kapazität der Bergwerke konnte jedoch nicht in gleichem Umfang zur Edelmetallgewinnung gesteigert werden. Das Gleichgewicht zwischen umlaufender Geldmenge und Produktivität der Wirtschaft war gestört. Da der steigenden Gütermenge eine gleichbleibende Geldmenge gegenüberstand, stieg der »Tauschwert« der Währung an, bzw. verfielen die Warenpreise.

Geldhortung: Zunehmend lohnte es sich, Geld anzusammeln und nicht auszugeben, weil die Kaufkraft des Tauschmittels durch den Preisverfall anstieg. Durch die Geldansammlung verschärfte sich die Problematik weiter: Die umlaufende Geldmenge wurde noch kleiner, dementsprechend stieg die Kaufkraft der Währung und die Preise verfielen. Durch fallende Preise wiederum lohnte es sich, noch mehr Geld anzusammeln. Heute nennen wir solch einen Teufelskreislauf »deflationäre Abwärtsspirale«. Damals war die Anlage in Edelmetallgeld die bei weitem attraktivste Anlageform.

Erzwungene Expansion: Im Prinzip gab es in der Vergangenheit für Staaten nur eine Möglichkeit, dem Zusammenbruch des Finanzsystems zu entgehen: die gewaltsame Expansion, um durch Ausplünderung der eroberten Provinzen das Zentrum durch zufließende Tauschmittel am Leben zu erhalten. Die Geschichte des Römischen Reiches ist hier das beste Beispiel. Als die militärische Expansion des Reiches an Grenzen stieß, kam es in kurzer Zeit zu einer raschen Verarmung der Bevölkerung, und mit dem Finanzwesen ging auch die Gesellschaft unter.[1]

Papiergeld: Eine Verbesserung ergab sich erst, als Papiergeld im letzten Jahrhundert eingeführt wurde. Leider war auch dieses immer noch bis in die 70er Jahre unseres Jahrhunderts vom Edelmetall abhängig. Das Geld mußte lange Zeit mit Gold gedeckt sein, das heißt, ein gewisser Anteil des Geldvolumens mußte in Form von Gold bei der Notenbank hinterlegt werden. Damit wurde die Problematik des sinkenden Geldvolumens sogar noch verschlimmert. Beispielsweise war in Deutschland Ende der zwanziger Jahre das Geld zu einem Drittel mit Gold gedeckt. Nach dem Börsenkrach in Amerika im Oktober 1929 wurde Gold aus Deutschland abgezogen. Um die Dritteldeckung aufrechtzuerhalten, mußte die Notenbank für eine Mark abgezogenes Gold drei Mark Papiergeld aus dem Umlauf nehmen. Eine gravierende Deflation stürzte große Teile der Bevölkerung in bittere Armut. Letztlich kann sogar der Zweite Weltkrieg auf die entstandene Wirtschaftskrise ursächlich zurückgeführt werden. Nach dem Zweiten Weltkrieg wurden die entscheidenden Währungen weltweit an den US-Dollar gekoppelt. Und dieser war mit Gold gedeckt. Man hatte praktisch bis zum Zerfall dieses »Bretton Woods Systems« Anfang der siebziger Jahre weiterhin eine goldgedeckte Währung. Heute ist die Edelmetallwährung weitgehend zugunsten ungedeckter Papierwährung zurückgedrängt worden. Dies erlaubt es der Notenbank, die benötigte Menge an Tauschmittel dem Bedarf der sich entwickelnden Wirtschaft anzupassen. Leider wurde dadurch jedoch noch nicht eine der größten Fehlerquellen im Finanzsystem behoben.

Die Entstehung des Zinses

Preisindex: Entscheidend für die Entwicklung eines durchschnittlichen Preisniveaus und damit der Stabilität des Gesamtsystems ist das Verhältnis der Produktion zur umlaufenden, nachfragenden Geldmenge. Das durchschnittliche Preisniveau muß stabil sein, um für die Marktteilnehmer planbare Bedingungen zu gewährleisten. Nur wenn die richtige Menge an Tauschmitteln, im Vergleich zur Gütermenge umläuft, kann der durchschnittliche Preisindex stabil sein. Steigt die umlaufende Geldmenge im Vergleich zu dem zu tauschenden Warenangebot, so steigen die Preise, man spricht von einer »Inflation«. Steigt dagegen die Warenmenge und die Geldmenge bleibt konstant, bzw. sinkt die umlaufende Geldmenge zum gleichbleibenden Güterangebot, so gehen die Preise zurück, eine »Deflation« entsteht.

Umlaufende Geldmenge: Die Notenbank kann zwar die ausgegebene Geldmenge exakt quantifizieren, hat jedoch auf den Geldumlauf nur wenig Einfluß. Da Geld im Gegensatz zur Ware praktisch beliebig zurückgehalten werden kann, entstehen wieder ähnliche Probleme wie bei der Edelmetallwährung. Je nach Entwicklung der Gesamtwirtschaft, vor allem des Preisniveaus, wird Tauschmittel dem Geldkreislauf entzogen. So gehen Untersuchungen der Deutschen Bundesbank davon aus, daß nur etwa 1/3 des Bargeldbestandes in Umlauf sei. Ein Drittel befinde sich im Ausland, ein weiteres Drittel werde im Inland gehortet.[2]

Entstehung des Zinses: Die Eigenschaft des Geldes, daß es dem Umlauf entzogen werden kann, versetzt den Geldbesitzer in die Lage, für die Weitergabe des Tauschmittels einen Preis zu verlangen, den Zins. Wird der Zins nicht bezahlt, ist es für den Zahlungsmittelinhaber lukrativer, das Tauschmittel zu horten. Er verschiebt dann den Kauf oder die Investition in die Zukunft, womit die Anbieter in Absatzschwierigkeiten kommen. Der Warenanbieter und Arbeiter steht unter Angebotsdruck, da seine Güter an Wert verlieren (Kartoffeln verfaulen, Zeitungen verlieren ihre Aktualität usw.), wohingegen der Besitzer des Geldes abwarten und durch diesen Vorteil einen Zins erwarten kann. Während die Arbeitskraft zur Aufrechterhaltung des Einkommens angeboten werden muß, kann das Geld warten, bis die Möglichkeiten für eine Investition günstiger sind. Das bedeutet, daß der Zins aus der Überlegenheit des Geldes über Ware und Arbeit resultiert. Oder anders ausgedrückt, entsteht der Zins aus den beiden Eigenschaften des Geldes als Tauschmittel und Schatzmittel (Wertaufbewahrungsmittel). Beide Funktionen sind nicht zur selben Zeit gleichzeitig erfüllbar: Ist das Geld im Umlauf, wirkt es als Tauschmittel, kann jedoch nicht gleichzeitig als Schatzmittel im Tresor dienen. Ist jedoch die Währung umgekehrt als Schatzmittel im Tresor, fehlt sie als Tauschmittel in der Wirtschaft. Eine langfristig stabile Wirtschaft ist unter diesen Bedingungen nicht denkbar.

Zinseszins: Verschärft wird die Situation noch durch den explodierenden Zinseszinsmechanismus: Wenn Zinsgewinne nicht konsumiert, sondern wieder neu angelegt werden, werfen sie in der nächsten Zinsperiode erneut Rendite ab – es entsteht ein exponentieller, sich selbst beschleunigender Geldzuwachs. Exponentielle Entwicklungen verlaufen am Anfang sehr langsam, steigern jedoch die Geschwindigkeit des Zuwachses mit der Zeit kontinuierlich. In einer begrenzten Welt muß solch ein Zuwachs, wie in der Anfangsbetrachtung gezeigt wurde, letztlich zum Zusammenbruch führen. Durch den Zinseszinseffekt wird nun die Gesellschaft in immer weniger Gewinner und immer mehr Verlierer aufgespalten. Wer viel Geld besitzt, kann viel Kapital verzinst anlegen und nach einem Jahr das um den Zinssatz gewachsene Vermögen erneut anlegen. Die übrige Bevölkerungsmehrheit muß die Zinslast erarbeiten. Dadurch kommt eine Minderheit, ohne Leistung erbringen zu müssen, in den Genuß steigender leistungsloser Einkommen. Mit zunehmender Zeit gewinnen das Geld und damit die Kapitalbesitzer im Wirtschafts- und Gesellschaftsleben immer mehr an Bedeutung. Die Marktwirtschaft, welche den Preis nach Angebot und Nachfrage reguliert, verwandelt sich in den Kapitalismus, in dem allein die Rendite und die Geldmacht den Markt bestimmt. Daraus müssen sich immer größere gesellschaftliche Probleme entwickeln: Die Arbeit verliert an Ansehen genauso wie leistungslose Zinseinkünfte an Bedeutung gewinnen – letztlich wird die Welt auf den Kopf gestellt, die Werte kehren sich um. Deshalb ist eine Zinswirtschaft immer mit einem Zusammenbruch der gesellschaftlichen Ordnung verbunden. Hier stellt sich die Frage, wie die Entwicklung in der Vorphase des Zerfalls aussieht.

Die Vorphase des Zusammenbruchs

»Das Finanzsystem genießt dabei eine privilegierte Stellung.
Ohnehin ist Kapital beweglicher als andere Produktionsfaktoren,
Finanzkapital jedoch ist noch mobiler als Direktinvestitionen.
Es geht dorthin, wo es die höchste Belohnung erwartet ...«
George Soros, Spekulant[3]

Die explodierende Verschuldung

Der auffälligste Hinweis darauf, daß das Finanzsystem auf einen Zerfall zusteuert, stellt die auseinanderklaffende Schere zwischen Geldvermögen und Verschuldung dar. Jede Mark, welche heute als Vermögen existiert, ist verzinst angelegt. Durch den Zins wächst das Geldvermögen jedes Jahr weiter an. Damit Zinserträge weiter fließen können, muß das angewachsene Geld wieder verliehen werden. Was der eine als Zinsgewinn hat, muß ein anderer als Verschuldung verbuchen. Es entsteht also ein Verschuldungszwang, indem die Zinsgewinne automatisch zu einer ansteigenden Gesamtverschuldung führen müssen (Abb. 3). Ein Schuldenabbau ist deshalb niemals möglich. Im Gegenteil: die Schulden müssen bis zum Bankrott explodieren.

22

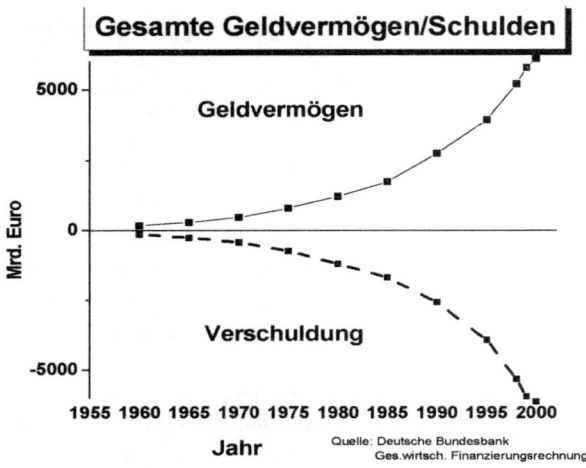

Abb. 3: *Entwicklung der gesamten Geldvermögen/gesamten Verschuldung in Deutschland*

In den Gesamtschulden sind die Kredite von Staat, Unternehmen und Privathaushalten enthalten. Mittlerweile können die Zinsen für Verpflichtungen nicht mehr gezahlt werden: So müssen neue Kredite aufgenommen werden, um die Verbindlichkeiten zu begleichen. Es kommt zum Zinseszinseffekt, das heißt, die aufgelaufenen Zinsen müssen im nächsten Jahr wieder mitverzinst werden. Seit 1960 wuchsen die Gesamtschulden dadurch um 10% jedes Jahr, was bedeutet, daß diese sich nahezu alle sieben Jahre verdoppeln! Beachtet werden muß, daß Schulden und Geldvermögen um den genau gleichen Betrag anwachsen, da zunehmende Geldanlagen der reichen Minderheit in Deutschland in gleichem Maße zwangsläufig zunehmende Kredite für die Volkswirtschaft bedeuten. Die von der breiten Bevölkerung durch Verschuldung von Staat, Wirtschaft und Privathaushalten erarbeiteten Zinsen schlagen sich wieder bei den Vermögensbesitzern als Guthaben nieder, das im folgenden Jahr zu noch höheren Zinserträgen führt. Weil es sich hier um ein Zinseszinswachstum handelt, beschleunigt sich die Diskrepanz zwischen Schulden und Geldvermögen – die Schere zwischen arm und reich öffnet sich immer schneller! Erkennbar wird dies an der deutlich gesteigerten Zunahme der Geldvermögen bzw. Schulden zwischen 1990 und 1995 im Vergleich zu den vorausgegangenen Jahren. In den Wachstumsjahren der 60er und 70er Jahre konnte die wachsende Zinslast noch durch größeres Wirtschaftswachstum kompensiert werden, heute fällt der Zuwachs der Produktivität immer mehr hinter der Zunahme an Zinslast zurück – es muß in anderen Bereichen »gespart« werden. Ein »Wegsparen« der Verschuldung, wie es heute in Politik und Medien propagiert wird, ist jedoch volkswirtschaftlich unmöglich.

Sparen hilft nicht

>*»Wo es Sparer gibt, die für die Zukunft vorsorgen, darf es*
nicht an Investoren mangeln, die bereit sind, sich zu verschulden.«
Herbert Giersch, Ökonom[4]

Häufig wird die Volkswirtschaft mit einem verschuldeten Einzelhaushalt verglichen, der durch Sparmaßnahmen seine Kreditlast verringert. Dies ist zwar für Einzelelemente einer Volkswirtschaft möglich, jedoch nicht in der Gesamtbilanz aller Teilnehmer. In der gesamten Volkswirtschaft muß die Summe der Geldvermögen immer gleich groß sein wie die Gesamtverschuldung, da Vermögen auf der einen Seite Schulden auf der anderen bedeuten. In unserem Geldsystem steigen die Geldvermögen durch die Verzinsung an, weshalb die Verschuldung um den gleichen Betrag wachsen muß. Es ist unmöglich, die Verschuldung abzubauen und die Geldvermögen anwachsen zu lassen. Ein Rückgang der Kreditaufnahme würde zu einem fallenden Zinssatz führen, weil sich der Zins aus Angebot und Nachfrage nach Krediten bildet. Fällt nun der Zinssatz unter eine Mindesthöhe (Liquiditätsgrenze), kommt es zu einer Deflation, also einem Rückzug des Geldes, weil niemand bereit wäre, überhaupt noch Kapital ohne Mindestverzinsung zu verleihen. Die Folgen wären Massenarbeitslosigkeit, Verarmung der Bevölkerung, Hunger und Bürgerkrieg. Die Neuverschuldung dient letztlich dazu, den Zinssatz auf genügender Höhe zu halten, um ein Abgleiten der Volkswirtschaft in die Deflation zu verhindern. Aus diesem Grund ist die Gesamtverschuldung, seit Bestehen der Bundesrepublik, noch nie ohne Reduzierung der Geldvermögen zurückgegangen. Wenn sich die Unternehmen nicht ausreichend verschuldeten, mußte der Staat eingreifen und die schnell wachsenden Geldvermögen als entsprechende Kredite nehmen. Weder Sparmaßnahmen der Unternehmen und des Staates noch der Wunsch nach Politikern mit Sparsinn können diesen *Verschuldungszwang* unterbrechen. Mit Recht wies deshalb der Chefanalyst der Investmentfirma Brunswick Warburg, Peter Boone, darauf hin, daß kein Land der Erde seine Schulden ohne eine Finanzierung von außen bezahlen könne.[5] Die Sparmaßnahmen betreffen daneben in der Regel vor allem die Opfer des Zinssystems. Den Rentnern werden Nullrunden verordnet, Arbeitslosengeld oder Sozialhilfe wird eingefroren und der Verteidigungshaushalt zurückgefahren. Daß jedoch durch diese »Einsparungen« die Kaufkraft, gerade diejenige der unteren Schichten, weiter eingeschränkt und damit die Wirtschaftsleistung ebenfalls eingeschränkt wird, gerät in Vergessenheit.[6] Wie ungerecht dieses »Sparen« ist, zeigte eine Erklärung der Christlich Demokratischen Arbeitnehmerschaft (CDA), die darauf hinwies, daß das geplante Sparpaket zu einem Viertel zu Lasten der Arbeitslosen ginge, indem ihre Rentenanwartschaften bis zu 50 Prozent gekürzt würden.[7] Die staatliche Verschuldung hat inzwischen eine solche Größenordnung erreicht, daß beispielsweise im Schweizer Ferienort Leukerbad die staatliche Infrastruktur, wie das Rathaus oder der Busbahnhof, verkauft werden muß.[8] Wenig beachtet wird im allgemeinen, daß eine Zunahme der Verschuldung auf der einen Seite die Steigerung von Vermögen auf einer anderen Seite bedeutet, daß es also zu einer Vermögenskonzentration kommen muß.

Vermögenskonzentration

»Mein Traum ist: Brecht die Zinsherrschaft!
Keine Macht dem Geld!«
Regine Hildebrandt, Ex-Sozialministerin, Brandenburg[9]

Mit der Ausweitung der Geldvermögen werden diese automatisch in immer weniger Händen konzentriert. Da Geld heute Macht bedeutet, entsteht mit der Vermögenskonzentration zunehmend auch ein Gewaltenmonopol. In einer UNO-Studie wurde 1996 bekannt gegeben, daß weltweit die 358 reichsten Milliardäre fast die Hälfte des Welteinkommens besitzen. Würde man statt des Einkommens das Vermögen berücksichtigen, wäre der Gegensatz noch viel größer.[10] Nicht nur weltweit, sondern auch innerhalb der reichen Nationen vollzieht sich eine große Verschiebung von Kapital in immer weniger Hände. Das Ergebnis dieser Umverteilung zeigt sich in der Vermögensverteilung der Bevölkerung: Im Jahr 1996 veröffentlichte die CDA (Christlich Demokratische Arbeitnehmerschaft – eine CDU-Organisation), daß sich 80% des Produktivvermögens in Deutschland in den Händen von nur 3% der Bevölkerung befinde.[11] Das Deutsche Institut für Wirtschaftsforschung (DIW) berichtete 1997, daß sich ein Drittel des Nettogeldvermögens auf nur 6% der Haushalte konzentrierte. Allerdings wurden bei der statistischen Erhebung gerade die reichen Haushalte mit einem monatlichen Nettoeinkommen von 18 000 Euro und mehr nicht erfaßt. Jedoch soll sich nach einer überschlägigen Rechnung 40% des Geld-

vermögens gerade in dieser Bevölkerungsschicht befinden, weshalb diese
Analyse der Vermögensverteilung noch als sehr optimistisch gelten kann.[12]
Auch in den USA geht es den meisten Amerikanern heute schlechter als
vor 25 Jahren, weil der gesamte Vermögenszuwachs nur denjenigen zugute
te kam, die schon vorher im Überfluß lebten.[13] Auf der anderen Seite sind
immer mehr Haushalte überschuldet. Hierbei trifft das verbreitete Argument,
ment, daß diese Menschen »selbst schuld« seien, weil sie nicht mit Geld
umgehen könnten, häufig nicht zu. Die Düsseldorfer Verbraucherzentrale
zog in einer Bilanz ihrer Schuldnerberatung 1996 den Schluß, daß 40%
der Betroffenen nicht durch schlechten Umgang mit Geld und unnötige
Anschaffungen wie Autos oder Möbel in die Schuldenfalle tappten, sondern
dern weil sie gezwungen gewesen seien Kredite aufzunehmen, nur um den
normalen Lebensunterhalt bestreiten zu können.[14] Für jeden dritten Bürger
in Deutschland reicht heute schon das monatliche Einkommen nicht mehr
aus, um den gewohnten Lebensstandard zu halten.[15] Deutlich wird die ungleiche
gleiche Vermögensverteilung auch anhand des Konsums. Wurden noch
vor wenigen Jahren teuere Luxusartikel und preiswertere Normalartikel in
einem konstanten Verhältnis verkauft, geht heute der Anteil der normalen
Produkte zurück, während derjenige für exklusive Luxusartikel sogar ansteigt.
steigt. In der Wassersportbranche werden etwa kleine Boote immer weniger
ger gekauft, während der Absatz für Schiffe über 500 000 Euro sehr gut
läuft.[16] Ursache ist der reale Einkommensverlust beim Mittelstand, der die
Freizeitausgaben einschränken muß, während die Wohlhabenden einen
entsprechenden Vermögenszuwachs erfahren, der es erlaubt, den Freizeitsektor
sektor kräftig auszudehnen. Der exponentielle Anstieg der Empfänger von
Sozialhilfe und der entsprechenden staatlichen Aufwendungen ist ebenfalls
falls ein deutliches Warnsignal dafür, daß in breiten Gesellschaftsschichten
ten ein Kapitalabfluß zu verzeichnen ist, der viele Menschen an den Rand
des Existenzminimums treibt (Abb. 4).

Die Sozialausgaben im Staatshaushalt steigerten sich dabei seit 1960
um mehr als 1800%. Jede dritte Mark muß inzwischen für die Sozialleistungen
stungen ausgegeben werden.[17] Dabei bleibt das Abrutschen in die Armut
keineswegs auf eine kleine Gesellschaftsschicht beschränkt. Experten gehen
hen davon aus, daß zwei Drittel der Gesellschaft einmal im Leben in eine
vorübergehende Armutsperiode geraten werden.[18] Im vorangegangenen Abschnitt
schnitt wurde deutlich, daß sich ein Mittelstand in Deutschland, wenn es
ihn je gab, schon längst aufgelöst hat. Letztlich besteht heute nur noch die
Einteilung in reiche Schichten, also Menschen, die mehr Vermögen besitzen
zen als sie benötigen und arme Schichten, also Leute, die auf abhängige
Beschäftigung angewiesen sind, um den gewohnten Lebensstandard zu
halten.

26

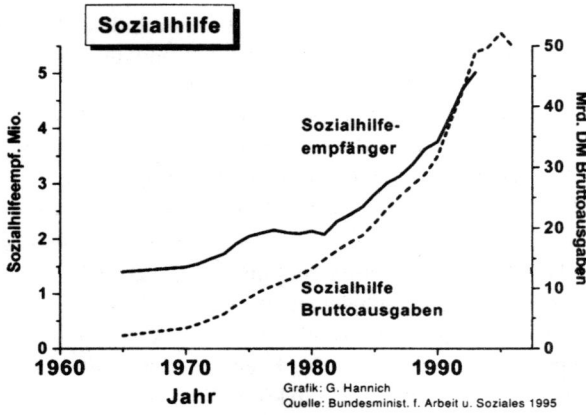

Abb. 4: Sozialhilfeempfänger und Sozialaufwendungen in Deutschland

Die guten Reichen?

Dabei sind natürlich die Reichen immer bemüht, durch kleine Almosen den Eindruck zu erwecken, daß ihnen die Gesellschaft am Herzen liege. So gründeten die meisten Milliardäre wie Bill Gates oder David Rockefeller Stiftungen für gesellschaftliche Zwecke.[19] Axel Springer wurde angeblich angetrieben von seinem Gottvertrauen. Aus diesem Glauben heraus habe er sich immer für andere eingesetzt. Politisch soll er immer die Benachteiligten unterstützt haben.[20] John D. Rockefeller, der Begründer eines Ölkonzernes, sah sich als Handlanger Gottes, der andere ausbeuten mußte, um den göttlichen Auftrag auszuführen, Ordnung in die chaotische Welt zu bringen. Eine Kapitalrendite von 25 Prozent machte ihn kaum stutzig. Mit seinem Vermögen von zwei Milliarden Dollar und damit 1,53% des amerikanischen Sozialprodukts (zum Vergleich: Bill Gates hat heute mit 90 Mrd. Dollar gerade 0,58% der Wertschöpfung), galt er als reichster Mann aller Zeiten. Bis zum Ende seines Lebens behielt er den Glauben, daß Gott ihm all das Geld zum Wohl der Menschen geschenkt habe. Er galt als größter Philanthrop aller Zeiten.[21] Der Großspekulant George Soros hat schon mehr als eine Milliarde Dollar gespendet, um demokratische und karitative Organisationen aufzubauen. Sich selbst bezeichnet er als einen finanziellen Philanthropen und philosophischen Spekulanten.[22]

Vergessen wird dabei, daß der Schaden, den die Reichen über den Kapitalentzug und ihren ruinösen Wettbewerb verursachten, nicht durch

Almosen wett gemacht werden kann. Ohnehin geht es bei den gespende-
ten Beträgen nur um winzige Bruchteile des angesammelten und immer
größer werdenden Vermögens. Außerdem entziehen die Reichen durch ihre
leistungslose Kapitalanreicherung anderen, fähigeren Menschen die Grundlage für eine Existenz. Der Reichtum wäre kein Problem, würde er aus der
Leistungsfähigkeit des einzelnen resultieren. Dies ist jedoch nicht der Fall:
Wer es schafft, legal oder illegal, mit oder ohne Fleiß, einen Grund-Kapital-
stock aufzubauen, der mehr Zins abwirft, als er zum Leben braucht, braucht
fortan nie mehr Leistung zu erbringen. Seine Erben fangen erst gar nicht
an zu arbeiten und werden trotzdem immer reicher. Wie wir später noch
sehen werden, geht jedoch dieser Reichtum mit einer Ausbeutung der arbeitenden Bevölkerung einher. Mit solch einem System wird die Rang-
verteilung in einer Gesellschaft zementiert. Der Tüchtige hat keine Möglichkeit mehr, nach oben zu kommen, weil die Lenkung der Gesellschaft
ganz in die Hände der Geldbesitzer gelangt. Allein aus diesem Grund muß,
wie noch gezeigt wird, unsere Gesellschaft letztlich untergehen. Wie wenig auf die Hilfe der Reichen zu geben ist, kann an der schnell wachsenden
Armut auf der Welt gesehen werden. Gerade dann, wenn eine Notlage die
Menschen in Bedrängnis bringt, fordern die Geldbesitzer durch hohe Zinsen noch das Letzte aus der Bevölkerung. Die Not, die durch den Zins
entsteht, ist dann meist viel größer als das eigentliche Unglück. Im Frühjahr 2000 gab es beispielsweise in Indien eine extreme Trockenheit. Unter
verzweifelten Bauern entstand darauf eine Selbstmordwelle, da sie durch
den Ernteausfall nicht mehr in der Lage waren, ihre Schulden bei Zinsen
von bis zu 120 Prozent an Banken und Geldverleiher zurückzuzahlen.[23]
Wo war hier die wohltätige Hand der Reichen?

Wenig beachtet wird auch, daß die Zunahme von Vermögen in wenigen
Händen automatisch ein Machtmonopol erzeugt.

Geld regiert die Welt

> *»Willst Du den Charakter eines Menschen erkennen,*
> *so gib ihm Macht.«*
> Abraham Lincoln

In diesem System hat die große Mehrheit der Bevölkerung wenig Möglichkeiten, langfristig einer Verarmung zu entgehen. Die Schere zwischen
Arm und Reich öffnet sich zunehmend. Mit dem Vermögen konzentriert
sich jedoch auch die Macht in immer weniger Händen, nach dem Sprichwort »Geld regiert die Welt«. Einem immer kleineren Teil der Bevölke-

rung sind die Mittel gegeben, über ihr Kapital das Schicksal von Millionen Menschen zu lenken. Demokratische Abstimmungen spielen hier kaum eine Rolle, da auch ein demokratischer Staat immer auf Geld angewiesen ist und dieses letztlich nur bekommt, wenn er die Entscheidungen umsetzt, welche die Mächtigen im Hintergrund wünschen. Einen guten Einblick in die herrschenden Kreise und die Hintergründe des Finanzsystems gab der Leiter der Bank of England der Jahre 1910–1919, Vincent Vickers.

Ein Bankier klagt den Kapitalismus an

»Langsam, aber unvermeidlich, bricht das alte Finanzwesen unter dem Gewicht der neuzeitlichen Lebensbedingungen und der besseren Erziehung des Volkes zusammen. Je früher es zerfällt, um so besser, um so eher ist der Weg frei für eine bessere, modernere Technik, um so schneller werden sich die Menschen vertragen, und es wird endlich Friede sein auf der Welt.«
Vincent Vickers, Leiter der Bank von England, 1910–1919

Vincent Vickers richtete kurz vor seinem Tod besonders scharfe Worte gegen das kapitalistische Finanzsystem:»Lassen Sie uns die Wahrheit erkennen. Das Menschengeschlecht leidet doch nicht unter unvermeidlichen, unabänderlichen Verhältnissen, über die es keine Macht hätte, sondern unter den Auswirkungen jener unehrlichen Einrichtungen, die von Menschen erfunden und vorsätzlich geschaffen wurden.« An diesen schlechten Verhältnissen hat auch die Wissenschaft ihren Anteil:»Diese Fachleute haben hoffnungslos versagt. Was not tut, das ist eben etwas weniger Wissenschaft und ein wenig mehr gesunder Menschenverstand«. Daß die Ursachen der Mißstände einfach sind und von jedem durchschnittlichen Menschen nachvollzogen werden können, betonte Vickers ebenfalls:»Soweit wir dazu imstande sind, müssen wir unseren Mitmenschen helfen, das Wichtige zu verstehen. Das können wir unbesorgt tun, denn das, was da mißverstanden werden sollte, wird nicht wesentlich sein, es wird sich verlieren und wieder vergessen werden, während das Richtige daran sich schon durchsetzen wird«. Die Ursachen des Krieges erkannte der Banker ebenfalls in den Verhältnissen und nicht im Wesen des Menschen, wie viele auch heute noch irrtümlich glauben:»Denn wo Zufriedenheit ist, kann es keinen Krieg geben, wo aber Unzufriedenheit ist, da werden auch Krieg und Kriegsgefahr bestehenbleiben«. Besonders seinen Kollegen, den Bankiers, warf Vickers Inkompetenz und Falschheit vor:»Der Ausdruck ›Gesunde Finanzen‹ ist seinem Wesen nach eine Erfindung der Bankiers und

Kreditgeber. Er bedeutet starres Festhalten an überlieferten Verhältnissen
... Zum Nachteil des geldbedürftigen Kreditnehmers begünstigt dies System natürlich den Reichen ... Bei Gefahr jedoch sind diese Vertreter ›Gesunder Finanzen‹ die ersten im Rettungsboot, sie sind die ersten, die das
sinkende Schiff verlassen, aber die letzten, wenn es gilt, Männer für den
Dienst an den Rettungspumpen zu stellen. Der Begriff schließt auch die
Weigerung in sich ein, zu verstehen, daß das Geld ausschließlich ein Mittel sein sollte, eine gerechte Tauschwirtschaft zu ermöglichen und daß es
in Wirklichkeit so etwas wie ›Gesunde Finanzen‹ nicht geben kann, solange eben dieser ganze Wirtschaftszustand ungesund ist«. Dabei ist heute
wie damals das Finanzwesen nicht das Hilfsmittel für die Wirtschaft, sondern es ist umgekehrt, daß die gesamten Produktivkräfte nur dazu da sind,
dem Kapitalsystem zu dienen:»Die Finanzindustrie, die Börsenbankiers
und die Börse werden durch dieses Auf und Ab der Wirtschaft reich, ja sie
sind zum großen Teil sogar auf dieses Wechselspiel der Konjunkturen und
die Veränderung des Warenpreisniveaus angewiesen, um daran zu profitieren. Die produktive Industrie hingegen kann nur bei stabilem Markt, bei
unveränderlichem Preisstand und nur dann auch gedeihen, wenn heftige
Konjunkturschwankungen unmöglich sind«. Das Kapitalwesen hat nach
Vickers nur den einzigen Willen, die ganze Welt möglichst hoch zu verschulden:»Je größer die Verschuldung des Volkes, um so größer ist der
Profit der Geldverleiher, und auf die selbe Weise der Geldmarkt der Welt
... Die Geldverleiher sind zu ihrem Gedeihen fast ausschließlich auf die
Verschuldung anderer angewiesen ... Das Schlagwort der Geldverleiher
ist stets: ›Der da hat, dem wird auch gegeben werden‹«. Klar stellte der
Leiter der Bank von England heraus, daß die Finanzindustrie völlig unpro-
duktiv ist:»Alle diese Aktienhändler, diese Börsenmakler und Jobber, diese
Geld- und Goldspekulanten, Geldverleiher, Anleihe-Emissionäre, alle diese
Banken und Versicherungsgesellschaften schaffen überhaupt nichts. Sie
sind die Drohnen unserer Volksgemeinschaft. Sie leben ausschließlich und
sind abhängig von dem Honig, den andere sammeln. Sie leben auf Kosten
des schaffenden Volkes«. Die einzige Änderung der Verhältnisse wäre ein
neues Geldsystem:»Das Geld muß aufhören zu sein, was es heute ist: ein
ständiger Entzündungsherd, ein Hindernis auf dem Wege zum Fortschritt
der Weltwirtschaft, eine Behinderung der Glückseligkeit der Menschen
und ihres Strebens nach einem dauernden Frieden unter den Völkern ...
Das Wohlbefinden und der Wohlstand des einzelnen Menschen, das Glück
der Volksgemeinschaft, die Zufriedenheit des ganzen Volkes und der Friede der Welt sind hauptsächlich, wenn nicht gänzlich und allein, ein Geld-
problem«. Einzige Möglichkeit der Lösung wäre es, ein Geld zu schaffen,
welches immer in Zirkulation ist und damit nicht als Machtinstrument

mißbraucht werden kann: »Das Kriterium der Wirtschaft ist die Zirkulation. Diese aber spielt sich auf dem Rücken des Geldes ab und ist mit diesem identisch«.

Die Macht war schon damals ganz in den Händen der Finanzleute: »Aber die Demokratie ist in Gefahr, aus dem einfachen Grunde, weil ihre Regierung den Sonderinteressen jener Kreise hörig ist, die das Finanzwesen beherrschen und die es in ihrer Macht haben, die Nation in eine Finanzkrise hineinzutreiben, wenn eine diesen Interessen widersprechende Gesetzgebung ihre Vormachtansprüche bedrohen sollte«. Zur Lösung meinte Vickers, als Insider aus dem Kapitalgeschäft, daß man keinesfalls auf die Mithilfe der Nutznießer des Systems bauen könne und man sich sogar vor ihnen in acht nehmen sollte: »Wir müssen aber auch einsehen, daß dieses Problem Krieg bedeutet, Krieg gegen die Diktatur der internationalen Finanz, die jede Schlüsselposition der Kampffront besetzt und die Macht hat, bloß auf die Drohung eines Angriffs hin entscheidend wichtige Hilfstruppen abzuschneiden … Unsere demokratische Ordnung und das bisherige Finanz- und Geldwesen können nicht mehr zusammen bestehen bleiben. Eines muß dem anderen den Weg freigeben«. Das Geld ist völlig seiner Aufgabe als Tauschmittel beraubt worden und zu einem Machtmittel für eine Minderheit degeneriert: »Die Aufgabe und der Zweck des Geldes ist, den Austausch von Waren und Leistungen zu ermöglichen und zu erleichtern. Der einzige Wert des Geldes liegt in dem Wert der Waren, deren Austausch mit anderen Waren oder Leistungen uns eben das Geld ermöglicht … Aber es stand und steht noch immer dem Fortschritt und der Besserung der sozialen Verhältnisse im Wege; es verursacht allgemeine Unruhe und eine Neigung, durch Gewalt zu erreichen, was auf andere Weise nicht zu erreichen ist«. Die Geldbesitzer sind im kapitalistischen System immer bestrebt, daß das Geldwesen nicht angetastet werde: »Es ist vielleicht ganz natürlich, daß diese Leute etwa so argumentieren: ›Möge das Volk und mögen die Regierungen nur dafür sorgen, daß nichts geschieht, was die Macht und die Kraft des Geldgeschäfts schwächen könnte, denn Geld regiert die Welt. Solange wir das internationale Bank- und Finanzgeschäft intakt und Störungen von ihm fern halten, werden am Ende schon alle Dinge in Ordnung kommen‹. Aber genau dieses Argument und die besonders in den letzten fünfzehn Jahren für den Profit und für die Aufrechterhaltung dieses Geldgeschäfts eingefädelte und betriebene Geldpolitik sind es, die in das gegenwärtige Weltchaos geführt haben«.

Den Bankiers gab er die Schuld dafür, daß die Wirtschaft und damit die gesamte Gesellschaft immer im Verderben enden muß: »Solange diese Finanzgangster nicht endgültig ausgerottet sind, gibt es auch kein volles Vertrauen zu unserer Wirtschaft«. Konsequent trat Vickers als Gouver-

neur der Bank of England zurück und kündigte den Finanzleuten den
»Kampf bis zum Tode« an.[24] Obwohl Vickers keine umsetzbare Lösung
zum Geld nannte, sind seine Hinweise für uns doch wichtig, weil sie uns
einen Einblick in die Kreise der Finanzleute gestatten. Es scheint tatsächlich so zu sein, daß die Nutznießer des Zinskapitalismus völlig skrupellos
sind, daß ihnen weder das Schicksal einzelner Menschen, noch das eines
Landes oder der Welt etwas bedeutet. Hier hilft es wenig, einen Haß auf
diese Leute zu entwickeln, da sie letztlich nur die legalen Mechanismen
ausnutzen. Wenn sich die Bevölkerung aus Denkfaulheit heraus ausnutzen
läßt, dann geschieht ihnen das im Prinzip sogar zu Recht. Wie dargestellt
wurde, ist die Entstehung des Zinses mit großen wirtschaftlichen Problemen verbunden. Nicht umsonst wurde dieser Störfaktor in allen Welt-
religionen als verwerflich erkannt und gebrandmarkt.

Moralische Bewertungen des Zinses

»Blinde Gewinnmaximierung und kurzfristige Gewinnmitnahmen um
jeden Preis haben in einigen Bereichen ein Feuer entfacht, dessen
Größenordnungen noch gar nicht absehbar erscheinen. Wird das Geld
nicht mehr verstanden als Mittel zur Erreichung gesellschaftlicher Ziele,
sondern selbst zum eigentlichen Ziel, wird eine Ökonomisierung der
Welt losgetreten, der Gesellschaft und Politik kaum mehr etwas
entgegenzusetzen hat.«
Weihbischof Reinhard Marx[25]

Neben dem Zinsverbot des Mittelalters war vor allem eine wichtige Enzyklika aus dem 18. Jahrhundert ein deutlicher Hinweis darauf, wie der Zins
in moralisch-religiöser Hinsicht zu beurteilen ist.

Antizins-Enzyklika

Am 1. November 1745 wurde von Papst Benedikt XIV. eine Enzyklika
gegen die Wuchersünde erlassen. Sie stellt die erste Sozialenzyklika eines
Papstes der Neuzeit dar, fast einhundert Jahre vor der industriellen Revolution. Anlaß dafür war ein Streit über die Beurteilung eines Vertrages,
wobei ein »mäßiger Zins« als mit der christlichen Lehre konform angesehen wurde. Die Enzyklika stellte klar:
»Anläßlich des entbrannten Streites kam uns zu Ohren, daß sich über
Italien Ansichten verbreiten, die mit der gesunden Lehre nicht in Einklang
zu stehen scheinen. Damit ein derartiges Übel nicht durch länger dauern-

des Stillschweigen noch mehr erstarke, hielten wir es sogleich für unseres apostolischen Amtes Pflicht, ein wirksames Gegenmittel darzureichen und dem Übel die Möglichkeit zu nehmen, weiter fortzuwuchern ...«. Die Angelegenheit wurde unter den Fachgelehrten und Kardinälen ausgiebig diskutiert und das Ergebnis in der Enzyklika veröffentlicht: »Die Sünde, die usura (Zinsnehmen, Wucher) heißt und im Darlehensvertrag ihren eigentlichen Sitz und Ursprung hat, beruht darin, daß jemand aus dem Darlehen für sich mehr zurückverlangt, als der andere von ihm empfangen hat und aus diesem Zwecke auf Grund des Darlehens selbst irgendeinen Gewinn über die Stammsumme hinaus als geschuldet beansprucht. *Denn der Darlehnsvertrag verlangt seiner Natur nach lediglich die Rückgabe der Summe, die ausgeliehen wurde. Jeder Gewinn, der die geliehene Summe übersteigt, ist deshalb unerlaubt und deshalb wucherisch.* Von diesem Makel aber wird man sich nicht reinwaschen können durch die Ausrede, der Gewinn sei ja nicht übermäßig und übertrieben, sondern bescheiden, nicht groß, sondern gering, oder dieser Gewinn bloß um des Darlehens willen werde ja nicht von einem Armen, sondern von einem Reichen gefordert, und dieser lasse die als Darlehen empfangene Summe nicht brach liegen, sondern lege sie zur Vergrößerung seines Vermögens aufs Vorteilhafteste an, indem er Grundstücke zusammenkaufe oder gewinnbringende Handelsgeschäfte betreibe.

Die Rechtsnatur des Darlehens fordert notwendig die Gleichheit von Gabe und Rückgabe. Wer immer, sobald diese Gleichheit einmal hergestellt ist, sich herausnimmt, von seinem Darlehensnehmer auf Grund des Darlehens selber, dem durch die Rückgabe des Gleichen doch schon Genüge getan ist, noch mehr zu fordern, handelt offensichtlich gegen die Rechtsnatur des Darlehens. Folglich ist er, falls er etwas darüber hinaus empfangen hat, zur Rückerstattung verpflichtet kraft jener Gerechtigkeit, die man die Tauschgerechtigkeit nennt ...«

Dies bedeutet, daß jeder über die geliehene Kreditsumme hinausgehende Betrag als Zins aufzufassen ist. Weiterhin wird festgehalten, daß bezahlte Zinsen grundsätzlich verwerflich und nicht Gegenstand des Darlehensvertrages sind und deshalb zurückerstattet werden müßten. Der Papst äußerte sich noch selbst: »Mit nachdrücklichen Worten zeigt euren Gemeinden, daß das Schandmal und Laster des Darlehenszinsnehmens von den Hl. Schriften gebrandmarkt wird und daß es sich in verschiedene Formen und Gestalten hüllt, um die durch Christi Blut zur Freiheit und Gnade zurückgeführten Gläubigen wieder jählings ins Verderben zu stürzen. Sie sollen deshalb, wenn sie ihr Geld anlegen wollen, ja sorgfältig darauf achtgeben, daß sie sich nicht von *der Habsucht, der Quelle aller Übel,* hinreißen lassen ...«. Der Zins wird dabei als eine der größten Ursachen dafür

gebrandmarkt, daß die Welt immer wieder im Unglück landet. Ausdrücklich werden in der Schrift Gewinne durch Handelsgeschäfte aus der Zins-
definition herausgenommen, da hier dem bezahlten Geld eine erbrachte
Leistung zugrundeliegt:»Viertens ermahnen wir auch, dem albernen Ge-
rede jener Schwätzer kein Gehör zu schenken, die zu behaupten pflegen,
der Streit um den Zins sei eine bloße Wortklauberei; die einem anderen in
x-beliebiger Weise überlassene Geldsumme werfe ja meistenteils eine
Frucht ab. ... Tatsächlich besteht ein sehr deutlicher Unterschied zwischen
der Frucht, die in sehr deutlicher Weise aus dem Gelde gezogen und darum von jeder der beiden Gerichte behalten werden kann und der Frucht,
die unrechtmäßig aus dem Gelde erworben wird und deshalb nach dem
Urteil jedes Gerichts zurückerstattet werden muß. Es steht deshalb fest,
daß eine Untersuchung über den Zins in der heutigen Zeit durchaus nicht
etwa unnütz ist, weil man ja meistenteils aus dem Gelde, das einem anderen eingeräumt wird, irgendeine Frucht erziele.«[26]

Neben der katholischen Kirche hat auch der Reformator Martin Luther
den Zins als Übel gebrandmarkt:»Darum ist ein Wucherer und Geizhals
kein rechter Mensch; er sündigt auch nicht eigentlich menschlich. Er muß
ein Werwolf sein, schlimmer noch als alle Tyrannen, Mörder und Räuber,
schier so böse wie der Teufel selbst. Er sitzt nämlich nicht als Feind, sondern als Freund und Mitbürger im Schutz und Frieden der Gemeinde und
raubt und mordet dennoch greulicher, als jeder Feind und Mordbrenner.
Wenn man daher die Straßenräuber, Mörder und Befehder rädert und köpft,
um wieviel mehr noch sollte man da erst alle Wucherer rädern und foltern,
alle Geizhälse verjagen, verfluchen und köpfen ...«. Festzuhalten bleibt,
daß aus der Sicht des Christentums der Zins als unmoralisch und verwerflich zu bezeichnen ist. Folgende Auszüge aus der Bibel und Zitate bekannter Kirchenvertreter belegen ebenfalls die Diskrepanz zwischen Zinswirtschaft und Christentum:

Der Papst Johannes Paul II. belegte beispielsweise im Herbst 1999 Spekulanten wie Soros quasi mit einem Bann und erklärte, daß es problematisch sei, wenn Reichtum ohne konkreten Bezug zur Arbeit erworben werden könne.[27]

Theologieprofessor Johannes Ude:»Die Zinsfrage ist in gewissem Sinne die Schicksalsfrage der Menschheit, weil von ihr die Entscheidung:
Frieden oder Krieg, Aufbau oder Untergang der Menschheit in hohem Grade
abhängt.«

2. Laterankonzil 1139:»Wer Zins nimmt, soll aus der Kirche ausgesto-
ßen und nur nach strengster Buße und mit größter Vorsicht wieder aufgenommen werden. Einem Zinsnehmer, der ohne Bekehrung stirbt, soll das
christliche Begräbnis verweigert werden.«

Gregor von Nissa, Bischof 331–394:»Was ist denn der Unterschied, durch Einbruch in den Besitz fremden Gutes zu kommen und durch Mord und Wegelagerei – oder ob man durch den Zwang, der in den Zinsen liegt, das in Besitz nimmt, was einem nicht gehört?«

Altes Testament:

Ezechiel 18/13:»… leiht jemand auf Wucher und nimmt Zins, der bleibt sicherlich nicht am Leben. All diese Greueltaten hat er verübt; sterben muß er; seine Blutschuld lastet auf ihm.«

Psalm 15/5:»Für Zinsen gibt er sein Geld nicht fort, nimmt gegen den Schuldlosen kein Bestechungsgeld.«

Deuteronomium 23/70:»Von deinem Bruder darfst du keinen Zins annehmen, weder Zins für Geld, noch Zins für Speisen, überhaupt keinen Zins für etwas, was man verzinsen kann.«

Auch eine andere Weltreligion, der Islam, nimmt zu diesem Thema deutlich Stellung. Verblüffend sind vor allem die gleichen Schlußfolgerungen im Islam und dem Christentum zur Ablehnung des Zinses.

Koran

Mohammed verurteilte den Zins aufs schärfste. In der Zweiten Sure des Koran (2.275) steht:»Diejenigen, die Zins nehmen, werden dereinst nicht anders dastehen als wie einer der vom Satan erfaßt und geschlagen ist. Dies wird ihre Strafe dafür sein, daß sie sagen: ›Kaufgeschäfte und Zinsleihe sind ein und dasselbe.‹ Aber Gott hat nun einmal das Kaufgeschäft erlaubt und die Zinsleihe verboten.« Interessant in diesem Zusammenhang ist ein Urteil des obersten pakistanischen Gerichtshofes, der im Dezember 1999 den Zins, genannt»Riba« als un-islamisch bezeichnete und die Regierung aufforderte, bis zum Jahr 2001 eine zinsfreie Wirtschaft einzuführen. Die Richter erklärten:»Jeder Betrag, groß oder klein, gezahlt über die Prinzipien von Leihe und Schulden ist Riba und durch den ganzen Koran verboten, unabhängig davon, ob die Leihe für Zwecke des Konsums oder die Produktion verwendet wird … Alle Formen des Zinses, egal ob in Bankgeschäften oder privaten Geschäften, fallen unter die Definition der Riba … Genauso sind alle zinsbehafteten Leihen der Regierung, geborgt von einheimischen oder ausländischen Quellen, Riba und klar durch den ganzen Koran verboten … Das gegenwärtige Finanzsystem, welches auf der Riba aufbaut, ist gegen die Aussagen des Islams bezogen auf den ganzen Koran und die Sunna. Um die Entsprechungen der Scharia zu erfüllen, bedarf es radikaler Änderungen.« Der Hintergrund für die Erklärung war ein Vorstoß des damaligen Premierministers Sharif ein Jahr vorher, mit dem Bemühen, die gesetzlichen islamischen Regelungen gegen Zinsen zu lockern, was der Gerichtshof jedoch verhinderte. Die Regelung gegen den Zins wurde bereits sieben Jahre vorher eingeführt. Premierminister Sharif behauptete in seiner Forderung, daß die Regelung den Koran falsch interpretieren würde und daß dadurch Chaos und Verwirrung erzeugt würde. Um eine endgültige Erklärung des Gerichtshofes zu verhindern, zog die Regierung im Februar 1999 den Einspruch zurück, wobei die Richter jedoch auf der endgültigen Entscheidung bestanden. Schon vor der Veröffentlichung hatten Banker und ausländische Kreditgeber Sorge, daß solch eine Erklärung den Kollaps des Bankensystems und den Verlust ausländischer Schulden bewirken würde. Besondere Furcht hatte man vor der Gründung einer islamischen Alternative zum Zinsgeld des Westens.[28] Die Nachfolgeregierung griff jedoch unerbittlich gegen die Richter durch: Im Januar 2000 hat der pakistanische Militärmachthaber Musharraf sich die Justiz unterworfen. Er zwang die Richter des Landes, einen Eid auf die Übergangsverfassung zu leisten. Der höchste Richter Pakistans, Siddiqi, wurde entlassen, nachdem er den geforderten Eid verweigert hatte.[29]

Wie wir gesehen haben, ist der Zins einmal ein großes Problem für die Stabilität einer Währung und wurde deshalb schon von großen Religionsstiftern als zu vermeidender Störfaktor gebrandmarkt. Letztlich muß diese Instabilität im Zusammenbruch enden. Den wenigsten ist heute bekannt, daß sie im Zinssystem zu den Verlierern gehören, die einen guten Teil ihrer Arbeitskraft nur für die Verzinsung der Schulden aufwenden müssen. Entscheidend für uns ist, die Hintergründe des Systems zu verstehen, damit der Betrug so nicht weitergehen kann. Hierfür ist jedoch wichtig, den Umverteilungsmechanismus durch das Zinssystem zu durchschauen.

Die perfekte Ausbeutung

*»Der Wucherer ist mit vollstem Recht verhaßt, weil das Geld hier
selbst die Quelle des Erwerbs und nicht dazu gebraucht wird, wozu es
erfunden ward. Denn für den Warenaustausch entstand es, der Zins
aber macht aus Geld mehr Geld. ... Der Zins aber ist Geld von Geld,
so daß er von allen Erwerbszweigen der naturwidrigste ist.«*
Aristoteles, griech. Philosoph

Heute meinen die meisten Menschen, daß Ausbeutung und Leibeigenschaft ein Relikt aus früheren Tagen darstellt. Wenig bekannt ist, daß
gerade unser Zinskapitalismus die perfekte Ausbeutung des Großteils der
Bevölkerung ermöglicht. Da Geld gleich Macht bedeutet, können die Reichen letztlich über die juristischen Bedingungen entscheiden, unter denen
die Untergebenen zu leben haben. Unser Vertragsrecht hat etwa ihre Grundlage in normierten Arbeitsordnungen aus der Feudalzeit. Der einzelne hat
auch heute nur die Freiheit beispielsweise den Arbeitsvertrag zu unter-
schreiben oder nicht.[30] Dabei war die alte Ausbeutung wesentlich durch-
schaubarer, während das Zinssystem alles schleichend ablaufen läßt, ohne
daß die Bürger wissen, warum es ihnen immer schlechter geht. In früherer
Zeit war ganz deutlich, wer und aus welchem Grund jemand anderen aus-
nutzte. Wenn ein Fürst seine Untertanen zum Frondienst verpflichtete, war

für die Geknechteten der Vorgang völlig offen durchschaubar. Das System damals hatte jedoch für den Kapitalisten den Nachteil, daß man die Menschen nur mit Gewalt zur Arbeit antreiben konnte. Wer jedoch unter offenem Zwang steht, leistet nur das Minimum – sobald der Aufseher wegschaute, ließ sofort die Arbeitsleistung nach. Die Ausbeutung im Zinskapitalismus geschieht viel raffinierter: Wenige Geldbesitzer enthalten den Menschen das wichtige Tauschmittel vor und geben es erst in Umlauf, wenn Zins gezahlt wird. Jedes Jahr müssen nun die Bürger Zinsen an die Geldverleiher bezahlen, da diese anderenfalls das Tauschmittel einziehen und die Wirtschaft zusammenbrechen lassen. Dabei muß das einzelne Individuum nicht einmal kontrolliert oder durch Zwang zur Arbeit angetrieben werden, da jedem gar keine andere Möglichkeit bleibt, als die Zinslasten zu tragen, sofern er nicht untergehen will. Die Zinsbelastung in der Bevölkerung erfaßt zuerst nur den unteren Anteil, die ärmsten, später die Mittelschicht, am Ende sogar die Wohlhabenden. In der Bevölkerung kommt es zu einem Konkurrenzdruck um die besten Plätze im System, niemand möchte als erster scheitern. Durch diesen ruinösen Wettbewerb ist jeder Marktteilnehmer dazu gezwungen, die maximale Leistung zu erbringen, ohne daß äußerer Druck der Nutznießer notwendig wäre. Doch die Situation muß sich immer weiter verschärfen: Durch die Zinseszinsrechnung bleiben die Kapitalkosten nicht konstant, sondern steigen mit zunehmender Zeit immer schneller an. Wie sich die Schulden und damit die Zinskosten letztlich auf die Marktteilnehmer Staat, Unternehmen und Privathaushalte verteilen, ist gleichgültig, da indirekt die gesamte Bevölkerung den ganzen explodierenden Schuldenberg bedienen muß. Die Ausbeutung des einzelnen geschieht in erster Linie durch die Zinslasten des Staates, der Unternehmer, der Privathaushalte und indirekter Zinslasten. Dabei ist die Ausbeutung durch unseren Staat am deutlichsten erkennbar.

Ausbeutung durch den Staat

Diese Ausbeutung erfolgt in erster Linie über das Steuer- und Abgabensystem. Die Bürger müssen dabei im heutigen System immer stärker belastet werden, da auch die Kreditverpflichtungen des Staates wachsen. Der Staat ist dazu gezwungen, seine Schulden- und damit Zinsverpflichtungen laufend auszuweiten, um das System am Leben zu erhalten. Wenn der Staat seine Schuldenaufnahme reduzieren wollte, so ginge dies nur, indem andere Wirtschaftssektoren, wie beispielsweise die Unternehmen oder die Privathaushalte, mehr Kredite nachfragen. Bleibt diese verstärkte Aufnahme von Schulden durch die übrige Wirtschaft aus, so muß der Staat ein-

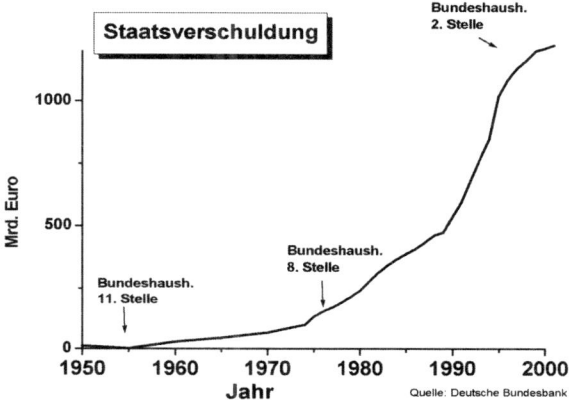

Abb. 5: Staatsverschuldung in Deutschland (Kostenstellen der Verschuldung im Bundeshaushalt)

greifen und den Schuldenüberhang durch Kreditaufnahme abschöpfen. Um den Schuldendienst leisten zu können, muß der Staat den Bürgern zwangsläufig immer drückendere Steuern und Abgaben aufbürden. Abb. 5 zeigt anhand der deutschen Staatsverschuldung, wie extrem die Entwicklung ist.

Die Politiker in Bund, Ländern und Gemeinden stehen dabei unter Druck. Einmal müssen die Zinslasten bezahlt werden, zum zweiten will man jedoch nicht die Nutznießer des Systems dazu heranziehen, da diese sonst bei der nächsten Wahl ihre Unterstützung versagen könnten. Die Lösung sehen unsere Regierenden darin, die kleinen Bürger vermehrt zu belasten.

Ungerechte Steuerpolitik

Am deutlichsten wird die steigende Abgaben- und Steuerlast vor allem an der zunehmenden Differenz zwischen Brutto- und Nettolohn (Abb. 6). Durch weitergehende Verschuldung des Staates wird die Abgabenlast noch deutlich zunehmen. Machte der Zinsanteil bezüglich der Steuereinnahmen 1950 keine 2% aus, ist dieser inzwischen auf 25–30% angestiegen.[31] Dabei gibt es für den Staat im heutigen System keine andere Möglichkeit, die steigenden Zinsforderungen zu begleichen, als die Abgaben heraufzusetzen und die Leistungen einzuschränken. In keinem Industrieland, neben Belgien, ist die Abgabenlast so hoch wie in Deutschland. 1974 mußten noch knapp 41% vom Arbeitslohn abgeführt werden, heute sind

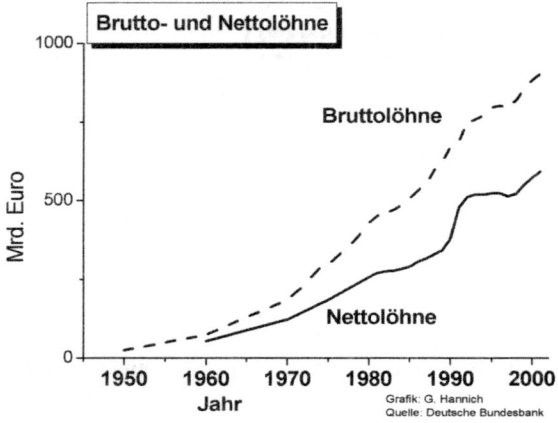

Abb. 6: Brutto- und Nettolöhne/Gehälter (Summe)

es schon über 52%, mit weiter steigender Tendenz.[32] Auch die Justiz stützt die steigende Steuerlast: Trotz einer Entscheidung des Bundesverfassungsgerichts 1995, daß die Belastung nicht über 50% liegen darf, entschied der Bundesfinanzhof, daß auch Belastungen durch Einkommens- und Gewerbeertragssteuer von über 50% zulässig seien.[33] Dabei ist das System so gestaltet, daß derjenige, der ohnehin schon viel Vermögen besitzt auch wenig Steuern zahlen muß und der, welcher wenig hat, mehr bezahlen muß.

Gemeinhin wird das Gegenteil angenommen, daß die Steuergesetzgebung einen rückverteilenden Effekt hätte. Gedacht wird hier meist an die Zinsabschlagsteuer und die Erbschaftssteuer, welche scheinbar von den wohlhabenden Schichten zu tragen sind. Jedoch machen die jährlichen Einnahmen durch Erbschaftssteuer nur etwa 1/1000 des privaten Geldvermögens aus. Im Jahr 2001 wurden hierdurch knapp drei Mrd. Euro eingenommen.[34] Von einem effektiven Rückverteilungseffekt vom Kapital zur Arbeit kann keinesfalls die Rede sein. Inzwischen wird sogar geplant, den Reichen weitere Schlupflöcher einzuräumen. So soll beispielsweise das Stiftungsrecht geändert werden, so daß reiche Bürger ihr Kapital in Stiftungen einbringen können und so von der Erbschaftssteuer befreit werden.[35] So können die Reichen ihr Geld steuerfrei an ihre Nachkommen übertragen. Zu beachten ist, daß Erbschaften auch nur wieder wenige reich machen; so belegte eine Studie, daß die Hälfte aller Erbschaften unter 100 000 DM liegt, nur jeder fünfundzwanzigste Erbe wird zum Millionär.[36] Auch im Nachbarland Schweiz ist die Situation nicht an-

ders: Obwohl sich hier 2% der Bevölkerung die Hälfte des Volksvermögens teilen, ist unter den Kantonen ein Wettlauf um die niedrigsten Steuern für Reiche entbrannt. Ein Kanton nach dem anderen schafft bereits die
Erbschaftssteuer ab.[37] Ähnlich sieht es bei der Zinsabschlagssteuer in
Deutschland aus: Trotz exponentiell steigender privater Geldvermögen sind
die Einnahmen durch die Zinsabschlagsteuer seit 1994 rückläufig. 2001
wurden gerade einmal 9 Mrd. Euro eingenommen.[38] Bei einem Betrag von
damals 3653 Mrd. Euro privatem Geldvermögen waren dies gerade einmal 0,24%. Da sich der Großteil des Geldvermögens in der Hand einer
Minderheit befindet, ist anzunehmen, daß diese in der Lage ist, die Steuer
zu umgehen und nur Kleinsparer, denen solche Möglichkeiten nicht offenstehen, bei Überschreiten des Freibetrages die Zinsabschlagsteuer entrichten müssen. Daß die Zinsertragssteuer überwiegend von den Kleinanlegern
getragen wird, zeigt auch das Beispiel der Schweiz: Fünfstellige Beträge
werden mit der dortigen Quellensteuer auf Zinserträge belastet. Ab sechs-
stelligen Anlagesummen wird auf die Erhebung der Steuer verzichtet.[39] In
England sollen ebenfalls Kleinsparer voll besteuert werden, hingegen Großanleger, Banken und Investmentfonds Sonderkonditionen bekommen.[40]
Eine weitere Steuer mit rückverteilendem Effekt, die Vermögenssteuer,
wurde in Deutschland bereits abgeschafft. Auch an die Einführung einer
Vermögensabgabe wird keinesfalls gedacht, entsprechende Forderungen
wurden von der Regierung mit scharfen Worten zurückgewiesen.[41]

Der geringe rückverteilende Effekt von Steuern ist inzwischen sogar
ins Gegenteil verdreht worden, was an der Besteuerung von Arbeit und
Kapital deutlich wird. Wie aus Abb. 7 zu ersehen ist, geht die Besteuerung
von Kapitalerträgen sowie Unternehmen und Rohstoffen in der Europäischen Union ständig zurück. Die Besteuerung von Vermögen und Unternehmertätigkeit ist von 1980 bis 1995 von 37% auf 22,5% gesunken.[42] In
gleichem Maße steigt die Belastung der Haushalte, die auf Arbeit angewiesen sind. In Hamburg, der Stadt der Millionäre, ist beispielsweise das
Einkommenssteueraufkommen allein von 1992 bis 1996 um 25 Prozent
gesunken, weil immer mehr Reiche gar keine Steuern zahlen.[43] Was hier
erreicht wird, ist eine Beschleunigung des Finanztransfers von arm zu reich.
Durch sinkende Steuern sind die oberen, wohlhabenden Schichten in der
Lage, noch schneller Kapital anzuhäufen und dementsprechend noch höhere Zinserträge zu erwirtschaften. Auf der anderen Seite müssen von den
mittleren und unteren Gesellschaftsschichten vom Arbeitsertrag immer
größere Anteile an Steuern abgegeben werden. Die Chance, durch Anspa-
ren den Kapitalertrag zu erhöhen, sinkt entsprechend. Da die steuerzahlende
Bevölkerung immer ärmer wird, wurden schon Überlegungen angestellt,
wie der Steuerertrag trotzdem gesteigert werden könnte. Dabei wurde bei-

42

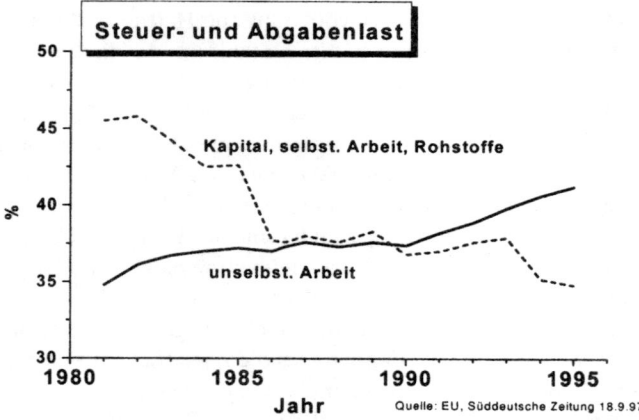

Quelle: EU, Süddeutsche Zeitung 18.9.97

Abb. 7: Besteuerung von Arbeit und Kapital in der EU (Durchschnitt)

spielsweise auf einer Finanzministerkonferenz vorgeschlagen, daß die Denunziation von Bürgern, die zu einer höheren Steuerlast eines Mitmenschen führt, belohnt werden solle.[44] Die Steuerlast wird in Zukunft noch weiter zunehmen, in gleichem Maße, wie die Staatsverschuldung explodiert. Dabei wird es auch immer mehr zusätzliche Abgaben geben. So müssen aktive Sportler in einer dänischen Stadt eine Sport-Sonderabgabe abführen, um ihrem Sport nachzugehen.[45]

Ungerechte Sozialabgaben

»Wenn man's genau betrachtet, beruht unser Sozialsystem zu großen Teilen auf einem semantischen Betrug, auf Irrtümern oder aber einer gezielt unwahren Darstellung. Beispiel Generationenvertrag. Erstens haben die Generationen gar keinen Vertrag miteinander geschlossen. Zweitens setzte ein Generationenvertrag eine wirkliche Pyramide im Altersaufbau und drittens eine weitgehende Vollbeschäftigung voraus. Alle drei Kriterien treffen nicht zu ... Außerdem muß man dabei bedenken, daß auch das Wort Versicherung, so wie wir es gewöhnlich bei der Renten- oder Pflegeversicherung benutzen, einfach Quatsch ist ... versichern kann man sich nur gegen unvorhergesehene Risiken. Gegen das normale Schicksal eines Menschen kann man sich nicht versichern.«
Rupert Lay, Politik- und Managerberater[46]

Neben den Steuern sind auch die Sozialabgaben übermäßig angestiegen und kürzen damit den Arbeitslohn beträchtlich. Dabei sind diese Abgaben von vornherein unsozial, da nicht die Verursacher der sozialen Probleme zahlen müssen, sondern die Opfer. Weil sich die Marktwirtschaft durch steigende Zinslasten immer mehr in den Kapitalismus verwandelt, nehmen auch die sozialen Probleme und damit die Soziallasten zu. Durch diese Lasten wird der ausbezahlte Lohn der Beschäftigten kleiner, womit die ungleiche Verteilung der Vermögen noch weiter auseinanderläuft. Seit 1980 sind die Soziallasten doppelt so stark gestiegen wie Löhne und Gehälter.[47] Heute umfaßt das zu finanzierende Sozialbudget ein Volumen von 700 Mrd. Euro. 1962 lag der Betrag noch bei einem Sechstel davon.[48] Ein großer Teil der Soziallasten wird durch die Rentenversicherung verursacht. In der Rentenversicherungspflicht, die sich nur auf Beschäftigte beschränkt, liegt jedoch auch ein Hauptfaktor dafür, daß sich das Vermögen immer mehr konzentriert: Beispielsweise werden bei einem Bruttojahresgehalt von 28 000 Euro etwa 5600 Euro (einschließlich Arbeitgeberanteil) für die Rentenversicherung vereinnahmt. Nach 45-jähriger Einzahlung ist momentan eine Rente von 1170 Euro im Monat zu erwarten. Wäre das Vermögen kontinuierlich bei einem Zinssatz von nur 5% angelegt worden, wäre nach 45 Jahren ein Vermögen von über 900 000 Euro entstanden. Allein die Zinszahlungen würden monatlich bei über 3800 Euro liegen (Abb. 8).[49] Die Rentenversicherungspflicht stellt für die Arbeitnehmer einen großen Nachteil beim Vermögensaufbau dar. Während Unternehmer und Millionäre die Geldbeträge direkt in rentable Anlageformen investieren können, müssen Arbeiter und Angestellte große Beträge innerhalb eines unrentablen Systems festlegen. In Zukunft sollen die Leistungen noch erheblich weiter eingeschränkt werden. Auch die Diskussion um eine »Grundrente«, also einer Minimumrente unabhängig von den eingezahlten Beiträgen, wird immer aktueller.

Zunehmend werden Überlegungen angestellt, die Beschäftigten zusätzlich mit einer obligatorischen Zusatzversorgung zu belasten. So verlangte der Chefvolkswirt der Deutschen Bank Norbert Walter, daß eine vom Staat verordnete Pflicht zur kapitalgedeckten Rente und höheren Eigenbeteiligung bei der Krankenversicherung eingeführt werden müßte.[50] In die gleiche Richtung deuten auch Forderungen der AOK Bayern, nicht nur Arbeitseinkünfte, sondern auch übrige Gelder, wie Mieten, Vermögenserträge oder Gewinne von Unternehmen mit Kassenbeiträgen zu belasten.[51] Diese Mehrausgaben würden das Nettoeinkommen zusätzlich schmälern und die Leistungen durch die Rentenkasse absenken, da sich die Rentenauszahlung am Nettoeinkommen orientiert.[52] Daneben wird auch schon eine deutliche Anhebung des Rentenalters gefordert. So verlangte die OECD, daß ein

44

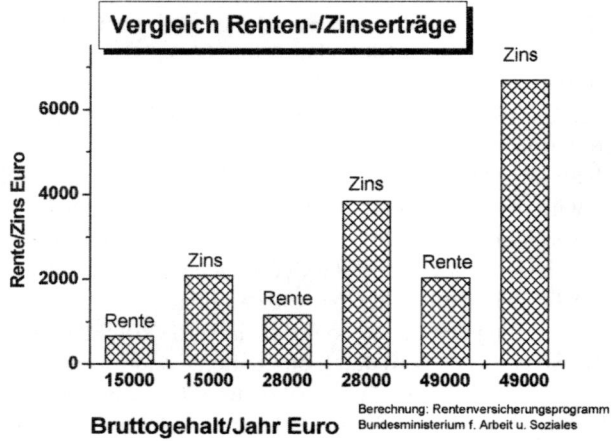

Abb. 8: Rente/Zinsertrag pro Monat im Vergleich

Arbeitnehmer bis zum 70. Lebensjahr arbeiten, gleichzeitig die Sozialver-
sicherungsbeiträge angehoben und die Rentenzahlungen verringert werden müßten.[53] Doch damit nicht genug. Die »Reformkommission Soziale
Marktwirtschaft« schlägt vor, die gesetzlichen Leistungen der Krankenversicherung auf ein niedriges Niveau zu beschränken und den Patienten
damit stärker an den Kosten des Gesundheitssystems zu beteiligen. Außerdem soll nicht nur der Arbeitslohn, sondern das gesamte steuerpflichti-
ge Einkommen der Haushalte bei den Beiträgen berücksichtigt werden.[54]
Zusätzlich sind Bestrebungen im Gange, die Soziallasten durch ein sogenanntes »Zwangssparen« weiter zu erhöhen. Dabei soll neben der gesetzlichen Rentenversicherung eine zusätzliche kapitalgedeckte Rentenabgabe
eingeführt werden.[55] Es wurde eindeutig betont, daß es nicht um ein frei-
williges Sparen gehe, sondern um eine Zwangsmaßnahme.[56] Keine Frage,
daß sich durch solche Maßnahmen die Kluft zwischen arm und reich noch
zusätzlich verschärfen wird.

Angebliche Musterländer

Häufig werden in der Presse sogenannte »Musterstaaten« vorgeführt, die
durch Sparmaßnahmen die Staatsverschuldung und damit die Steuer- und
Abgabenlast abbauen würden. Vergessen wird dabei, daß die Gesamtverschuldung in jedem Land aufgrund des Zinseffektes ansteigen muß. So

wird bei einer Reduzierung der Staatsschuld automatisch die Kreditaufnahme der Unternehmen gesteigert. Die gesellschaftlichen Fehlentwicklungen werden auf diesem Weg teilweise sogar noch verschlimmert. So
liegt das »Musterland« Neuseeland etwa bei der Selbstmordrate unter Jugendlichen an erster Stelle weltweit, weil die gesellschaftlichen Lebensbedingungen so drückend sind, daß viele keinen anderen Ausweg mehr
sehen, als dem Trauerspiel ein Ende zu setzen.[57] Die Situation in den Nie-
derlanden ist ebenfalls weit entfernt von einer wirklichen Lösung: Nach
Angaben der OECD stünden die Niederlande bei der Lösung tieferliegender
Probleme vor einer »unvollendeten Tagesordnung«. Die scheinbaren Erfolge auf dem Arbeitsmarkt seien vor allem durch vermehrte Teilzeitarbeit
erreicht worden. Die Arbeitslosenquote lag damit im Jahr 1998 bei nur
noch 4,6%. Doch sei dies nach Aussage von Experten nur die halbe Wahrheit, da gleichzeitig auch die Zahl der vom Staat unterstützten Initiativen
stärker gestiegen sei als anderswo. Wenn man den erweiterten Begriff der
Arbeitslosigkeit zugrunde lege, seien heute über 25 Prozent der Arbeitskräfte ohne echte Stelle. So erkläre sich auch die niedrige Beschäftigungs-
rate der Niederlande von nur 52 Prozent, die damit weit unter dem Niveau
anderer EU-Länder mit über 60 Prozent oder gar Amerikas und Japans mit
70 bis 80 Prozent liege.[58]
    Neben den Musterländern wird auch gerne auf angebliche Schulden-
erlässe verwiesen, um Kritik am System auszuschalten.

Schuldenerlässe

Diese Maßnahmen ähneln den angeblichen milden Taten der Reichen, die
nur deshalb vollbracht werden, um die Bevölkerung vom guten Willen der
Ausbeuter zu überzeugen. Doch damit nicht genug: Bei den Schulden-
erlässen muß der Gläubiger nicht einmal auf irgend etwas verzichten, da
die Kredite des einen Schuldners einfach nur auf einen anderen Schuldner
umgebucht werden. Richtig erklärte hier der Ökonom Paul C. Martin:
    »Denn wie läuft so ein Schuldenerlaß ab? Den armen Teufeln werden
die Schulden zwar erlassen, aber damit sind sie nicht verschwunden. Denn
die Schulden übernimmt anschließend jener Staat, der das Geld im Rahmen seiner Entwicklungshilfe verliehen hat. Die Schulden hat dann nicht
mehr der Staat Indonesien (um ein Beispiel zu nennen) sondern nach dem
›Erlaß‹ die Bundesrepublik Deutschland. Entsprechend bleiben natürlich
auch die gleichhohen Guthaben unangetastet.«[59]
    Dabei sind die Schulden der Dritten Welt nahezu explodiert: Allein
zwischen 1980 und 1997 sind die Kredite um 260 Prozent angewachsen

und haben sich bis Ende 1999 sogar auf 2,3 Billionen Dollar vervierfacht.
Weil die Kredite noch mit flexiblen Zinssätzen vergeben wurden, verviel-
fachten sich diese in Hochzinsphasen schnell durch den Zinseszinseffekt.[60]
Doch ändert dabei ein Schuldenerlaß wenig: Da die Guthaben, die hinter
den Schulden stehen, nicht berührt werden, verändert sich nichts an der
Gesamtverschuldung, und vor allem bleibt der Zinseszinsmechanismus,
also die Explosion der Geldvermögen wie der Schulden, weiter bestehen.
Außerdem darf nicht vergessen werden, daß ein Schuldenerlaß, oder besser eine Schuldenverschiebung, für einen Staat einen massiven Einschnitt
bedeutet. Einmal sind diese Erlässe nie umsonst zu haben, da der betroffene Staat immer bestimmte Hoheitsrechte aufgeben muß, und zum zweiten
verliert ein Land dadurch seine Kreditwürdigkeit, da es sich als insolven-
ter Schuldner präsentiert hat. Auch am System an sich und dem zwangsläufigen Zusammenbruch dieser Ordnung ändert sich durch solche Maßnahmen nicht das Geringste. Es wird nur in der Bevölkerung die Illusion
erweckt, daß von der Kapitalseite etwas zur Linderung der Not unternommen werde. Doch geht es für den Staat mit zunehmender Zeit und damit
wachsenden Zinsverpflichtungen immer weniger um das Wohlergehen
seiner Bürger, sondern nur noch um die Bedienung der Schulden. Die
meisten Maßnahmen, welche heute getroffen werden, sollen sicherstellen,
daß die Zinslasten auch weiterhin vom Volk aufgebracht werden können.
Dabei interessiert es wenig, wenn die Armut explodiert und die Gesellschaft zerfällt. Im zinskapitalistischen System ist allerdings der Staat nicht
der einzige, der den Arbeiter, Angestellten oder Unternehmer ausbeutet.
Die Ausbeutung beginnt schon an der Quelle, der Arbeit selbst, allerdings
nicht im kommunistischen Sinne durch den Unternehmer, sondern durch
den Geldbesitzer im Hintergrund, bei dem der Firmeninhaber verschuldet
ist.

Ausbeutung bei der Arbeit und Arbeitslosigkeit

*»Das erstrebenswerte Ziel der menschlichen Kulturentwicklung wäre,
daß die Arbeit eines jeden Menschen ganz beschränkt bleibt auf die aus
eigenem inneren Bedürfnis entspringende schöpferische Werktätigkeit,
während seine wirtschaftliche Existenz — sei es auch auf nur bescheide-
ner Stufe — ihm unabhängig von seiner ›Arbeit‹ gesichert ist ...
Ob dieses Ziel einmal erreicht werden kann, setzt eine außer-
ordentliche Verringerung der an den Rohstoffen der Erde
zehrenden Menschenmassen voraus.«*
W. Borgius, Die Schule – Ein Frevel an der Jugend, 1930

Im zinskapitalistischen System sind die Unternehmen zunehmend dazu gezwungen, Kredite aufzunehmen, um im härter werdenden Wettbewerb bestehen zu können. Um wiederum die Zinsen bezahlen zu können, müssen Rationalisierungsmaßnahmen getroffen und damit Arbeitskräfte abgebaut werden. Zu Beginn unserer Wirtschaftsordnung, nach dem Zweiten Weltkrieg, konnte der Kapitalanteil noch durch ein kräftiges Wirtschaftswachstum ausgeglichen werden. Heute jedoch stellt er den bestimmenden Faktor im Unternehmen dar. Die Fähigkeit der Betriebe, Löhne zahlen zu können, sinkt damit in immer schnellerem Ausmaß. Wer den Gegensatz zwischen Kapital und Arbeit im Zinssystem verstanden hat, erkennt auch, daß die Konfrontation von Arbeitnehmer und Unternehmer eigentlich gar nicht besteht. Beide sitzen letztlich im gleichen Boot und werden vom Kapitalgeber unter Druck gesetzt. Die künstlichen Streitigkeiten von Gewerkschaften und Betrieben sind dabei nur Ablenkungsaktionen, welche die Aufmerksamkeit von der Zinsausbeutung weglenken sollen.

Wie aus Abb. 9 ersichtlich ist, entwickeln sich die Bruttolöhne linear, während die Schulden der Unternehmen stark ansteigen. Nach Angaben der Deutschen Bundesbank arbeitete 1995 das durchschnittliche Unternehmen mit nur noch 18% Eigenkapital, manche Branchen, wie der Einzelhandel, oder die Bauindustrie sogar mit weniger als 5%.[61] Der Rest ist Fremdkapital, also zu bedienende Schuldenlast. Mit schnell anwachsenden Schulden sind steigende Zinslasten der Wirtschaft verbunden. Wie gewaltig dieser Schuldendienst ist, wird bei Großprojekten klar: Beim Tunnel zwischen England und Frankreich beispielsweise frißt die Zinslast, trotz ständig steigender Nutzung des Tunnels, die gesamten Gewinne

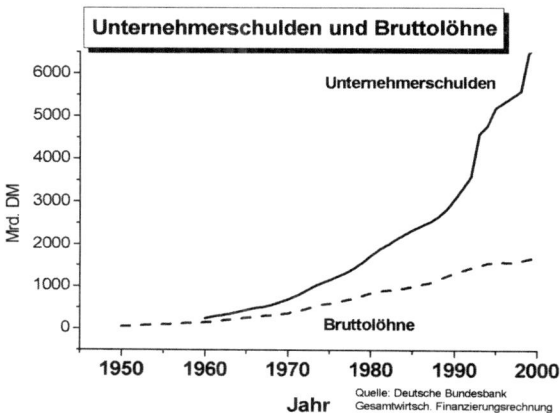

Abb. 9: Bruttolöhne und Unternehmerverschuldung im Vergleich

aus dem Betrieb.[62] Zinsen müssen jährlich pünktlich an den Geldgeber überwiesen werden, hier fehlt jeglicher Verhandlungsspielraum. Das führt dazu, daß die Betriebe gezwungen sind, in anderen Bereichen einzusparen: Arbeitskräfte werden entlassen! Andere Unternehmen können die Zinslasten nicht mehr tragen und müssen aufgeben. Das Ergebnis: Arbeitslosigkeit für die Betroffenen! So werden jedes Jahr neue Pleitenrekorde erreicht. Allein die Rekordpleitewelle von 1997 setzte eine halbe Million Arbeiter auf die Straße![63] Die folgenden Jahre 1998 und 1999 bestätigten die Entwicklung. Steigenden Zinslasten der Wirtschaft stehen auf der anderen Seite zunehmende Zinserträge der Geldbesitzer und der Banken gegenüber. Die wachsenden Zinsströme von den Unternehmen zum Kapital zeigen sich am besten in den Zinserträgen der Banken.

Das Ergebnis ist steigende Arbeitslosigkeit, weil Geld aus der Produktion zum Kapital verschoben wird und die Firmen zu Sparmaßnahmen gezwungen werden, um die Zinslasten tragen zu können. Jeweils 1–2 Jahre nach einem Anstieg der Bankzinserträge kommt es so zu einer Zunahme der Arbeitslosigkeit (Abb. 10). Dabei verlief die Steigerung der Arbeitslosenzahl jeweils in Stufen. Immer, wenn es zu einer Erhöhung der Zinsen kam, stiegen die Zinslasten der Unternehmen und es erfolgten Rationalisierungsmaßnahmen. Dies war in den Perioden 1970–1974, 1978–1981 und 1986–1992 der Fall, in denen die Erwerbslosigkeit jeweils stark anstieg. Wenn der Zinssatz wieder abfiel, stabilisierte sich die Mangelbeschäftigung auf dem erreichten Niveau oder fiel leicht ab. Diese Phasen waren von 1974–1978 und 1981–1986 vorhanden. Heute haben wir den Fall, daß trotz fallender Zinsen (bis 1999) die Arbeitslosigkeit weiter angestiegen ist.

Dies ist zum einen auf die hohe Grundverschuldung der Unternehmen im verschärften internationalen Wettbewerb zurückzuführen, der zu intensiven Rationalisierungsstrategien zwingt. Zum anderen sind die Reallöhne seit einigen Jahren weit hinter dem Produktivitätszuwachs zurückgeblieben, was die privaten Haushalte zu Konsumeinschnitten zwingt. Die realen Bruttolöhne sind seit 1980 um 19% hinter der Produktivitätsentwicklung geblieben. Die preisbereinigten Nettolöhne haben damit 1997 um 1% unter dem Niveau von 1980 gelegen.[64] Durch den dadurch verursachten Rückgang des Konsums gegenüber dem Produktionszuwachs kommen die Unternehmen wieder unter Absatzdruck für ihre Produkte und sind dadurch zu weiteren Lohnsenkungen gezwungen. Was entsteht, ist ein Teufelskreislauf aus sinkenden Löhnen und rückläufiger Kaufkraft der privaten Haushalte. Deutlich wird der Konsumrückgang im Einzelhandel. Schon seit 1992 leidet der Verkauf unter massiven Umsatzrückgängen.[65] Würden in dieser Situation die Zinsen wieder ansteigen, wären die Unter-

Abb. 10: Bankzinserträge und Arbeitslosigkeit (in Anlehnung an H. Creutz)

nehmen zu noch größeren Lohnkürzungen gezwungen, und der gesamte Verbrauch müßte einbrechen, mit schlimmen Folgen für den Arbeitsmarkt. Letztlich wird die Wirtschaft heute nur noch durch eine verstärkte Exporttätigkeit am Laufen gehalten. Eine weltweite Wirtschaftskrise würde auch diesen Bereich einbrechen lassen und die Massenarbeitslosigkeit vergrößern.

Doch auch global hat die Mangelbeschäftigung enorme Ausmaße angenommen: Weltweit sind, Schätzungen der Internationalen Arbeitsorganisation (ILO) zufolge, etwa 1000 Mio. Menschen arbeitslos oder unterbeschäftigt, also jede dritte arbeitsfähige Person.[66] Auch in den USA ist der Abbau von Arbeitslosen zum Großteil auf die Ausweitung niedrigbezahlter Jobs zurückzuführen. Das amerikanische Arbeitsministerium erklärte, daß über 60% der neu geschaffenen Arbeitsplätze nur gering entlohnt werden.[67] Im Umfeld steigender Erwerbslosenzahlen muß auch der Druck auf die noch Beschäftigten zunehmen.

Steigender Druck auf die Löhne

»Alle Menschen zerfallen, wie zu allen Zeiten so auch jetzt noch, in Sklaven und Freie; denn wer von seinem Tage nicht zwei Drittel für sich hat, ist ein Sklave, er sei übrigens, wer er wolle: Staatsmann, Kaufmann, Beamter, Gelehrter.«

Friedrich Nietzsche

So behauptete etwa der ehemalige baden-württembergische Ministerpräsident und jetzige Vorstandsvorsitzende der Jenaoptik AG, Lothar Späth, daß gerade die Einkommen der Sozialempfänger und Rentner überdurchschnittlich stiegen. Gerade den Ärmsten ginge es immer besser, deshalb solle eine »Leistungspolitik« die Hilfen reduzieren, damit die Deutschen wieder lernten »auf niedrigem Niveau zu schuften, statt auf höchstem Niveau zu jammern«.[68] Ähnliches fordert der Bundesverband der Industrie (BDI) und deren Präsident Hans-Olaf Henkel: Drastische Sparmaßnahmen im sozialen Bereich sollen eine bessere Zukunft nach dem Jahr 2010 bringen, deshalb solle der Bevölkerung klar gemacht werden, daß es sich lohne, den »Gürtel enger zu schnallen«.[69] Der Berliner Radiosender Hundert 6 hat seine Mitarbeiter zum freiwilligen Urlaubsverzicht aufgerufen, weil anders der Job nicht verantwortungsvoll auszuführen und 30 Tage Urlaub unternehmerisch und wirtschaftlich nicht durchzuhalten sei.[70] Eine Vorreiterrolle spielte hier die Pleite des Holzmann-Konzerns im Jahr 1999. Die Arbeitnehmer mußten sich zu umfangreichem Lohnverzicht und unbezahlter Mehrarbeit verpflichten, um nicht den Arbeitsplatz zu verlieren. Diese Vereinbarung wird nun von vielen Konzernen dazu ausgenutzt, auch von den eigenen Beschäftigten Opfer abzuverlangen. So forderte etwa der Vorstand der Deutschen Bahn AG, Mehdorn, von den Beschäftigten einen Einkommensverzicht als Sanierungsopfer. Als Begründung gab er an, daß solche Einschnitte auch schon bei anderen Unternehmen angewandt wurden. Gleichzeitig kündigte Mehdorn an, daß die Bahn AG bis zum Jahr 2004 eine Verzinsung des eingesetzten Kapitals von zehn Prozent erwirtschaften müsse, um damit ihre Kapitalmarktfähigkeit unter Beweis zu stellen.[71] Um die Löhne weiter zu drücken, wurde Anfang 2000 der Ruf nach zusätzlicher Einwanderung von Fachkräften laut. Obwohl noch im Januar eine weitere Immigration vom Arbeitsministerium abgelehnt und erklärt wurde, daß der Bedarf mit einheimischen Kräften zu decken sei, verlangte Bundeskanzler Schröder überraschend einen zusätzlichen Bedarf an ausländischen Computerkräften.[72] Genauso fordert die UNO Deutschland auf, jedes Jahr mehrere hunderttausend Einwanderer einzubürgern, um Probleme bei der Rentenversicherung zu vermeiden.[73] Durch diese Maßnahmen werden die Gehälter, auch in noch gut bezahlten Branchen, kräftig unter Druck gebracht, da die einheimische Fachkraft mit dem kostengünstigeren Einwanderer konkurrieren muß. Die Ausbeutung der Arbeitskraft durch das Kapital wird damit noch größer. Die Kapitalseite ist in diesem Zusammenhang immer bemüht, die Ursache der im Zinssystem wachsenden Probleme dem Faktor Arbeit zuzuweisen. So erklärte Rolf Peffekoven, Mitglied des Sachverständigenrates, er gehe davon aus, »daß ein beschäftigungsorientierter Abschluß deutlich unter dem Produktivitätsfortschritt hätte bleiben müssen«.[74] Daß jedoch die Steigerung des Arbeitslohnes im gleichen Maße wie die Produktivität nötig wäre, um die Kaufkraft der Bevölkerung für die Produkte sicherzustellen, das wurde verschwiegen. Im Prinzip geht es dabei nur darum, die steigenden Kapitalkosten durch sinkende Löhne zu finanzieren. In die gleiche Richtung geht auch der Chefvolkswirt der Europäischen Zentralbank, Otmar Issing, als er Europas unflexible Arbeitsmärkte und die hohe Arbeitslosigkeit als nahezu tödliche Gefahr für die Wirtschafts- und Währungsunion bezeichnete. Issing und andere EZB-Mitglieder hatten darüber schon mehrfach zu einer Beschleunigung der Wirtschaftsreformen aufgerufen und die herrschenden rigiden Wirtschaftsstrukturen für die Schwäche des Euros verantwortlich gemacht.[75] Unter dem Begriff »Wirtschaftsreformen« verstehen die Verantwortlichen im besonderen die Absenkung des Lohnniveaus und die Aufhebung von Kündigungsschutzgesetzen. Meist wird in diesem Zusammenhang der Begriff der »Globalisierung« erwähnt, der zu mehr Wettbewerb und damit steigenden Erwerbszahlen führen soll.

Globalisierung – die perfekte Unterdrückung

»Die Ängste der Menschen vor einer unüberschaubaren Welt, vor
Mächtigen, die weder wählbar, noch abwählbar sind, vor anonymen
Strukturen, müssen wir ernst nehmen. ... Es sollte nie vergessen werden,
daß Freiheit sich nicht von selbst versteht, daß sie ersehnt, erkämpft und
verteidigt werden muß«.
Bundespräsident Rau zur Globalisierung[76]

Globalisierung heißt, daß sich das Geldkapital in kurzer Zeit von einem Ort zum anderen bewegen kann, um dort mehr Zinserträge zu erwirtschaften. Da jedoch Produktion und Arbeitnehmer nicht so mobil sind, wird sich zwangsläufig die Vorherrschaft der Kapitalbesitzer über Arbeit und Produktion verschärfen. Die Unternehmen sind dann immer mehr dazu gezwungen, mit dem Kapitalmarkt zu konkurrieren. Erbringt ein Betrieb nicht mehr die Mindestrendite auf dem Geldmarkt, wird er wegen »Unrentabilität« geschlossen – Arbeitslosigkeit für die Betroffenen ist die Folge. So wurde etwa beim Daimler-Benz Konzern bereits 1996 die Anweisung erlassen, daß alle Sparten des Konzerns eine Mindestrendite von 12% erwirtschaften müssen, anderenfalls würden sie abgestoßen.[77] 12% Rendite bedeutet eine Verdopplung der Produktivität alle sechs Jahre – der Druck auf Angestellte und Arbeiter steigt damit ständig.

Wie die globalen Großanleger den Vorrang vor der Sicherung von Ar-

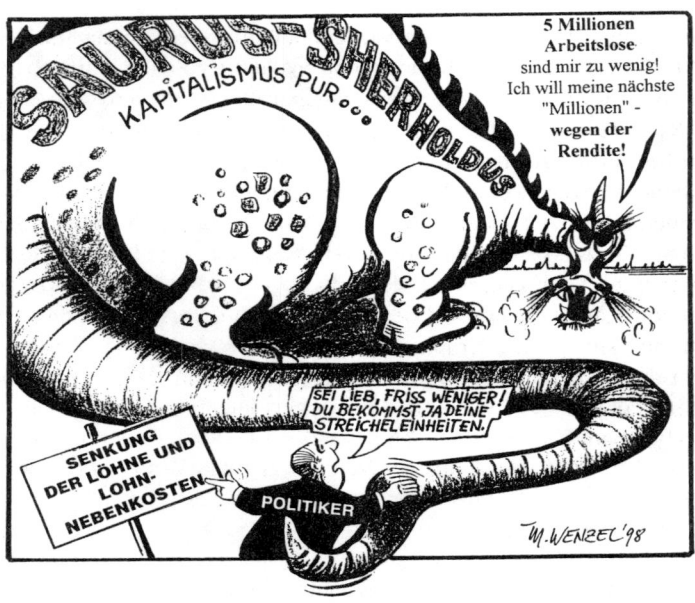

beitsplätzen bekommen, zeigt folgendes Beispiel: Der Nahrungs- und Waschmittelkonzern Unilever kündigte wegen der Globalisierung an, in den nächsten Jahren weltweit 100 Fabriken und 25 000 Arbeitsplätze abzubauen. Die Maßnahme wurde indirekt damit begründet, daß der Nettogewinn zurückgegangen wäre, wegen der Ausschüttung einer Superdividende im Sommer vergangenen Jahres.[78] Mit der Globalisierung müssen nun weltweit die Unternehmen in erster Linie mit dem mächtiger werdenden Kapitalmarkt konkurrieren – ein gnadenloser Verdrängungswettbewerb entsteht, die Anforderungen werden in immer größere Höhen geschraubt, Löhne nach unten gedrückt, und immer mehr Menschen werden auf der Strecke bleiben. Gleichzeitig kommt es zu einer beschleunigten Konzentrationswelle in der Wirtschaft. Das Transaktionsvolumen der weltweiten Unternehmensfusionen stieg 1997, im Vergleich zum Vorjahr, um 48% auf 1630 Mrd. US-Dollar.[79] 1999 wurden es bereits annähernd 3000 Mrd. Dollar.[80] Durch die größere Kapitalbasis können Großkonzerne kleine Betriebe in einem ruinösen Wettbewerb in die Enge treiben. Mittelständische Unternehmen, die den Großteil der Arbeitsplätze stellen, müssen bei steigenden Zinslasten aufgeben und ihren Marktanteil an einen Großkonzern abgeben, der damit seine Monopolstellung ausweitet. Bei der Übernahme wird der Betrieb zuerst durch Entlassungen »saniert« – Arbeitslosigkeit ist die Folge. Der ehemalige Vorsitzende der Deutschen

Bank, Hilmar Kopper, wies darauf hin, daß Fusionen oftmals nur deshalb stattfinden, damit sich der Konzern von bestimmten Sparten trennen kann.[81] Ein oberstes Ziel der Firmenübernahmen stellt also schon von vornherein die Reduzierung des Personalbestandes dar. Zusätzlich kommt es zu einem Preisdruck auf andere Kleinunternehmer, die mit dem entstandenen Giganten konkurrieren sollen. So schrumpfen beispielsweise die Gewinnspannen im Einzelhandel immer weiter. Große Ketten, welche vorher die kleinen Tante-Emma-Läden ruinierten, werden nun selbst von Großkonzernen unter Druck gesetzt. Dies wirkt sich wieder auf die Hersteller, vor allem die Landwirte aus, die den Preisdruck auffangen müssen und dabei zugrunde gehen.[82] Die Großkonzerne befinden sich wiederum in der Hand von Banken, bei denen sich die Kapitalkonzentration weiter fortsetzt. Im ersten Halbjahr 1997 wurde die Fusion der Bayerischen Vereinsbank mit der Hypobank zur zweitgrößten deutschen Bank bekanntgegeben. Schon wenige Monate später folgte die Vereinigung der beiden größten Banken in der Schweiz, der Schweizer Bankengesellschaft mit dem Schweizer Bankenverein zur zweitgrößten Bank der Welt. Die Citibank fusionierte im April 1998 mit der Travelers Group zum größten Finanzdienstleister weltweit. Die Deutsche und die Dresdner Bank gaben im März 2000 ihren Zusammenschluß zur größten Bank der Welt bekannt.[83] Diese Fusion scheiterte allerdings einige Wochen später, wird jedoch langfristig nicht zu verhindern sein. Gleichzeitig sollte die Commerzbank von der größten britischen Bank, der HSBC, feindlich übernommen werden.[84] Es beginnt ein Verdrängungswettlauf um die weltweite Monopolstellung. Damit erhöht sich die Abhängigkeit der Unternehmen von wenigen Großbanken weiter. Wie gewaltig die Macht der Banken ist, wird an der Versechsfachung der Gewinne im Jahr 1998 deutlich.[85] Auch die freie Meinungsbildung kommt bei diesem Prozeß in ernste Gefahr, wie die Fusion des US-Konzerns Time Warner mit dem Internetanbieter AOL zum größten Medienkonzern der Welt am Anfang des Jahres 2000 zeigte.[86]

Durch steigende Arbeitslosigkeit kann dann der Druck auf die Angestellten und Arbeiter fast beliebig ausgeweitet werden, muß doch jeder ständig befürchten, bald selbst zu den Erwerbslosen zu gehören. Dabei gehen auch die Grundrechte, beispielsweise der Meinungsfreiheit, verloren: Nach einer Studie aus dem Jahr 1997 rechneten 85% der Mitarbeiter mit Nachteilen, wenn sie im Betrieb offen ihre Meinung äußern würden.[87] Jeder muß froh sein, überhaupt noch einen Arbeitsplatz zu besitzen, auch wenn er noch so schlecht bezahlt wird. So will beispielsweise die Siemens AG einen Teil der Beschäftigten tariflich ausgliedern, wobei der Lohn um 20% gesenkt und gleichzeitig die Wochenarbeitszeit um zwei Stunden erhöht wird.[88] Durch diesen Prozeß sollen sich die Lebensumstände der arbeitenden Bevölkerung in Zukunft drastisch ändern. Es wird kaum noch Jobs geben, die jemand auf Dauer ausüben kann. Durch zunehmenden Druck, Kürzung von Sozialhilfe und Entlassungen werden die Menschen dazu gezwungen sein, Zweit- und Drittberufe zu ergreifen. Ein erheblicher Anteil der Bevölkerung wird dabei ganz an den Rand der Gesellschaft gedrängt werden.[89] In diesem Zusammenhang wird heute behauptet, daß eine weltweite Konzentration von Unternehmen notwendig wäre.

Schönreden der Globalisierung

Unter dem Argument, die Armut bekämpfen zu wollen, versuchen die Vertreter der Globalisierung stets, ihre Forderungen weiter durchzusetzen. Kritiker wurden etwa bei der WTO-Tagung (WTO = World Trade Organisation, Welthandelsorganisation, d. A.) im Herbst 1999 als unwissend dargestellt, als die Ministerkonferenz bekanntgab, daß allein die Armut für die schlimmen Arbeitsbedingungen verantwortlich sei.[90] Daß jedoch die völlige Freiheit des Kapitalverkehrs die Menschheit massiv unter Druck setzen muß und damit erst die Armut bewirkt, wurde verschwiegen. Genauso bemühte sich der Chef des Daimler-Konzernes, Schrempp, den Kapitalismus und die Globalisierung schönzureden. Seine zehn Thesen zur Globalisierung sind dabei nur Aufzählungen von Behauptungen, die sich in keinster Weise mit der Realität decken. So meinte Schrempp, daß der Kapitalismus eine sittliche Qualität besitze, da er für breite Bevölkerungskreise Wohlstand schaffe. Dabei hätte er eine dienende Funktion in der Gesellschaft. Konsequent verwechselt Schrempp in seinen Ausführungen die Marktwirtschaft mit dem ausbeuterischen Kapitalismus, so auch, als er beispielsweise erklärte, daß Wohlstand nur dann geschaffen werden könne, wenn die Marktwirtschaft in Schwung komme. Die Globalisierung ist seiner Meinung nach der Schlüssel zum Frieden und schaffe keine Konflikte, sondern sei die Vorraussetzung für den Erhalt der Freiheit. Globalisierung bedeute nicht Abbau von sozialen Standards, sondern Aufbau von sozialem Wohlstand. Weiterhin meinte er, daß die weltweiten Kapitalmärkte nicht die Ursache der Krisen sind, sondern zu unternehmerischer Effizienz und demokratischer Kontrolle führen würden. Wenn die Märkte größer würden, müßten auch die Unternehmen größer werden, was ein Ausdruck von funktionierendem Wettbewerb sei. Globalisierung reduziere nicht die Freiheit des einzelnen, sondern biete neue Spielräume für eigenes Handeln. Weiterhin entmachte die Globalisierung nicht Nationalstaaten, sondern führe zu einer neuen Partnerschaft zwischen Wirtschaft und Politik.[91]

Nach diesen Behauptungen zur weiteren Entwicklung ist es interessant, sich die Argumente von Kritikern anzusehen.

Weltweite Kontrolle

In welche weltweite Abhängigkeit wir geraten, sofern sich die gegenwärtigen Strukturen durchsetzen sollten, erklärte der äthiopische Botaniker Tewolde Egziabher:»Mit Geld glaubt man, aus jedem Winkel der Welt alles haben zu können. Daraus folgt: Wer die Geldwirtschaft kontrolliert, kontrolliert die Rohstoffe und damit auch die Welt.« Richtig erkannte der Wissenschaftler, daß das Geld die Grundlage zur Macht bildet und durch dieses alles andere beherrscht werden könne. Dabei konzentriert sich das Vermögen und damit die Macht immer weiter:»Der Reichtum mancher Firmen übersteigt den Reichtum mancher Länder. Diese Konzerne wachsen und wachsen und verschlingen andere Konzerne, und langsam konzentriert sich immer mehr Reichtum auf immer weniger Konzerne. Und wir scheinen nicht zu sehen, daß jene nicht nur Besitz, sondern auch Macht anhäufen. Geld und Macht gehören zusammen.«

Die Geldmächte überwiegen am Ende der Entwicklung die staatlichen, demokratisch bestimmten Kontrollinstanzen. Weil das Geld die Nationen zunehmend unter den Druck setzt, die Schulden zu bedienen, werden diese letztlich zu Handlangern der Geldmächte degradiert:»Staaten sind also längst nicht mehr die Institutionen der Weltbevölkerung, die sie einst waren ... aber nie waren Staaten Instrumente, die anderen, nicht-staatlichen Mächten freiwillig gedient haben ... nämlich Staaten als Diener multinationaler Konzerne.« Wenn die Gefahr erkannt wird, werden diese bereits eine solche Größe erreicht haben, daß sogar wohlmeinende Politiker die Situation nicht mehr in den Griff bekommen können:»Derzeit gibt es noch keine Spaltung, noch sind die Staaten willfährige Diener der Konzerne, aber früher oder später werden beide in eine für alle sichtbare Konkurrenz treten, und die Konzerne werden sich nicht mehr kontrollieren lassen und werden sich nicht mehr um Gesetze kümmern.«

Der Wissenschaftler sieht dabei nur die eine Lösung, nämlich daß sich die Bevölkerung dem Geschehen in den Weg stellt:»Aber nur wenn Menschen gegen diese Situation rebellieren, haben die Staaten künftig noch eine Chance. Wenn sich an der Situation nichts ändert, werden soziale Unruhen in den Entwicklungsländern zunehmen.« Auch die Kriegsgefahr muß bei einer solchen Entwicklung zwangsläufig wachsen, da die Staaten untereinander um das schwindende Kapital konkurrieren müssen, allein um ihre Schulden bedienen zu können:»Ich meine, daß Welthandel Krieg bringen kann. Länder im Wettstreit können auch in einen Krieg gegeneinander geraten ... Die Fairneß der WTO besteht darin, daß die meisten Länder ärmer werden, je länger das neue System am Zuge ist. Und extremer Armut folgen soziale Unruhen, Bürgerkriege.«[92] Über die Kapitalkonzentration bei wenigen Konzernen erlangen diese immer mehr die Macht über die gesamte Produktion. Alle Entwicklungen, die aus den multinationalen Konzernen kommen, sind schon heute dafür gedacht, die Menschen noch abhängiger zu machen. So hat der Biotechnologiekonzern Mosanto Pflanzen so manipuliert, daß die angebauten Früchte nicht wieder als Saatgut brauchbar sind. In vielen Ländern der Dritten Welt, so das Öko-Institut in Freiburg, seien die Menschen darauf angewiesen, ihr eigenes Saatgut zu produzieren. Wenn dies nicht mehr möglich sei, käme das einer neuen Form der Sklaverei gleich.[93] Zu beachten ist, daß heute der lebenswichtige Bereich der Saatgutproduktion weltweit von nur noch drei Firmen abgewickelt wird. In der WTO-Sitzung im Herbst 1999 wurde zum ersten Mal die Landwirtschaft den Regeln des Freihandels unterworfen. Bis dahin waren die Fragen der Landwirtschaft und der Nahrungsmittelproduktion ausgenommen, weil sie für zu wichtig galten, um einem multilateralen Diktat unterstellt zu werden. Die Expertengremien verhandeln hinter verschlossenen Türen, und auch die Namen der Teilnehmer bleiben geheim.[94] Es ist damit weder bekannt, wer Entscheidungen trifft, noch wie diese aussehen. Außerdem sind diese internationalen Organisationen keiner demokratischen Kontrolle unterworfen, obwohl deren Entscheidungen oftmals weiterreichendere Folgen haben als die von nationalen Parlamenten.

An dieser Stelle stellt sich die Frage, wie groß man sich die direkt nachweisbare Ausbeutung des einzelnen durch den Zins vorstellen kann. Letztlich kontrolliert das Kapital die gesamte Welt und alle Entscheidungen werden so getroffen, daß die Reichen zufriedengestellt sind. In Mexiko war beispielsweise 1999 ein Programm geplant, das den Armen zu vergünstigter Nahrung verhelfen sollte. Dieses Vorhaben wurde zugunsten eines zehnmal teureren Projekts zur Unterstützung von Banken gestrichen, obwohl sie das Geld gar nicht benötigten.[95]

Angesichts dieser erschreckenden Entwicklung ist es für uns interessant, einmal abzuschätzen, wie hoch die tatsächliche Zinsbelastung in Deutschland für jeden von uns ist.

Die quantifizierte Zinsausbeutung bei uns

Wie aufgezeigt wurde, beutet das Zinssystem die Arbeitskraft der schaffenden Bürger auf verschiedene Weise aus. Jetzt stellt sich die Frage, welche Zinslast jeder Bürger pro Jahr zu tragen hat. Die meisten Menschen denken, daß nur derjenige Zinsen zu zahlen hätte, der persönlich verschuldet ist. Das ist jedoch nur die halbe Wahrheit: Indirekt müssen wir auch für die Schulden der Gemeinschaft und der Unternehmen aufkommen:

Staatsverschuldung: Die Zinsen müssen über steigende Steuerlast bezahlt werden.

Unternehmensverschuldung: Die Unkosten hierfür werden in die Preise der Produkte eingerechnet.

Private Verschuldung: Die Zinslast entsteht durch persönliche Verschuldung.

Indirekte Zinslasten: Kosten, die aus der Verzinsung von Sachkapital resultieren.

Die Entwicklung von Staats- und Unternehmensverschuldung wurde bereits bei der Ausbeutung durch den Staat und bei der Arbeit beleuchtet.

Private, indirekte und Gesamtzinslast

Jeder, der einmal eine Immobilie finanzierte, weiß aus eigener Erfahrung: Das geliehene Kapital muß innerhalb von 30 Jahren in der zwei- bis dreifachen Höhe zurückbezahlt werden – zum einen das geliehene Geld selbst, zum anderen die Zinsen. Bei einer Kreditsumme von 150 000 Euro und 6% Zins werden innerhalb von 30 Jahren zum geliehenen Kapital immerhin 180 000 Euro an Zinsen zurückgezahlt. 30 Jahre müssen dafür monatlich 900 Euro für die Verschuldung gezahlt werden. Hierdurch entsteht eine enorme Belastung für viele Haushalte.

Doch nicht nur beim Kauf einer Immobilie auf Kredit, sondern auch bei der Vermietung eines unverschuldeten Objektes fallen *indirekte Zinskosten* an, die dem Mieter aufgebürdet werden. Angenommen, jemand hätte beispielsweise 150 000 Euro und möchte diese gewinnbringend anlegen, so vergleicht er die Zinserträge einer Bankanlage mit den Vermietungsgewinnen auf dem Immobilienmarkt.

Wie hoch müßte nun die Miete sein, um eine rentable Anlage zu haben? 150 000 Euro bei 5% Zins als Bankanlage würden jährlich 7500 Euro an Zinsen abwerfen. Das heißt, daß die Miete mindestens 7500 Euro im Jahr oder 640 Euro pro Monat an Mieterträgen einbringen muß, damit sich die Geldanlage überhaupt rentiert. Anderenfalls wäre die Bankanlage von der Rendite her günstiger. Dabei muß noch die Abschreibung eingerechnet und auch ein Gewinn realisiert werden, sonst wäre die reine Geldanlage viel bequemer (kein Ärger mit Mietern, freie Verfügbarkeit über das Kapital usw.). Letztlich wird die Miete bei 765 Euro/Monat liegen, was den heutigen marktüblichen Vergleichen einer 80 m² Wohnung entspricht. Damit besteht die Miete zu über 80% nur aus Zinsen! Jedoch muß berücksichtigt werden, daß dieser Kapitalanteil nicht nur bei der Vermietung, sondern für jedes Sachkapital eingerechnet wird. So wird jede Investition, sobald sie nur im Zusammenhang mit Geld steht, zum zwangsläufig zinstragenden Kapital, weil das Geld bei der alternativen Bankanlage Zinsen bringen würde. Diese rechnerische Zinslast wird letztlich unabhängig von der Verschuldung in die Preise eingerechnet und muß vom Verbraucher getragen werden.

Betrachten wir nun die Frage, wie es mit der *Zinsbelastung der gesamten Volkswirtschaft* aussieht (Stand 1998[96]):

Staatsverschuldung	1222 Mrd. Euro
Unternehmerverschuldung	2848 Mrd. Euro
Private Haushalte (einschl. Wohnungsbau)	985 Mrd. Euro
Gesamtverschuldung	5055 Mrd. Euro

Zinslast bei einer durchschnittlichen
Verzinsung von 7%: 354 Mrd. Euro/Jahr

Dazu kommt noch die indirekte Zinslast aus der Verzinsung von unverschuldetem Sachkapital, also der rechnerischen Zinslast, die eine alternative Geldanlage bei der Bank erbringen würde. Nach Helmut Creutz kann hier nochmals von 50% ausgegangen werden.[97] Das bedeutet eine Zinslast von 530 Mrd. Euro. Die Gesamtverschuldung erhöht sich um durchschnittlich 10% pro Jahr, so daß für den Jahrtausendwechsel von fast 587 Mrd. Euro pro Jahr Gesamtzinslast ausgegangen werden kann. Pro Haushalt (Gesamtdeutschland mit etwa 34 Mio. Haushalten) sind das schon für 1999 fast 17 000 Euro. Jeder Haushalt muß also im Jahr auf 17 000 Euro Einkommen verzichten, um die Zinsansprüche des Kapitals sicherzustellen. Dabei wird schnell klar, daß derjenige, der mehr als 17 000 Euro im Jahr Zinsgewinn hat, mit dem jetzigen System Erträge erwirtschaftet. Alle anderen müssen für diese Gewinne arbeiten und selbst auf Einkommen verzichten. Je mehr Zeit vergeht, umso schneller wächst dieser Kapitalstrom von arm zu reich. Im Jahr 2010 wird die Zinslast pro Haushalt, bei fortgesetzter Entwicklung, bereits über 39 000 Euro betragen. Beachtet werden muß, daß Zinsen leistungsloses Einkommen darstellen, durch die kein positiver Beitrag zur Volkswirtschaft geliefert wird.

Befassen wir uns nun mit der Verteilung der Wirtschaftsleistung.

Kapital gewinnt, Arbeit verliert

*»In seiner majestätischen Gleichheit verbietet das Gesetz den
Reichen wie den Armen, unter Brücken zu schlafen, in den
Straßen zu betteln und Brot zu stehlen.«*
Anatole France, franz. Schriftsteller und Nobelpreisträger

Dies zeigt sich insbesondere in der Entwicklung der Löhne und Gehälter
im Vergleich zu den privaten Geldvermögen (Abb. 11).

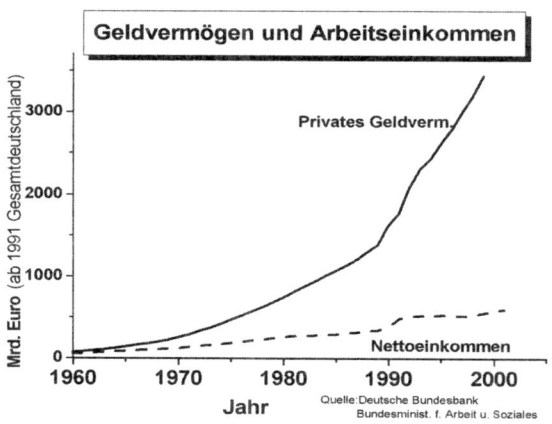

Abb. 11: Entwicklung der Löhne im Vergleich zum privaten Geldvermögen

Während das Geldvermögen exponentiell anwächst, sinken die Nettolöhne seit einigen Jahren. Auch die Differenz zwischen Brutto- und Nettolohn wird immer größer, da Steuer- und Abgabenbelastungen für die Arbeitnehmer drückender werden. Wie sehr sich bereits die Entwicklung verselbständigt hat, zeigt die Tatsache, daß der Zuwachs an neuem Geldvermögen zum größten Teil nur aus wiederangelegten Zinsen stammt. Während der normale Erwerbstätige nur dann Vermögen bilden kann, wenn er einen Teil seines Arbeitslohnes spart, hat sich der Großteil des Geldvermögens in so wenigen Händen konzentriert, daß der jährliche Zinsgewinn nicht mehr konsumiert werden kann und automatisch wieder angelegt wird. Zunehmend wird so Reichtum nicht mehr durch Arbeit erlangt, sondern durch leistungslose Geldanlageformen vergrößert. Während 1970 noch zwei Drittel des Geldvermögenszuwachses wirklich aus Arbeitsein-

60

kommen angespart wurden, war es 1993 nicht einmal mehr ein Sechstel.[98] Nach Angaben der Bundesbank stammten schon 1998 schon mehr als 80% des Geldvermögenszuwachses nur aus Zinsgewinnen.[99] Die Verschiebung des Geldes von der Arbeit zum Besitz zeigt sich auch am verfügbaren Einkommen der Haushalte (Abb. 12). Seit 1970 ist ein stetig abnehmender Anteil der Nettolöhne am verfügbaren Einkommen der Haushalte erkennbar. Gleichzeitig steigt fast in gleichem Ausmaß der Anteil der Gewinne aus Geldvermögen und Unternehmen an. Leider ist in der Statistik nicht zwischen Einkommen aus Vermögen (leistungslos) und Unternehmertätigkeit (Lohn für unternehmerische Arbeit) unterschieden worden.

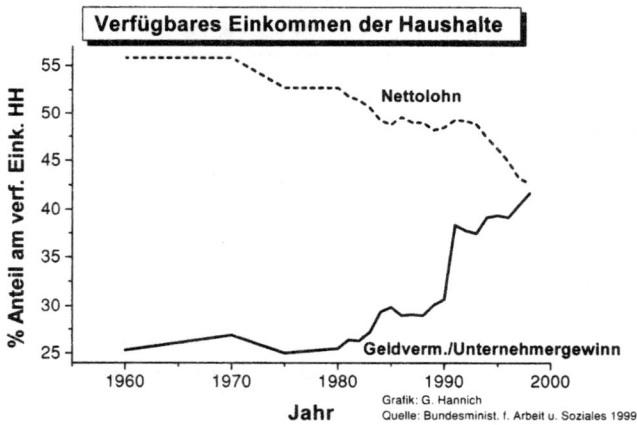

Abb. 12: Anteil der Nettolöhne am verfügbaren Einkommen der Haushalte

Wohin führt die Entwicklung?

Die Verschiebung des Geldkapitals von der breiten Bevölkerung zum Großkapital wird sich, nach der Zinseszinsrechnung, immer mehr beschleunigen. Die Verschuldung von Staat, Wirtschaft und Privathaushalten muß dadurch genauso zunehmen, weil den wachsenden Geldvermögen an anderer Stelle immer eine gleich zunehmende Verbindlichkeit gegenüberstehen muß. Dies wird zur drastischen Erhöhung der Zinslasten führen. Um die Zinsen zahlen zu können, werden Abgaben- und Steuerlasten ins Unermeßliche ansteigen. Gleichzeitig müssen die Löhne und Gehälter immer mehr gesenkt werden. Aus dem gleichen Grund können auch Sozialhilfe, Arbeitslosengeld, Renten und die meisten staatlichen Hilfestellungen nicht mehr im bisherigen Umfang geleistet werden. Folge davon ist ein Einbruch der Kaufkraft, weil die privaten Haushalte auf Konsum verzichten müssen. Dadurch sinken die Gewinne der Unternehmen, die Zinslasten zwingen zur Auflösung der Betriebe. Der betreffende Unternehmer erleidet dann, wie der Arbeitnehmer, einen drastischen Einkommensrückgang. Letztlich wird sich die Entwicklung in immer schneller wachsender Verarmung großer Bevölkerungskreise zeigen.

Es handelt sich beim Zinskapitalismus um ein perfektes Ausbeutungssystem, dem sich niemand entziehen kann. Konnten sich Leibeigene früherer Zeiten noch durch Flucht dem Feudalisten entziehen, so ist heute jeder Fluchtweg versperrt, da man überall auf das Tauschmittel Geld angewiesen ist. Weil sich durch den Zinseszinsprozeß das Vermögen in wenigen Händen konzentriert, gewinnt dieser Geldadel zunehmend an Einfluß und Macht.

Eng mit dem Problem der Zinsausbeutung des Menschen ist die Ausbeutung der Umwelt verbunden. Die Zerstörung der Natur ist dabei nur eine logische Folge eines Systems, welches zur ständigen Expansion gezwungen ist.

Ausbeutung der Umwelt

»Der riesige Schuldenberg hat eine fatale Konsequenz:
Rasant wachsende Zinsverpflichtungen des Staates müssen aus
ständig steigenden Steuereinnahmen bedient werden. Dies ist ein
Hauptgrund für den ökologisch schädlichen Wachstumszwang!«
Der Spiegel, 2.11.1998

Viele Bürger stellen sich die Frage, warum denn gegen die Umweltzerstörung keine ausreichenden Maßnahmen ergriffen werden und warum die Umwelt überhaupt zerstört werden muß. Die Ursache dafür liegt ebenfalls im Finanzsystem: Da die Unternehmen mit immer höheren Kapitalkosten konfrontiert werden und damit zu Einsparungen in anderen Bereichen gezwungen sind, muß der, aus Sicht des Betriebes unproduktive, Faktor Umwelt zwangsläufig zu kurz kommen. In einer Zeit knapper werdender Kassen und steigender Arbeitslosigkeit verlieren alle langfristigen Ziele an Bedeutung, kurzfristige Erfolge rechtfertigen Maßnahmen auf Kosten der Zukunft! Bereits seit 1988 sind die Ausgaben im produzierenden Gewerbe für Umweltschutz stark rückläufig (Abb. 13), und sanken damit von über vier Mrd. Euro damals auf 2,5 Mrd. Euro im Jahr 1996 und sogar nur noch 1,5 Milliarden Euro 1998.

Als Begründung hierfür wird behauptet, daß das Wirtschaftswachstum gesteigert werden müsse, wobei ökologische Belange hemmend wirken würden. Problematisch ist dies deshalb, weil mit steigender Produktion automatisch der Energie- und Rohstoffverbrauch sowie die Müllmenge ansteigt, was die Umweltfrage so unlösbar werden läßt. Sinnvoll wäre es deshalb, auf Wirtschaftswachstum ganz zu verzichten, doch warum ist dies im heutigen System unmöglich?

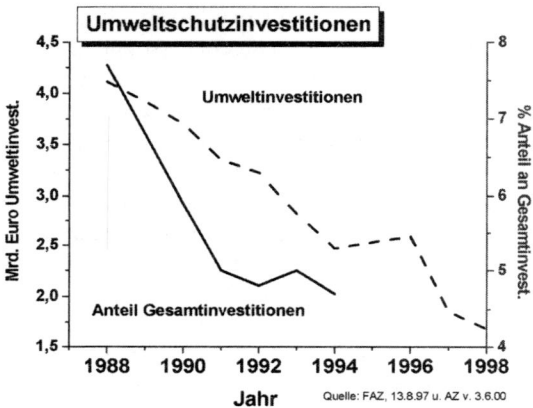

Abb. 13: Umweltschutzinvestitionen im produzierenden Gewerbe

Wirtschaftswachstum

»Exponentielles Wachstum ist trügerisch, weil schon bei relativ geringen Wachstumsraten in kurzer Zeit astronomische Zahlen erreicht werden.«

Die Grenzen des Wachstums[100]

Viele stellen sich die Frage, warum die Wirtschaft überhaupt immerzu wachsen müsse, wo doch in der realen Welt nichts unbegrenzt größer werden kann, ohne letztlich zugrundezugehen. Nicht umsonst heißt es im Sprichwort: Kein Baum wächst in den Himmel! Weil jedoch die Kaufkraft der Bevölkerung begrenzt ist, muß durch immer aggressivere Werbung, schnell wechselnde Modeerscheinungen und Wegwerfprodukte ständig neues, künstliches Verlangen nach dem immer größer werdenden Produktionsberg geschaffen werden. So verzehnfachte sich die Anzahl der Werbespots im Fernsehen von 1986 bis 1997.[101] Reichte vor 15 Jahren noch ein Auto pro Familie, kommt heute bereits das Dritt- oder Viertauto ins Gespräch. Wie fatal sich ein exponentielles Wachstum auf die Umwelt auswirkt, zeigt folgende Überlegung: Grob geschätzt reichen die vermuteten fossilen Energieträger beim heutigen Verbrauch noch 1000 Jahre. Bei nur 5% Steigerung des Verbrauchs jährlich wären die Vorräte bereits nach 81 Jahren aufgebraucht.[102] Unsere Wirtschaft muß deswegen wachsen, weil der Anteil des Vermögens, den die breite Bevölkerung an der Wertschöpfung hat, immer mehr zugunsten der Kapitalverzinsung zurückgedrängt wird. Die Unternehmen sind durch die explodierende Verschuldung dazu gezwungen, neben den Einsparungen auf dem Personal- und Umweltsektor, die Produktionskapazität weiter zu steigern, um die Zinslast zahlen zu können. Bei einer Verzinsung von beispielsweise zehn Prozent, verdoppelt sich das zu bedienende Kapital alle sieben Jahre, bei sieben Prozent alle zehn Jahre. Am Anfang einer Volkswirtschaft, meist nach einem Krieg, ist der zu verzinsende Kapitalanteil noch klein und kann von den Unternehmen leicht durch ein kräftiges Wirtschaftswachstum bezahlt werden. Weil die Zinskosten exponentiell, also mit zunehmender Geschwindigkeit wachsen, kommen die Firmen mit laufender Zeit in Zahlungsprobleme, da im Gegenzug der Markt gesättigt wird und damit der Wettbewerb der Marktteilnehmer untereinander zunimmt. Das Einzelunternehmen kann deshalb den Gewinn nicht über höhere Preise steigern. Die einzige Möglichkeit, die ausufernden Kapitalkosten bedienen zu können, besteht darin, den Produktausstoß jährlich zu erhöhen. Diese Produktionserhöhung führt selbstverständlich zu einem wachsenden Energie- und Rohstoffverbrauch und einer Steigerung der Müllmenge.

Volkswirtschaftlich läßt sich dieser Zusammenhang anhand einer Modellrechnung erklären: Der Zinsanteil an der Volkswirtschaft steigert sich durch den exponentiellen Zinseszinsprozeß ständig, womit der Anteil, der den Produktivkräften (Arbeiter und Unternehmer) zufällt, immer kleiner werden muß. Der arbeitende Bevölkerungsanteil würde ohne Wirtschaftswachstum innerhalb kurzer Zeit verarmen. Deshalb sind die Entscheidungsträger in Politik und Wirtschaft bemüht, die Wirtschaftsleistung so weit wie möglich zu erhöhen, um ein schnelles Absacken des Lebensstandards der breiten Bevölkerung zu verhindern und um den steigenden Anteil der Kapitalverzinsung in der Volkswirtschaft bezahlen zu können. Dies ist vergleichbar mit einem Krebskranken, der sein Körperwachstum immer mehr steigerte, damit der Anteil des wachsenden Tumors konstant bliebe. Sobald sein Wachstum auch nur etwas langsamer oder aufhören würde, hätte das zur Folge, daß der Anteil der Tumorzellen letztlich die Oberhand gewönne und das Ende nur noch eine Frage der Zeit wäre. Ohne Wirtschaftswachstum (Abb. 14) würde der Arbeitsertrag ständig kleiner werden und sich die Kapitalertragskurve (Wachstum Zinslast real sieben Pro-

64

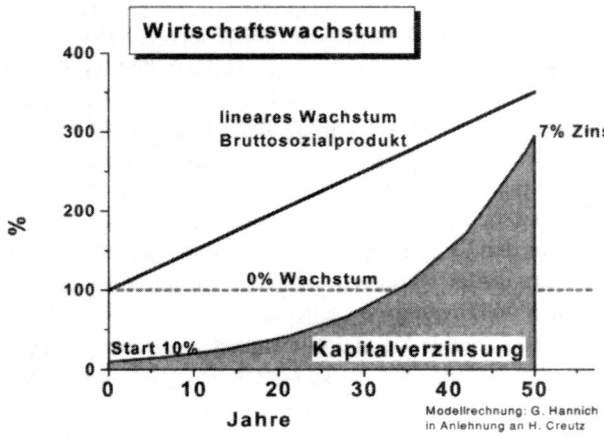

Abb. 14: Entwicklung der Kapitalverzinsung

zent) bereits nach 34 Jahren mit der Null-Prozent-Wachstumskurve schneiden, d. h. die gesamte Wertschöpfung müßte als Kapitalverzinsung aufgewandt werden. Das Wirtschaftssystem bricht spätestens dann zusammen. Lineares Wachstum bedeutet, daß die Volkswirtschaft jährlich um den gleichen Betrag zunimmt, während beim Zinseszinswachstum (exponentielles Wachstum) die dazukommenden Beträge jedes Jahr um den Zins größer werden.

Mit einem linearen Wachstum des Bruttoinlandsproduktes um real das 2,5fache in 30 Jahren (wie in Deutschland seit 1960) *steigt der Arbeitsertrag sogar 35 Jahre lang*, erst dann holt die Zinskurve immer mehr auf, und nach 50 Jahren beansprucht die Kapitalverzinsung den größten Teil der Wirtschaftsleistung – allerdings mit der entsprechenden Zunahme der Umweltzerstörung. Letztlich kommt durch das Wirtschaftswachstum der Zusammenbruch der Ökonomie nur verzögert, jedoch bei zerstörter Umwelt. In der BRD ist diese Entwicklung gut zu beobachten: Von 1950 bis 1970 steigerte sich der Arbeitsertrag kontinuierlich durch Wirtschaftswachstum, der Kapitalanteil wuchs nur langsam. In den Jahren von 1970 bis 1985 beschleunigte sich der Zuwachs der Kapitalverzinsung nach der Zinseszinskurve und vereinnahmte zunehmend den Arbeitsertrag. Seit 1990 befinden wir uns in einer Phase schneller Verschiebung der Wertschöpfung von der Arbeit zum Kapital – auch noch größeres Wirtschaftswachstum wäre nicht mehr in der Lage, den Zusammenbruch aufzuhalten. Das trügerische am Zinssystem mit Wirtschaftswachstum ist, daß anfangs die lineare Steigerung des Bruttosozialproduktes größer ist als das exponentielle Kapitalwachstum (Wirtschaftswunder) – vorübergehend steigende Arbeitserträge sind die Folge und die meisten denken, das Wirtschaftssystem sei in Ordnung. Jedoch steigert sich der Kapitalverzinsungsanteil immer schneller, und die Arbeitserträge sinken entsprechend, trotzdem durchschauen die meisten Menschen bis zuletzt nicht den Wirkungsmechanismus und schwärmen von »den goldenen Sechzigern«. Am Ende steht der (durch Wachstum verzögerte) Wirtschaftszusammenbruch, begleitet von ökologischen Problemen. Bei einem reinen Zinssystem, ohne Wirtschaftswachstum, würde der Arbeitsertrag permanent kleiner werden – jeder müßte erkennen, daß das System fehlerhaft ist: In diesem Zusammenhang hat die Umweltbewegung leider noch nicht den wirtschaftlichen Hintergrund der Problematik erkannt ...

Die Umweltidee als Ablenkung vom Systemfehler

»Viele Ökonomen sind heute überzeugt: Dem Wachstum sind keine Grenzen gesetzt. ... Ohne Wachstum aber gebe es in der Gesellschaft nichts Neues zu verteilen. Jeder Einzelne könnte sich nur besser stellen, indem er jemand anderem etwas wegnimmt. Da ist es nur konsequent, wenn Politiker überall auf der Welt das Wirtschaftswachstum zu einem vorrangigen Ziel machen.«
Die Welt, 30.12.1999

Die Umweltidee ist ein gutes Beispiel dafür, wie an und für sich richtige Gedanken so verbogen werden, daß das zerstörende Zinseszinssystem nicht angegriffen wird. Ein gutes Beispiel dafür ist der Wegbereiter des Umweltschutzes, das Buch »Die Grenzen des Wachstums« von Dennis Meadows aus dem Jahr 1972[103]. Interessanterweise erklärte der Autor gleich zu Beginn seines Buches das exponentielle Wachstum unter anderem mit einer Geldanlage: »Wenn man jährlich 10 DM zurücklegt, wächst das Guthaben linear; wenn man nach Jahren 100 DM zu sieben Prozent festverzinslich anlegt, wächst das Guthaben exponentiell mit einer Verdopplungszeit von zehn Jahren ... Da sich die Zinsen eines Jahres immer zur Einlage addieren, werden in jedem Jahr sieben Prozent auf eine höhere Einlage ausgezahlt, und je höher die Einlage bereits ist, um so stärker ist das Wachstum. Die Zinsen selbst wachsen auch, nur der Zinssatz, die Wachstumsrate, bleibt gleich.« Richtig wurden zwei Regelkreise dargestellt, einmal der positive, sich selbst beschleunigende wie das Zinswachstum, und ein weiterer, der negative, der nach dem Modell des Thermostates zu einer Regulierung und Stabilisierung des Systems führt. Doch anstatt diesem grundlegenden Zins-Phänomen unseres Wirtschaftssystems näher nachzugehen, lenkt Meadows, trotz des richtigen Ansatzes, konsequent von der Ursache ab. Er fragt weder, woher die steigenden Zinsen kommen sollen, wenn nicht durch zunehmende Produktion, noch woraus die Armut in der Welt resultiert. Schnell wurde die steigende Erdbevölkerung als Ursache der Mißstände erkannt, ohne zu bemerken, daß die hohe Geburtenrate eine unmittelbare Folge der Armut darstellt. Daß jedoch das Kapital die Triebfeder des zerstörerischen Wachstums ist, wurde nur ansatzweise erkannt: »Die Investitionsgüterproduktion bewirkt innerhalb des Wirtschaftssystems einen positiven Regelkreis: Größeres Kapital bewirkt eine höhere Produktion; ein Teil der Produktion wird zur Investition, und höhere Investition bedeutet mehr Kapital. Das dadurch entstehende höhere Kapitalvolumen führt zu noch höherer Produktion ...« Leider wurde wieder nicht erklärt, wie das Zinseszinswachstum mit dem Kapitalwachstum und damit dem zwingenden industriellen Zuwachs verbunden ist. Statt die einfache Ursache der Entwicklung darzustellen, kommt Meadows zu dem Schluß, daß die Vorgänge extrem kompliziert seien. Damit wurde in der Umweltbewegung der Eindruck erweckt, daß die Problematik sehr komplexer Natur sei und es deshalb keine einfachen Lösungen geben könne. Deshalb verzettelten sich die Umweltschützer von Anfang an in Nebenschauplätzen – sie bekämpften Symptome statt Ursachen. Damit wurde die Umweltschutzbewegung, so richtig auch die Forderungen sind, von Anfang an vom eigentlichen Feind, dem Zinskapitalismus, weggeführt.

Vor einiger Zeit wurden wieder Analysen von Meadows veröffentlicht, in denen er richtigerweise den Zusammenbruch im neuen Jahrhundert sieht[104]: Meadows kommt dabei auf Grundlage seiner Arbeiten zu dem Ergebnis, daß sich angesichts der wirtschaftlichen und politischen Vorstellungen ein Zusammenbruch und ein unkontrolliertes Absinken der Weltbevölkerung sowie die Verarmung nicht mehr vermeiden ließe. Für eine Änderung der Entwicklung sei es bereits zu spät. Leider fehlt wieder jeder Hinweis für die Umweltbewegung, daß ein Zinswachstum gleichzeitig ein Wirtschaftswachstum erzwingt. Richtig bemerkt er, daß bisher die falschen Fragen gestellt wurden: »Wenn es solcher Perspektiven bisher ermangelt, so liegt das keineswegs daran, daß sie außerhalb der Grenzen unserer Wissenschaft liegen, sondern vielmehr daran, daß die Menschen nicht die richtigen Fragen stellen. Denn sie zu stellen, würde das Eingeständnis bedeuten, daß die Welt sich nicht auf dem Wege zu einer dauerhaft tragbaren Entwicklung befindet – und diese Auffassung ist eben nicht politically correct.« Weiter weist er darauf hin, daß die Rohstoffvorräte, beim gleichen Verbrauch wie im Jahr 2000, noch 150 Jahre reichen würden. Bei einem zusätzlichen Wirtschaftswachstum würden jedoch in den Jahren von 2000 bis 2020 mehr Ressourcen verbraucht, als im ganzen 20. Jahrhundert. Welcher Umweltschützer fragt überhaupt heute noch nach den Ursachen der Zerstörung? Wer wundert sich noch, daß trotz jahrzehntelangem Umweltschutzbemühungen alles nur noch schlimmer wird? Die Entwicklung der Umweltschutzbewegung zeigt Parallelen zur sozialen Frage im 19. Jahrhundert, die im Marxismus gipfelte. Beide Bewegungen hatten ihre Ursache in jenen vom Zinskapitalismus verursachten Mißständen. Beide wurden jedoch letztlich durch eine falsche Theorie von den Ursachen weggeführt und stabilisierten dadurch das zerstörerische kapitalistische System weiter. Dabei waren beide Ablenkungsmanöver erfolgreich und ermöglichten einer kleinen Schicht von Superreichen, die Bevölkerung weiter auszubeuten, ohne daß die Ursache bekannt wurde. So stellt sich die Frage, wo die Fehler im kommunistischen System liegen.

Der Kommunismus als perfektionierter Kapitalismus

»Da der Schatzbildner in der Lage ist, vom Bedürftigen Zinsen zu erzwingen ... verwandeln sich die Bankiers in Beherrscher der Produktionsmittel, mögen diese auch noch jahrelang dem Namen nach als Eigentum der Wirtschafts- und Handelskommune figurieren.«

Friedrich Engels

Der Denkansatz im Kommunismus geht davon aus, daß der Mensch am Arbeitsplatz vom Unternehmer ausgebeutet werde. Der Firmeninhaber nutze sein Eigentum an Produktionsmitteln aus, um vom Arbeiter einen Teil des Lohnes als »Mehrwert« einzubehalten. Geld spielt in diesem Gedankengang keine Rolle, da Geld den Waren gegenüber »äquivalent« sei. Wichtig sei allein das Eigentum an Produktionsmitteln, also von Realkapital wie Werkzeug, Fabriken, Maschinen. Als Lösung präsentierte das kommunistische Gedankengebäude den Staatssozialismus, in dem es keine Unternehmer, folglich auch keine Ausbeutung mehr geben solle. Da jedoch in diesem System alle natürlichen Regelungsmechanismen fehlen, muß der Staat einspringen und die Erzeugung und Verteilung von Gütern durch eine Planwirtschaft sicherstellen.

Fehlender Leistungsanreiz

Wie jedoch der Staatssozialismus gezeigt hat, ist sie wenig effektiv, da sie das Grundwesen des Menschen nicht beachtet. Das Grundwesen des Menschen liegt hier im Eigennutz. Jeder einzelne, ob er es zugibt oder nicht, ist letztlich auf maximalen Nutzen bei minimalem Aufwand aus. Dieser Eigennutz stellt eine angeborene Eigenschaft des Menschen wie auch jedes anderen Lebewesens dar, ob man dies nun moralisch verurteilt oder nicht. Jedes Lebewesen hat einen Selbsterhaltungstrieb, wovon sich der Eigennutz letztlich ableitet. In der Wirtschaft spielt dieser Trieb die Hauptmotivation: Sieht das Individuum keinen Lohn für seine Anstrengungen, so fehlt die Motivation zur Arbeit und die Leistung sinkt. Im Kapitalismus wird dem Leistungsprinzip durchaus Rechnung getragen, da der einzelne letztlich nur die Wahl hat, entweder im System maximale Leistung zu erbringen oder langfristig zugrundezugehen. Ganz anders ist dies im Staatssozialismus oder Kommunismus: Hier fehlt der Leistungsanreiz völlig, da jede Gewinnausschüttung normiert ist und ein tüchtiger Arbeiter nicht wesentlich mehr erhält als ein fauler. Das führt dazu, daß sich die Arbeitskraft am schwächsten oder faulsten orientiert. Warum sollte auch jemand mehr Leistung erbringen, wenn dies nicht honoriert wird? Wenn ein Mensch für sich allein arbeitet und den Gewinn alleine erhält, so wird er maximale Leistung erbringen. Arbeitet er hingegen mit zehn anderen zusammen, wobei der Lohn gleich aufgeteilt wird, so ist zu erwarten, daß die Leistung deutlich abfällt, da jeder sich am schwächsten orientiert und nicht mehr Aufwand treiben möchte als dieser. Arbeitet jedoch jemand für ein ganzes Volk, bei gleichem Lohn für alle, so wird er denken, daß es auf seinen kleinen Arbeitsanteil gar nicht ankomme – und die Leistungsbereitschaft wird ein Minimum erreichen. In der Praxis war gerade dieser Aspekt ein Hauptgrund dafür, warum das kommunistische System dem kapitalistischen hinterherhinkte. Arbeiter auf landwirtschaftlichen Kolchosen ließen z. B. die eingefahrene Ernte im Regen stehen, da Feierabend war und sie nicht bereit waren, ein paar Minuten Überstunden zu machen – nicht verwunderlich, wenn man bedenkt, daß der Arbeiter keinen Anteil an der eingefahrenen Ernte hatte und damit auch keine Motivation, sich zu engagieren. Im kapitalistischen System würde ein Landwirt nie seine Ernte gefährden, da er weiß, daß ihm dies selber schaden würde.

Diktatur der Funktionäre

Doch noch viel schlimmer als der Rückgang der Leistungsbereitschaft ist die Errichtung einer Art Diktatur. Da es an Regelungsmechanismen fehlt, muß jede Kleinigkeit vom Staat geregelt werden. Die Beamten und Funktionäre bekommen dadurch eine große Macht. Es liegt an ihnen, ob ein Antrag angenommen, abgelehnt oder die Bearbeitung verschleppt wird. Durch diese Machtfülle breitet sich ein Netz von Vetternwirtschaft und Korruption aus. Das Nachsehen haben all diejenigen, die keine entsprechenden Beziehungen im Verwandtenkreis besitzen.

Denkfehler von Marx
Wo liegen die Denkfehler im kommunistischen Ansatz? Die Hauptkritik setzt schon an den Grundlagen an, dem Buch »Das Kapital« von Karl Marx: Er geht in seinem Gedankengebäude von einem festen Wert von Gütern aus. Der Tauschwert von Getreide und beispielsweise Seide soll dabei immer gleich sein. Auch soll der Wert eines Gutes immer von der investierten Arbeitszeit abhängen. Wie jedoch die Praxis zeigt, ist der einem Gut beigemessene Wert immer relativ und hängt von einer Reihe von Faktoren ab. So bedeutet ein Kilogramm Gold in unserer Zeit einen großen Wert, läßt man jedoch einen Verdurstenden in der Wüste zwischen dem Gold und einem Glas Wasser wählen, so wird er dem Edelmetall keinen, dem ansonsten wertlosen Wasser jedoch einen großen Wert zusprechen. Genausowenig haben Kühlschränke am Nordpol einen hohen Preis, da hier keine Verwendung dafür besteht. Es kann deshalb keineswegs von einem gleichbleibenden inneren Wert eines Gutes gesprochen werden. Genausowenig ist der Preis einer Ware von der eingesetzten Arbeitskraft abhängig. Wenn jemand ein Bild mit großem Arbeitseinsatz malt, das jedoch niemandem gefällt, so wird er keinen guten Lohn dafür erhalten, obwohl er viel Aufwand dafür betrieben hat. Marx hätten diese Zusammenhänge eigentlich klar sein müssen, da er entsprechende Quellen in seinem Werk zitiert, wie beispielsweise:
N. Barbon: »Nichts kann einen inneren Tauschwert haben.«
Butler: »Der Wert eines Dings ist gerade so viel, wie es einbringen wird.«
Da Marx das Geld als Äquivalent zur Ware ansah, erkannte er auch nicht die eigentliche Überlegenheit des Geldes und damit das Zinsproblem. Jedoch hätte ihm auch der Umstand, daß die Ursache der Probleme im Geldwesen zu suchen ist, bekannt sein müssen, da er selbst dazu schreibt: »Das Geld ist nicht nur Gegenstand der Bereicherungssucht, es ist der Gegenstand derselben. ... Das Geld erscheint also ebensosehr als Gegenstand wie Quelle der Bereicherungssucht. Was in der Tat zugrunde liegt, ist, daß der Tauschwert als solcher und damit seine Vermehrung zum Zweck wird. Der Geiz hält den Schatz fest, indem er dem Geld nicht erlaubt Zirkulationsmittel zu werden ... Unser Schatzbilder erscheint als Märtyrer des Tauschwertes ... Er verlangt die Ware in ihrer stets zirkulationsfähigen Form und darum entzieht er sie der Zirkulation. Er schwärmt für den Tauschwert, und darum tauscht er nichts aus.« Marx erkannte also klar den Unterschied zwischen Schatzmittel und Zirkulationsmittel (Tauschmittel). Auch die von ihm verwendeten Zitate lassen diese Richtung erkennen, wie beispielsweise:
Boisguillbert, 1843: »Das Geld ist der Henker aller Dinge geworden. Die Finanzkunst ist die Retorte, in der eine schreckenerregende Menge

von Gütern und Waren verdampft worden ist, um diesen unheilvollen Extrakt zu gewinnen. Das Geld erklärt dem ganzen Menschengeschlecht den Krieg.« – »Hier ist also der Sklave des Handels sein Herr geworden ... Das Elend der Völker kommt nun daher, daß man einen Herrn aus dem gemacht hat, der ein Sklave war.« – »Man hat ein Idol aus diesen Metallen (Gold und Silber) gemacht, und indem man nunmehr den Zweck und die Absicht aufgab, warum man sie in den Handel gerufen hatte, nämlich um hier als Unterpfand in Tausch und wechselseitiger Übergabe zu dienen, hat man sie fast von diesem Dienst befreit, um sie zu Gottheiten zu machen, denen man mehr Güter und wichtige Bedürfnisse und sogar Menschen geopfert hat und immer noch opfert, als jemals das blinde Altertum seinen Göttern geopfert hat.« – »Das Geld soll sein in einer beständigen Bewegung, was es nur sein kann, solange es beweglich ist, aber sobald es unbeweglich wird, ist alles verloren.«

Opdyke: »Im Besitze von Geld brauchen wir nur einen Tausch zu machen, um den Gegenstand des Wunsches zu erlangen, während wir mit anderen Surplusprodukten zwei machen müssen, von denen der erste (Besorgung des Geldes) unendlich schwieriger ist als der zweite.«

Galiani: »Es ist die Schnelligkeit des Geldumlaufs und nicht die Menge Metalls, was macht, daß viel oder wenig Geld vorhanden zu sein scheint.«

Den eigentlich richtigen Lösungsweg, nämlich an die Überlegenheit des Geldes heranzugehen, vermied Marx strikt. So schrieb er: »Es liegt natürlich ganz jenseits meines Zweckes, Details wie Schlagschatz u. dgl. zu behandeln.«[105] **Gerade aber der Schlagschatz des Mittelalters war, wie wir noch sehen werden, eine effektive Maßnahme zur Beseitigung der Zinsprobleme.**

Irrtum oder Absicht?

Festzuhalten bleibt, daß Marx die Ursachen der Probleme durchaus gekannt hat, zumindest anhand seiner Quellen kennen mußte. Daß er aber dennoch vom eigentlichen Problem wegführte, kann nur mangelndes logisches Denken oder Absicht gewesen sein. Auf dem Denkgebäude von Marx wurde ein völlig falsches Lösungsmodell entwickelt. Die Leidtragenden davon waren die Arbeiter und die Unternehmer. Der kommunistische Staat ist dabei die Endstufe eines jeden Kapitalismus mit dem perfekten Monopol. Die Nutznießer dieses falschen Denkansatzes waren und sind die Geldbesitzer, die ungestört leistungslose Kapitalgewinne einfahren und über Funktionärsposten Macht ausüben können. Auch wurden durch diese Scheinalternative zum Kapitalismus wirksame Ideen unterdrückt, da der normale Arbeiter im Kommunismus sein Heil suchte. Aus diesen Gedankengängen heraus und dem Wissen, daß sich im Zinssystem immer das

Kapital und damit die Macht in wenigen Händen sammelt, kann geschluß-
folgert werden, daß die marxistische Idee **absichtlich** dazu genutzt wurde,
vom eigentlichen Problem, **dem Zins**, erfolgreich abzulenken. Dafür spricht
auch die schnelle Verbreitung dieser Gedanken, die durch großzügiges Kapital unterstützt gewesen sein mußten. Heute kommt der Kommunismus
den Geldleuten wieder entgegen, indem man alle wirklichen Lösungsan-
sätze mit dem Argument niederschlagen kann, daß schon der Kommunismus gescheitert sei und man sich deshalb mit dem Kapitalismus als der
(vermeintlich) besten Wirtschaftsform abzufinden habe. Doch die Fehler
im Zinskapitalismus sind durch pures Wegreden nicht zu beseitigen. So
kommt es zu immer schlimmeren gesellschaftlichen Zuständen, letztlich
zum Zerfall.

Der gesellschaftliche Verfall

»In unserer Gesellschaft stehen Anständigen und Spitzbuben
die gleichen Wege offen – allerdings mit einem Unterschied:
Die Spitzbuben bedienen sich zusätzlich gewisser Wege, die der
Anständige scheut. So kommt es zu einer ständigen Anreicherung
der höheren Gesellschaft mit Schurken.«
Prof. Dr. Hermann Oberth, Raketenforscher

Im Zinskapitalismus zählt letztlich nur der Geld-Besitz. Menschliche Werte verlieren damit an Ansehen und werden sogar verspottet. Durch den Überfluß bei der oberen Schicht entstehen immer neue, extreme Bedürfnisse, da durch den ungeheuren Reichtum bald alle Wünsche erfüllt sind und das Vermögen durch den Zinseszinseffekt leistungslos immer schneller wächst. Auf der anderen Seite entstehen in der Bevölkerung durch zunehmenden Mangel und immer drückendere Lebensbedingungen versteckte Aggressionen, die sich in Verzweiflungstaten entladen.

Korrupte Politik

»Die wirkliche Korruption beginnt doch beispielsweise bei der
Nominierung von Politikern. Da werden doch bereits Abhängigkeiten
geschaffen, wenn es unvermögende Leute sind, die sich aufstellen
lassen und gewählt werden sollen.«
Karlheinz Schreiber, Auslöser der CDU-Spendenaffäre[106]

In diesem Umfeld spielt die regierende Klasse eine besondere Rolle: Da sie direkt oder indirekt vom Kapital der reichen Schicht abhängig ist, werden immer weniger Entscheidungen zugunsten der Bevölkerung getroffen, wie die kritiklose Abstimmung zur Einführung des Euros deutlich machte. Daß die Problematik den Politikern nicht ganz fremd sein kann, die Ursache jedoch der Öffentlichkeit verschwiegen wird, zeigte 1996 eine polemische Stellungnahme des damaligen Finanzministers Waigel in einer Bundestagssitzung zu Vorschlägen der Einführung einer zinsfreien Währung. Waigel:»… Da wird behauptet, daß die Probleme mit Einführung einer parallel zur D-Mark umlaufenden inflations- und zinsfreien Zweitwährung mit der Bezeichnung ›Grünmark‹ gelöst werden könnten. Diese

Zweitwährung soll von der LZB, BNS emittiert werden. Der entscheidende Vorteil der Zweitwährung liege darin, daß Kredite in Grünmark zinslos seien, was für jedes kapitalschwache mittelständische oder Kleinunternehmen ein Riesenvorteil sei. Die Investitionstätigkeit würde angeheizt, die Haushaltskonsolidierung vorangetrieben, und bei einer zusätzlichen Neuverschuldung in Grünmark würde der Schuldendienst wegfallen. Lieber Kollege Metzger, der Sie einen Funken von volkswirtschaftlichem Verstand bewahrt haben: Sagen Sie den Kameraden, daß sie verrückt gewesen sind, oder nehmen Sie von diesem Chaotenhaufen Abschied, theoretisch und praktisch ...«.[107] Ähnliche Äußerungen lassen sich auch noch von anderen bekannten Politikern und Notenbankern belegen. Es kann also nicht am fehlenden Wissen liegen, daß nichts gegen die Probleme unternommen wird.

Im gleichen Zug entsteht bei den Politikern durch die Nähe zum Kapital das Bedürfnis, den Lebenswandel der Reichen nachzuahmen. Der Korruption ist damit Tür und Tor geöffnet. So wurden bereits Schätzungen veröffentlicht, wonach in der Hälfte aller öffentlichen Bauten Bestechung im Spiel sei.[108] Die Parteispendenaffäre der CDU Anfang 2000 zeigte, Experten zufolge, nur die Spitze des korrupten Eisberges. Staatsrechtler erklärten bereits, daß die Rechenschaftsberichte aller Bundestagsparteien falsch sein könnten. Alle diese Parteien hätten seit 1975 systematisch Geld am Rechenschaftsbericht vorbei erhalten und ausgegeben.[109]

In diesem Umfeld verwundert es wenig, daß keine Partei sich überhaupt noch von der im System vorgegebenen Linie entfernt. Auch ein Regierungswechsel ändert dabei wenig, da kapitaltreue Politiker nur gegen andere, genauso dem System verpflichtete Köpfe ausgetauscht werden. Letztlich entscheidet auch in der Demokratie das Geld und damit die reiche Bevölkerungsschicht darüber, wer an die Entscheidungsstellen kommt und wie die Politik auszusehen hat. Hier gewinnt auch der Spruch: *Wenn Wahlen etwas ändern würden, so wären sie schon verboten*, an Bedeutung. Die Bevölkerung ist inzwischen so frustriert, daß politische Affären fast schon als normal angesehen werden.»Seit Flickaffäre und Barschelskandal haben die Leute endgültig den Glauben daran verloren, daß Politiker gute Menschen sind«, meinte der Forsa-Chef, Manfred Güllner.[110]

Die Volksvertreter maßen sich sogar an, das Volk ohne demokratische Abstimmung zu reglementieren. So ernennen in Holland Politiker ihre Parteifreunde zu Bürgermeistern, ohne daß das Volk mitbestimmen könnte. Als Rechtfertigung erklärte eine Abgeordnete:»Wir haben die Macht und wem das nicht gefällt, der kann ins Ausland ziehen.«[111] Das Vertrauen in einen gerechten Staat wurde ebenfalls durch die Steuerhinterziehung einiger Superreicher erschüttert. So wurden Ende 1999 die Akten im Fall des notorischen Steuerhinterziehers Zwick geschlossen. Dabei wurde das Verfahren so lange verschleppt bis es aus Verjährungsgründen eingestellt werden mußte. Der Bundesgerichtshof hatte deutliche Worte für die verwickelten Spitzenpolitiker Streibl, Tandler und Waldenfels übrig, welche in den Fall verstrickt waren. Wie sehr die Politik mit dem Kapital unter einer Decke steckt wurde deutlich, als veröffentlicht wurde, daß Franz Josef Strauß seinem Freund Zwick den Ratschlag zur Steuerhinterziehung gab.[112] Den wenigen erwischten Politikern passiert in der Regel nichts, im schlimmsten Fall treten sie zurück und nehmen eine hochdotierte Position in der Industrie an. Dies wurde beispielsweise in der EU-Kommission deutlich. Obwohl der neue Präsident Prodi versprach, gegen Korruption durchzugreifen, wurden keinerlei Maßnahmen dazu realisiert. Hohe Beamte, die in Betrugsfälle verwickelt waren, sind in den meisten Fällen immer noch auf ihrem Posten. Die wenigen Disziplinarmaßnahmen endeten in der Regel mit einem Freispruch. Die Betrüger haben sich im Laufe der Zeit ein Netzwerk aus ergebenen Mitarbeitern aufgebaut, das ein Durchgreifen unmöglich macht.[113] Auch Schmiergeldzahlungen sind inzwischen in Deutschland durchaus üblich. So gaben Frankfurter Ermittler bekannt, daß es in manchen Firmen schriftliche Handlungsanweisungen gebe, die erläutern, wie man zum Nutzen der Firma erfolgreich bestechen könne.[114] Auch nach Angaben des Bundesverbandes Deutscher Psychologen (BDP) gehört heute Bestechung zum Geschäftsalltag praktisch aller Unternehmen.[115] Daß unter solchen Umständen jede Ehrlichkeit untergeht, liegt auf der Hand. Wie wenig Politiker eigentlich für die arbeitende Bevölkerung übrig haben und nur die Interessen der reichen Schicht vertreten, war bei der »Rettung« des bankrotten Holzmann-Konzerns im Herbst 1999 zu sehen: Angesichts von 8000 Baupleiten wurde hier ein Moloch am Leben erhalten, der durch Preisdruck und ruinösen Wettbewerb die Existenz von Kleinbetrieben gefährdete. Gleichzeitig konnte so ein Musterbeispiel geschaffen werden, da die Holzmann-Beschäftigten auf sechs Prozent Lohn verzichten und vier Stunden pro Woche länger arbeiten mußten.[116] Dies ermöglicht es der herrschenden Schicht, die Ausbeutungsschraube weiter anzudrehen. Mit welcher Gleichgültigkeit die heutigen Führungskräfte der Verarmung großer Bevölkerungskreise zusehen, belegen beispielsweise Äußerungen des Nestle-Verwaltungspräsidenten Maucher, der Arbeitslose und Kranke wiederholt als »Wohlstandsmüll« bezeichnete: »Und wir wissen, daß mit Prosperität auch – und das ist ein hartes Wort – ein gewisser Wohlstandsmüll entsteht: Leute die saufen, Drogen nehmen, sich abgemeldet haben. Für Menschen, die wirklich arbeiten wollen, gibt es immer noch Arbeit.«[117] Tatenlos wird dabei von unseren Führungskräften hingenommen, daß durch Zinsausbeutung die Gesellschaft zerstört wird.

Unfähigkeit und Ignoranz

Im Zinskapitalismus kommt nur der nach oben, der sich einmal skrupellos durchsetzt und der sich zum zweiten kritiklos in die Gegebenheiten fügt. Konrad Lorenz, Nobelpreisträger und Verhaltensforscher, bezeichnete deshalb den Kapitalismus als »negative Auslese«. Also nicht Weiterentwicklung in dem Sinne, daß der Fähigste die Führung bekommt, sondern **der unfähige Drückeberger kommt an die Schaltstellen der Macht.** Ein Beispiel dafür, wie die Unfähigsten nach oben kommen, war der japanische Ministerpräsident Obuchi, der dafür bekannt war, daß er einen mangelnden wirtschaftlichen Sachverstand und schwache Führungsqualitäten besaß.[118] Unter dieser negativen Auslese leidet auch die Kompetenz der Entscheidungsträger. So wurden beispielsweise Politiker zur Höhe der Staatsverschuldung interviewt: Dabei konfrontierte man die Bundestagsabgeordneten im Jahr 1996 mit der Zahl 2 024 101 579 289 und bat sie, diese Zahl der Staatsverschuldung in Worten auszusprechen. Die Angaben schwankten zwischen 2 Milliarden und 224 Milliarden oder einem diffusen 10 hoch 7. Eine Abgeordnete weigerte sich sogar strikt, diese »schreckliche Zahl« auszusprechen. Der Bund der Steuerzahler zog daraus folgende Schlußfolgerung: »Offenbar herrscht bei denen, die über die Staatsfinanzen entscheiden, tiefste Unkenntnis, sowohl über die Größenordnung der Staatsverschuldung, als auch die damit verbundenen Haushalts- und Finanzprobleme ... Selbst der Bundesfinanzminister räumte ein, daß er diese Zahl zum ersten Mal sehe.«[119] Doch nicht nur in der Politik nimmt die Korruption und Inkompetenz zu. Im allgemeinen Verfall verkommt auch die Forschung zunehmend.

Wissenschaftlicher Sumpf

»Wollt ihr die Wissenschaft möglichst schnell fördern, so werdet ihr sie auch möglichst schnell vernichten; wie euch die Henne zugrunde geht, die ihr künstlich zum schnellen Eierlegen zwingt. Gut, die Wissenschaft ist in den letzten Jahrzehnten erstaunlich schnell gefördert worden: aber seht euch nun die Gelehrten, die erschöpften Hennen an. Es sind wahrhaftig keine ›harmonischen‹ Naturen; nur gackern können sie mehr als je, weil sie öfter Eier legen: freilich sind auch die Eier immer kleiner (obzwar die Bücher immer dicker) geworden.«
Friedrich Nietzsche, Philosoph

Überhaupt ist die Wissenschaft ebenfalls von der unabhängigen Erkenntnissuche zur Dienerin des Kapitals degeneriert. Forschung wird nur soweit, entweder direkt durch die Industrie oder indirekt über systemtreue Beamte im Staatsapparat, finanziert, wie es den Interessen des Kapitals dient. Dies bedeutet, daß beispielsweise der kleine Erfinder, der eine gute Idee zum Nutzen der Gesellschaft umsetzen möchte, keine Geldgeber findet, im Gegenteil: Er wird sogar massiv unter Druck gesetzt, da er die Kapitalinteressen der Monopolisten gefährden könnte. Umgekehrt werden öffentlich Forschungsvorhaben gefördert, mit denen sich die Bevölkerung weiter in Abhängigkeit bringen läßt, wie beispielsweise mit der Gentechnik. Sogar Fälschungen werden in Kauf genommen, wenn es um viel Geld geht. So hat ein Ulmer Professor Ergebnisse zur Krebsforschung gefälscht. Doch statt den »Forscher« zur Verantwortung zu ziehen, wurde erklärt, daß das Fälschen wissenschaftlicher Arbeiten nicht ohne weiteres strafbar wäre. Einer der Aufdecker der Fälschung meinte zur Wissenschaft an sich: »Das ist ein Sumpf, da würde ich auf Dauer nicht bestehen.«[120] Später wurde der ehemalige Lehrstuhlinhaber sogar noch mit der Begründung freigesprochen, daß er inzwischen aus dem Beamtenverhältnis ausgeschieden sei.[121]

Leider ist dieser Verfall nicht auf Einzelfälle beschränkt, sondern zieht sich durch den ganzen wissenschaftlichen Apparat. Ein Grund dafür liegt in der juristischen Definition der Wissenschaft im Grundgesetz, das die Freiheit von Wissenschaft und Forschung garantiert. Hinter diesem Deckmantel haben sich die privilegierten Professoren eine Reihe von lukrativen Positionen gesichert. Während der normale Beamte keine Gelder aus der Industrie annehmen darf, ist dies dem Hochschulprofessor bis zu weitgefaßten Grenzen möglich. Das führt zu dem kuriosen Umstand, daß der kreative Erfinder keine Finanzmittel bekommt, jedoch der systemtreue Professor damit reichlich eingedeckt wird, da sich diese Freiheit der Wissenschaft nur auf privilegierte Kreise erstreckt.

Am schlimmsten zeigt sich dieser Verfall in der Wirtschaftswissenschaft, die nur noch darauf bedacht ist, die Zinsausbeutung mit fadenscheinigen Argumenten zu legitimieren, statt Lösungen zu suchen. Es ist deshalb kein Wunder, daß von den offiziellen Stellvertretern in der Wissenschaft nichts wirklich Neues zu erwarten ist. Daß dabei die Unabhängigkeit und wirkliche Freiheit der Wissenschaft verloren geht, liegt auf der Hand. Weil für die Nutznießer mehr Geld fließt und im Zinssystem letztlich nur die Rendite zählt, kommt es zu völlig unverständlichen Entwicklungen. So steht heute nicht die Vermeidung von Krankheiten im Vordergrund, sondern die Behandlung, da hier mehr Profite zu erwirtschaften sind. Die Ausgaben für Prävention sind 1997 von drei Prozent auf unter ein Prozent gefallen.[122] Dieses Beispiel zeigt, wie heute wissenschaftlich gearbeitet wird, indem nicht wirklich die Ursachen von Problemen angegangen werden, sondern nur Symptombekämpfung finanziert wird. Die Zustände müssen unter solchen Bedingungen immer schlimmer werden.

Polizei

Doch erstreckt sich der Verfall auch auf weite Bereiche der staatlichen Ordnung. Auch die Polizei kommt in diesem System zunehmend in Abhängigkeiten. Einmal wird vom Staat, wegen der hohen Schuldenlasten, an der Bezahlung der Beamten gespart, zum zweiten wird das Geld lieber in Überwachungstechnik gegen die eigene Bevölkerung gesteckt, wie später noch gezeigt wird. Damit steigt jedoch die Abhängigkeit der Polizei von Zuwendungen wohlhabender Bürger. Um den Ordnungshütern legal Geschenke zukommen zu lassen, wurde beispielsweise in Prien am Chiemsee ein Verein gegründet.[123] Daß jedoch durch solche Aktionen die Neutralität der Ordnungskräfte in Gefahr gerät, will scheinbar niemand sehen. In die gleiche Richtung gehen Überlegungen, die Polizei zukünftig über Werbeeinnahmen zu finanzieren. Der Bundesvorstand der Deutschen Polizisten-Gewerkschaft hat vorgeschlagen, die Ausstattung der Polizei von Sponsoren stellen zu lassen.[124] Seriöse Firmen sollen dabei mit dem guten Namen der Polizei werben dürfen. Die Unabhängigkeit der staatlichen Ordnungshüter geht damit ebenso verloren, wie das Vertrauen der Bevölkerung in die Polizei.

Die Jugend zerfällt

Die Gesellschaft pervertiert unter diesen unnatürlichen Bedingungen immer mehr und zerfällt am Ende völlig. Besonders sind davon die Kinder und Jugendlichen betroffen: Das Einstiegsalter für Alkohol- und Tabakkonsum ist in Deutschland inzwischen auf zehn Jahre gefallen. Die Deutsche Hauptstelle für Suchtgefahren (DHS) erklärte, daß die Entwicklung die Zukunft einer ganzen Generation gefährde. Besonders bedenklich sei, daß der Konsum legaler und illegaler Drogen unter Jugendlichen allgemein zunehme.[125] Es verwundert unter diesen Bedingungen auch wenig, daß sich Jugendliche kaum noch für gesellschaftlich-politische Entwicklungen interessieren. Der Anteil der Jugendlichen im Osten, die sich für Politik interessieren, ist von 50 Prozent im Jahr 1997 auf 35 Prozent 1999 gefallen; im Westen blieb der Anteil bei 45 Prozent konstant.[126] Der Erziehungswissenschaftler Hurrelmann warnte 1999 vor einem Ansteigen der Gewaltbereitschaft unter Jugendlichen. Etwa ein Zehntel der Jugend im Alter von 13 bis 16 Jahren habe eine »innere Unruhe« infolge gestörter Familienverhältnisse und »Enttäuschung über die weitere Lebensperspektive« und diese Gruppe orientiere sich an Fernsehdarstellungen.[127] Die Verschuldungsbereitschaft von Jugendlichen hat sich, unter dem Einfluß der Werbung, ebenfalls deutlich gesteigert: Das Konsumverhalten Jugendlicher, wie aus einer Studie des Haushalts- und Ernährungswissenschaftlers Lewald hervorgeht, hat die Verschuldungsbereitschaft erheblich gesteigert. Hauptschüler wären zu 55%, Realschüler zu 64% bereit, sich zu verschulden, um einen steigenden Konsum zu befriedigen. Unpünktlichkeiten bei der Rückzahlung der Schulden empfänden nur 27% der Schüler als peinlich.[128] Weiter ergab eine Untersuchung, daß die Jugendlichen kräftig Sparguthaben abbauen, um sie in den kurzfristigen Konsum zu stecken. So verringerte sich allein innerhalb eines Jahres bis 1999 das Guthaben um zwei Milliarden Mark.[129] Deutlich wird dabei das unkritische Denken unter der Jugend. Weil das Leben sich immer mehr von der Realität weg hin zum reinen Konsum, zur »Fun-Generation« bewegt, verfällt auch jeder kulturelle Zusammenhalt. Ein Beispiel für diesen Verfall war die sogenannte »Love Parade« in Berlin. Die Medien lobten dabei einhellig die mit Alkohol und Drogen unterlegte Veranstaltung als neue Kultur. Die Jugend der achtziger Jahre entdecke Ästhetik und Bürgerlichkeit neu.[130] Daß bei solchen Veranstaltungen jedoch die ganze Gesellschaft zu einer reinen Party verkommt, in der selbständiges, kritisches Denken keinen Raum mehr findet, wird vergessen.

Medien und Gesellschaft

Die Medien verstärken den gesellschaftlichen Verfall noch. So nimmt die Zahl von Gewalt- und Sexfilmen kontinuierlich zu. RTL 2 plante bereits im Herbst 1999, ein »Pfui TV« zu starten, welches Sex für die ganze Familie liefern solle. Dabei wird gezielt an die niedrigsten Triebe des Menschen appelliert.[131] Auch der religiöse Bereich, der früher den Menschen eine gewisse Orientierung gab, verfällt im Zinskapitalismus zusehends. Daran sind die Kirchen zum guten Teil auch selbst schuld, da sie eher darum bemüht sind, das Ausbeutungssystem gutzuheißen, als klare Positionen zu beziehen. Statt sich auf die Seite der Unterdrückten zu stellen, will die Kirche nun mit kapitalistischen Werbemethoden, etwa indem Sportler für Werbung gewonnen werden, wieder Mitglieder gewinnen.[132] Führende Kirchenvertreter haben inzwischen sogar offen die Position für den Kapitalismus eingenommen. So wurde bekannt, daß der Erzbischof von Neapel seinen Bruder bei Wuchergeschäften unterstützt hatte, bei denen letzterer bis zu 400 Prozent Zinsen für Kredite gefordert hatte. Der Kardinal hatte bis dahin als Kämpfer gegen den Zinswucher gegolten.[133] Es verwundert wenig, daß unter diesen Umständen das Interesse an gesellschaftlichen Fragestellungen abnehmen muß. So beschäftigt sich weniger als ein Drittel der Katholiken überhaupt noch mit Problemen unserer Zeit, vor fünf Jahren sind es noch 53 Prozent gewesen.[134] Dabei plädieren Konsumtrend-Forscher dafür, Konsumgüter-Marken zu einem Religionsersatz zu machen. Marken könnten die Sehnsucht der Gemeinschaft in einer Weise befriedigen, die dem modernen Menschen entspricht. Dabei sollten die Konsumgüter-Gemeinschaften Bindung und Freiheit sowie Geborgenheit vermitteln.[135] Das Bildungsniveau muß unter diesen Vorbedingungen immer weiter abfallen. So wußte 1998 bei einer Umfrage jeder Vierte nicht, daß sich die Erde um die Sonne dreht. Die Meinungsforscher schlossen darauf, daß das Bildungsniveau in der Bevölkerung gesunken ist. Langzeitmessungen würden den Trend zur kontinuierlichen Absenkung des Wissens bestätigen.[136] Das sinkende Allgemeinwissen verwundert kaum, wenn man bedenkt, daß die Ausgaben pro Schüler seit 1991 um ein Drittel gesunken sind.[137] Doch statt nützliche Erkenntnisse zu vermitteln, soll zunehmend Werbung in der Schule plaziert werden. Bis 1997 war Reklame in den Schulen aller Bundesländer verboten, da die Schüler zu kritischen Verbrauchern erzogen werden sollten. Durch die immer schärfer werdende finanzielle Situation sind die Ausbildungsstellen nun jedoch gezwungen, die Werbung zur Finanzierung zu nutzen.[138] Daß durch solche Maßnahmen das Bildungsniveau weiter absinkt, versteht sich von selbst. Ein sinkendes Wissensniveau ist der beste Hintergrund für eine umfassende Manipulation der Bevölkerung. Nicht umsonst heißt es: Wissen ist Macht.

Der gesellschaftliche Verfall ist jedoch keineswegs allein ein Phänomen unserer heutigen Zeit, sondern wurde schon viel früher von kritischen Wissenschaftlern erkannt.

Ein Professor widerlegt den Kapitalismus

»Der älteste Fluch des Menschen ist das Geld.«

Sophokles

Im Jahr 1887 entschloß sich Reichskanzler Bismarck dazu, klären zu lassen, warum alle Hochkulturen und Weltreiche in der Geschichte untergegangen sind. Als geeignete Person wurde der Professor für politische Ökonomie der Universität Freiburg (Schweiz), Ruhland, ausgewählt. Bismarck forderte von dem Professor, daß er kein neues Geschichtsbuch, sondern die konkreten Ursachen für die Vorgänge dargelegt haben wolle. Als Ruhland im Jahr 1890 von seinen weltweiten Reisen zurückkehrte, war Bismarck bereits nicht mehr im Amt, die Erkenntnisse konnten nicht mehr verwertet werden. Interessant sind die Entdeckungen trotzdem, da sie klar darlegen, daß in der Geschichte immer der gleiche Zerstörungsmechanismus beim Untergang von Völkern und Kulturen im Spiel war.

Der Untergang der Römer

Egal, ob es sich um die Geschichte der Griechen, Römer, Araber, Spanier usw. handelt, die Ursache des Unterganges war immer in der Ökonomie zu suchen. Dabei spielten die Zinsen die entscheidende Rolle (Abb. 15).

Abb. 15: Der Untergang des Römischen Reiches

Jede Hochkultur war auf Geld aufgebaut. Wie auch heute, wurde die Währung nur gegen Zahlung von Zinsen weiterverliehen. Langfristig kamen dadurch diejenigen, die am meisten Geld erobern konnten (meist durch Raub oder Betrug) in eine immer vorteilhaftere Stellung. Je mehr Geld jemand hatte, das er nicht für die Alltagsgeschäfte benötigte, umso mehr konnte er verzinst weiterverleihen und wurde dadurch noch reicher. Mit fortschreitender Zeit kam jener Zinsautomatismus in Gang, der uns heute wieder bedroht. Die Währung sammelte sich in immer weniger Händen. Der Bauernstand wurde durch Verschuldung vernichtet, es kam zur Entvölkerung des Landes, da die Ländereien von den Reichen in zunehmendem Maße übernommen wurden. Im Römischen Reich besaßen bald nur 2000 Familien ganz Rom! Für die Produktion wurden immer mehr Sklaven eingesetzt – die selbständigen Gewerbetreibenden konnten nicht mehr konkurrieren und verarmten. Im alten Rom mußte jeder, der Schulden machte, sich selbst als Pfand dafür anbieten. Sobald der Schuldner die Schuldzinsen nicht mehr aufbringen konnte, legte der Gläubiger einfach Hand an ihn und erwarb ihn damit als Schuldsklaven. Da das Kapital durch das Zinssystem sich immer schneller vermehrte und die Bevölkerung bereits nach wenigen Jahrzehnten ausgeblutet war, war man auf ständige Eroberungen angewiesen. Die vereinnahmten Provinzen wurden rücksichtslos ausgebeutet. Mit dem Verschwinden des heimischen Bauernstandes war die Brotversorgung auf Getreidelieferungen aus immer größeren Entfernungen angewiesen. Damit wurde die Versorgung immer unsicherer und häufig dem Zufall überlassen. Ruhland: »Aber während die römischen Bauern in fernen Ländern die feindlichen Armeen vernichteten, hatte der Kapitalismus in der Heimat die Alleinherrschaft errungen. Von da ab geht unverkennbar die Entwicklung mit eilenden Schritten abwärts. In wenigen Jahrzehnten ist der altrömische Bauernstand vernichtet.« Ungeheure Wahlbestechungen lieferten Brot und Spiele für die proletarisierten Bürger. Um die hoffnungslosen Massen ruhig zu halten, wurden Gladiatorenspiele eingeführt: »Weil die Masse der Bürger in Rom verarmt war, keine Beschäftigung fand und nichts zu essen hatte, hat man staatliche Getreidelieferungen zu billigsten Preisen eingeführt. Und um die eventuell gefährlich werdende Langeweile des Bürgerproletariats zu verscheuchen, wurden ›öffentliche Spiele‹ gewährt.«

Die Situation verschlimmerte sich und nur durch blutigere Vorführungen, mit beispielsweise einer zunehmenden Zahl von Löwen, konnte das Volk bei Laune gehalten werden. Auf der anderen Seite nahm der Reichtum der oberen Schicht kaum vorstellbare Ausmaße an, was zu Luxus und Genußsucht führte. Ruhland merkte dazu an: »Im Jahre 104 v. Chr. konnte der Tribun Phillipus in öffentlicher Rede erklären, daß es in Rom nicht mehr als 2000 Personen gebe, welche ein Vermögen hätten. Diese Verarmung des Volkes durch Bereicherung der oberen Zweitausend hat sich anscheinend in erschreckend kurzer Zeit vollzogen.« Die Kultur verkam in Dekadenz. Nur noch der Besitzer von Geld wurde geachtet; »Geld gibt Geltung« hieß die Losung. Dadurch kam es zu einer fortschreitenden Sittenverderbnis mit Erbschleicherei, Erpressung und Bestechlichkeit der Richter. Vetternwirtschaft verhinderte, daß fähige Personen in entscheidende Stellungen gelangen konnten. Auch im privaten Bereich änderten sich die Gewohnheiten. So wurde die früher heilig gehaltene, unauflösliche Ehe zu einem leicht lösbaren Vertrag. Gleichzeitig war eine starke Zunahme der Prostitution feststellbar. Ruhland: »In grossen Wirtshäusern speisend, in armseligen Schlafstellen wohnend, fehlte dem römischen Proletariat fast jede Gelegenheit, sich auf ehrliche Weise etwas zu verdienen, nachdem die Großkapitalisten alle Produktionsmittel an sich gerissen und überall die billigere Sklavenarbeit verwendeten.« Der Zinseszinseffekt zeigte sich in erschreckendem Ausmaß: »Als dann Sulla im Jahre 84 v. Chr. Kleinasien eine Kriegssteuer von 102 Millionen Mark auferlegte, die von römischen Kapitalisten vorgestreckt wurden, weil das Volk nicht selbst bezahlen konnte, da war binnen 14 Jahren die Schuldsumme auf das Sechsfache gewachsen, so dass die Gemeinden ihre öffentlichen Gebäude, die Eltern ihre Kinder verkaufen mußten, um den unerbittlichen Gläubigern gerecht zu werden.«

Im weiteren Verlauf kam die politische Führung in die Hände der Bankiers. Bürgerkriege begannen und sozialistische Strömungen machten sich geltend. Ruhland: »Unmöglich kann also unter der Herrschaft des Staatssozialismus eine besondere Lebensfreudigkeit in der Bevölkerung geherrscht haben. Sonst hätte man sich nicht allgemein gescheut, Nachkommen in die Welt zu setzen, und nicht so häufig zum Selbstmord gegriffen, um dieser Welt rascher den Rücken zu kehren.« Die Ruhigstellung der Proletarier führte zu steigenden Staatskosten und entsprechenden Steuerlasten. Das aus dem Ruder laufende System war letztlich nur noch über mehr Gesetze im Griff zu behalten. Die freie Berufswahl wurde verboten und durch Zwangsmaßnahmen abgelöst. Am Ende konnte das Römische Reich von einigen tausend schlecht bewaffneten Germanen überrannt werden – römische Soldaten, bzw. Geld für Verteidigung gab es schon lange nicht mehr. Die Geldwirtschaft verschwand und die ineffiziente Naturalwirtschaft nahm ihre Stelle ein. Dabei dürfen bei den Mißständen in Rom nicht Ursache und Wirkung verwechselt werden. Der gesellschaftliche Verfall war dabei nicht die Ursache des Niederganges, sondern nur die Folge des Zinskapitalismus: »Was sich von da ab an schreienden Mißständen in Rom einstellt, sind in noch auffälligerer Weise alles nur Folgeerscheinungen der Alleinherrschaft des Kapitals. ... Wer also hier reformieren und heilen wollte, der mußte die eigentliche und letzte Ursache all dieser Uebelstände, nämlich die Alleinherrschaft des Kapitals beseitigen ...« Die Symptome für den Untergang der Römer deutete Ruhland wie folgt:

- Zunehmende Verschuldung des Volkes, Vernichtung des Bauernstandes, Entvölkerung des Landes.
- Vernichtung der selbständigen Gewerbetreibenden durch Gewerbesklaven.
- Der Welteroberung folgt die rücksichtsloseste Erwerbssucht der Römer. Statthalter, Steuerpächter, römische Kaufleute und Geldverleiher wetteifern im Auswuchern der Provinzen.
- Mit dem Verschwinden des heimischen Bauernstandes ist die Brotversorgung des Volkes auf Getreidezufuhren aus immer größeren Entfernungen angewiesen.
- Ungeheure Wahlbestechungen liefern Brot und Spiele für die Bürger.
- Die Heeresmacht des Staates wird allgemein zur Eintreibung privater Wuchergewinne in den Provinzen und Nachbarstaaten verwendet.
- Fabelhafte Zunahme des Reichtums, des Luxus, der Genußsucht.
- Fortschreitende Sittenverderbnis, Erbschleicherei, Wucher, Erpressung, Bestechlichkeit der Richter und Beamten. Die früher heilig gehaltene unauflösliche Ehe wird zu einem leicht lösbaren Vertrag. Starke Zunahme der Prostitution, Eheflucht, stetiger Rückgang der Bevölkerung.
- Der Adel verschwindet mehr und mehr. Die politische Führung kommt in die Hände der Bankiers. Die Handelsleute der ganzen Welt versammeln sich in der Hauptstadt. Die Bürgerkriege beginnen.
- Die Versorgung der Proletarier auf Staatskosten führt rasch zur Ausbreitung des Staatssozialismus auf zwangsgenossenschaftlicher Basis.
- Der Staatsbankrott wird chronisch. Der Rückgang der Bevölkerung dauert an. Die Geldwirtschaft verschwindet nach und nach. An ihre Stelle tritt wieder die Naturalwirtschaft.

Nach dieser Symptombeschreibung befindet sich unsere Gesellschaft bereits im Endstadium des Zerfalls: Das Volk ist hoch verschuldet, die Bauern werden zunehmend unter Druck gesetzt und die Nahrungsmittel werden in immer größerer Menge aus dem Ausland eingeführt. Durch zunehmende Monopolisierung kommen auch die selbständigen Gewerbetreibenden in die Klemme. Die politischen Affären zeigen ganz deutlich, wie wir bereits gesehen haben, daß die Politik nur noch von den Finanziers aus der Wirtschaft abhängig ist. Auch Brot und Spiele gehören heute zum Alltag, um die Bevölkerung ruhigzustellen und Unmut zu verhindern. Die Armen werden mit Sozialhilfe besänftigt und die Masse mit immer niveauloseren Fernsehsendungen abgelenkt. Im Gegensatz dazu nimmt der Reichtum in wenigen Händen immer gewaltigere Formen an, was sich in übertriebenem Luxus und ausufernder Genußsucht äußert. Die Sitten verkommen unter diesen Umständen zunehmend, die Scheidungsraten steigen, Betrug nimmt zu und Lüge wird als erfolgreiche Eigenschaft in der Wirtschaft begrüßt. Durch die zunehmende Anzahl der Menschen, die auf Arbeitslosengeld oder Sozialhilfe angewiesen ist, entsteht eine Art Staatssozialismus, der jedoch nur mit einer immer weiteren Einengung der persönlichen Freiheit aufrechterhalten werden kann. Was heute noch fehlt ist, nur noch die letzte Stufe: Der Zusammenbruch des Geldsystems, mit dem Niedergang jeglicher Kultur.

Der Untergang der Griechen

Der Verfall der griechischen Kultur glich dem der römischen, da beide zinsbehaftetes Geld benutzten. In der Endphase galt nur das Sprichwort: »Geld macht den Mann!«, womit das Geld zum allein beherrschenden Wert wurde. Durch zunehmende Verarmung der Bevölkerung war diese dazu gezwungen, Kredite aufzunehmen, und sie mußte sich dazu an die Adeligen richten: »Es lag deshalb nahe, sich an sie zu wenden, um Getreide zurückzukaufen. Die Bitte wurde gewährt, aber nicht als Natural-, sondern als Gelddarlehn zu Zinssätzen von 36% und höher. Und zur Sicherung der daraus sich ableitenden Forderungen musste zunächst der ganze bäuerliche Besitz verpfändet werden, dann wurden der Bauer und seine Familie in Person haftbar gemacht und endlich auch noch Bürgen verlangt.« Die zu Schuldsklaven gewordenen Bürger flohen in das Ausland oder wurden vom Gläubiger als Sklave verkauft. Dabei wurde die Sklaverei zu einer renditeträchtigen Anlage: »Die Zahl der Sklaven war der Zahl der freien Bevölkerung z. B. in Korinth und Aegina bedeutend überlegen. Man hatte sie nicht im Kriege erobert oder unterjocht, sondern auf dem freien Markte gekauft. Die Sklaverei war jetzt eine Kapitalanlage geworden. Es wird berichtet, dass z. B. das in den Bergwerkssklaven angelegte Kapital sich mit 33 1/3 bis 50%, die für Möbelsklaven verausgabte Geldsumme sich mit 30% verzinst habe.« Jede Notlage wurde ausgenutzt, um die Verschuldung im Volk zu mehren: »Diese Not wurde mit Hilfe des furchtbaren Kreditrechts benützt, um die Masse des Volkes in die Fesseln der Schuldknechtschaft zu zwingen.«
 Erste Aufstände richteten sich gegen dieses Unrecht. Ruhland weist jedoch darauf hin, daß nicht der Adel an sich, sondern der Kapitalismus

der Feind war: »Man hat aus all diesen Massnahmen folgern zu sollen geglaubt, dass damit der ›Besitz‹ an die Stelle der ›Geburt‹ getreten sei. Thatsächlich handelt es sich indess hier um den Kampf des Volkes gegen die erste Entwicklungsstufe des Kapitalismus, nämlich gegen das sog. ›Handels- und Leihkapital‹«. Leider waren diese Reformbemühungen erfolglos und der Zinskapitalismus konnte sich noch schneller ausbreiten: »Der Kapitalismus aber konnte von jetzt ab bald um so üppiger wuchern, je vollständiger die Ausbeutungsverhältnisse sich geändert haben unter der Herrschaft des ›industriellen Produktionskapitals‹, dem sich das ›Bank- und Börsenkapital‹ immer unmittelbar anschloss.«

Die kapitalistischen Ausbeuter sowie die eigentliche Aufgabe der Politiker beschrieb Ruhland wie folgt und bezieht sich dabei auf Platon: »Geduckt sieht man diese Geldmänner umherschleichen wie das leibhaftige böse Gewissen und, ohne sich etwas um ihre Opfer zu kümmern, den unheilvollen Pfeil der Kapitalgewinne auf die Gesellschaft schleudern und dadurch Drohnen und Bettler die Menge im Staate erzeugen. Nicht die Begünstigung der Ansammlung eines möglichst grossen Nationalreichtums, sondern der Kampf gegen Armut und Reichtum ist die weitaus wichtigste Aufgabe aller Gesetzgebung, bei welcher der Staatsmann gar nicht rasch und entschieden genug zu Werke gehen kann. Denn der wahre Staatsmann erstrebt nach der Ansicht von Platon das Glück der Bürger und, da wirkliches Glück nicht ohne Tugend erreichbar ist, auch die Sittlichkeit der Bürger.« Wie bei den Römern, so mußte auch die griechische Kultur unter diesen Verhältnissen untergehen.

Die Ursache des Zerfalls

Der Professor erkannte vor allem in der wachsenden Verschuldung eines Staates eine wichtige Ursache für den weiteren unaufhaltsamen Verfall. So wies er beispielsweise auf die Zeit vor der französischen Revolution hin, in der der Staat im Jahr 1788 nahezu 70 Prozent seiner Einnahmen nur für den Zinsendienst verwenden mußte. Diese Situation war für das Volk mit stark steigenden Steuern verbunden, die in Hungerrevolten, letztlich in der Revolution endeten. In der Geschichte wiederholt sich dieser Vorgang immer wieder. Ruhland verglich in seinem historischen Rückblick weiter die damalige Entwicklung mit der Situation der Welt im beginnenden 20. Jahrhundert und erkannte besorgniserregende Übereinstimmungen: Dabei war Deutschland Anfang des 20. Jahrhunderts bereits so hoch verschuldet, daß es keinen Ausweg mehr geben konnte:

»Hervorragende Sachverständige schätzten die jährliche Vermögenszunahme des deutschen Volkes heute (1908, d. Verf.) auf 2 Milliarden Mark.

Sie erreicht mithin kaum die Hälfte der jährlichen Schuldzunahme und muss in absehbarer Zeit das ganze Vermögen des deutschen Volkes den Kapitalisten ausliefern.«

Die Entwicklung war auch auf dem Bankensektor erkennbar: Die im Jahr 1870 mit 15 Mio. Mark Kapital gegründete Deutsche Bank wuchs bis 1908 auf ein Vermögen von 150 Mio. Mark an, im ganzen Syndikat sogar auf 3 Mrd. Mark. Bei Beibehaltung dieser Steigerungsrate würde spätestens nach 10 weiteren Jahren das gesamte Volksvermögen von 150 Mrd. Mark der Deutschen Bank gehören. Doch dazu kam es nicht mehr – Ruhland sah bereits, 6 Jahre vorher, den Ersten Weltkrieg voraus:

»Bei der nur zu oft maßlosen Inanspruchnahme des Kredits vollzieht sich hier mit Hilfe des Bank- und Börsenkapitals in einer anscheinend planvollen Weise eine nationale wie internationale Verkettung der Privatunternehmungen, die in unserem Kriegszeitalter uns eines Tages einer Krise entgegen zu führen droht, wie sie kaum in der Geschichte der Völker schon erlebt wurde.«

Über das Zinssystem muß sich letztlich das ganze Vermögen bei wenigen Personen ansammeln und die meisten enteignen. Die Vermögenskonzentration war damals bereits so weit fortgeschritten, daß die Verwaltungsherrschaft über das meiste Vermögen in der Hand von nur wenigen Personen lag. Gleichzeitig mußte die Verschuldung für das Volk explodieren:»In dem Maße aber, als das Vermögen sich in immer wenigeren Händen zusammenfindet, in gleichem Maße muss die Zahl der Vermögenslosen wachsen ... Die eigentliche Verwaltungsherrschaft für gewiss die Hälfte des deutschen Volksvermögens liegt so heute tatsächlich in den Händen von vielleicht 150 Personen. Die ganz überwiegende Masse der Reichen begnügt sich mit der Position eines arbeitslosen Rentners, der höchstens sich darauf beschränkt, fortlaufend den Börsenkurszettel bei seinem Morgenkaffee zu studieren. Die ungleich grössere Masse der fast Vermögenslosen (in Preussen heute wohl 86 1/2 % der Gesamtbevölkerung) ist mit ihrem Lebensunterhalt auf Dienstleistungen bei diesen 150 führenden Kapitalisten angewiesen ...« Dadurch entstand ein»Vetternschaft und Cliquenwesen«, in der nur Beziehungen zur reichen Schicht zählten, persönliche Fähigkeiten jedoch nicht gefragt waren. Dabei gingen viele neue Ideen zugrunde, wenn sie nicht in das Weltbild der herrschenden Minderheit paßten. Ruhland nannte hier einige Erfinder und Entdecker, wie den englischen Arzt Harvey (1578–1658), der den Blutkreislauf entdeckte und von den privilegierten Fachprofessoren mit Spott und Hohn überschüttet wurde, oder den Erfinder des Telefons, Philip Reis, der von den Professoren an der Veröffentlichung seiner Erfindung gehindert wurde.

Ruhland:»… Jedenfalls birgt diese Herrschaft der persönlichen Beziehungen über den Fortschritt in der Erkenntnis eine eminente Gefahr in einer Zeit, in welcher sich die Degenerationserscheinungen im Volk häufen, wie das heute der Fall ist und die verzögerte Anerkennung neuer wichtiger Ideen um mehrere Jahrzehnte unter Umständen über Sein oder Nichtsein des ganzen Volkes entscheidet.«

Besonders erkannte er auch die Aktie als effektives Mittel, die Gier und Spielsucht im Menschen zu wecken, um ihn effektiv auszunehmen. Obwohl der Kleinaktionär im Lauf der Geschichte immer wieder alles verloren hat, ist bei Beginn der nächsten Hausse alles wieder vergessen. Durch die Ausweitung des Aktienkapitals wird Geld der Bevölkerung akkumuliert und in einem Zusammenbruch schlagartig umverteilt. Dabei werden die Märkte durch die Anreicherung von Geld in wenigen Händen zunehmend auch von diesen wenigen Personen gezielt manipuliert:»Bei den modernen Weltmärkten für die verschiedenen Waren wird ausserdem der Markt durch ›Stimmungen‹ beherrscht, die sich auf den eingelaufenen Nachrichten von und über den Markt aufbauen. Weil und soweit aber dieser Nachrichtendienst mehr oder minder ausschließlich in der Hand des spekulativen Privatkapitals ruht, werden diese Nachrichten im Interesse grosser Privatspekulationen immer wieder systematisch gefälscht. Damit wird dann natürlich auch immer die Preisbildung gefälscht. Und das schliesliche Resultat ist eine Verschärfung der Preisschwankungen nach oben und unten.«

Ruhland widerlegte auch die falsche Annahme, daß eine bessere Technik an der Entstehung der Arbeitslosigkeit schuld sei:»Eine jede maschinelle Erfindung verdrängt Handarbeit in einem gewissen Umfange, steigert die Produktionsleistung, setzt die Produktionskosten herab, ermöglicht den Massenkonsum und steigert dadurch wieder die Nachfrage nach Arbeitsprodukten und also schließlich auch die Nachfrage nach Arbeit.« Jede Erfindung schafft in anderen Bereichen damit wieder automatisch eine gesteigerte Nachfrage nach Arbeit. Anders sieht es im Kapitalismus aus, in dem ausschließlich die steigende Rendite entscheidend ist für ein Unternehmen. Hier wird tatsächlich ein Teil der Arbeit einfach erwerbslos, schon allein deshalb, um die Löhne zu drücken und die Arbeiter besser ausbeuten zu können. Deshalb kam es in der Zeit der industriellen Revolution zu drückendsten Bedingungen für die Beschäftigten:»Um das in den Gebäuden und Maschinen steckende Kapital möglichst rentabel zu machen, ging man von dem langen Arbeitstag zur Tag- und Nachtarbeit mit 2 Schichten zu je 12 Stunden über. Andere Unternehmer liessen viele Arbeiter 30 bis 40 Stunden durcharbeiten. … Und hier wurden dann die Kinder selten mit 5, häufig mit 6, sehr oft mit 7, meist mit 8 bis 9 Jahren beschäftigt und zwar 14 bis 16 Stunden täglich, wobei körperliche Züchtigung in ausgiebigem Masse angewendet wurde.«

Falscher Kommunismus

Die damals von vielen als Lösung angesehene Lehre des Kommunismus wurde von Ruhland gründlich analysiert und als untauglich erkannt. Besonders weil der Marxismus nur das Produktionskapital berücksichtige:
»Weiter beschränkt sich der Marxismus in recht unhistorischer Weise auf das Produktionskapital und lässt das Handels- und Leihkapital, wie insbesondere auch das Bank- und Börsenkapital vollkommen außer Acht. Die unmittelbare Folge ist, dass Karl Marx ganz übersieht, wie häufig auch in der ersten Hälfte des vorigen Jahrhunderts sich die Gewinne der englischen Fabrikanten noch aus ganz anderen Beträgen zusammensetzten, als aus jenen, welche den Lohnarbeitern ›abgeschunden‹ wurden. Aus dem gleichen Grunde ist auch sein Beweis von der fortschreitenden Konzentration des Kapitals nicht geglückt. Wo nämlich heute diese fortschreitende Konzentration in dem Produktionsprozeß scheinbar weniger hervortritt, handelt es sich vielfach um die verschleierte Thätigkeit des Bank- und Börsenkapitals. Hier ist heute die fortschreitende Konzentration des Kapitals weitaus am intensivsten.« Damit wurden beim Kommunismus die Hauptfaktoren der Ausbeutung einfach nicht beachtet. Ohnehin wäre bei einem reinen »Mehrwert durch Produktionskapital« niemals eine exponentielle Anhäufung von Kapital realistisch, sondern für jeden Arbeiter wäre nur ein Maximalbetrag der Ausbeutung möglich gewesen, da anderenfalls der Rest nicht mehr zum Leben ausreichen würde und die Mehrwertquelle verschwinden müßte. Dabei muß jedes System, welches auf Zins aufbaut, letztlich in drückenden Verhältnissen enden. Erst durch die Geldkonzentration kommt es dazu: »Diese normalen Verhältnisse werden häufig in der Weise gestört, dass Geldbesitzer die Macht gewinnen, die selbständigen Arbeiter ihrer Produktionsmittel zu berauben.«
Ruhland war sich über die wirkliche Ursache der Misere im klaren, als er über die griechische Geschichte schrieb:
»Bei aller Verschiedenheit im einzelnen sind die bedeutendsten griechischen Denker darüber einig, dass der die Völker vernichtende Kapitalismus aus der Gesellschaft nur dann beseitigt werden könne, wenn der Zins vom Gelde verschwindet.«[139]
Mit Recht wies der Professor darauf hin, daß die Gesellschaft letztlich nur von wenigen superreichen Personen gelenkt wird. In diesem Umfeld wird der Mensch zunehmend zum Spielball des Systems.

Der Mensch als Spielball des Systems

»Im zwanzigsten Jahrhundert werden diejenigen in einer Gesellschaft die eigentliche Macht ausüben, die fähig sind, ihre Sprachregelung in der Gesellschaft durchzusetzen. Dann ist die Wahl der Begriffe und der Sprache kein Nebenkriegsschauplatz, sondern dann wird der Kampf um die Sprache zur entscheidenden Schlacht.«

Friedrich Nietzsche, Philosoph

Aus den vorigen Betrachtungen wird deutlich, daß im Zinskapitalismus der einzelne Mensch keine Rolle spielt. Da sich das Vermögen durch den Zinseszinseffekt in wenigen Händen konzentriert, verschiebt sich auch die Macht zu wenigen Personen. Die gewählten Regierungen sind am Ende nur noch ausführende Instanzen, die Wünsche der reichen Schicht umzusetzen und dafür zu sorgen haben, daß die Zinslasten zuverlässig bedient werden. Der einzelne Mensch wird dabei zunehmend zu einem Spielball der beherrschenden Kräfte. Die meisten Menschen nehmen dabei sogar den steigenden Druck widerspruchslos hin und sehen die Verschärfung der Situation als etwas Natürliches an. Dabei verdreht sich die Welt durch den Zinseszinseffekt immer mehr in ein unnatürliches Gegenstück, eine »Antiwelt«. Die Anpassung an diese naturwidrigen Umstände wird dabei in der Gesellschaft immer mehr zum Beurteilungskriterium eines Menschen. Das eigenartige dabei ist, daß sich die Masse der Leute weder für die Hintergründe der Verschlechterung interessiert, noch sich dagegen wehrt. Eine Erklärung bietet hier die Massenpsychologie, die begründet, warum der Mensch in der Gruppe völlig anders denkt und reagiert als das Individuum. Die herrschende Schicht ist deshalb immer bemüht, die Menschen in eine solche Umgebung zu bringen, in der sie einfach zu lenken sind. Gleichzeitig sollen damit die selbständigen und damit für das Kapital gefährlichen Individuen unterdrückt werden. Um die Vorgangsweise zu verstehen, ist es interessant, sich den psychologischen Hintergrund anzusehen.

Der Massenmensch

»Die Nachteile des allgemeinen Stimmrechts fallen ohne Zweifel zu sehr in die Augen, als daß man sie verkennen könnte. Es ist nicht in Abrede zu stellen, daß die Kulturen das Werk einer kleinen Minderheit überlegener Geister gewesen sind ... Die Größe einer Kultur darf gewiß nicht von dem Stimmrecht untergeordneter Elemente abhängen, die nichts als eine Zahl bedeuten. Ohne Zweifel sind die Abstimmungen der Massen recht oft gefährlich«.

Le Bon, Psychologie der Massen, 1895

Der Begründer der Massenpsychologie Le Bon untersuchte bereits vor über 100 Jahren das Wesen des Menschen und den Zerfall einer Gesellschaft. Bei ihm sind auch Begründungen dafür zu finden, daß die Menschen sich jedes Unrecht in unserem System gefallen lassen. Besonders der Drang des Menschen, sich einer Masse unterzuordnen, um damit seine eigene Unzulänglichkeit zu überdecken, erregte sein Interesse. Nach Le Bon verliert der Mensch in der Masse jede Fähigkeit zum rationalen Denken und wird dabei nur noch durch Emotionen gelenkt:»Allein durch die Tatsache, Glied einer Masse zu sein, steigt der Mensch also mehrere Stufen von der Leiter der Kultur hinab. Als einzelner war er ein gebildetes Individuum, in der Masse ist er ein Triebwesen, also ein Barbar.« Dieser Effekt ist nach Le Bon übrigens nicht von der Intelligenz des Individuums abhängig:»Die Entscheidungen von allgemeinem Interesse, die von einer Versammlung hervorragender, aber verschiedenartiger Leute getroffen werden, sind jenen, welche eine Versammlung von Dummköpfen treffen würde, nicht merklich überlegen.« Die Massen bilden sich oft durch ergreifende äußere Ereignisse, wobei sich die geballte Energie in einem Vernichtungsdrang äußert:»Die Massen haben nur Kraft zur Zerstörung. Ihre Herrschaft bedeutet stets eine Stufe der Auflösung ... Wenn der menschliche Organismus dauernde Wut zuließe, so könnte man die Wut als den normalen Zustand der gehemmten Masse bezeichnen.« Das Wesen des Menschen hat sich im Verlauf der Geschichte nicht verändert:»Für den römischen Pöbel bildeten einst Brot und Spiele das Glücksideal. Dies Ideal hat sich im Laufe der Zeiten wenig geändert.« Die Masse ist dabei entscheidungsunfähig und unterwirft sich jeder Kraft, die befiehlt; damit kann der Massenmensch leicht von mächtigen Personen gelenkt werden:»Die Menge hört immer auf den Menschen, der über einen starken Willen verfügt. Die in der Masse vereinigten Einzelnen verlieren allen Willen und wenden sich instinktiv dem zu, der ihn besitzt.« Besonders die Medien haben es in der Hand, die Massenmenschen zu lenken, da nach Le Bon bevorzugt die pure Behauptung, frei von jedem Beweis, geglaubt wird. Wenn diese Behauptung noch dazu oft wiederholt wird, so setzt sie sich in der Massenseele als fester Lebensbestandteil fest. Der Manipulation durch die Medien ist von der Psychologie daher Tür und Tor geöffnet. Man muß nur eine entsprechend große Medienmacht besitzen, schon läßt sich die Meinungsbildung eines ganzen Volkes beeinflussen. Die Manipulation beruht damit zum wesentlichen Teil auf der ständigen Wiederholung von Botschaften, die sich in der Bevölkerung festsetzen sollen. Je freier die verbreiteten Nachrichten von logisch-rationellen Inhalten sind, umso rascher werden sie von der Masse angenommen. Le Bon meinte, daß die geschickten Manipulatoren sich so ausdrücken müssen, daß nur die Emotionen angeregt werden. In der Masse verbreiten sich diese Gefühle sehr stark, weshalb die beteiligten Menschen überhaupt nur noch in eine Richtung denken können. In dieser Phase läßt sich die Menge durch geschickte Führer in jede gewollte Richtung lenken. Weil auf diesen Effekt nur der Massenmensch hereinfällt, sind die Mächtigen immer bemüht, nur die Betätigung des einzelnen in der Menge zu befürworten, während individuelle Nachdenklichkeit verdammt wird. Die eigentlich kreativen Individuen gehen in solch einem Umfeld zugrunde, während der gelenkte Massenmensch zur Geltung kommt.

Der Zerfall

Solch eine Phase dauert allerdings nicht lange, und so stellte Le Bon als Ergebnis seiner Untersuchungen fest, daß in der Endphase eines Gesellschaftssystems die Freiheit des einzelnen immer mehr durch Gesetze und Reglementierungen der herrschenden Regierung eingeschränkt wird. Es kommt zu einer Zunahme der scheinbaren Freiheit, die eine Abnahme der wirklichen Freiheit zur Folge haben muß. Gleichzeitig wird die Handlungsfreiheit des Individuums zunehmend durch immer drückendere Abgaben von vornherein beschränkt. Damit wird der Teil, der vom einzelnen nach eigenem Belieben verwendet werden kann, zugunsten des Anteils reduziert, den Beamte verwalten. Die Macht der Beamten gewinnt dadurch an Bedeutung, womit die Eigeninitiative des Individuums erstickt wird: »Gewohnt, jedes Joch zu tragen, kommen sie schließlich dahin, es aufzusuchen, und büßen zuletzt alle Ursprünglichkeit und Kraft ein. Sie sind nur noch wesenlose Schatten, Automaten, willenlos, ohne Widerstand und Kraft.« Es kommt zu einem Teufelskreislauf aus Einengung der Freiheit und staatlicher Einflußnahme: Mit der fehlenden Kraft des einzelnen versuchen die Regierungen diesen Mangel durch vermehrte staatliche Kontrolle auszugleichen, wodurch der letzte Rest an Eigeninitiative erstickt wird. »Dann geschieht es, daß die Menschen, die durch Neigungen und Ansprüche voneinander getrennt sind, sich nicht mehr regieren können und danach verlangen, in den unbedeutendsten Handlungen geführt zu werden, und daß der Staat seinen verzehrenden Einfluß ausübt.« Le Bon sah darin den sicheren Hinweis für den Zerfall: »Die fortschreitende Einschränkung aller Freiheiten bei gewissen Völkern, trotz einer Ungebundenheit, die ihnen Freiheit vortäuscht, scheint eine Folge ihres Alters und ebensosehr der Regierung zu sein. Sie ist ein Vorzeichen für die Entartung, der bisher noch keine Kultur entgehen konnte.« Am Ende herrscht der Pöbel und die Barbaren dringen vor: »Noch kann die Kultur glänzend scheinen, weil sie das äußere Ansehen bewahrt, das von einer langen Vergangenheit geschaffen wurde, tatsächlich aber ist sie ein morscher Bau, der keine Stütze mehr hat und beim ersten Sturm zusammenbrechen wird.« Die Parallelen zur heutigen Zeit sind deutlich zu erkennen: Die Eigeninitiative wird durch immer drückendere Gesetze und Steuerlasten erstickt. Über die Massenmedien wird ein manipulierbarer Massenmensch gezüchtet, der keine gegensätzlichen Meinungen gelten läßt. In diesem Zusammenhang spielt die staatlich gelenkte Schule eine entscheidende Rolle, auf die Le Bon ebenfalls mit Nachdruck hinwies.

Die Vernichtung der Persönlichkeit

> *»Menschen, die eine richtige glückliche Kindheit genossen hatten,*
> *würden später ohnehin widerhaarige Untertanen werden ... Massen-*
> *denken, einheitlich abgestempeltes approbiertes Denken tragen die*
> *Lehrer in den Schulen, tragen die Dozenten in den Universitäten vor.*
> *Zu solchem Massendenken erziehen sie. Und dadurch, schwerste*
> *Folge, senkt sich das Niveau des Denkens ... Die Schablonisierung*
> *der Untertanen um den Beherrschern derselben ihre*
> *Herrschaft zu sichern.«*
> W. Borgius, Die Schule – Frevel an der Jugend, 1930

Le Bon erkannte, daß die Erziehung in den Schulen die Menschen zerbricht und jede Kreativität unterdrückt. Er erklärte, daß die schulische Erziehung keineswegs auf das Leben vorbereitet, sondern die Mehrzahl derer, die diese Erziehung genossen haben, in Feinde der Gesellschaft verwandelt. Die Ausbildung geschieht heute wie damals nach dem Prinzip des Auswendiglernens und Nachsagens, ohne das (im Kapitalismus unerwünschte) eigene Denken zu lernen. Le Bon: »Die erste Gefahr dieser

Erziehung ... beruht auf einem psychologischen Grundirrtum, sich einzubilden, die Intelligenz entwickle sich durch Auswendiglernen von Lehrbüchern. Ferner bemüht man sich, soviel wie möglich zu lehren, und von der Volksschule bis zur Doktor- oder Staatsprüfung hat der junge Mann sich nur mit dem Inhalt von Büchern vollzustopfen, ohne jemals sein Urteil oder seine Entschlußkraft zu üben.«

In unserem System ist es darüberhinaus durchaus gewollt, daß der Mensch frühzeitig zerbricht, da er dann keine Gefahr mehr für die Machthaber darstellt. Le Bon erkannte diesen Zusammenhang als eine wichtige Ursache für den Niedergang:»Statt den Menschen tüchtiger zu machen, machen sie ihn untüchtig für seine nächste und künftige Stellung. Daher sind nach dem Verlassen der Schule sein Eintritt in die Welt und seine ersten Schritte auf dem Felde des praktischen Wirkens nichts als eine Reihe schmerzlicher Niederlagen, aus denen er verwundet und für lange Zeit zermürbt, verkrüppelt hervorgeht.«[140]

Einen Schritt weiter ging der Schulkritiker W. Borgius[141], der schon 1930 beschrieb, wie der Kapitalismus durch die Schule das Wesen des Menschen verdreht. Die Schule dient nach seinen Erkenntnissen vor allem dazu, die fähigen Individuen, die den Machthabern mit neuen Gedanken gefährlich werden könnten, zu unterdrücken:»Durch den Kollektivcharakter der wirtschaftlichen Arbeit wird ›Kameradschaftlichkeit‹ gepflegt, somit von vornherein jedem Ansatz zu individualistischer Betrachtung und Wertung vorgebeugt, und von klein auf der Massenmensch gezüchtet ...« Die Schulpflicht wurde letztlich nicht eingeführt, damit jeder sich ein Grundwissen aneignen könnte, sondern nur um die Schüler an das Ausbeutungssystem zu gewöhnen und kritisches Denken auszuschalten. Nicht umsonst ist jeder Staat auf der Welt bemüht, die Kinder zur Schule zu zwingen. Der bayerische Innenminister Beckstein forderte sogar schon, daß Schulschwänzer von »uniformierten Polizisten am Schlafittchen in die Klasse geführt« werden sollten. Zu Recht bezeichnet deshalb eine Berliner Kinderrechtsinitiative die Schulpflicht als Freiheitsberaubung und erklärte, daß erst die Schule den Kindern die Freude am Lernen austreibe.[142] Aus den gebrochenen Kindern werden später Bürger, die weder selbständig denken können, noch irgendeinen Widerstand gegen Unrecht leisten. Allein deshalb ist jedes herrschende System an der Kontrolle über die Schulen interessiert. Doch reicht der Einfluß der Herrschenden noch viel weiter in die Gesellschaft und die Politik, als den meisten bewußt ist.

Die Massenpsychologie in der Politik

»Jeder, siehst du ihn an, ist leidlich klug und verständig.
Sind sie corpore, gleich wird ein Dummkopf daraus.
Ehret immer das Ganze, ich kann nur einzelne achten:
Immer im Einzelnen nur hab ich das Ganze erblickt.«

Friedrich Schiller

Die Politik bedient sich ausgiebig massenpsychologischer Kenntnisse, um zuvor unbeliebte Entscheidungen durchzusetzen. Es läßt sich durch geschickte Maßnahmen jede Art von Meinung oder beliebige Mehrheiten für eine Sache herstellen. Hier spielen die Medien eine zentrale Rolle, da sich mit deren Hilfe die Einstellung der breiten Bevölkerung manipulieren läßt. Die Masse geht dabei nicht nach logisch-rationalen Fakten, sondern orientiert sich an Emotionen, mit denen praktisch jede Mehrheit in der Bevölkerung erzeugt werden kann. Durch den technischen Fortschritt ist es dabei in der Gegenwart wesentlich einfacher, die Bevölkerung zu beeinflussen als früher. Vor der Einführung des Fernsehens mußten noch umständlich Massenversammlungen abgehalten werden, heute steht dieses Medium für die Manipulation zur Verfügung. Das beginnt schon damit, daß Personen, die man in einem schlechten Licht darstellen möchte, mit verzerrten Gesichtern gezeigt werden, während die Politiker, die in einem positiven Zusammenhang präsentiert werden sollen, freundlich lächelnd auf der Mattscheibe erscheinen. Im Unterbewußtsein treffen die Zuschauer dann sofort die gewünschten Entscheidungen für oder gegen eine Person. Gut zu beobachten ist dieser Effekt immer bei militärischen Konflikten, wie beispielsweise dem Irak-Krieg 1990: Während Saddam Hussein immer mit unnatürlich verzerrtem Gesicht, umgeben von Waffen, gezeigt wurde, erschien der amerikanische Präsident mit freundlicher Miene, oft sogar noch in Begleitung von Kindern. Die Fernsehzuseher entschieden sich dann auch, ohne überhaupt den Hintergrund der Auseinandersetzung zu kennen, instinktiv für den amerikanischen Präsidenten, da dieser unbewußt als »der Gute« erkannt wurde. Wie groß der Einfluß des Fernsehens auf die Meinungsbildung ist, konnte wieder vor einiger Zeit in den USA festgestellt werden: So waren Anfang 1998 in den USA nur 41% der Bevölkerung für einen erneuten Militärschlag gegen den Irak. Nach einem 20-minütigen Fernsehauftritt von Präsident Clinton steigerte sich die Zustimmungsrate auf über 76%.[143] Dabei spielt auch die Veröffentlichung der Umfrageergebnisse eine wichtige Rolle. Weil die wenigsten Menschen es ertragen können, in der Minderheit zu sein, und meistens angenommen wird, daß eine Mehrheit automatisch die richtigen Entscheidungen trifft, ändern viele nach der Bekanntgabe des Umfrageergebnisses ihre Einstellung. Die Zustimmung wird dadurch noch größer und der einzelne lebt sogar noch in dem Glauben, sich die Meinung, ohne Manipulation von außen, selbst gebildet zu haben.

Mit der Massenpsychologie als Hintergrund läßt sich auch gut verstehen, wie der Bevölkerung neue Repressalien aufgezwungen werden, ohne daß sich Widerstand rührt. Im allgemeinen werden zuerst die gewünschten Änderungen breit in der Presse bekanntgegeben. Dabei wird nicht versäumt, auch ausgiebig gewollte »Gegenmeinungen« zu Wort kommen zu lassen. Damit wird einmal der Mensch in der Masse auf den Gedanken an Änderungen vorbereitet und zum zweiten der Eindruck erweckt, als gebe es auch Gegenstimmen und eine Entscheidung über die Angelegenheit wäre noch nicht gefällt worden. Die Diskussionen von Pro und Contra werden ausgiebig als Scheingefecht geführt. Dabei ermüden die Menschen bei der großen Anzahl sich widersprechender Argumente sehr schnell und wollen bald von der ganzen Sache überhaupt nichts mehr wissen. Triftige Einwände werden in dieser Diskussion wirksam unterdrückt, da der Massenmensch die Punkte nicht rational beurteilen kann. Nachdem die Emotionen der Masse hochgekocht worden sind, läßt man die Sache erst einmal eine gewisse Zeit ruhen, um dann die neuen Repressalien, oft noch in schärferer Form als angekündigt, einfach einzuführen. Da die Masse ihre Emotionen bereits unter der Diskussionphase ausgelebt hatte, rührt sich nun kein Widerstand mehr. Bestes Beispiel dafür ist die Einführung des Euros.

Der Trick mit dem Euro

Als die Pläne zur Begründung der Einheitswährung in der breiten Presse bekanntgegeben wurden, erregte sich in der Bevölkerung ein scharfer Protest. Angebliche »Eurogegner« traten mit unbegründeten Argumenten wie »der Euro bringt Inflation« auf, und die Masse hatte den Eindruck, daß ihre Interessen würdig vertreten wären. Die wirklich schlagenden Argumente gegen die Einheitswährung wurden gar nicht geäußert und interessierten die Masse auch nicht bei dem geführten Scheingefecht zwischen Befürwortern und angeblichen Gegnern. Nach einer Ruhephase schwenkten immer mehr »Eurogegner« zu den Befürwortern über, und da sich auch das Inflationsargument nicht bewahrheitete, hatten die Massen plötzlich den Eindruck, daß die Argumente gegen den Euro an sich haltlos seien. Die Einheitswährung konnte dann Anfang 1999 ohne Widerstand, wie geplant begründet werden. Daß jedoch die entscheidende Phase der Euro-

Einführung noch gar nicht begonnen hat, interessiert heute nur noch die wenigsten. Dabei begannen die Vorbereitungen für die Einführung der Einheitswährung schon vor mehreren Jahrzehnten, als beispielsweise die europäische Bevölkerung durch entsprechende Propaganda auf ein gemeinsames Europa vorbereitet werden sollte. Eine französische Wochenschau aus dem Jahr 1957 berichtete z. B. über angebliche Erfolge in der Sowjetunion, um damit die Vorteile eines solchen Staatenbundes zu verdeutlichen. Daß die Sowjetunion inzwischen an ihren wirtschaftlichen Problemen zugrunde gegangen ist und sich die beteiligten Länder am Rande des Abgrunds bewegen, wird heute leider nicht erwähnt, wenn es um Fragen der europäischen Einigung geht. Durch die breite Diskussion von Scheinargumenten konnten die Emotionen der Masse ausgelebt werden, und es ist nicht einmal dann Widerstand zu befürchten, wenn der Euro seine fatalen Eigenschaften zeigt.

Der Euro – ein fataler Fehler

*»Ein deutscher Bundeskanzler wird im Kreise seiner europäischen
Partner niemals fordernd auftreten, geschweige denn den starken
Mann markieren. Ein französischer Minister mag seinen Bonner
Kollegen vielleicht erst im Arbeitszimmer begrüßen, der Deutsche
empfängt den Gast aus Paris an der Haustüre.«*
Süddeutsche Zeitung, 29.9.1998

Die Einführung des Euros wurde mit großem Medieneinsatz forciert.
Schon dieser Umstand zeigt, daß das Großkapital an der Einheitswährung großes Interesse haben muß und sie deshalb gegen alle Wider-
stände durchgesetzt werden sollte. Wenn sich die Politiker ansonsten in
fast allen Fragen uneinig sind, so waren sie bei der Aufgabe der Währungssouveränität doch eigenartigerweise gleicher Meinung. Die Einführung der
Einheitswährung wurde mit weit über 90% Zustimmung im Bundestag
abgesegnet. Umfragen ergaben später, daß die Politiker weder über die
Zusammenhänge Bescheid wußten noch über grundsätzliche Daten, wie
beispielsweise über die Stabilitätskriterien, auch nur annähernd informiert
waren. Hier stellt sich einmal die Frage, wie die Einführungsphase abgelaufen und ob der Euro wirtschaftlich sinnvoll ist, bzw. welche Gefahren
er für die Länder erzeugt.

Hier tauchen schon die ersten Mißverständnisse auf: Nach Beginn der
Einführungsphase des Euros seit Januar 1999 ist in der breiten Bevölkerung der Eindruck entstanden, daß die Einheitswährung schon begründet
sei. Jedoch wurden bisher nur die Wechselkurse »unwiderruflich festgelegt«. Der Euro wurde dabei als Nachfolger des ECU als rein fiktive Rechnungseinheit definiert. Im Prinzip wurde nur der gescheiterte »ECU« in
den »Euro« umbenannt. Richtig eingeführt ist der Euro erst, wenn die nationalen Währungen beseitigt und überall Euro-Bargeld als alleiniges Zahlungsmittel ausgegeben wurde. Es scheint so, daß durch diese Begriffsver-
wirrung die Bevölkerung davon überzeugt werden sollte, daß der »Euro«
nicht mehr aufzuhalten sei. Doch schon die Diskussion vor 1999 war sehr
eigenartig.

Die Einführungsphase

Die Einführungsphase des Euros war eine Zeit voller Widersprüche und
Täuschungen der Öffentlichkeit, in der kritische Stimmen kaum vorhanden waren oder nicht zu Wort gekommen sind. Die Medien waren sich
einig – so werteten doch die meisten Meldungen den Euro als einen
Segensbringer für Europa. Der Internationale Währungsfond (IWF) warnte sogar vor einer Debatte um die Einführung des Euro und erklärte, daß
nur Optimismus für Stabilität sorge.[144] Die Schuld für ein Scheitern der
europäischen Einheitswährung wurde damit schon im Vorfeld den Kritikern zugeschoben, die Streit provozieren und somit große Kapitalum-
schichtungen und Währungsschwankungen verursachen würden. In diesem Umfeld war kaum an eine kritische Diskussion zu denken. Meist be-
schränkte sich Euro-Kritik auf Diskussionen über die an sich unwichtigen
Stabilitätskriterien. Damit wurden sämtliche Gedanken auf einen unwe-
sentlichen Bereich konzentriert und folglich kritischen Argumenten die
Grundlage entzogen. Doch bei der Diskussion um die Stabilitätskriterien
hatte man vergessen, daß die Werte willkürlich, ohne ökonomische Rechtfertigung bestimmt wurden. Warum sollte eine Staatsverschuldung von
60% in Ordnung sein, während 70% ungesund sein soll? Auch Euro-Be-
fürworter gaben hierbei zu, daß kein fundierter Hintergrund für die
Kriterienfestlegung vorhanden war. Völlig unterdrückt wurde die große
Gefahr in der Einführungsphase der Einheitswährung: Der Euro ist seit
Anfang 1999 durch unwiederbringliche Festsetzung der Wechselkurse als
Rechnungseinheit eingeführt worden. So rechnet der Wirtschaftswissen-
schaftler und ehemalige Berater des englischen Wirtschaftsministers Dr.
Walter Eltis damit, daß die Euro-Gemeinschaft bereits nach kurzer Zeit
wieder zerfallen werde. Auch George Soros hat bereits angekündigt, den
Euro vernichten zu wollen.[145]

Langsam kam auch Kritik an der einseitigen Lastenverteilung in der
EU an die Öffentlichkeit. So zahlte 1995 Deutschland etwa 13 Mrd. Euro
mehr in die EU-Kasse als daraus zurückfloß. Andere Länder, wie z. B.
Spanien oder Frankreich, waren Nettoempfänger und drängen heute ver-
ständlicherweise auf schnelle Weiterführung des Einheitsprozesses. Weit
überschätzt wurde im allgemeinen auch die Abhängigkeit Deutschlands
vom EU-Markt. So hängt hierzulande nur jeder achte Arbeitsplatz von der
Ausfuhr in den europäischen Binnenmarkt ab, im Durchschnitt der anderen Mitgliedsländer hingegen jeder sechste.[146] Doch hier stellt sich die Frage,
welche Vorteile der Euro eigentlich bringen sollte.

Bei der Diskussion der *Umtauschgebühren* war auffällig, daß selten
konkrete Zahlen genannt wurden, die das Ausmaß dieser Kosten angege-

ben hätten. Umso mehr wurde der scheinbar große Nutzen für die Urlauber dargestellt, sich die Arbeit des Umtauschens sparen zu können. Expertenkreise schätzten die europaweiten Umtauschkosten auf gerade 0,3–0,4% des gesamten Handelsvolumens, was allein angesichts der Steuerlasten bedeutungslos erschien.[147] Bei den Umtauschkosten der Urlauber wurde nicht beachtet, daß die Frage der Gebühren eine völlig andere Sache ist und mit einer Einheitswährung nichts zu tun hat. Der zweite angeblich große Fortschritt wäre – den Eurobefürwortern nach – der *Wegfall des Wechselkursrisikos* gewesen. Doch stellt sich hier die Frage, ob nicht gerade dieser bezeichnete Vorteil in Wirklichkeit einen Nachteil bedeutet?

Abschaffung freier Wechselkurse

»Der so oft beklagte Anpassungsdruck, der heute in Wechselkurs-änderungen zutage tritt, bleibt den Unternehmen also auch in der Währungsunion nicht erspart. Nur schlägt er sich dort nicht mehr in Wechselkursbewegungen nieder, sondern in Veränderungen der Lohn-und Preisrelationen oder der Beschäftigung.«
Gemeinschaft zum Schutz der deutschen Sparer, 12.11.1997

Völlig unterdrückt wurde die Frage, warum es eigentlich verschiedene Währungen gibt und welcher Sinn ihnen zugrunde liegt. In der Einführungsdiskussion ist einfach die unbegründete Behauptung aufgestellt worden, daß es moderner wäre, nur noch eine Währung in Europa zu haben. Daß sich jedoch durch eine Abschaffung freier Wechselkurse das Kapital unaufhaltsam von den schwächeren Ländern in die Länder größerer Produktivität verlagert und damit große Probleme entstehen, wurde verschwiegen. In den starken Ländern wird mit weniger Geldkapital mehr erzeugt, was eine höhere Verzinsung des eingesetzten Kapitals bedeutet. In den schwächeren Regionen entsteht durch Kapitalflucht große Armut, Unruhe und Unzufriedenheit. Um eine absolute Verarmung zu verhindern, werden dann große Transferleistungen von den starken (in erster Linie Deutschland) zu den schwachen Ländern (Spanien, Portugal, Italien, Griechenland, Belgien) nötig. Vermutlich ist die Hoffnung auf Unterstützungsgelder auch der Hauptgrund für die weniger produktiven Nationen, die europäische Einheitswährung schnell zu fordern. Unter Umständen will man auch gezielt Unruhe schaffen, um die Ausbeutung durch den Zinskapitalismus weiter im Chaos vertuschen zu können.

Bei Transferleistungen ist der Streit schon vorprogrammiert: Wieviel soll gezahlt werden? Den Zahlern ist es immer zu viel, den Empfängern zu wenig. Am Ende ist die Gefahr groß, daß alles, wie in Jugoslawien geschehen, in großen gewaltsamen Konflikten untergeht. Der Spekulant und Multimilliardär George Soros warnte bereits davor, daß es in Frankreich mit seinem Hang zum Aufruhr eine Revolte geben könnte, wenn die Arbeitslosigkeit unter den Maastrichter Zwängen nicht bekämpft wird. Genauso sieht es der US-Ökonom und Währungsfachmann Rudi Dornbusch, der die europäische Einheitswährung als »Euro-Phantasien« bezeichnete und ein hohes Rezessionsrisiko mit der Gefahr politischer Unruhen voraussagt.[148] Ein ähnliches Bild entwirft der Direktor der Schweizer Nationalbank Georg Rich, der den Hauptnachteil des Euro darin sieht, daß sich die Europäische Zentralbank an Europa im ganzen orientieren muß und keine Rücksicht auf die einzelnen sehr unterschiedlichen Regionen nehmen kann.[149] Der Euro schadet somit sowohl den wirtschaftlich starken Ländern, die durch einen ständigen Kapitaltransfer die Schwachen stützen müssen, als auch den weniger produktiven Staaten, die in Abhängigkeit geraten.

Funktion von Wechselkursen

Bei unterschiedlichen Währungen wäre solch eine Kapitalverschiebung unmöglich: Es würde sofort der Wert der jeweiligen (momentan attraktiven) starken ausländischen Währung gegenüber der inländischen (unattraktiven) Währung zunehmen. Dadurch stiege der Wechselkurs des ausländischen Geldes bis zu einer Grenze, ab der die Kapitalverschiebung unterbunden, d.h. nicht mehr lohnend wäre. Gleichzeitig bleibt das nationale Geld auch bei einem Umtausch in andere Währungen im Geldkreislauf. Kapitalflucht ist somit bei unterschiedlichen Währungen mit freien Wechselkursen unmöglich. Bei Einführung des Euros jedoch wird das Geld sofort aus den weniger rentablen in die hochverzinsten Länder umgeschichtet.

Die wirtschaftliche Unterschiedlichkeit der Nationen wird auch an den Lohnstückkosten deutlich. Bei unterschiedlichen Währungen mit freien Wechselkursen können die schwachen Länder mit großen Lohnstückkosten (in jeweiliger Inlandswährung) durch einen entsprechend niedrigen Wechselkurs auf dem Weltmarkt mit den starken Ländern konkurrieren. Wie aus Abb. 16 ersichtlich, sind z. B. in Spanien im Vergleich zu Deutschland viel größere Steigerungen der Lohnstückkosten vorhanden, d. h. es wird hier bei gleichem Kapitaleinsatz für Arbeit weniger produziert als in Deutschland. Die zeitweise größeren Inflationsraten von Spanien können nicht zur Erklärung der übermäßigen Erhöhung der nominalen Lohnstückkosten herangezogen werden. Insbesondere nach der deutschen Einigung lag die Preissteigerung in der BRD erheblich über der von Spanien. Trotzdem erhöhten sich die Lohnstückkosten weiterhin in Spanien übermäßig stark. Auch in Ländern wie Frankreich und Großbritannien steigerten sich die nominalen Lohnstückkosten seit den siebziger Jahren ebenfalls erheblich schneller als in Deutschland. Durch einen günstigen Wechselkurs konnte Spanien jedoch trotzdem auf dem Weltmarkt mit Deutschland oder Japan konkurrieren (Abb. 17).

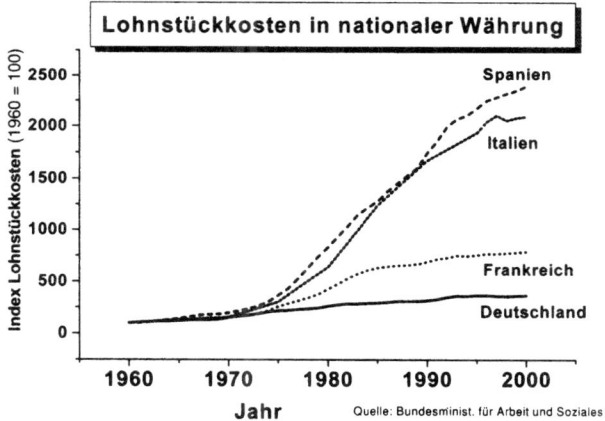

Abb. 16: Nominale Lohnstückkosten

Im Europäischen Währungssystem wurde der Wechselkurs zu Spanien häufig dem Marktkurs angepaßt. Die Einführung des Euros bewirkt, daß dieses Land nicht mehr konkurrenzfähig und auf die Hilfe des Auslandes angewiesen ist. Ohne Transferzahlungen entwickelt sich hier schnell ein Armenhaus. Wie Spanien durch festgelegte Wechselkurse im Euro-System in Schwierigkeiten kommt, zeigte sich am schnell wachsenden Leistungsbilanzdefizit, das sich von 1,3 Mrd. Euro im Jahr 1998 auf über 11,6 Mrd. Euro 1999 fast verzehnfachte und damit die Auslandsverschuldung des Landes entsprechend ausweitete.[150] Auch am Beispiel Italien wird deutlich, daß sich schon in der Einführungsphase des Euros Probleme auftun: Wie Daten der OECD zeigen, ist die Produktivität in Italien von 1995 bis 1999 nur um 8,8% gestiegen, während diese sich im übrigen Europa durchschnittlich um 18,2%, in Deutschland sogar um 25,9% steigerte. Weil eine Abwertung der Währung nicht mehr möglich ist, verliert das Land damit zunehmend seine Konkurrenzfähigkeit auf dem Weltmarkt.[151]

Ähnlich beschreibt die Problematik auch der Nobelpreisträger für Wirt-

104

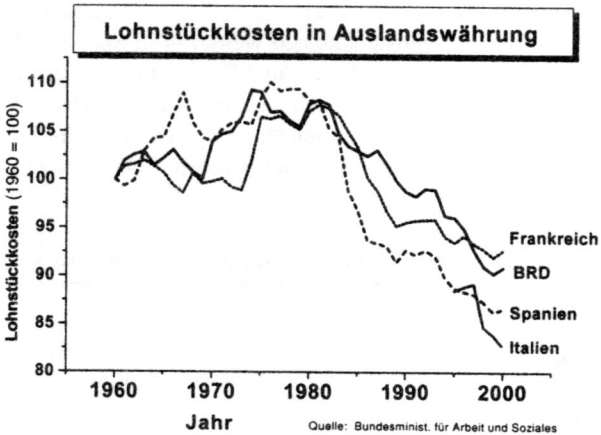

Abb. 17: Reale Lohnstückkosten bei Berücksichtigung der Wechselkurse

schaftswissenschaft, Prof. Milton Friedman: In den USA müssen die unterschiedlichen Entwicklungsgeschwindigkeiten der einzelnen Bundesstaaten durch die Ab- und Zuwanderung der Arbeitskräfte ausgeglichen werden. Dies ist möglich, weil das Umfeld, wie gemeinsame Sprache, Kultur etc. gegeben sind, was in Europa wegen Sprach- und Kulturbarrieren nicht möglich ist. Hier sieht Friedman in flexiblen Wechselkursen einen äußerst nützlichen Anpassungsmechanismus und befürchtet durch die Einführung des Euros wachsende Spannungen, die durch Wechselkursveränderungen leicht ausgeglichen werden könnten. Auch das einsetzende Wirtschaftswachstum in Großbritannien nach dem Ausscheren aus dem Europäischen Währungssystem belegt die Effektivität freier Wechselkurse.[152] Dort wird inzwischen der 16.9.1992, der Tag des EWS-Ausstiegs, nicht mehr als »Schwarzer Mittwoch«, sondern als »Weißer Mittwoch«, als Befreiung vom Europäischen Währungsjoch, bezeichnet.[153] Die Überbewertung des Englischen Pfundes um 15–20% erdrosselte die Exporte Großbritanniens und stieß das Land in eine Wirtschaftskrise, was bei flexiblen Wechselkursen nicht der Fall gewesen wäre.

Wie groß die wirtschaftlichen Ungleichgewichte in Europa sind, wird an der nominalen Änderung der Wechselkurse der stärksten und schwächsten Währungen deutlich, die sich zwischen 1991 und 1995 um über 43% änderten.[154] An eine Währungsunion ist bei solch inhomogenen Verhältnissen nicht zu denken.

Konflikt Länderfinanzausgleich

Der sich verschärfende Streit um den deutschen Länderfinanzausgleich ist ein weiteres Beispiel dafür, daß eine Transferunion langfristig zum Konflikt führt. Die wirtschaftlich schwächeren nord- und ostdeutschen Länder müssen von den süd- und westdeutschen Bundesländern finanziell unterstützt werden, um eine Verarmung zu vermeiden. Einen deutlichen Hinweis über die unterschiedliche Produktionskraft in Deutschland zeigt hier eine Karte der Arbeitslosigkeitsverteilung und der entsprechenden Zahlungen an den Länderfinanzausgleich (Abb. 18).

Durch eine gemeinsame Währung wird das Kapital bevorzugt in den rentableren Süd- und Westländern investiert, wobei die Arbeitslosigkeit in den übrigen Regionen höher ausfällt, trotz Zahlungen durch den Länderfinanzausgleich. Aus wirtschaftlicher Sicht wäre hier die Schaffung von drei Währungszonen mit freiem Wechselkurs zueinander in Deutschland zu überlegen: Süddeutschland, Norddeutschland und Ostdeutschland. Innerhalb anderer Nationen wie etwa Italien, Belgien oder den USA sind die Differenzen teils noch größer. Auch hier wären eher mehr Währungsgebiete nötig, statt weniger. Schon im EWS (Europäisches Währungssystem) waren die Spannungen so groß, daß viele Nationen durch festgelegte Wechselkurse in wirtschaftliche Schwierigkeiten gerieten. Der Nobelpreisträger Milton Friedman weist zu Recht darauf hin, daß in den vergangenen 40 Jahren nur diejenigen Länder in Europa hoher Arbeitslosigkeit entgin-

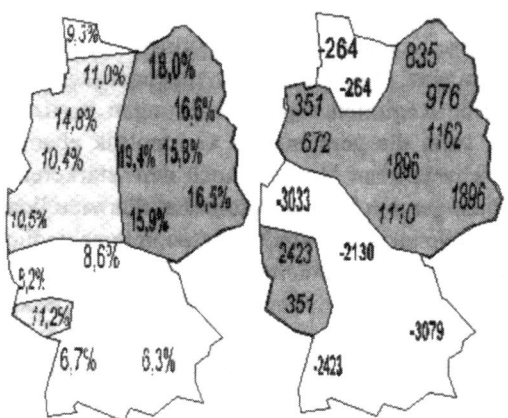

Abb. 18: Arbeitslosigkeit (3 Zonen: weiß <10%; hellgrau 10–15%; dunkelgrau >15%) und Zahlungen an (-) oder aus dem Länderfinanzausgleich (Mio. DM/Jahr)[155]

gen, welche aus dem System fester Wechselkurse ausgebrochen sind.[156] Wie hoch die Forderungen bei einer Transferunion sein werden, läßt sich heute schon erahnen, wenn man die Forderungen der Südländer nach höheren Zahlungen der starken Staaten an die EU sieht.[157] Wie soll hier ein friedliches Europa entstehen? Anstatt Lehren daraus zu ziehen und den Sinn von Wechselkursen zwischen sich unterschiedlich entwickelnden Regionen zu erkennen, soll nun das Projekt »gemeinsame Währung« auf ganz Europa ausgedehnt werden.

Hier muß die Frage gestellt werden, ob es für Europa nicht besser wäre, mehr Währungsgebiete einzuführen, anstatt eine, jede marktwirtschaftliche Selbstregulation verhindernde, Einheitswährung anzustreben? So besteht zum Beispiel in Italien zwischen Nord und Süd eine große wirtschaftliche Differenz. Das Verhältnis der Staatsausgaben – die Transferleistungen sind ein beträchtlicher Anteil davon – zum Sozialprodukt macht im Süden 70% aus. Konsum und Investitionen übertreffen im Süden das Sozialprodukt um über 15%. Die hohen Ausgleichszahlungen wären nicht nötig, wenn beide Regionen eigene Währungen besitzen würden.[158] In Großbritannien kann die gemeinsame Geldpolitik ebenfalls weder dem wirtschaftlich schwächeren Norden, noch dem stärkeren Süden gerecht werden. Am Ende geraten beide Regionen in Schwierigkeiten.[159] Auch in den USA entwickeln sich die Bundesstaaten unterschiedlich. So wuchsen 1993/94 die Bundesstaaten New Mexiko, Arizona, Nevada und Iowa zwischen neun und zwölf Prozent, während Hawaii und Alaska eine schrumpfende Wirtschaft aufwiesen.[160] Unterschiedliche Währungsgebiete würden die entstehenden Differenzen, etwa auf dem Arbeitsmarkt, beseitigen.

Handelsbilanzen und Wechselkurse

»Für große Teile Europas wird es nicht mehr möglich sein,
sich aus Phasen schwachen, volkswirtschaftlichen Wachstums
durch die Abwertung von Wechselkursen zu befreien.«
Paul Volcker, Ex-FED-Zentralbanker USA, 1979–1987[161]

Nur bei einer Ausgeglichenheit von Geben und Nehmen, also von Import und Export, kann dauerhaft Frieden bestehen. Sobald ein Land (wie Deutschland) einen Exportüberschuß hat, muß zwangsläufig ein anderes Land ein Exportdefizit, und damit Kapitaldefizit, aufweisen. Langfristig entstehen dadurch Spannungen, die dem Frieden nicht dienlich sein können. Ausgeglichene Handelsbilanzen entstehen bei freiem Wechselkurs: Wenn z. B. die Importe ansteigen, würde der Wechselkurs darauf automatisch mit einer Abwertung der inländischen Währung reagieren. Damit aber werden (weil die Güter für das Ausland billiger werden) die Exporte erleichtert und gleichzeitig die Importe erschwert (weil die ausländischen Waren teurer werden), bis Importe und Exporte wieder ausgeglichen sind. Die Einführung des Euros verhindert hier, im produktivitätsinhomogenen Europa, jeden Ausgleich der Länder untereinander. Es wird zur Ausbildung sowohl von Reichtums- als auch von Armutszonen kommen. Wechselkurse haben also die Aufgabe, unterschiedliche Produktivitätsraten der einzelnen Länder auszugleichen, so daß starke wie schwache Länder wirtschaftlich stabil bleiben. Gleichzeitig werden die Handelsbilanzen ausgeglichen. Daneben wird durch schnelle Anpassung des Kurses eine Kapitalflucht unterbunden. Doch nicht nur die Einführung einer Einheitswährung, sondern schon das Etablieren eines Festkurssystems, wie es das Europäische Währungssystem darstellte, zeigt schlimme Folgen für die Wirtschaft.

Feste Wechselkurse führen zum Crash

»Wenn alle Länder aneinandergekoppelt wären, würden wir alle in der Falle sitzen. Niemand könnte seine eigene Wirtschaftspolitik machen. Wir müßten die Zinsen in schwindelerregende Höhen schrauben, um die Währungen gegen Abwertungen zu verteidigen. Damit würden wir jedes Wachstum abwürgen, immer mehr Leute in Leid und Elend stürzen.«
Prof. Jeffrey Sachs, Harvard Universität, USA[162]

Verbreitet sind heute auf der Welt Festkurssysteme. Das heißt, die einheimische Währung wird zu einem festen Wechselkurs gegen eine ausländische (meist Dollar) gehandelt. Sehr häufig versprechen sich schwache Länder davon eine stabile Währung, weil dadurch eine Inflationserzeugung durch die eigene Notenbank ausgeschlossen ist. Zwischen zwei Staaten mit unterschiedlichem Wirtschaftswachstum würde ein freier Wechselkurs sofort auf die zurückbleibende Produktivität eines Landes reagieren. Durch Abwertung erhielte die zurückbleibende Nation bessere Exportchancen, wodurch langfristig wieder ein Anstieg des Wechselkurses verbunden wäre, bis das wirtschaftliche Gleichgewicht zwischen beiden Ländern wieder hergestellt ist. Bei einem festen Wechselkurs ist dieser Puffer ausgeschlossen. Der Umtauschkurs des schwachen Landes zur starken Währung gerät zunehmend unter Druck und muß von der Notenbank künstlich gestützt werden. Dies geschieht in der Regel durch Kredite bei dem Land, an das die Währung angehängt wurde. Mit diesen Krediten wird das schwache Geld aufgekauft und so der Wechselkurs gestützt. Dies läßt sich jedoch nur solange aufrechterhalten, solange das Land die hohen Stützungslasten tragen kann. Anderenfalls wird die Währung zunehmend durch große Geldbesitzer unter Druck gesetzt. Der Spekulant macht im schwachen Land Schulden in der dort gültigen Währung und tauscht sie sofort in hartes Geld. Wenn diese Geschäfte, unter massivem Kapitaltransfer, durchgeführt werden, kann letztlich die Notenbank den Kurs nicht mehr stützen und muß ihn freigeben. Dadurch stürzt der Wechselkurs rapide ab und die Spekulanten können ihre gemachten Schulden billig zurückzahlen. Für das schwache Land bleibt ein riesiger Berg an Krediten übrig, der teuer in hartem Geld zurückbezahlt werden muß. Gleichzeitig ist das Vertrauen in die eigene Währung auf lange Sicht zerstört. Jedes Festkurssystem zwischen ungleichartigen Ländern stellt letztlich eine Zeitbombe dar. Beispiele hierfür gab es in den letzten Jahren genug:

- Das Scheitern des EWS (Europäisches Währungssystem), der Vorläufer des Euro, 1992,
- Mexikokrise, 1995,
- Währungsturbulenzen in Asien 1997, Rußland 1998 und Brasilien 1999.

Das Funktionieren von festen Wechselkursen wäre aber die erste Voraussetzung für die nächste Stufe, eine gemeinsame Währung. Schon das Festkurssystem in Europa mit dem ECU funktionierte nicht: Seit dem Bestehen des EWS (Europäisches Währungssystem) 1979 mußten bis 1997 insgesamt 22 Anpassungen der Kurse stattfinden.[163] Dabei erzeugen feste Wechselkurse zwischen wirtschaftlich ungleichen Nationen immer Ungleichgewichte. So erzeugte die Bindung des polnischen Zloty an den Euro und den US-Dollar ein wachsendes Handelsbilanzdefizit. 1995 hatte Polen noch einen Überschuß, während das Defizit schon 1999 fast acht Prozent des Bruttosozialproduktes erreichte.[164] Ein wachsendes Handelsbilanzdefizit führt zu steigender Auslandsverschuldung und am Ende zu einer Währungskrise. Allein dieses Beispiel widerlegt den Euro, da dann nicht einmal mehr die Möglichkeit der Abwertung besteht. Es kommt beim Euro automatisch zu großen Kapitalverschiebungen innerhalb von Europa, in der viele Regionen zugrunde gehen werden.

Ein weiteres Scheinargument der Eurobefürworter besagte, daß die Einheitswährung den Handel in Europa erleichtern würde.

Erleichterung des Handels durch den Euro?

*»Die künstliche Stabilisierung von Wechselkursen ist gefährlich und
kann zu einer Explosion führen.«*

Hans Tietmeyer, Bundesbankpräsident zur Asienkrise[165]

Doch der Blick auf die reellen Zahlen beweist, daß dieses Argument kaum
stichhaltig ist. Täglich werden zwei Billionen US-$[166] international ausge-
tauscht, wovon *nur 1–2 % für Handel und Dienstleistungen* verwendet
werden![167] Schon hier wird deutlich, daß es bei der Einführung des Euros
kaum um eine Verbesserung der Handelsbedingungen gehen kann. Was
erleichtert wird, ist nur die Kapitalverschiebung. Wie der Internationale
Währungsfond (IWF) schätzt, fallen auf die europäischen Banken 54%
der Finanzinstrumente (Aktien, Anleihen, Kredite), während die USA nur
22% davon ausmachen.[168] Es läßt sich erahnen, welches Übergewicht dann
das Kapital mit dem Euro gegenüber Produktion und Arbeit erlangen wird.

Folgen der Euro-Einführung

Wie allein die Einführungsphase des Euros, seit 1.1.1999, mit der Begründung fester Wechselkurse die Wirtschaft stört, ist gut am Beispiel Italien
erkennbar. Früher konnte das Land durch Abwertung seine Wettbewerbs-
position sichern, nunmehr hat es keinen Vorteil mehr gegenüber den starken Staaten. Von italienischen Politikern wurde deshalb schon angekündigt, daß Italien die Währungsunion auch verlassen könne, wenn dies nötig sei. Schon jetzt sind regionale Preisanpassungen nicht mehr möglich,
sondern müssen sich am Euro-Raum im ganzen orientieren. So beklagte
bereits der Branchenverband der elektronischen Bauelemente, daß Anpassungen an lokale Preisverhältnisse immer weniger möglich wären und es
kein Preisgefälle zwischen Ländern mit großer und geringer Wirtschaftskraft mehr geben werde. Der Druck auf die Preise werde steigen, der dann
durch weitere Rationalisierungsmaßnahmen ausgeglichen werden müßte.[169] Arbeitslosigkeit wird die Folge sein.

Weil im Euro-System nur eine einheitliche Währung vorhanden ist, zieht
sich das Geld von den weniger rentablen Gebieten zurück und wird in den
produktiveren Nationen investiert. Dadurch kommen die schwachen Regionen in eine Wirtschaftskrise mit hoher Arbeitslosigkeit, wobei der Export nicht mehr durch Abwertung angekurbelt werden kann. Wahrscheinlich werden dann zum einen hohe Transferleistungen der starken Regionen notwendig sein, zum anderen wird es zur Abwanderung von Arbeits-

kräften in die rentableren Gebiete kommen. Mit diesen billigen Arbeitskräften muß die einheimische Bevölkerung konkurrieren, mit der Folge drastischer Lohneinbußen. Dadurch wird die Fremdenfeindlichkeit enorm auflodern, was durch hohe Steuerlasten für Transferleistungen noch verstärkt wird. Die Internationale Arbeitsorganisation (ILO) zeigte in einer Studie, daß die weitere Verkettung ungleichartiger Staaten in der Globalisierung nicht zu einer Ab-, sondern zu einer Zunahme der Migrationsströme führen muß, weil der Kapitalzufluß in schwachen Regionen nicht ausreicht, um genügend Arbeitsplätze zu schaffen.[170] Außerdem wird die Vorherrschaft des Geldes durch ungedämpften Kapitaltransfer vergrößert, wodurch eine noch schnellere Vermögenskonzentration in Europa entsteht. Die Folge insgesamt ist ein Absinken des Lebensstandards und eine weitreichende Verarmung der Bevölkerung.

Auch der Chefvolkswirt der Europäischen Zentralbank, Prof. Otmar Issing, erklärte bereits, daß bei Wegfall der Wechselkurse die Anpassung an veränderte wirtschaftliche Umstände mittels der Löhne geschehen müsse, das heißt, diese gegebenenfalls sinken werden. Dabei sieht er auch den Ruf nach einer Transferunion und die Möglichkeit, daß die Währungsunion, vielleicht erst Jahre später, auf dem Spiel stehen könnte.[171] Sogar die EZB räumte ein, daß die Einführung der Einheitswährung bereits die Banken empfindlicher gegen Schocks aus anderen Ländern gemacht habe.[172] Die Sicherheit und Stabilität ist damit nicht, wie versprochen, verbessert, sondern durch die Abschaffung von Wechselkurspuffern verringert worden. Schnell könnte sich durch diese fatale Verrechnungseinheit eine schlimme Finanzkrise entwickeln, in der die Bürger ihr Erspartes verlieren. Wenn die Einführung der europäischen Einheitswährung noch in ein solches verschlechterndes wirtschaftliches Umfeld fällt, werden sich auch die politischen Spannungen verstärken. Sogar ein Krieg wird in amerikanischen Fachkreisen für möglich gehalten. So erklärte der amerikanische Wirtschaftswissenschaftler Martin Feldstein (Harvard Universität), daß die Einführung des Euro einen Krieg zwischen Deutschland und Frankreich provozieren könnte. Auch bestehe das Risiko eines bewaffneten Konfliktes zwischen den USA und Europa.[173] Damit würde das Euro-Projekt in einem Blutbad enden und die Aussage von Bundeskanzler Kohl, daß der Euro eine Frage von Krieg und Frieden sei, müßte sich auf dramatische Weise erfüllen.

Das Euro-Enteignungsprogramm

Die Schlußfolgerung aus den vorigen Betrachtungen läßt keinen Zweifel daran, daß der Euro mit Absicht vorbereitet wurde. Dabei spielten nicht rational-logische Gründe die Rolle, sondern allein Machterwägungen und Vorbereitungen auf einen Zusammenbruch. Sobald eine Wirtschaftskrise den Euro-Raum mit seiner ungeliebten Einheitswährung massiv trifft, dann kann die berechtigte Wut der Bevölkerung möglicherweise nur durch Zwangsmaßnahmen unterdrückt werden. Indizien, welche auf Vorbereitungen darauf seitens der Verantwortlichen deuten könnten, sind darin zu erkennen, daß in ganz Europa schon die Euro-Einführung militärisch unterstützt werden sollte. Begründet wurde die Forderung der deutschen Banken damals damit, daß der Transport das »Nadelöhr« bei der Bargeldeinführung sei, und es auch bei den Lagerkapazitäten Probleme gebe. In allen anderen Ländern sei das Militär bereits an der Bargeldumstellung beteiligt und übernehme auch die Kosten, so wurde argumentiert.[174] Zwar ist eine militärische Aktion im Dienste der Banken in Deutschland durch das Grundgesetz verboten, doch der Bankenmanager Andreas Goralczyk meinte, daß es »hie und da ein Hintertürchen« oder »eine Öffnungsklausel« geben müsse, um den Euro mit militärischer Unterstützung einzuführen.[175] Demgegenüber lehnte der Deutsche Bundeswehr-Verband die Maßnahme ab und wies darauf hin, daß solch ein Einsatz verfassungsrechtlich nicht vorgesehen sei. Weiter wurde erklärt, daß im Grundgesetz ein innenpolitischer Einsatz der Bundeswehr auf sehr wenige Ausnahmen beschränkt sei, wozu Naturkatastrophen zählten. Ausnahmen könne auch der Bundestag nicht beschließen.[176] Trotz dieser eindeutigen verfassungsrechtlichen Bedenken, sicherte die Bundesregierung bei der Einführung des neuen Euro-Bargelds die logistische Unterstützung der Bundeswehr zu. Claus Henning Schapper, Innenstaatssekretär und Koordinator für Sicherheitsfragen bei der Euro-Einführung, meinte gegenüber den rechtlichen Einwendungen, daß diese verfassungsrechtlich unbedenklich seien, da es sich nicht um einen Einsatz zur Gewährleistung der inneren Sicherheit handle, sondern um eine logistische Unterstützung.[176a] Auch wenn diese Beschlüsse in dieser Form nicht umgesetzt wurden: In jedem Fall wurde mit dieser Entscheidung eine Tür aufgestoßen, welche es auch später ermöglichen könnte, tatsächlich Militär etwa zum Schutz der Banken einzusetzen. Es ist schon erstaunlich, daß die Einführung der D-Mark in der ehemaligen DDR damals auch ohne solch einen militärischen Einsatz bewerkstelligt werden konnte. Fraglich ist auch, warum der zeitliche Rahmen nicht einfach entsprechend erweitert wurde, um den Euro langsam durch stetigen Austausch, vergleichbar dem Ersatz der alten D-Markscheine gegen fälschungssichere, einzuführen. Die Folgen von späteren Zwangsmaßnahmen, wenn die Instabilitäten des Euros sichtbar werden, würden allerdings von einzelnen Unmutsäußerungen der Bevölkerung bis zu bürgerkriegsähnlichen Vorgängen reichen. Daß solch eine gewaltsam eingeführte Währung dann später wirklich Vertrauen erwecken und voll akzeptiert würde, ist zu bezweifeln.

Währungskrisen als Vorbereitung für den großen Crash

»Eine bodenlose Naivität – um nicht ein schlimmeres Wort zu wählen – nicht zuletzt im Angesicht der bevorstehenden Wahlen 1990 – prägte die Finanzplanung.«

Prof. Dr. Jochimsen, Präsident der Landeszentralbank Nordrhein-Westfalen

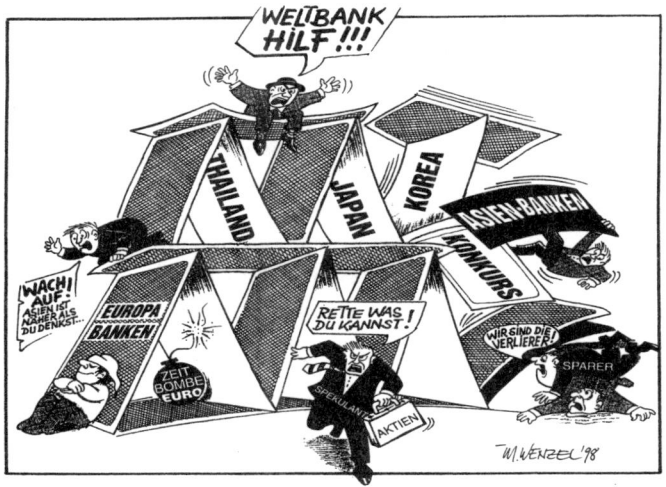

Das vorige Kapitel erläuterte, mit welchen raffinierten Tricks in Europa eine Einheitswährung gegen den Willen der Bevölkerung etabliert werden soll. Dabei bewiesen schon die Währungskrisen der letzten Jahre, wie ein Land durch die Einführung einer anderen Währung zerstört wird. Dies zeigte sich auch an der plötzlichen Einführung der D-Mark in der ehemaligen DDR besonders deutlich.

Zerstörung der Neuen Bundesländer

Der Zusammenbruch der DDR kam für viele Politiker sehr überraschend. Zunächst herrschte große Ungewißheit darüber, in welche politische und wirtschaftliche Richtung sich Deutschland ab diesem Zeitpunkt entwikkeln würde. In dieser Zeit des Aufbruchs fällt jedoch der damalige Bundeskanzler Kohl eine folgenschwere Fehlentscheidung, als er plötzlich die Einführung der D-Mark in der DDR forderte. Durch kräftige Unterstützung der Medien wurde in der Masse der Wunsch nach der Westwährung erzeugt. Dabei informierte man die DDR-Bewohner jedoch nicht über die katastrophalen Folgen, welche die Einführung der Westwährung zeigen mußte. Zudem war die Einführung der D-Mark in der damaligen DDR schon mehr als seltsam: Noch am 6. Februar 1990 wies der damalige Bundesbankpräsident Pöhl die Idee einer einheitlichen Währung als »sehr phantastisch« zurück; am selben Abend machte Kohl das Angebot zum deutsch-deutschen DM-Verbund. Pöhl kündigte im Mai 1991 seinen vorzeitigen Rücktritt an.[177]

Die Einführung der Westwährung in den Neuen Bundesländern war wieder eindeutig absichtlich geplant und durchgeführt. Dabei war den Entscheidungsträgern von vornherein klar, was für katastrophale Folgen die Maßnahme für beide Teile Deutschlands haben mußte. Vermutlich diente die Aktion dazu, um die Wirtschaftskraft des vereinigten Deutschlands auf Jahrzehnte hinaus zu schwächen, da sonst unter Umständen die weitergehenden Pläne der herrschenden Schicht durcheinandergekommen wären. Nach Einführung der DM kam es augenblicklich zu einem Zusammenbruch der im Vergleich zu anderen Ostblockländern guten Wirtschaft der DDR. Außerdem fiel über Nacht der gesamte Außenhandel mit der Sowjetunion (der größte Außenhandel der Welt zwischen zwei Ländern) weg, da die harte D-Mark keinen Handel mehr mit einem schwachen Rubel ermöglichte. Durch einen entsprechend günstigen Wechselkurs der Ost-Mark gegenüber der DM hätte die DDR mit dem Westen, genau wie heute Spanien in Europa, konkurrieren können. Mit Einführung des Westgeldes jedoch mußte auf Basis einer für dieses Land viel zu harten Währung konkurriert werden. So gelangten die neuen Bundesländer in Abhängigkeit zum Westen. Nach einer Aufwertung um fast 400% erfolgten sofort Betriebsschließungen, was zu Massenarbeitslosigkeit führte.[178] Nur durch massive Transferleistungen (1997 Rekordwert von 94 Mrd. Euro[179]) kann heute ein Abrutschen auf das unterste soziale Niveau verhindert werden. Ein Drittel des Konsums muß durch Gelder aus dem Westen finanziert werden. Studien gehen davon aus, daß die neuen Bundesländer noch bis zu 30 Jahre auf die kräftige Unterstützung angewiesen sind.[180]

Trotz dieser massiven Hilfszahlungen konnte jedoch eine Abwanderung aus den neuen Bundesländern nicht verhindert werden. So ist der Bevölkerungsstand von Städten wie Dresden oder Leipzig, durch Migration der Bevölkerung nach Westdeutschland, unter das Niveau von 1908 abgerutscht.[181] Durch Beibehaltung der Ost-Mark wäre das Kapital, das heute nach Tschechien oder nach Ungarn fließt, in die politisch und gesell-

schaftlich viel stabileren neuen Bundesländer geflossen. Bei gleichzeiti-
ger Unterstützung des Westens wäre hier Massenarbeitslosigkeit und Niedergang vermieden und die Grundlage für dauerhaften Wohlstand geschaffen worden. Heute sind die Wachstumsraten bereits hinter den westdeutschen zurückgeblieben. Das Bruttosozialprodukt pro Einwohner ist gerade halb so groß und die Lohnstückkosten sind ein Viertel höher als in Westdeutschland.[182] Damit werden die neuen Bundesländer wohl auf absehbare
Zeit hinaus zum Armenhaus Deutschlands gehören. Wahrscheinlich wird
das »geeinte Deutschland« unter dem Währungsdruck langfristig zerbrechen. Die anderen Staaten des Ostblocks konnten demgegenüber, durch
ihre eigenständigen Währungen, den Großteil ihrer Industriearbeitsplätze
retten, obwohl die DDR wesentlich konkurrenzfähiger gewesen wäre. Beispielsweise konnte Tschechien 68%, Ungarn 77%, Polen 85% der Industriearbeitsplätze beibehalten, während dies in der DDR nur 19% waren.[183]

Die katastrophale Umstellung der Neuen Bundesländer auf das West-
geld erfolgte dabei nicht unwissentlich, sondern absichtlich. So war einem
Artikel der Süddeutschen Zeitung[184] über die Kohl-Biographie von Klaus
Dreher zu entnehmen, daß der damalige Bundeskanzler gut über die eigentlichen wirtschaftlichen Verhältnisse in der DDR Bescheid wußte:
»Helmut Kohl kannte bei seinem ersten Besuch in der DDR nach dem
Mauerfall am 19. Dezember 1989 die wirtschaftlichen Schwierigkeiten
des sich auflösenden zweiten deutschen Staates sehr genau … Dennoch
entschloß sich Kohl schon Anfang Februar 1990, in der DDR eine
Wirtschafts- und Währungsreform als alleiniges Heilmittel zur Behebung
der wirtschaftlichen Not einzuleiten. Das war einer der einsamen Entschlüs-
se, die er ohne Beratung mit seinen Fachleuten und gegen den Rat der
Experten traf.« Dabei wurde die Entscheidung, die D-Mark einzuführen,
entgegen den Forderungen der Notenbank erhoben: »Zu der Zeit, als er
den Beschluß faßte und mit seinem Finanzminister Theo Waigel besprach,
lehnte der damalige Bundesbankpräsident Karl-Otto Pöhl in Übereinstim-
mung mit seinem DDR-Kollegen Horst Kaminiski eine überhastete Einführung der D-Mark ab. Er wurde später von Waigel auf die Linie der
Regierung gezwungen.« Bei diesen Beschlüssen scheinen ökonomische
Gründe kaum eine Rolle gespielt zu haben, da anscheinend nach rein machtpolitischen Gegebenheiten entschieden wurde: »Der Grund für Kohls Drängen waren die Volkskammerwahlen, die in der DDR vor der Tür standen.«
Vor allem die Entscheidung, die Währung im Verhältnis 1:1 statt 1:6 um-
zutauschen, verursachte später große Probleme, da damit die Schulden der
Betriebe ebenfalls aufgewertet wurden: »Vollends entsetzt waren die Fachleute, als der Kanzler noch einen Schritt weiterging und verkündete, die
DDR-Mark werde im Verhältnis 1:1 zur D-Mark umgestellt. … Wirtschaft-

lich bewirkte die Umstellung der Währung eine Katastrophe.« In diesem Zusammenhang muß man auch die Währungskrisen der letzten Jahre sehen, die nicht durch ein Unglück ausgelöst wurden, sondern durch bewußte, gewollte Maßnahmen im Währungsbereich.

Asienkrise, Rußlandkrise, Brasilienkrise

»Wenn es gilt, das Letzte aus einem Land herauszuholen, schicken die Manager den IWF vor. Seine Anpassungsprogramme passen inzwischen vor allem die Lebensbedingungen der unterernährten und unterversorgten Menschen in der Dritten Welt an die Dividendenforderungen der Bankaktionäre an.«

Frankfurter Rundschau[185]

Die Währungskrisen der letzten Jahre kann man als Vorbereitungsaktion für einen weltweiten Crash sehen. Durch diese Krisen wurden unzählige Länder in große Abhängigkeiten vom IWF gezwungen und mußten ihre unabhängige Währungspolitik aufgeben. Wieder spielte die Anbindung schwacher Länder an eine starke Währung die Hauptrolle. Durch die Festlegung der Währung an den US-Dollar und damit der Aufgabe einer eigenständigen Wechselkurspolitik wurden viele Staaten in Wirtschaftskrisen und hohe Verschuldung gezwungen. Die Länder kamen damit in die Abhängigkeit und unter die Knute des IWF und sind heute ein Spielball für das Weltkapital. Als Mitte 1997 die Asienkrise mit der Abwertung der thailändischen Währung begann, wurden die Geschehnisse offiziell auf die falsche und überzogene Wirtschaftsentwicklung in den aufstrebenden Märkten geschoben. Grundsätzlich sei das System in Ordnung, wurde erklärt. Inzwischen weiten sich die Krisen zunehmend aus, und der japanische Vize-Finanzminister Sakakibara rechnete bereits mit einem Zusammenbruch des internationalen Finanzsystems, mit Wirtschaftskrisen und Kriegen. Er wies darauf hin, daß einzelne regionale Finanzprobleme in einem Zusammenbruch der Weltfinanzordnung gipfeln könnten.[186]

Zunächst ist es sinnvoll, den Ablauf der Krisen zu betrachten und entsprechende Parallelen zu ziehen, um die weitere Entwicklung vorhersagen zu können.

Feste Wechselkurse als Ursache

Die Entwicklung zur Krise erfolgte dabei immer nach dem gleichen Schema: Zuerst Anbindung der landeseigenen Währung an den Dollar, dann hohe Verschuldung und zuletzt zwangsweise Abwertung in einer Währungskrise. Durch die Festlegung des Wechselkurses erhofften sich die Länder ein inflationsfreies Wachstum. Das Vorgehen war jedoch von vornherein zum Scheitern verurteilt: Die Wirtschaft der aufstrebenden Länder entwickelte sich nicht im gleichen Tempo wie in den USA. Normalerweise würde ein freier Wechselkurs die Spannungen durch eine Abwertung ausgleichen. Durch die festgelegten Austauschkurse war dies jedoch unmöglich, weshalb die Spannungen anwuchsen.

Fatalerweise wurde durch feste Wechselkurse auch die Auslandsverschuldung massiv ausgeweitet, weil Kredite im Ausland billiger zu bekommen waren wie auf dem inländischen Kreditmarkt. Schuldner wie Gläubiger waren sorglos und vertrauten darauf, die Verbindlichkeiten zu einem festen Wechselkurs zurückzahlen zu können. Nach mehreren Jahren ließen sich die Spannungen auf den Wechselkurs nicht mehr vertuschen, zunehmende Gerüchte untergruben das Vertrauen der Anleger, das Kapital wurde panikartig aus den Ländern abgezogen – die Wechselkurse konnten nicht mehr gehalten werden und verfielen. Die hohe Auslandsverschuldung mußte nun zu einem wesentlich ungünstigeren Kurs zurückbezahlt werden. Die Staaten konnten diese Lasten nicht mehr tragen und stellten die Zahlungen ein. Durch ausbleibende Investitionen und wachsende Verpflichtungen, muß die Armut dramatisch anwachsen.

In Indonesien rutschten infolge der Währungsabwertung durch die Asienkrise 1999 zwei Drittel der 202 Mio. Einwohner unter die Armutsgrenze ab.[187] Die Auslandschulden stiegen durch umfangreiche IWF-»Hilfen« auf über 150 Mrd. Dollar.[188]

Wie die wirtschaftlichen Zustände das Leben der Menschen verändern, zeigte sich auf der Insel Ambon. Obwohl diese Insel immer als Modell für religiöse Harmonie galt, gab es nach dem Währungsverfall schwere Ausschreitungen zwischen Christen und Moslems.[189] Das Land droht unter diesen Bedingungen zu zerbrechen.

In Südkorea war das Einkommen von drei Vierteln der Seouler Haushalte durch die Währungskrise um durchschnittlich 32 Prozent gesunken, das der ohnehin wenig Verdienenden sogar um 45 Prozent.[190] Zu Recht verklagten bereits die südkoreanischen Gewerkschaften den IWF, wegen falscher Weichenstellung in der Asienkrise. Das Land wurde mit dem Hilfspaket des IWF in hohe Verschuldung getrieben, und mit den rigiden Sparforderungen wurden zahlreiche Betriebe zerstört und Millionen arbeitslos.[191] Das Entstehen von Armut und Hunger war somit vorprogrammiert. Vor diesem Hintergrund stellt sich die Frage, wie der IWF die Krisen mit verursachte und ausweitete.

Auffällig ist auch, daß wenige Wochen vor Beginn der Krisen jeweils der IWF die angeblich gesunde wirtschaftliche Struktur der Länder lobte. Es wurden Verträge über Stützungskredite unterzeichnet, wobei ein kleiner Teil der Summe sogar ausgezahlt wurde. Nach Beginn der Katastrophe sperrte der IWF jedoch die zugesagten Kredite sofort und forderte drakonische »Sanierungsprogramme« von den betroffenen Staaten.

Beispiel Brasilien

Die Ereignisse laufen immer nach dem gleichen Schema ab: Zuerst wurde das Land durch Hyperinflation bis Anfang der neunziger Jahre durch unfähige Politiker ruiniert. Um künftig das Geld stabil zu halten, beschloß man eine neue Währung mit fester Anbindung zum US-Dollar zu schaffen, den sogenannten »Real«. Tatsächlich sank die Inflation rapide bis auf 4% im Jahr 1997. Um den Wechselkurs zu halten, mußte sich jedoch Brasilien massiv verschulden. Durch Einführung des »Real« hat sich die Verschuldung Brasiliens seit 1994 deshalb mehr als verfünffacht.[192] Schon seit der Asienkrise 1997 mußte der Zinssatz auf durchschnittlich 30% angehoben werden, um eine Kapitalflucht mit Währungsverfall zu verhindern. Dadurch schrumpfte die Wirtschaft Brasiliens bereits im Jahr 1998 um 2,5%.[193]

Allein bei den Währungsturbulenzen Ende Oktober 1997 mußte das Land zur Währungsstützung an drei Tagen über neun Milliarden Dollar aufwenden. Hätten die Turbulenzen nur drei Wochen angehalten, wären die gesamten Reserven von 62 Mrd. Dollar aufgebraucht worden. Auch die Unternehmen haben die festen Wechselkurse zur günstigeren Verschuldung im Ausland genutzt und einen Schuldenberg von 100 Mrd. Dollar aufgebaut. Der IWF sagte im November 1998 zusätzlich einen Stützungskredit von über 40 Mrd. $ zu. Anfang Januar 1999 erklärte der drittstärkste Bundesstaat Brasiliens, den Schuldendienst an den Bund für 90 Tage aussetzen zu wollen.[194] Schnell erkannten Spekulanten die instabile Lage des Landes und zogen massiv Geld ab. Dadurch konnte der Wechselkurs zum Dollar nicht mehr aufrechterhalten werden, die Währung verfiel um über 40%. Wie bei Rußland, sperrte der IWF sofort alle weiteren Zahlungen. Es wurde sogar gefordert, den Zinssatz auf 70% zu erhöhen.[195] Durch höhere Zinssätze und ungünstigere Wechselkurse stiegen die Zinslasten rapide an – der Bankrott ist langfristig die Folge. Um die Spekulationsgefahr einzudämmen, erhöhte Brasilien nun drastisch den kurzfristigen Zinssatz auf 40%.[196] In dieser Situation gibt es keinen Ausweg mehr: Werden die Spekulanten durch hohe Zinssätze abgewehrt, bricht die Wirtschaft zusammen. Wird hingegen die Währung freigegeben, können die angehäuften

Schulden nicht mehr zum ungünstigen Wechselkurs bedient werden und der Staat, wie auch große Teile der Unternehmen müssen den Bankrott erklären. Wenn jedoch die Wirtschaftskrise durch Aufnahme von IWF-Krediten verhindert werden soll, wird der Zusammenbruch noch größer und lediglich kurze Zeit verschoben, weil hierdurch das grundlegende Übel der *Verschuldung* nur vergrößert und die Wirtschaft durch sogenannte »Sanierungsmaßnahmen« zerstört wird. Daneben zerstören die Roßprogramme des IWF noch das Land: Brasilien mußte beispielsweise, um IWF-Kredite zur Stützung des Wechselkurses zu erlangen, ein »drakonisches Sanierungsprogramm« auflegen. Die Regierung räumte sogar ein, daß sich das Programm auf jeden Fall rezessiv auswirken werde.[197] Durch die IWF-Hilfen explodierte die Staatsverschuldung, weshalb 1999 das Etatdefizit auf zehn Prozent (1998: 8%) des Bruttosozialproduktes anstieg. Ohne den Schuldendienst hätte Brasilien dagegen einen Hauhaltsüberschuß von 3% erwirtschaftet.[198]

Wie sehr das internationale Kapital in die Krise verwickelt war, zeigte die plötzliche Einsetzung eines neuen Notenbankchefs kurz nach Beginn der Krise. Armino Fraga Neto, der für Lateinamerika zuständige Leiter des Quantum Fonds, dem Fond des Großspekulanten George Soros, wurde kurzfristig zum Notenbankpräsidenten ernannt.[199] Es ist kaum zu erwarten, daß ein Vertreter der Seite, die erst die Krise erzeugte, gerade an einer Lösung mitarbeiten wird. Deshalb erklärte die Opposition in Brasilien auch, daß man den Bock zum Gärtner gemacht habe.

Bald nach Brasilien kam das Nachbarland Argentinien in eine schwere Finanzkrise. Dabei wurden die Vermögen der Bevölkerung eingefroren. Ähnlich wie in Brasilien wurden auch hier gerade jene Personen mit der »Lösung« der Krise beauftragt, welche genaugenommen dazu überhaupt beigetragen hatten. So führte Finanzminister Cavallo Anfang der neunziger Jahre feste Wechselkurse des argentinischen Pesos zum Dollar ein. Dadurch entstanden Spannungen, welche zu einer hohen Auslandsverschuldung des Landes und letztlich zur Krise führten. Gerade dieser Minister sollte im Jahr 2001 das Problem lösen. Ihm wurden enge Kontakte zur Hochfinanz nachgesagt. Cavallo mußte Anfang 2002 zurücktreten und hinterließ den Nachfolgern einen ruinierten Staat. Durch die Argentinienkrise kam wiederum das Nachbarland Brasilien in noch größere Schwierigkeiten. Um einen Bankrott zu vermeiden, stellte der IWF ein Kredit-»Rettungspaket« im Wert von 30 Milliarden Dollar zur Verfügung – welches allerdings erst ausbezahlt werden sollte, wenn das Land einen Haushaltsüberschuß von mindestens 3,75 Prozent nachweisen kann. Könnte es das, dann wäre der ganze Kredit nicht nötig gewesen. (Quelle: Welt, 14.8.2002) Interessant ist hier auch die Entwicklung 1998 zur Rußlandkrise.

120

Beispiel Rußland

» ... die Vereinbarung mit dem IMF[*] sieht sogar vor, auf das russische Schatzamt lautende Schuldpapiere in mittel- und langfristige Dollarforderungen umzuschreiben. Als ob die Finanzkrise in Südostasien nicht gezeigt hätte, daß Fremdwährungskredite nach einer Abwertung – was auch beim Rubel nicht völlig auszuschließen ist – ein Land erst recht in Zahlungsprobleme bringen können.«
Neue Zürcher Zeitung, 15.7.1998, vier Wochen vor der russischen Finanzkrise
(*) IMF ist die englische Abkürzung für IWF

Die russische Finanzkrise kann sich, wie wir später noch sehen werden, für uns besonders fatal auswirken, da hier ein stark bewaffnetes Land unter Druck gesetzt wurde und im heutigen System keine Chance mehr hat, dem Bankrott zu entgehen. Der Ablauf ist sehr interessant: Schon im Mai 1998 wurden vom damaligen Ministerpräsidenten Kirijenko von der Bevölkerung Einschränkungen abverlangt und unpopuläre Entscheidungen angekündigt.[200] Diese Maßnahmen sollten sich noch als fatal herausstellen. Obwohl schon die Asienkrise gezeigt hat, daß feste Wechselkurse nicht funktionieren, bemühte man sich, im Herbst 1997 auch den Ostblock, vor allem Rußland, erneut fest an den Dollar zu binden.[201] Noch im Sommer 1998 wurde Rußland als fortschrittliches Land gelobt, das den Schritt vom Kommunismus zum Kapitalismus konsequent durchsetzen würde. Die drohende Abwertung wurde lange Zeit verharmlost. Sogar wenige Tage vor dem Beginn des Währungsverfalls schloß der russische Präsident Jelzin diese definitiv aus:»Klar und deutlich – es wird keine Devaluierung des Rubels geben, das ist so ausgerechnet, das ist meine Arbeit und unter meiner Kontrolle.«[202] Der damalige russische Ministerpräsident Primakow erklärte nach der Finanzkrise im September 1998, daß Rußland nie bankrott gehen werde.[203] Auch westliche Experten schlossen eine Zahlungsunfähigkeit definitiv aus.[204]

Die Abwertung wurde dann wenig später durch einen Leserbrief von George Soros in der Financial Times ausgelöst, in dem der Spekulant eine Abwertung des Rubels forderte.[205] Der IWF sperrte sofort die vorher zugesagten Stützungskredite und beschleunigte damit den Verfall. Fatalerweise wurden noch, durch Unterstützung des IWF, Ende Juli 1998 kurzfristige, auf Rubel lautende Schuldverschreibungen in langlaufende auf Dollar lautende Papiere umgewandelt. Die Verzinsung lag effektiv bei etwa 15%.[206] Rußland war damit nach dem Wechselkursverfall nicht mehr in der Lage, die durch die Währungsabwertung aufgewerteten Schulden zurückzuzahlen. Heute wird das einst hochgelobte Land vom IWF im Stich gelassen, alle Zahlungen wurden definitiv gesperrt.[207] Rußland ist durch den Wechselkursverfall nicht mehr in der Lage, die aufgewerteten Schulden zurückzuzahlen. Im weiteren Verlauf brachen die russischen Lebensmittelimporte (70% der Nahrungsmittelversorgung) im September 1998 auf ein Sechstel ein.[208]

»Experten«-Maßnahmen

»Bei der Ursachenforschung beißt sich die Katze, wie es rußlandweit üblich ist, in den eigenen Schwanz. Die Kraftwerke haben keinen Brennstoff, weil sie die Lieferanten nicht bezahlt haben. Sie können nicht zahlen, weil die Verbraucher ihrerseits die Rechnungen nicht begleichen. Den Industriebetrieben fehlt das Geld, weil sie entweder nichts produzieren oder ihre Waren nicht bezahlt bekommen. Die privaten Kunden sind mittellos, weil sie seit Monaten keine Löhne und Gehälter bekommen haben.«
Die Welt, 17.11.1998

Die Experten sind sich uneinig über die zu ergreifenden Maßnahmen in den betroffenen Ländern: So schlug der renommierte Wirtschaftsexperte Prof. Bogomolow vom Moskauer Wirtschaftsforschungsinstitut die Einführung einer Parallelwährung in Rußland vor, die völlig mit Gold gedeckt sein soll. Diese Währung solle dann den Rubel verdrängen. Als Vorbild dienen ihm die zwanziger Jahre mit der goldgedeckten Währung.[209] Daß jedoch gerade die Golddeckung des Geldes zur Weltwirtschaftskrise der dreißiger Jahre führte, wird dabei vergessen. Wenn Rußland beispielsweise gezwungen wäre, Gold zu verkaufen, müßte im gleichen Umfang Geld eingezogen werden – eine massive Deflation, mit einer noch schlimmeren Wirtschaftskrise wie heute wäre die Folge.

Für Brasilien rät der angesehene Wirtschaftsexperte Prof. Dornbusch vom Massachusetts Institute of Technology (MIT), USA, die Schaffung eines »currency boards«. Dabei sollte jede einheimische Banknote vollständig durch US-Dollars bei der Notenbank gedeckt sein. Davon verspricht sich Dornbusch die Verhinderung von Wechselkursturbulenzen.[210] Mit solch einem »currency board« hätte Brasilien jeden Einfluß auf seine eigene Währung verloren. Die einzige Aufgabe von Regierung und Notenbank wäre dann das Zahlen von hohen Zinsen für geliehene US-Dollars, um die Gelddeckung aufrechtzuerhalten. Bulgarien führte beispielsweise 1997 einen solchen currency board ein, mit dem Ergebnis, daß sich die Wirtschaft nur in dem Maße entwickeln kann, wie harte Währung ins

Land fließt. Gleichzeitig sank der Außenhandel um 30 Prozent und die Verschuldung explodierte.[211] Die fraglichste Maßnahme wäre die Schaffung eines Weltwährungssystems mit festen Wechselkursen zwischen den wichtigsten Währungen, wie es der Ex-Bundesfinanzminister Lafontaine und sein japanischer Kollege Miyazawa vorschlugen.[212] Gerade festgelegte Wechselkurse haben ja erst zu den Krisen beigetragen. Mit solch einem Weltwährungssystem wäre eine Weltwährungskrise nur noch eine Frage der Zeit. Wie die Deutsche Bank Research erklärte, entspricht der Weltdevisenhandel mit einer Summe von 1500 Mrd. $ fast den gesamten Währungsreserven aller Notenbanken zusammen. Damit wären die Durchführbarkeit und Glaubwürdigkeit solcher »Stabilisierungsmaßnahmen« äußerst begrenzt. Ebenfalls wird auf die Gefahr spekulativer Attacken auf festgelegte Wechselkurse hingewiesen. Die größte Bedrohung stellt der Verlust einer unabhängigen Währungspolitik für die beteiligten Länder dar. Bei auseinanderlaufender konjunktureller Entwicklung wäre die Stabilisierung von Wechselkurs und Preisniveau unmöglich.[213]

In Argentinien möchten Experten, Regierung und Opposition die eigene Währung so schnell wie möglich ganz aufgeben und den US-Dollar als Zahlungsmittel einführen. Währungsturbulenzen sollten damit ausgeschlossen werden.[214] Die Folgen wären fatal: Weil sich die argentinische Wirtschaft langsamer entwickelt als die amerikanische, würde sich das Kapital aus Argentinien zurückziehen. Weitgehende Verarmung wäre die Folge. Auch ist diese Maßnahme nicht mehr rückgängig zu machen.

Im Jahr 2001 wurden dann die Pläne von der Realität eingeholt, als der damalige Wirtschaftsminister Cavallo im April versuchte, Zweifel an der Zahlungsfähigkeit des Landes damit zu zerstreuen, indem er betonte, daß das Land auf jeden Fall seinen Zahlungsverpflichtungen nachkommen werde.[214a] Gerade jedoch Minister Cavallo war derjenige, welcher durch seine Anbindung des Pesos an den US-Dollar im Verhältnis 1:1 im Jahr 1991, die Krise erst heraufbeschworen hatte. Mit der Entscheidung, Cavallo mit der Problemlösung zu beauftragen, wurde gewissermaßen der »Bock zum Gärtner gemacht«. Nach Einführung eines »Sparprogrammes« mit »Null-Defizit«, Lohnsenkungen, Steuererhöhungen und Abhebebeschränkungen für Sparvermögen kam es zunehmend im Land zu Unruhen, welche die Regierung zum Rücktritt zwang. Zur gleichen Zeit, als in Europa die Kunstwährung Euro offiziell eingeführt wurde, mußte dann die Abwertung des Pesos mit Notstandsgesetzen bekanntgegeben werden. Die Folgen muß die Bevölkerung mit Arbeitslosigkeit und Elend bezahlen, während die »Experten« wieder einmal ihre Hände in Unschuld waschen. Gerüchten aus Argentinien zufolge, war Cavallo eng mit Kreisen internationaler Spekulanten verbunden. Es war schon eigenartig, daß der damalige Präsident de la Rua gerade seinen im vorigen Wahlkampf schärfsten Konkurrenten nun mit der Lösung der Finanzkrise betraute und mit weitreichenden Sondervollmachten ausstattete.

Bewußte Destabilisierung des Balkans

Die ungünstigen Folgen der Übernahme einer starken Währung in einem wirtschaftlich schwachen Land zeigte sich im Kosovo: Nach Einführung der D-Mark als offizielle Währung mußte der stellvertretende Chef der UN-Verwaltung Koenigs erklären, daß im Kosovo keine Währung vorhanden sei. Er meinte, daß vier Tonnen Bargeld in kleinen und mittleren Scheinen gebraucht würden, die 60 000 Leuten in die Hand gegeben werden müßte, um überhaupt Kaufkraft in die Region zu bringen.[215] Die D-Mark wird entweder gehortet oder fließt in das produktivere Deutschland zurück – ein Tauschmittel ist deshalb im Kosovo nicht vorhanden und die Verhältnisse verschlimmern sich.

Neben dem Kosovo führte im Herbst des Jahres 1999 auch Montenegro die D-Mark als Zweitwährung ein. Nach Angaben des Wirtschaftsprofessors Henke könne sich das Land keine eigene Währung leisten, weil die Devisenreserven zu gering seien.[216] Diese Aussage entspringt einem mangelnden Wissen, was eine Währung überhaupt darstellt. Der Wert einer Währung bemißt sich dabei keinesfalls an irgendwelchen Devisenreserven, sondern hängt letztlich nur von der Leistungsfähigkeit der Bevölkerung ab. Devisenreserven sind völlig überflüssig und führen nur dazu, daß die Notenbank hohe Zinslasten für geliehenes Geld tragen muß. Doch scheinen die Verantwortlichen ein großes Interesse daran zu haben, daß die ganze Welt von irgendwelchen Fremdwährungen, meist dem Dollar, abhängig ist.

Ecuador muß den Dollar einführen

Interessant war die zwangsweise Einführung des Dollars in Ecuador. Im Herbst 1999 konnte Ecuador seine Schulden nicht mehr bedienen und mußte als erstes Land seit langem die Zahlungsunfähigkeit erklären. Dadurch stürzte die Währung ab, weshalb der Präsident die Einführung des Dollars forderte. Dagegen rebellierte die Bevölkerung, mehrheitlich Indianer. Den Indianern war offensichtlich klar, daß diese Maßnahme eine weitreichende Verarmung zur Folge hätte. Die Revolte wurde dadurch beendet, daß der Präsident zurücktrat und Vizepräsident Noboa das Amt übernahm. Schon in einer der ersten Erklärungen erklärte Noboa jedoch, trotz zahlreicher Demonstrationen und Proteste aus der Bevölkerung, daß auch er den Dollar auf alle Fälle einführen werde.

Im März 2000 brachte Noboa das Reformpaket durch das Parlament, was die internationalen Finanzorganisationen sogleich mit Kreditzusagen über 2,045 Milliarden Dollar, auf drei Jahre, unterstützten. Die ecuadorianische Währung soll – nach argentinischem Vorbild – zu einem Kurs von 1:25 000 gesetzlich an den US-Dollar angebunden und dieser sogar als offizielles Zahlungsmittel eingeführt werden. Mit dem angekündigten Kredit wachsen die ohnehin schon horrenden Auslandsschulden von über 15 Mrd. Dollar weiter an. Durch die Anbindung der Währung an den Dollar steigen auch die Preise auf internationales Niveau, was die Armen (60% der Bevölkerung) noch ärmer machen wird.[217] Offenbar scheinen bei Währungsfragen weder demokratische noch wirtschaftliche Entscheidungen eine Rolle zu spielen. Ecuador wird durch die Dollar-Einführung den Bankrott erleben. In einer neuen Wirtschaftskrise wird sich das Kapital sofort in den stärkeren Währungsraum USA zurückziehen, und die Wirtschaft in Ecuador muß zusammenbrechen, weil das Tauschmittel Geld fehlt.

Allein Malaysias Staatsführung wußte der Asienkrise zu begegnen.

Malaysia reagierte richtig

Die einzig richtige Maßnahme ergriff unter dem Druck der Asienkrise das Land Malaysia. Dessen Premierminister Mahathir Mohamad hatte in der Krise die Kredit-Hilfe des Internationalen Währungsfonds (IWF) zurückgewiesen und in seinem Land Kapitalausfuhrbeschränkungen eingeführt. Die Experten warnten damals vor schweren Folgen. Aber jetzt zeigt sich, daß sich Malaysia, abgesehen von Singapur, am besten von der Krise erholt hat.[218] In diesem Zusammenhang forderten Unctad-Ökonomen die Entwicklungsländer bei einer Veranstaltung am Rande der Konferenz auf, den wirtschaftlichen Rezepten von IWF und Weltbank nicht zu folgen. Um sich vor Währungsturbulenzen zu schützen, müßten Regierungen das Recht haben, ihre Grenzen gegen spekulative Gelder zu sichern, erklärte ein Sprecher.[219]

Heute gelten die Währungskrisen der letzten Jahre als überwunden. Jedoch wurden die grundlegenden Probleme wie feste Wechselkurse und Überschuldung nicht gelöst, sondern im Gegenteil: Die Probleme wurden durch die großangelegten IWF-Kredite noch weiter verschlimmert. Damit werden die Länder bei der nächsten Krise in die totale Zahlungsunfähigkeit getrieben. Gleichzeitig können diese Krisen im Zusammenhang eines weltweiten Crashes gesehen werden. Einen Hinweis auf einen Zusammenbruch brachte der Spekulant George Soros.

Ein Milliardär warnt vor dem Zusammenbruch

Der Multimilliardär und Manager des Quantum Fonds gilt als einer der berüchtigtsten Spekulanten, die weltweit bekannt sind. Er brachte nicht nur 1992 das ECU-System zum zerbrechen, sondern löste auch die Rußlandkrise aus, als er auf einen überbewerteten Rubel hinwies. Wie alle Milliardäre, so bemüht auch er sich immer, als Philanthrop, also als Menschenfreund zu erscheinen. Daß jedoch seine Spekulationen soviel Leid erzeugen, was er mit ein paar Stiftungen nie wiedergutmachen kann, scheint ihn nicht zu stören.

Nach der Rußlandkrise veröffentlichte er ein Buch. Hier zeigte er einige interessante Seiten unseres Kapitalsystems auf, unter anderem warum sich die Werte immer mehr zum Geld hin verschieben, bis das Kapital letztlich den einzigen Wert überhaupt noch darstellt:»Aber in unserer modernen Tauschgesellschaft wird jede Moralität in Frage gestellt. Zwar gibt es das Bedürfnis nach moralischer Führung, und weil es nicht befriedigt wird, verspürt man es vielleicht deutlicher als früher. Doch gerade die Prinzipien und Grundsätze, die eine solche Führung ermöglichen können, werden allgemein angezweifelt. Warum sollte man sich um die Wahrheit kümmern, wenn ein Satz nicht wahr sein muß, um wirksam zu werden? Warum sollte man ehrlich sein, wenn der Erfolg den Menschen Achtung und Anerkennung sichert und nicht die Ehrlichkeit und Tugend? Obwohl gesellschaftliche Grundwerte und moralische Grundsätze in Frage gestellt werden, am Wert des Geldes zweifelt niemand. Deshalb hat das Geld die Rolle der wirklichen, inneren Werte usurpiert.« – »Am Ende, darüber sollten wir uns keine Illusionen machen, dreht sich alles um Profit und Reichtum.« Gesellschaftspolitische Ziele hingegen, etwa die Schaffung und Bewahrung von Arbeitsplätzen, treten nun mehr und mehr in den Hintergrund. Daß die Ursache der Probleme im Finanzsystem liegen, hat er auch erkannt:»Dieses System begünstigt eindeutig das Finanzkapital, das dorthin fließt, wo es größere Profitchancen sieht … Daher konkurrieren die Länder darum, Kapital anzulocken und an sich zu binden. Das Bemühen, attraktive Bedingungen für das Kapital zu schaffen, rangiert vor allen anderen gesellschaftlichen Zielsetzungen.« – »Das Hauptmerkmal des kapitalistischen Weltsystems ist die freie Bewegung von Kapital. – Boden und andere natürliche Ressourcen bewegen sich nicht, und auch Menschen sind für gewöhnlich nicht sonderlich mobil ... Da das Finanzkapital so mobil ist, verfügt es über eine ungemein günstige Position: Es kann all die Länder meiden, in denen es drückende Steuern oder lästige Auflagen gibt.« – »Schafft ein Staat Bedingungen, die dem Kapital ungünstig erscheinen, wird dieses so rasch wie möglich versuchen das Land zu verlassen. Und umgekehrt kann eine Regierung, wenn sie die Lohnkosten niedrig hält und ausgewählte Firmen mit Anreizen lockt, die Akkumulation des Kapitals fördern.«

Soros weigert sich in seinen Aussagen jedoch beharrlich, auf den Punkt, nämlich die Entstehung des Zinses zu kommen: »Volkswirtschaftlichen Lehrbüchern zufolge übt das Geld drei Funktionen aus: Es dient als Zahlungseinheit, als Tauschmittel und als Wertaufbewahrungsmittel. Alle drei Funktionen sind bekannt, obwohl die dritte Aufgabe des Geldes, nämlich Wertaufbewahrungsmittel zu sein, von manchen bestritten wird.« Gerade aber diese Diskrepanz zwischen Geld als Tauschmittel und Geld als Schatzmittel bewirkt erst den Überlegenheitsfaktor Zins und daher stammen sämtliche Probleme unserer Gesellschaft. Die Machtfrage in Verbindung mit Geld sieht Soros durchaus real: »Wenn Menschen Geld haben wollen und dafür fast alles zu tun bereit sind, dann bedeutet der Besitz von Geld Macht, und Macht kann ein Zweck an sich sein.«

In diesem System bildet der Kredit den zentralen Punkt. Durch Kredite kommen die Länder in zunehmende Abhängigkeiten: »Länder, die einmal den Köder ausländischer Kredite geschmeckt haben, kommen davon so leicht nicht mehr los. In der Regel schneiden Kreditgeber bei einer internationalen Schuldenkrise besser ab als die Kreditnehmer. Sie müssen möglicherweise die Kredite umschulden, die Fälligkeitstermine prolongieren oder gar besonders günstige Zinssätze anbieten – aber ihre Ansprüche können sie aufrechterhalten.«

In diesem Modell rechnet auch Soros mit größeren Problemen: »Meine Voraussage für die Zukunft, soviel sei jetzt schon verraten, lautet: Das kapitalistische Weltsystem steht unmittelbar vor seiner Auflösung.« Das kapitalistische System tendiert dabei nicht zum Gleichgewicht, sondern zur Explosion. Leider nennt Soros nicht die Ursache, das Zinseszinssystem, für die Entwicklung: »Anstatt ein Gleichgewicht zu suchen, unternimmt es alles, um zu expandieren. Bevor es sich nicht sämtliche Märkte und Rohstoffquellen einverleibt hat, kommt es nicht zur Ruhe. ... Vielmehr geht es um den ständig wachsenden Einfluß, den das System auf das Leben der Menschen ausübt.«

Einen wichtigen Raum nimmt bei Soros der Zerfall unserer kapitalistischen Ordnung ein. Besonders den Aktienboom sieht er hier als Gefahr: »Die Verbreitung von Aktienbesitz durch Investmentfonds brachte, vor allem in den Vereinigten Staaten, zwei Quellen potentieller Instabilität mit sich. Die eine ist die sogenannte Vermögenswirkung. 38 Prozent des privaten Vermögens und 56 Prozent der Mittel von Pensionsfonds werden in Aktien angelegt. Aktienbesitzer buchen große Gewinne auf dem Papier, sie fühlen sich reich, und ihre Sparneigung ist auf Null gesunken. ... Die zweite Quelle potentieller Instabilität sind die Investmentfonds. Ein Fondmanager wird im Hinblick auf die Leistungen anderer Fondmanager bewertet, nicht auf der Basis irgendeines absoluten Leistungsmaßstabes. ... Im Herbst 1998 waren die Investmentfonds so an den stetigen Zufluß von neuem Geld gewöhnt, daß sie die niedrigsten Geldreserven in der Geschichte der Fonds unterhielten. Sollte sich der Trend gegen sie wenden, werden sie gezwungen sein, Geld aufzutreiben, was den Druck auf die Kurse nur noch weiter verstärkt.« Der Spekulant rechnet dabei mit einem Zusammenbruch des Systems:»Daß das kapitalistische Weltsystem seinen eigenen Defekten erliegen wird, liegt meines Erachtens auf der Hand – wenn nicht dieses Mal, dann bei der nächsten Gelegenheit. Es gibt nur eine Rettung: Wir erkennen seine Mängel und handeln, solange wir noch korrigieren können. Ich sehe schon, auf welche Weise sich die endgültige Krise zusammenbraut. Sie wird politischer Natur sein.«

Er geht bei seinen wirtschaftlichen Analysen immer von einem Boom/ Bust Modell aus, also einem Modell, in dem ein herrschendes Vorurteil einen bestimmten Trend zu einem Boom treibt:»In der Anfangsphase ist der Trend kaum wahrnehmbar. Erst in der Periode der Beschleunigung wird der Trend erkannt und durch das herrschende Vorurteil verstärkt. Erleiden die Preise einen Rückschlag, setzt eine Phase der Überprüfung ein; bleibt es dennoch bei Vorurteil und Trend, treten beide zusehends stärker hervor. Vermag die Realität den übertriebenen Erwartungen nicht mehr gerecht zu werden, kommt der Augenblick der Wahrheit, gefolgt von einer Zwielichtperiode, in der die Menschen das Spiel immer noch weitertreiben, obwohl sie schon nicht mehr daran glauben. Schließlich erreicht die Entwicklung einen Wendepunkt, an dem sich der Trend bricht; das Vorurteil kehrt sich um, was zu einer katastrophalen Beschleunigung in die entgegengesetzte Richtung führt, gemeinhin als Crash bekannt.«

Die Asien- und Rußlandkrise sieht er als eigentlichen Umkehrpunkt des Systems an, auch wenn dieser bisher noch nicht erkannt worden sei: »Heute meine ich, daß die Rußlandkrise den Kreuzungspunkt darstellt, an dem ein Trend, der seine Richtung bereits geändert hat, durch die Umkehrung des dominierenden Vorurteils verstärkt wird – was letztlich einen katastrophalen Kollaps bewirkt.« Nach der Rußlandkrise erwartet der Fondmanager einen Anstieg der Kurse, um dann vollends abzustürzen:»Schließlich werden die Märkte noch viel tiefer fallen, und das wiederum wird zu

128

einer globalen Rezession führen. **Mehr noch:** Der Zerfall des kapitalistischen Weltsystems erlaubt keine Erholung, die Rezession wird deshalb in eine Depression übergehen ... Auf die falsche Morgenröte wird ein ausgedehnter Baisse Markt folgen, wie in den dreißiger Jahren oder gegenwärtig in Asien. Das Publikum wird aufhören, niedrige Werte zu kaufen, und sich von den Aktien weg hin zu Geldmarktfonds oder Schatzwechseln bewegen. Der Wohlstandseffekt wird seinen Tribut fordern und die Konsumnachfrage wird sinken ... Falls und sobald das Wachstum der amerikanischen Binnenwirtschaft sich verlangsamt, wird auch die Bereitschaft abnehmen, ein großes Handelsdefizit zu tolerieren, das könnte den freien Handel erheblich gefährden.« Mehrmals weist Soros auf eine trügerische Erholung nach den Währungskrisen hin:»Das kapitalistische System hingegen erlebt womöglich ein ganz anderes Phänomen: eine falsche Morgenröte, die unseren Sinn für Gefahr einlullt und den nächsten sogenannten externen Schock seinen Tribut fordern läßt.«[220]

Obwohl Soros nicht die Ursache der Problematik nannte, sind diese Aussagen des Spekulanten sehr aufschlußreich für uns, um zu erkennen, wohin dieses System sich entwickelt. Dabei ist der Zeitpunkt, an dem jenes Buch erschien, sicher kein Zufall. Man will wahrscheinlich nach dem kommenden Crash sagen können, daß es prominente Warner davor gegeben habe und somit die Bevölkerung selber schuld sei, da sie diese nicht zur Kenntnis genommen hat. Aus dem gleichen Grund warnen auch offizielle Institutionen wie IWF oder OECD vermehrt vor einem Crash, genauso wie jeder Verbrecher bemüht ist, die Schuld anderen zuzuweisen und sich selbst als Warner vor der Kriminalität darzustellen. Die Währungs- und Schuldenkrisen der letzten Jahre weisen dabei ganz deutlich darauf hin, daß eine weltweite Wirtschaftskrise droht. In diesem Szenario spielt vor allem auch der überbewertete Aktienmarkt eine Rolle.

Der Börsencrash – das System bricht zusammen

»Wie heisst er?
Kommt über Nacht, ehe Du´s bedacht
Kommt wie ein Blitz, das ist kein Witz
Hat sich ereignet mehrfach als Warnung
Benutzt die Gier als wertvolle Tarnung
Wird heut' verstärkt durch Computerprogramme
Ist schneller als die schnellste Flamme
Zerschlägt Milliarden in Sekunden
Millionen lecken ihre Wunden
Nur wer es wahrnimmt, das Signal
Erspart sich manche schlimme Qual
Nun, Menschlein, ich frage Dich
Sag doch an: Wer bin denn ich?
Der Crash«

Klaus G. Walther

In den Medien werden heute Aktien als Anlage erster Wahl empfohlen. Wer die Papiere langfristig halte, gewinne immer dabei, so wird behauptet. Auch die Regierung ist bemüht, die Vermögen der breiten Masse auf die Börse zu locken. Sogar die Rentenversicherung soll, wegen den scheinbar unaufhaltsamen Zuwächsen, in Zukunft auf dem Aktienmarkt aufgebaut werden. Hier stellt sich die Frage, wie sich die Aktienmärkte entwickeln und warum dies so ist.

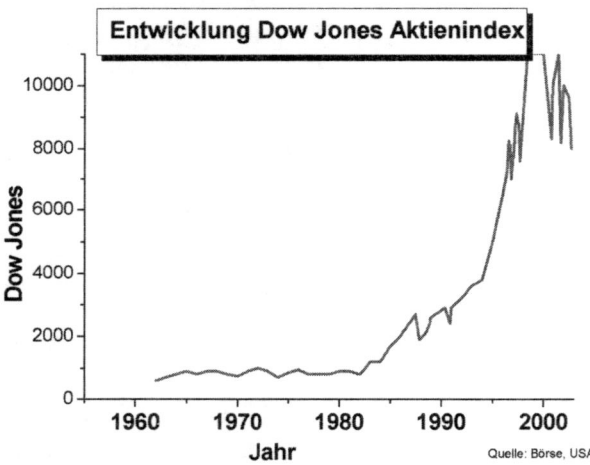

Abb. 19: Dow Jones Aktienindex, USA

Bei der Börsenentwicklung (Abb. 19) fällt auf, daß bis 1982 die Kurse nur in engen Grenzen schwankten. Seit 1982 ist ein immer schnellerer, nahezu exponentieller Anstieg zu verzeichnen. Wie am Anfang dieses Buches schon dargelegt, kann jedoch im begrenzten Raum nichts unbegrenzt, mit immer schnellerer Geschwindigkeit wachsen, ohne letztlich zugrundezugehen. Dabei beschleunigt sich das Wachstum erheblich: Wie der Internationale Währungsfond (IWF) herausstellte, sind die Aktienmärkte zwischen 1995 und 2000 durchschnittlich um 15% pro Jahr angewachsen, während dies in den Jahren seit 1960 nur 2% gewesen waren.[221] Es muß also wieder einen Faktor geben, der diese unnatürliche Entwicklung erzwingt. Vom Wesen des Geldes her betrachtet, liegt es nahe, auch diesen letztlich krankhaften Effekt auf den Zins zurückzuführen.

Ursachen der Börsenentwicklung

*»Der Paderborner Weihbischof Marx meinte ... der Börsenboom
müsse mit Sorge betrachtet werden. Es könne nicht in Ordnung sein,
wenn ›aus Geld Geld gemacht wird, ohne daß es angebunden bleibt an
die produktive Arbeit‹. Er betrachte es mit Sorge, wenn Entlassungen
begrüßt würden, weil dies dem Aktienkurs förderlich sei.«*
Süddeutsche Zeitung, 11.2.2000

Um die Ursache der Entwicklung zu finden, schauen wir uns am besten
eine Modellrechnung an (Abb. 20):

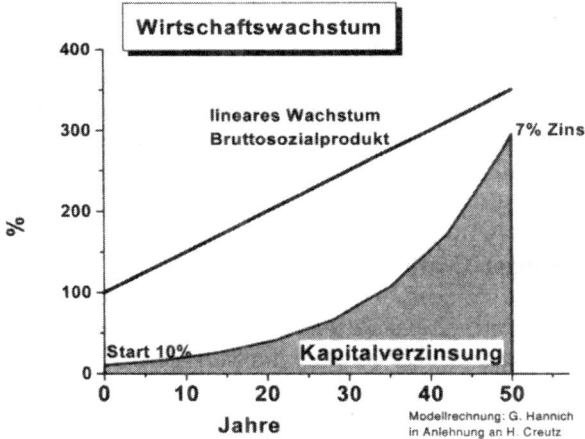

Abb. 20: *Modellrechnung Entwicklung reale Volkswirtschaft und Kapitalanteil*

Seit Kriegsende wächst die Volkswirtschaft linear. Anfangs war der Kapitalanteil (Verzinsung) klein und stieg nach der Zinseszinsrechnung um real
7% pro Jahr an. Zu Beginn konnte das gesamte Geldkapital hochverzinst
in der wachsenden Produktion angelegt werden. Da sich jedoch der Zuwachs der Zinslast mit der Zeit beschleunigt, die Steigerung der Produktion jedoch nur um gleiche Beträge jedes Jahr möglich ist, wird die Bedienung des Kapitals mit jedem Jahr schwerer. Zusätzlich läßt sich auch die
ständige Zuwachsrate bei der Produktion immer schwerer aufrechterhalten, da der Markt zunehmend gesättigt ist und der Wettbewerb dadurch
größer wird. Auch die Kaufkraft der Bevölkerung wird, durch die Zinsum-

verteilung zu wenigen Superreichen, ständig kleiner, womit auch der Unternehmensabsatz letztlich geringer werden muß. In unserer Modellrechnung wächst nach etwa 35 Jahren (Jahr 1982 in der Realität) der Kapitalanteil erstmals schneller als die reale Wirtschaft, damit sinkt die erzielbare Rendite aus dem Produktivvermögen. Für den Geldanleger wird es damit immer uninteressanter, sein Kapital in die reale Wirtschaft zu stecken. Dieser Tatbestand wird auch durch offizielle Zahlen untermauert: Die rechnerische Kapitalproduktivität ist nach Angaben der Bundesbank seit 1991 um 1,3% pro Jahr gesunken.[222] Als Ausweg wurde von den Geldbesitzern die Spekulation am Aktienmarkt entdeckt, das Börsenkapital wuchs deshalb seit 1982 nahezu exponentiell. Doch damit nicht genug: Heute wird bereits alles, was irgendwie spekulativ verbrieft werden kann, am Kapitalmarkt umgesetzt. So gab beispielsweise der britische Popstar David Bowie eine Anleihe heraus, welche durch die künftigen Gewinne aus seinen alten Aufnahmen gedeckt ist. Genauso geben Banken inzwischen Anleihen auf Schulden bei ihnen heraus.[223] Diese Verschiebung von Kapital in den irrealen Bereich bewirkt eine immer schnellere Aufblähung des Systems, die letztlich zum Zerfall führen muß.

Zwangsläufiger Crash

>*Wir waren ganz, ganz dicht an einer Kernschmelze des internationalen Bankensystems. Es war wirklich furchterregend. Die Russen wurden zahlungsunfähig, und der Hedge Fonds Long-Term Capital Management ging fast unter. Wenn die New Yorker Zentralbank nicht eingegriffen hätte, wären Kreditrisiken entstanden, auf die niemand vorbereitet war.*«
George Soros, Multispekulant zur Krise 1998[224]

Nach mehreren Boomjahren am Börsenmarkt steigt das Verhältnis der Kursentwicklung im Vergleich zur realen Produktion immer weiter an. Die Aktienanlage wird dadurch ständig riskanter. Die Bewegungen der Kurse werden nervöser, schon kleinste Änderungen der Wirtschaft können letztlich massive Verkaufswellen auslösen. Weltweit spitzt sich die Lage weiter zu: Die reale Produktion tritt gegenüber der Spekulation immer mehr in den Hintergrund. Von 1980 bis 1997 hat sich die Wirtschaftsleistung der Industrieländer um 60% erhöht, das Börsenkapital jedoch ist um 1388% angewachsen![225] Im Dezember 1999 überschritt der Wert aller weltweit gehandelten Unternehmensaktien erstmals den Wert der globalen Wirtschaftsleistung. Ende 1997 hatte dieser Anteil noch bei 64% gelegen.[226]

Da die Börsenentwicklung immer mehr von der realen Entwicklung der Wirtschaft abhebt, wird es auch immer schwerer, den Zuwachs weiter zu rechtfertigen. Am Ende reicht es, wenn nur ein angeblich hoffnungsvolles Unternehmen in Schwierigkeiten kommt, damit alle Aktien abgestoßen werden und ein Crash die Blase platzen läßt.

Als geradezu verantwortungslos müssen hier die Ratschläge mancher »Experten« betrachtet werden. Von Aktienfonds wurde für die Geldanlage von Normalverdienern in Aktien geworben. »Aktienkäufe zu keinem Zeitpunkt riskant«, »Es gibt keine bessere Geldanlage als die Aktie« oder »Aktiensparen macht unabhängiger«, so lauteten die Werbebotschaften.[227] Manche Experten behaupteten sogar, daß der Börsenboom erst im Jahr 2008 seinen Höhepunkt erreichen werde, nachdem sich das Kursniveau nochmals vervierfacht habe.[228] Offensichtlich sollen mit solchen Meldungen die unteren Bevölkerungsschichten für den Aktienmarkt gewonnen und deren Geldvermögen zur Stützung des maroden Finanzsystems mißbraucht werden. Schon die Aussage, daß Aktien langfristig »immer« gewinnen, ist falsch und trifft allenfalls auf die letzten 20 Jahre zu. Davor waren auf dem Börsenparkett keine großen Gewinnsteigerungen feststellbar. Der Investmentexperte Marc Faber wies darauf hin, daß wenn das vielfach angenommene Börsenwachstum von 18% pro Jahr tatsächlich stattfinden würde, der Dow Jones auf 42 000 in zehn, auf eine Million in 31, und auf unvorstellbare zehn Millionen Punkte in 44 Jahren steigen müßte.[229] Hier wird schon deutlich, daß die Entwicklung unmöglich so weitergehen kann. Betrachtet man gar die Zeit nach dem Crash 1929, so verloren Aktien innerhalb von nur vier Jahren sogar 90% an Wert. Die Entwicklung heute zeigt sehr große Parallelen zu der Zeit vor dem Börsencrash 1929. Vor dem Zusammenbruch des Aktienmarktes im Oktober 1929 hatte ein erheblicher Anteil der Bevölkerung bereits in Wertpapieren investiert, die teilweise durch Verschuldung finanziert wurden. Letztlich hatte der Kleinaktionär wegen fehlender Information und kleiner Handlungsfreiheit das Nachsehen. Völlig falsch wäre es anzunehmen, daß sich eine Wirtschaftskatastrophe wie 1929 nicht mehr ereignen könnte. Wie damals, so funktioniert das Geldsystem nur, wenn eine ausreichende Verzinsung des Geldkapitals sichergestellt ist. Sinken die realen Zinserträge aus der Produktion, so geht zunehmend Kapital in den spekulativen Markt. Eine Spekulationsblase entsteht und zerplatzt, wenn die Gewinnerwartungen der Unternehmen sinken.

Der Aktienbetrug

>»Kreditinstitute begleiten auch untaugliche Unternehmen an die Börse
und kämen dabei ihrer gesetzlichen Informationspflicht über die Risiken
oft nicht nach. Auch ›guten Namen‹ könne man nicht mehr vertrauen,
betonte Straub. Die SdK (Schutzgemeinschaft der Kleinaktionäre, d. A.)
hat den Eindruck, manche Unternehmen stecken derart in der Klemme,
daß ohne die Erlöse aus dem Börsengang sogar vorzeitig die Pleite
droht. ›Geschäftsmodell‹ sei manchmal gar nicht das operative
Geschäft, sondern der Börsengang zur eigenen Bereicherung.«*
Erklärung der Schutzgemeinschaft deutscher Kleinaktionäre
Handelsblatt.com, 7.8.2000

Bei der ganzen Euphorie über Aktien fragte kaum jemand, was diese Papiere überhaupt darstellen. Oftmals wird behauptet, daß eine Aktie »der
Anteil an einem Unternehmen« sei, doch rechtfertigt solch ein Papier keinesfalls einen Teil eines Betriebes. Hier stellt sich schon die Frage, in welcher Höhe dieser angebliche Anteil überhaupt bestehen soll? Im Nennwert
von 5 Euro pro Aktie, oder im Kurswert von 100 Euro? Nach einer Pleite
der Aktiengesellschaft jedenfalls hat der Anleger keinen Anspruch auf die
Auszahlung irgendeines »Anteils«. Aus diesen Überlegungen folgt, daß
es sich bei Wertpapieren um einen reinen Erwartungsschein handelt, der
mit keinerlei Rechten verbunden ist. Wird die Erwartung nicht mehr erfüllt, so sinkt der Kurs des Papiers, geht das Unternehmen bankrott, so
verliert es jeden Wert. Der Käufer einer Aktie tauscht also gutes Geld gegen ein reines Erwartungspapier, dessen Wert nur davon abhängt, ob es
»mehr Dumme gibt als Aktien, oder mehr Aktien als Dumme«, wie der
Börsenguru Kostolany sagte.

Kaum jemand beschäftigt sich noch damit, ob dieser explosive Zuwachs
überhaupt gerechtfertigt ist. Wie wenig »real« eigentlich der Aktienbesitz
heute ist, zeigte 1999 das Beispiel des Softwaregiganten Microsoft: Während das Unternehmen einen Umsatz von 14,5 Mrd. Dollar macht, stieg
sein Börsenwert im Juli 1999 auf über 250 Mrd. Euro.[230] Zu denken gibt,
daß Microsoft, im Gegensatz zu anderen Industriefirmen, nur wenig Realgüter (Häuser, Fabriken, Maschinen) besitzt, der Aktienwert also zum
Großteil rein spekulativ ist. Genauso zeigte das Beispiel von EM.TV in
Deutschland die Überspekulation an der Börse. EM.TV war Ende 1999
mit etwa dem 100fachen des Gewinnes an der Börse notiert, was einem
Börsenwert von sieben Mrd. Euro entspricht. Das war genausoviel wie die
Börsennotierung der Lufthansa – nur mit dem Unterschied, daß EM.TV
wenige Sachwerte vorzuweisen hatte, während allein die Flugzeuge der

Lufthansa etwa 6,5 Mrd. Euro wert sind.[231] Trotzdem wurden weiterhin solch überbewertete Aktien zum Kauf empfohlen. Seit Herbst 2000 stellte sich dann auch wenig überraschend heraus, daß der Aktienanstieg solcher vormaliger Musterunternehmen zum guten Teil nur durch Manipulation und Informationsverschleierung zustande kam.

Unproduktives Internet

Als Rechtfertigung für die Entwicklung wird oft behauptet, daß wir uns heute in einem neuen Zeitalter, der »Neuen Ökonomie« befänden, in der alte Bewertungen nicht mehr gelten sollten. Daß jedoch der Softwarebereich und das Internet weder produktive Werte schaffen, noch die Wirtschaft grundlegend ändern, interessiert scheinbar nur die wenigsten. Die Einnahmen von Internetfirmen beruhen zum größten Teil auf der Werbung. Lycos Europe zum Beispiel wollte 1999 seine Einnahmen in Zukunft zu 55% aus Werbung und zu 37 Prozent aus E-Commerce-Provisionen erzielen.[232]

Doch bewirkt die Anzeigenzahl auf Internetseiten nicht automatisch auch einen größeren realen Absatz an Gütern, da die Kaufkraft der Bevölkerung begrenzt ist und auch noch so hohe Werbeausgaben am Ende den Umsatz nicht mehr weiter steigern können. Vergessen wird auch, daß praktisch alle Internetbetriebe reine Verlustunternehmen sind. So werden 75 Prozent der heutigen Internet-Firmen niemals Gewinne erwirtschaften.[233] Die ab März 2000 zu registrierenden drastischen Einbrüche am Aktienmarkt insbesondere für Internet-Firmen bestätigten dies auf eindrucksvolle Weise.

Der Investmentexperte Marc Faber, der auch wegen seiner kritischen Betrachtungsweise »Mr. Doom« (Untergang) genannt wird, wies darauf hin, daß die Technologiewerte beispielsweise in Südkorea oder Japan, aber auch in den USA und Europa viermal so schnell stiegen, wie die normalen Werte. Außer diesen Technologiewerten, tendierten alle anderen Aktien nach unten. Eine Studie von Merryll Lynch zeigte beispielsweise, daß 70 von 100 Aktien um 20 Prozent niedriger als 1998 oder 1999 bewertet werden. Faber erklärte, daß die »alte Ökonomie« der Kunde der »neuen Ökonomie« sei, da es auch im Technologiebereich letztlich um die Vermarktung von herkömmlichen Produkten gehe. Faber: »Weisen die Branchen bald so schlechte Ergebnisse aus, wie deren Kurseinbrüche erwarten lassen, dann werden die Orderbestände der neuen Wirtschaft ebenfalls enttäuschend ausfallen, dann sind langfristig weder die himmelhohen Bewertungen dieser, noch die grenzenlosen Erwartungen des Marktes gerechtfertigt ... Meine Schlußfolgerung: Die Kurseinbußen des breiten Marktes deuten darauf hin, daß der Beginn einer Rezession noch in diesem Jahr Realität werden könnte.«[234]

Anomale Marktentwicklung

Wie abgelöst der Aktienmarkt von allen Marktgesetzen erscheint, kann an folgendem Beispiel gezeigt werden: Im März 2000 erhöhte die amerikanische Notenbank zum fünften Mal in Folge den Leitzins. Unter normalen Marktbedingungen müßte dies einen kräftigen Rückgang des Aktienmarktes zur Folge haben, da festverzinsliche Wertpapiere als Anlageform interessanter werden. Doch geschah damals das genaue Gegenteil: Wie schon bei den vorhergehenden Zinserhöhungen stieg der Dow-Jones-Aktienindex um ganze 2% an. Man begründete diese anomale Entwicklung damit, daß die schlechte Nachricht erwartet und nun mit Erleichterung zur Kenntnis genommen werde.[235] Doch lassen sich fundamentale Marktzusammenhänge nicht einfach ignorieren. Eine große Korrektur wird die Fehlentwicklungen sehr plötzlich wieder ausgleichen.

Auch vor der offenen falschen Darstellung von Daten schreckt man heute nicht zurück, wenn es darum geht, die Euphorie weiter anzuheizen. So werden scheinbar hohe Wachstumzahlen in den USA als Begründung für den Boom angegeben.

Wachstum durch Verschuldung und statistische Tricks

»Gerät der Zufluß von Auslandskapital in die USA ins Stocken, könnten sich die Entwicklungen überschlagen: Der Dollar fällt, die US-Zinsen steigen und drücken Wirtschaftswachstum und Börsenkurse, eine Spirale nach unten kommt in Gang und kann sich mit der von den inneren Ungleichgewichten angestoßenen Spiralbewegung vereinen ... und je länger der Boom weitergeht, umso steiler könnte der Absturz werden.«
Die Zeit, 5.1.2000

Vergessen wird dabei, die Daten kritisch zu untersuchen: Während sich das Bruttosozialprodukt 1998 um 400 Mrd. Dollar erhöht hat, steigerte sich die Verschuldung von Konsumenten und Unternehmen um 995 Mrd. Dollar. Für jeden Dollar, um den die Produktivität gesteigert wurde, wurde das 2,5fache an zusätzlichen Krediten genommen. Allein von 1997 auf 1998 hat sich die Neuverschuldung der Konsumenten und Unternehmen damit um 41% gesteigert. Das ganze Wachstum in den USA ist also ausschließlich kreditfinanziert. In der ganzen Geschichte hat es noch nie solch eine starke Ausweitung der Verschuldung gegeben. Im dritten Quartal 1999 mußten die Privathaushalte in Amerika 14 Prozent des Haushaltseinkommens nur für die Bedienung der Schulden verwenden.[236] Durch die Illusion ständig steigender Aktienkurse wurden die privaten Haushalte weiterhin zum Abbau von Sparanlagen animiert. Die Sparquote, also der Anteil des Haushaltseinkommens, der gespart wird, ist seit zwei Jahren negativ. Im langjährigen Durchschnitt lag die Sparquote bei 13%, heute werden zunehmend Ersparnisse abgebaut und Aktien gekauft.

Die hohen Wachstumszahlen in den USA wurden zum größten Teil durch unzureichende Statistiken ausgewiesen. Da in Amerika die Bezahlung von hohen Managerposten oftmals in Form von Aktienoptionen statt Geld erfolgt, konnten die Unternehmen einen Teil der Lohnzahlungen einsparen. Es wird geschätzt, daß die ausstehenden Optionen einen Wert von über 1000 Mrd. Dollar haben. Bei Einbeziehung dieser Daten würde damit das Wachstum schnell zusammenschmelzen. Daneben wird die Hälfte des Produktivitätszuwachses nur durch die Computerindustrie begründet. Der Grund liegt in einer geänderten statistischen Erfassung, in der nicht nur die Ausgaben für Computer, sondern auch die gesteigerte Rechnerleistung in das Bruttosozialprodukt einfließt. Obwohl die tatsächlichen Ausgaben der Unternehmen für Computer 1998 gerade 14 Mrd. Dollar betrugen, wurde durch die geänderte Statistik ein Zuwachs von 282 Mrd. Dollar ausgewiesen. Im ersten Halbjahr 1999 machte die Computerindustrie dadurch schon 65% des Produktivitätszuwachses aus.[237] Schnell wird deutlich, daß die Begründungen für die explodierenden Aktienkurse auf tönernen Füßen stehen. Einmal ist das Wirtschaftswachstum in den USA bestenfalls halb so hoch wie offiziell ausgewiesen, zum zweiten ist die dortige Wirtschaft völlig überschuldet und der Konsum ausschließlich kreditfinanziert.

Der Kleinanleger wird geködert

Doch auch die Börse kann nicht ewig so weiterwachsen, deshalb werden zunehmend die normalen Geldanleger, durch großangelegte Werbung, für das Börseninvestment begeistert. Von Expertenseite wird erklärt, daß wir uns in einer andauernden Aufschwungphase befänden, es wird von der »Besten aller Welten« geredet. Kritische Stimmen werden als »Pessimisten« abgetan. In der breiten Bevölkerung wird dadurch, wenn man die Gesetze der Massenpsychologie anwendet, der Eindruck erweckt, daß die Entwicklung immer so weitergehen würde. Je mehr in den Medien scheinbar hohe Aktiengewinne herausgestellt werden, umso mehr tendiert der

Normalbürger dazu, bei diesem Spiel auch dabeisein zu wollen. Scheinbar mühelos ließen sich hier Gewinne machen, für welche man sonst jahrelang arbeiten müßte, so wird argumentiert.

Der erste größere Schlag, um die Kleinanleger zu ködern, erfolgte mit der Telekom-Aktie im Sommer 1997. Die T-Aktie wurde im weiteren Verlauf langsam nach oben spekuliert, um Ende 1998, ohne fundamentalen Grund, zu explodieren. Seit Herbst 1999 konnte sich die T-Aktie zum größten Marktwert im DAX entwickeln. Da diese Aktie bei den Finanzkrisen im Herbst 1997 und 1998 nicht massiv abstürzte, wurde bei der Masse der Eindruck erweckt, daß man Aktien im Krisenfall keineswegs verkaufen dürfe, sondern diese nur lange genug halten müsse, weil sie später noch viel schneller wachsen würden.

Eine neue Manipulation der breiten Massenmeinung erfolgte durch die Ausgabe der Infineon-Aktie Anfang des Jahres 2000. Vor dem geplanten Börsengang hieß die Firma Siemens-Halbleiter und wurde vom Mutterkonzern abgestoßen, weil die Sparte nur Verluste einfuhr. Durch Werbeexperten wurde der Name »Infineon« geschaffen und eine großangelegte Werbung sorgte dafür, daß ein lebhaftes Interesse bei der Masse erzeugt wurde. Die Nachfrage nach dem früher verschmähten Pleiteunternehmen wuchs so stark an, daß allein bei der Stadtsparkasse München in der Zeichnungsphase jeden Tag über 1100 neue Depots eröffnet wurden, 90% nur wegen dieser einen Aktie.[238] Die Aktie war am Ende mehr als dreißigfach überzeichnet. Die Enttäuschung folgte am Ausgabetag, als bekannt wurde, daß nur jeder Sechste überhaupt das Papier erhalten werde. Vom massenpsychologischen Standpunkt war die Aktion trotzdem ein voller Erfolg, da der breiten Bevölkerung damit gelehrt wurde, daß einmal Aktien schon am ersten Tag ansteigen (Infineon verdoppelte sich) und daß es sich lohne, einen möglichst hohen Betrag der Papiere zu zeichnen, da man am Ausgabetag nur einen Bruchteil der georderten Menge überhaupt erhalte. Die Maßnahmen zeigten Erfolg: Im März 2000 vertraten bereits 56 Prozent der Menschen die Meinung, daß man an der Börse reich werde.[239]

Nach einer Studie des Deutschen Aktieninstitutes waren 1999 erstmals mehr als 5 Mio. Anleger im Besitz von Aktien. Insgesamt legten 8,2 Mio. Deutsche ihr Geld in Aktien oder Fonds an.[240] Immer mehr Aktien werden in gieriger Erwartung riesiger Gewinne von der Bevölkerung aufgekauft. In diesem Umfeld führen sogar negative Meldungen, entgegen jeder Vernunft, zu Kurssteigerungen. So führte eine katastrophale Meldung im Oktober 1999, welche besagte, daß IBM vor sinkenden Gewinnen stehe, bei den Börsianern zu Optimismus. Es wurde argumentiert, daß wenn solch eine schlechte Nachricht nicht zu einem Crash geführt habe, dieser deshalb gänzlich ausgeschlossen sei.[241] Doch der Boom begann erst. So konnten Anfang 2000 schon mehr als doppelt soviele Aktien an der Börse plaziert werden, wie im Vorjahreszeitraum. »Der Markt legt einen so furiosen Start hin, weil die Leute so wild darauf sind, neue Aktien mit Kurszuwächsen von 60, 80, 100 oder noch mehr Prozent in die Hände zu bekommen«, erklärte David Menlow, Präsident von Ipofinancial.com. »Der Gierfaktor beherrscht alles. Der durchschnittliche Kursgewinn am ersten Tag sollte im Jahr 2000 mit 101 Prozent noch höher als 1999 mit 68 Prozent liegen.«[242] Doch dazu kam es nicht mehr, da 2000 die Technologiewerte um teilweise über 90 Prozent abstürzten. Daß es sich bei den erwarteten Kurssteigerungen oftmals nur um Manipulation handelte, wurde z.b. Anfang 2001 deutlich, als ein bekannter Fernseh-Analyst angeklagt wurde, den Aktienkurs von EM.TV durch falsche Hinweise künstlich hochgetrieben zu haben. Es wurde auch der Verdacht geäußert, daß der Betreffende in Verbindung mit EM.TV gestanden habe. (Die Welt, 9.01.2001)

Im Herbst 2001 wurde in den USA bekannt, daß zahlreiche Firmen einfach die Bilanzen fälschten, um die Aktienkurse nach oben zu treiben. Vor allem die Konzerne Enron und Worldcom mußten den Betrug einräumen und lösten damit einen Kurssturz an den Börsen aus. Teilweise wurden sogar Schulden in den Bilanzen über Tricks als »Gewinne« ausgewiesen.

Auch der Staat möchte in diesem Umfeld, daß möglichst viel Geld an die Börse fließt. In Zukunft sollen Aktien zwangsweise in die breite Bevölkerung gestreut werden. Dazu will man die Arbeitnehmer, nach Plänen der Bundesregierung, stärker an ihr Unternehmen binden. Die Beschäftigten sollen dann einen Barlohn und einen Sparlohn in Form von Aktien erhalten. Mit Recht haben sich die Gewerkschaften bisher immer dagegen gesträubt, neben dem Lohn- und Arbeitsplatzrisiko auch noch das Kapitalrisiko übernehmen zu müssen.[243] Die breite Bevölkerung wird also in Zukunft freiwillig oder unfreiwillig noch mehr bereit sein, viel Geld im Aktienmarkt zu investieren, da der Eindruck vorherrscht, daß man nur gewinnen könne. Das ist jedoch genau die Gelegenheit, welche die Reichen suchen, um langsam aus dem Aktienmarkt auszusteigen. Bei einem Crash wird dann das gesamte Vermögen der Mittelschicht nach oben umverteilt.

Vom Aktiencrash zur Deflation

*»Plötzlich taucht in der öffentlichen Diskussion ein Wort auf, das selbst
Ökonomen eher aus den Geschichtsbüchern kennen: Deflation ... In
diesem Schreckensszenario sinken zunächst Umsätze und Gewinne, der
Verbrauch schrumpft. Den Unternehmen fehlt dann Geld zum Investieren, sie streichen immer mehr Jobs. Die Menschen horten ihr Geld, wie
heute in Japan, was die Wirtschaft weiter abbremst –
eine gefährliche Spirale, an deren Ende Konkurse, Bankenzusammenbrüche und massenhaftes Elend lauern.«*
Der Spiegel, 21.9.1998

So viel Beachtung Aktien heute finden, sollte jedoch beachtet werden, daß
die Entwicklung an den Börsen nur einen Indikator für die Volkswirtschaft
im großen darstellt. In Deutschland sind nur etwa 10% der Geldvermögen
in Börsenkapital investiert (USA etwa 30%). Ein überproportionaler Anstieg der Aktienkurse im Vergleich zur Produktivität muß jedoch immer
als Warnzeichen einer Fehlentwicklung gesehen werden. Überhöhte An-
stiege der Aktienindizes sind als Signal dafür zu sehen, daß die Verzinsung in der realen Wirtschaft nicht mehr in genügender Höhe gesichert ist
und deshalb Kapital in die momentan rentablere Spekulation investiert wird.
Wenn jedoch die langfristige Realverzinsung rückläufig ist, bedeutet das,
daß Geld immer weniger gerne verliehen wird, bis ein Punkt erreicht ist
(Liquiditätsgrenzsatz), an dem das Geld dem Umlauf und damit der Wirtschaft für Neuinvestitionen entzogen wird. Wenn Tauschmittel im Geldkreislauf zunehmend fehlt, bedeutet dies einen immer schnelleren Verfall
der Warenpreise und Arbeitslöhne, da einer konstanten Gütermenge ein
schwindendes umlaufendes Geldvolumen gegenübersteht und deshalb die
Preise für Ware und Arbeit im Vergleich zum Kapital sinken – es entsteht
eine *deflationäre Spirale*. Da immer weniger Waren umgesetzt werden,
brechen die Umsätze der Unternehmen ein, die Zinsen für geliehenes
Fremdkapital (90% des Betriebskapitals) können nicht mehr gezahlt werden, Firmen kollabieren, die Beschäftigten stehen zu Millionen auf der
Straße – es entsteht Massenarbeitslosigkeit. Dadurch kommen die heute
schon überschuldeten Staaten in noch größere Finanznot, die Steuereinnahmen sinken drastisch, Sozialhilfe und Arbeitslosengeld wird gestrichen
– Armut breitet sich aus. Wer Schulden hat, kann die durch die Deflation
aufgewerteten Zinsen nicht mehr bezahlen, gleichzeitig verliert seine Sicherheit (z. B. Immobilien) durch die Wertsteigerung des Geldes rasant an
Wert. Häuser, Autos und überhaupt alles auf Schuldenbasis finanzierte wird
zu Niedrigpreisen zwangsversteigert. Am Ende hat der stolze Hausbesit-

zer alles verloren und immer noch Restschulden. Durch die Gewinnein-
brüche bei den Unternehmen verlieren die überhöhten Aktienkurse schon
am Anfang der Deflation ihre Grundlage und werden beim Aufkommen
kleinster Unsicherheiten zunächst von großen Aktienbesitzern, dann von
Fonds an einem »schwarzen Börsentag« abgestoßen. Der kleine Aktionär,
dem geraten wird, die Papiere zu halten, muß letztlich die Zeche bezahlen!
Die Folge ist ein massiver Aktiencrash – die Deflation heizt sich immer
mehr an – das System bricht zusammen.

Daß wir uns heute bereits in einer beginnenden Deflation befinden, erscheint vielen Menschen unverständlich, weil jeden Tag doch vor Inflati-
onsgefahren gewarnt wird. Jedoch wurde bereits Anfang 1997 in einer
Studie des amerikanischen Senats darauf hingewiesen, daß die Lebenshaltungskosten um 1,1% weniger gestiegen sind, als die offizielle Statistik
auswies.[244] Eine entsprechende Untersuchung der Deutschen Bundesbank
1998 kommt ebenfalls zum Ergebnis, daß die veröffentlichte Preissteigerung um 0,75% überzeichnet ist. Bei Preisstabilität könnte die Fehlein-
schätzung noch erheblich höher ausfallen.[245] Das bedeutet, daß die offizielle Teuerungsrate weit überbewertet ist. Dabei wird die Inflationsrate
anhand einer Preiserhöhung eines fiktiven Warenkorbes mit Gütern des
täglichen Bedarfs berechnet. Jedoch schlagen sich hier auch Abgaben- und
Steuererhöhungen nieder, die mit einer eigentlichen Inflation nichts zu tun
haben. Die Steigerung der Lebenshaltungskosten ist zum Großteil nur noch
auf Zunahme der Steuern und Abgaben (z. B. Kfz-Steuer, Medikamenten-
zuzahlung) zurückzuführen. Daneben führt auch ein gestiegener Ölpreis
immer wieder zu einer Preiserhöhung, was jedoch nicht mit einer richtigen Inflation verwechselt werden darf. So erhöhte sich beispielsweise im
März 2000 die Preissteigerungsrate auf 1,9 Prozent. Ohne die höheren
Kraftstoffpreise hätte der Wert bei nur 0,7 Prozent gelegen.[246] Heute lassen
sich durch die Unternehmen im ruinösen Wettbewerb gar keine Preiserhö-
hungen mehr durchsetzen.

Im Gegensatz zur Inflationsgefahr sind seit einiger Zeit immer deutlicher werdende *deflationäre Tendenzen* zu beobachten. Ulrich Beckmann
von der Deutschen Bank warnte deshalb: »Die Situation ist höchst gefährlich. Wir beobachten in vielen Bereichen schon deflationäre Tendenzen.
Wenn nicht rechtzeitig Gegenmaßnahmen ergriffen werden, kann das
schnell in eine echte Deflation münden.« (Financial Times Deutschland,
18.10.2002) So sinken beispielsweise die Preise im Einzelhandel in einem
ruinösen Wettbewerb. Angeführt vom Einzelhandelsgiganten Wal-Mart
wurden die Preise immer weiter, teilweise unter den Einkaufspreis, gedrückt, um Konkurrenten zur Aufgabe zu zwingen. Die Gewinnspanne im
Lebensmittelbereich ist bereits unter ein Prozent gesunken.[247] Auch die

seit längerem fallende Preissteigerungsrate der Export-, Import- und Erzeugerpreise (nach Abzug des gestiegenen Ölpreises) deuten merklich auf eine Deflation hin.[248] Auch weist der lange Zeit fallende Goldpreis auf eine deflationäre Tendenz hin. Ein deutliches Zeichen für eine Deflation ist auch die Zahl der Zwangsversteigerungen von Häusern: Von 1992 bis 1997 verdreifachte sich die Summe des zwangsversteigerten Verkehrswertes.[249] Während der ersten drei Monate des Jahres 2000 stieg die Zahl zwangsversteigerter Immobilien, im Vergleich zum Vorjahreszeitraum, sogar um 14,5%. Besonders kräftig fiel die Zunahme in Ländern wie Sachsen und Thüringen mit 45% und Sachsen-Anhalt und Mecklenburg Vorpommern mit plus 35% aus.[250]

Daß demgegenüber eine Inflation nicht zu befürchten ist, wird auch anhand der Zinsentwicklung deutlich. In einem inflationären Umfeld steigen die Zinssätze an, weil die zunehmende Teuerungsrate für den Gläubiger dadurch ausgeglichen wird. In der Deflation sinken demgegenüber die Zinsen, weil für den Gläubiger zur Rendite noch der Gewinn an Kaufkraft über fallende Preise kommt. Tatsächlich waren in den letzten Jahren fallende Zinsen zu beobachten, wobei allein dadurch eine Inflation sehr unwahrscheinlich wird. Die EZB betonte bereits, daß die ausgewiesenen Preissteigerungsraten seit Mitte 1999 fast vollständig auf die Ölpreiserhöhungen zurückzuführen waren, nicht jedoch auf eine Vermehrung der Geldmenge (Inflation).[251] Auch das fallende Lohnniveau deutet in Richtung Deflation.[252] Sogar in den USA, in der die Arbeitslosigkeit auf den tiefsten Stand seit 30 Jahren gefallen ist, gab es kaum inflationstreibende Lohnsteigerungen, weil die Betriebe unter wachsendem Preisdruck standen und keinen Spielraum für weitere Lohnerhöhungen hatten. Da die meisten Menschen nur mit der Inflation vertraut sind, jedoch den Begriff der Deflation nicht kennen, wird meist vergessen, daß die Auswirkungen der Deflation wesentlich schlimmer für den Bürger sind als die einer Inflation. In der Inflation bricht die Wirtschaft nicht zusammen, es kommt nicht zu Massenentlassungen und Armut. Der Konsum wird sogar angeheizt, weil jeder fürchten muß, daß morgen bereits die Produkte noch teurer sein könnten und sich deshalb schnelle Kaufentscheidungen lohnen. So lief die Binnenwirtschaft zur Zeit der Hyperinflation in Deutschland (1923) trotz massiver Preissteigerung weiter. Genauso war die Situation der inflationären Entwicklungsländer in den achtziger Jahren. Sogar Teuerungsraten von mehreren tausend Prozent führten nicht zum Zusammenbruch der Gesellschaft. Auf den ersten Blick scheint eine Deflation etwas Angenehmes zu sein, die Preise sinken, Geld gewinnt an Wert. Jedoch bricht durch rückgängige Preise der Konsum ein, da niemand mehr kauft, wenn schon morgen alles noch billiger zu haben ist. Die Unternehmen können keine Pro-

dukte mehr absetzen und sind zu Massenentlassungen gezwungen. Letztlich bricht in einer Phase der Deflation die ganze Gesellschaft auseinan-
der, weil im Kampf um das tägliche Leben jeder Zusammenhalt zerfällt.
Gewinner dabei sind nur die Eigentümer großer Geldvermögen.

Aufgeblähtes Niveau

*»Die Bank für internationalen Zahlungsausgleich BIZ weist darauf hin,
daß die derzeitigen Aktienkurse viel zu hoch seien und ›schon bald rasch
und unkontrolliert sinken könnten‹. Auch die Deflation müsse im Auge
behalten werden, da ein sinkendes Preisniveau sich als gravierendes
Problem für unser Banksystem erweisen könnte, wenn die als Sicherheiten für Kredite hinterlegten Vermögenswerte sänken. Die Banken wären
in solch einer Lage gezwungen, ihre Kreditpolitik zu verschärfen und
das könnte einen Konjunktureinbruch einläuten.«*

Welt, 8.6.1999

Nun stellt sich die Frage, wie sich unsere Welt weiterentwickelt. Dabei ist
unser System weit weniger stabil als oftmals erklärt wird. In der jüngsten
Vergangenheit mußten von 181 IWF-Mitgliedsländern nicht weniger als
zwei Drittel eine oder mehrere Bankenkrisen durchstehen.

Von 1980 bis 1996 haben die Schwierigkeiten in den Entwicklungsländern 250 Mrd. $ gekostet. Die Ausgaben für die Industrieländer wurden
nicht angegeben, weil sie so riesig seien, daß die Zahlen für eine Veröffentlichung nicht geeignet wären. Wie fatal selbst eine kleinere Krise für
ein Land sein kann, zeigt sich am Beispiel Argentinien. Die Bankenkrise
des Jahres 1980 hat die Hälfte des Bruttoinlandsproduktes eines Jahres
gekostet.[253] Schon die, nach heutigen Gesichtspunkten kleine Mexikokrise
1995, beinhaltete nach IWF-Angaben ein Systemrisiko und hätte schnell
in eine »echte Weltkatastrophe« führen können.[254] Die Rußlandkrise von
1998 hätte nach Aussagen des Spekulanten George Soros beinahe in eine
»Kernschmelze«, also dem Zerfall des Weltfinanzsystems gemündet. Inzwischen haben sich die Kapitalmärkte noch weiter aufgebläht, und es ist
nur noch eine Frage der Zeit, bis der Spekulationsballon zerplatzt. Die
Aktienkursentwicklung der letzten Jahre zeigt deutlich, daß das System
sich bereits in der Endphase befindet – die Rendite aus der Wirtschaft ist
auf einem historischen Tief, dementsprechend hoch sind die Börsenkurse.
Auch die zunehmende Devisenspekulation, die immer mehr Länder an
den Rand des Ruins treibt, beweist die Entwicklung. Der Geldfluß dient
zum kleinsten Teil überhaupt noch der realen Wirtschaft, 98% des Geldes,

welches zwischen den Ländern fließt, wird nur für Spekulation verwendet – ein Anzeichen dafür, daß die eigentliche Aufgabe des Geldes, als Tauschmittel zu fungieren, bereits gänzlich abhanden gekommen ist. Wenn sich unter diesen Gegebenheiten unerwartete Ereignisse einstellen (z. B. Scheitern des Euro, Rückgang der Unternehmergewinne, Nahostkrieg), dann wird das Vertrauen in die labile Weltwirtschaft völlig untergraben, die Börsenkurse stürzen und Geldmittel werden massiv dem Wirtschaftskreislauf entzogen. Eine zunehmende Unsicherheit der Anlage, im Umfeld von Unternehmenspleiten, Bankenzusammenbrüchen und drohenden Staatsbankrotten, lassen die Geldbesitzer Abstand von Investitionen nehmen – es entsteht eine Deflation. Schon im Oktober 1998 konnte eine neue Bundesanleihe, wegen der niedrigen Verzinsung und sich verschärfender internationaler Unsicherheit, kaum noch auf dem Markt abgesetzt werden.[255]

Die Notenbanken

»Jeder Tag weiterbestehenden exponentiellen Wachstums treibt das Weltsystem näher an die Grenzen des Wachstums. Wenn man sich entscheidet, nichts zu tun, entscheidet man sich in Wirklichkeit, die Gefahren des Zusammenbruchs zu vergrößern.«
Die Grenzen des Wachstums[256]

Heute besitzen alle Notenbanken zusammen nur etwa 50% des Kapitals, das täglich international zwischen den Nationen als Spekulationsgeld fließt.[257] Wie schnell die Entwicklung zur Katastrophe vor sich gehen könnte, zeigt folgende Betrachtung: Mitte der neunziger Jahre wurden in großem Umfang Auslandsanlagen bei der Federal Reserve Bank in den USA von ausländischen Notenbanken und Finanzinstituten aufgebaut. Wenn nun einige Länder in eine Krisensituation kommen und gezwungen sind, ausländisches Kapital abzuziehen, würde dies einen erheblichen Druck auf die Wertpapierkurse und den Devisenhandel ausüben.[258] Die Folge wäre ein Aktiencrash und eine neue Weltwirtschaftskrise mit massiven Deflationserscheinungen.

Eine neue Wirtschaftskatastrophe ist im heutigen System keineswegs unwahrscheinlich, sondern nur eine Frage der Zeit. Die heute allgemein in den Medien gepriesene »Beste aller Welten« wird sich schlagartig in die »Schrecklichste aller Welten« verwandeln. An diesem Punkt stellt sich die grundsätzliche Frage, welche Seite die Notenbanken in diesem Spiel überhaupt vertreten. Wenn man sich die Einführungskampagnen für den Euro ansieht und die Marktmanipulationen berücksichtigt, muß man zu dem

Schluß kommen, daß diese Institutionen ausschließlich auf Seiten der Reichen stehen und ihnen das Schicksal der normalen Bevölkerung scheinbar gleichgültig ist. Dies zeigt sich auch bei der Entwicklung der Börse, die von den Notenbanken tatkräftig weiter angeheizt wird. Für den Börsenmarkt gibt es dabei heute mehrere Risikofaktoren, die sich gegenseitig verstärken und im Crash zu einem gewaltigen Zusammenbruch führen.

Der Countdown zum Crash läuft

»Eine grundlegende Lehre bleibt indessen durchaus zu ziehen: Jede
Krise tritt für alle Beteiligten plötzlich und überraschend auf, die
Märkte antipizieren sie nicht in der Form, daß noch Zeit zur
rechtzeitigen Intervention bliebe.«
Süddeutsche Zeitung, 2.11.1999

Parallel zum in der Bevölkerung wachsenden Interesse an der Börse steigen die wirtschaftlichen Ungleichgewichte weltweit immer schneller an. Die Risiken der Geldanlage müssen damit in gleichem Maße zunehmen. Eines der größten Risiken stellt das explodierende Handelsbilanzdefizit der USA dar.

Amerikanisches Handelsbilanzdefizit

»Jetzt beschleunigt sich die Entwicklung in Schwindel erregender Weise.
1998 durchbrach das USA-Leistungsbilanzdefizit 200 Milliarden Dollar,
1999 überstieg es 300 Mrd., im Jahr 2000 wird es 400 Mrd. erreichen.
Ähnlich rasant schnellt die Nettoverschuldung gegenüber dem Ausland
in die Höhe: über zwei Billionen Dollar im Jahr 1998, über drei Billio-
nen zwei Jahre später ... Gerät der Zufluß von Auslandskapital in die
USA ins Stocken, könnten sich die Entwicklungen überschlagen: Der
Dollar fällt, die US-Zinsen steigen und drücken Wirtschaftswachstum
und Börsenkurse, eine Spirale nach unten kommt in Gang und
kann sich mit der von den inneren Ungleichgewichten angestoßenen
Spiralbewegung vereinen ... und je länger der Boom weitergeht,
umso steiler könnte der Absturz werden.«
Die Zeit, 5.1.2000

Ein Handelsbilanzdefizit bedeutet, daß ein Land mehr Güter importiert, als es exportieren kann. Um die Importquote trotzdem aufrechterhalten zu können, muß sich dieses Land im Ausland verschulden, es finanziert also seine Wareneinfuhr mit Krediten. Die USA finanzieren, wie wir gesehen haben, den Großteil ihres »Aufschwungs« durch Schulden, mit denen Waren aus dem Ausland eingeführt werden. Die ganze Wirtschaft in Amerika hängt inzwischen völlig vom steigenden Konsum der Bevölkerung ab, da anderenfalls die Umsätze einbrechen und es zu einem Börsencrash kommt. Die einzige Möglichkeit, um den Zusammenbruch in die Zukunft zu verschieben, besteht also darin, sich im Ausland zunehmend zu verschulden und damit den steigenden Konsum im Land zu finanzieren, der wiederum die Aktienkurse weiterklettern läßt. Dies erweckt in der Bevölkerung den Eindruck, daß es sich in Amerika tatsächlich um ein richtiges Wachstum handele, und viele Ausländer sind im Gegenzug bereit, der amerikanischen Volkswirtschaft Geld zur Verfügung zu stellen.

Inzwischen mehren sich jedoch kritische Stimmen, die darauf hinweisen, daß das Defizit 1999 gegenüber dem Vorjahr um fast 54% auf 339 Mrd. Dollar angestiegen ist, was bereits 3,7% des Bruttosozialproduktes ausmacht. Im Jahr 2002 mußte Amerika bereits ein Defizit von zwei Milliarden Dollar täglich verkraften. (Welt, 16.2.2002) Wie im Kapitel über Wechselkurse gezeigt, müßte die Lücke zwischen Aus- und Einfuhren durch eine Abwertung des Dollars verkleinert werden. Dadurch würden sich die Importe für Amerika verteuern, während die amerikanische Ausfuhr für Ausländer günstiger würden. Ein Rückgang des Dollar müßte also im freien Markt jedes Handelsbilanzdefizit automatisch beseitigen. Merryll Lynch veröffentlichte 1999 eine Studie, wonach der Dollar um 40–45% abgewertet werden müßte, um das Leistungsbilanzdefizit bis zum Jahr 2003 auszugleichen.[259] Dabei war damals das Defizit wesentlich kleiner als heute und der Dollar viel niedriger bewertet – die Überbewertung des Dollar ist also heute noch viel höher. Da eine Abwertung durch die freien Marktkräfte jedoch nicht geschieht, muß, wie wir später noch sehen werden, Marktmanipulation vorliegen, durch die der Dollar künstlich auf einem hohen Niveau gehalten wird. Sogar Währungsexperten können sich den ständigen Aufwärtstrend des Dollars nicht mehr erklären, der trotz Leistungsbilanzdefizit und sinkender Zinsabstände zwischen Amerika und Europa weiter anhält.[260]

Bei einem steigenden Dollar wird wiederum, in der Erwartung weiter steigender Kurse, noch mehr Kapital nach Amerika transferiert. Das gesamte Vermögen des Auslands, welches allein 1999 in die USA floß, stieg um 751 Mrd. Dollar, verglichen mit einem Anstieg von 503 Mrd. Dollar im Vorjahr. Doch mit diesen künstlich aufgebauten Ungleichgewichten wachsen auch die Risiken. Die Gefahr besteht darin, daß – wenn Investitionen in den USA wegen anhaltender Kursverluste nicht mehr genügend attraktiv erscheinen – die ausländischen Gelder schnell wieder abgezogen werden. Doch damit wäre die Finanzierung des Leistungsbilanzdefizites nicht mehr sichergestellt. Die Importe würden sinken und die Amerikaner müßten den Konsum einschränken, was über eine deflationäre Abwärtsspirale eine Depression verursachen würde.[261] Dies hätte wieder gravierende Auswirkungen auf die ganze Welt zur Folge. So würden in Europa, speziell in Deutschland, die Exporte zusammenbrechen, weil die Güter in Dollar berechnet für das Ausland teurer werden. Da jedoch die Konjunktur in Europa nur durch starke Ausfuhren überhaupt gehalten werden kann, würde es auch hier zu einer Rezession kommen. Auch Japan müßte zusammenbrechen, da dieses Land noch mehr auf Exporte angewiesen ist. Mit Japan müßte auch ganz Asien wegbrechen. Es käme zur beschriebenen deflationären Abwärtsspirale.

Außerdem wurden in den neunziger Jahren große Volumen japanischen Geldes in den USA angelegt. Wenn nun der Dollar sinkt, sind japanische Anleger zunehmend dazu gezwungen, ihre Depots aufzulösen, um bei einem weiteren Verfall einen Wechselkursverlust möglichst zu verhindern. Mit dem Rückzug von Kapital kommt jedoch der Dollar zusätzlich unter Druck und gleichzeitig werden Wertpapiere, in die Gelder investiert wurden, an der Börse abgestoßen. Eine Währungsverwerfung ist also automatisch mit einem Aktiencrash und umgekehrt verbunden.

Überbewerteter Aktienmarkt

Über Jahre hinaus wurde, wie schon dargelegt, der Aktienmarkt nach oben getrieben. Inzwischen sind einige Unternehmen mehr wert, als die ganze Wertschöpfung großer Staaten ausmacht. So entsprach beispielsweise der Wert der Softwarefirma Cisco im Jahr 1999 dem Bruttoinlandsprodukt von Rußland in Höhe von 593 Mrd. Dollar. Dagegen rutschen die alten Börsentitel in der Rangliste immer weiter ab: Verglichen mit dem größten Automobilhersteller, General Motors, der mit 177 Mrd. Dollar die höchsten Umsätze eines Industrieunternehmens erzielte, wurde Cisco bei Umsätzen von nur zwölf Mrd. Dollar etwa elfmal so hoch bewertet.[262] Vor allem werden also Unternehmen hoch eingestuft, die keine Gewinne einfahren. Man begründet dies mit erwarteten Erträgen in der Zukunft, die durch den technologischen Wandel entstehen sollen. Doch zunehmend kommen die Experten in Erklärungsnotstände, wenn sie die Kursexplosion begründen sollen. Um die Überbewertung, vor allem der Technologiewerte, zu vertuschen, werden deshalb einfach neue Bewertungsmaßstäbe eingeführt: Das Kurs-/Gewinn-Verhältnis wird durch einen neuen Begriff des

»dynamischen KGV« abgelöst. Hierin wird nicht nur das Verhältnis des Aktienkurses zum Gewinn des Unternehmens berücksichtigt, sondern auch die erwarteten Zuwachsraten.[263] Da die Erwartungen beispielsweise an Internet-firmen unrealistisch hoch sind, wird die Aktie nach dem neuen »dynamischen KGV« trotzdem als fair bewertet ausgegeben und den Anlegern damit eine heile Welt vorgegaukelt. Wenn nun bei einem einzigen Unternehmen bekannt wird, daß es die Gewinnerwartungen in der Zukunft in keinster Weise erfüllen kann, wird vor allem der neue Indikator »dynamisches KGV« ansteigen und eine zu hohe Wertstellung anzeigen, da der enthaltene Faktor »Erwartung« sinkt. Durch den starken Anstieg des dynamischen KGV wird diese Aktie beim Anleger sofort abgestoßen, was den Kurs weiter einbrechen läßt. Der Kursrückgang wird dann wesentlich höher ausfallen als bei der alten Bewertung: Lügen haben eben kurze Beine.

Kaum beachtet wird heute, daß die Aktienindizes nur von wenigen Einzelwerten überhaupt nach oben getrieben werden, daß also die sogenannte »Marktbreite« sehr klein ist. So wurde der deutsche Aktienindex DAX vor allem durch die Telekom, Siemens, SAP und Mannesmann von 1999 bis 2000 um 55% gesteigert. Ohne diese Werte hätte der Zuwachs gerade 7% betragen.[264] Dies bedeutet jedoch im Umkehrschluß, daß der Einbruch eines dieser Werte ausreicht, den gesamten Index nach unten fallen zu lassen. Um einen Crash auszulösen, müßte also nur ein tragendes Unternehmen, wie beispielsweise die hoffnungslos überschuldete Telekom AG, zahlungsunfähig werden. Da sich jedoch die meisten Anleger an den Indizes orientieren, werden dann auch andere Aktien wahllos abgestoßen. Doch die Gefahr geht in erster Linie von Amerika aus: In Erwartung steigender Aktienkurse verschulden sich die Amerikaner. Nach einem Kursrückgang an der Wall Street könnte eine Abwärtsspirale in Gang gesetzt werden. Die Aktienwerte verfallen, weshalb die Einwohner weniger ausgeben können. Damit kommen die Unternehmensgewinne unter Druck, was die Aktienkurse weiter zurückgehen läßt. Die HSBC Bank meinte, daß schon ein Kursverlust von 25 Prozent reiche, um »eine brutale Verbraucher-Rezession auszulösen«.[265] Dabei verstärkt sich die Verkaufswelle von selbst: Weil Aktien verkauft werden, kommen die Kurse unter Druck, weil die Kurse fallen, werden noch mehr Anleger mißtrauisch und stoßen ihre Wertpapiere ab, so daß das Kursniveau ständig sinkt. Der Präsident der Deutschen Bundesbank Welteke meinte dazu: »Ja, Millionen amerikanische Haushalte sind hoch verschuldet. Die Sorge ist nun, daß diese Haushalte bei einer kräftigeren Zinserhöhung ihre Kreditzinsen nicht mehr bezahlen können und dann ihre Aktien veräußern müssen. Dann fallen die Kurse, und viele Amerikaner werden feststellen müssen, daß ihre Alters-

vorsorge doch nicht so gut ist. In der Folge schränken sie Ihren Konsum ein, am Ende kollabiert die US-Konjunktur. Das könnte natürlich auch Auswirkungen auf Deutschland haben.«[266]
Der Konsum in den USA wird beim Aktiencrash vor allem deshalb stark einbrechen, weil in den letzten Jahren die Ersparnisse der Bevölkerung aufgelöst wurden, um in Erwartung weiter steigender Kurse an der Börse Aktien zu kaufen. Die Sparquote ist im Jahr 2000 auf fast -5% gesunken. Verlieren die Papiere an Wert, so sind die Leute zur Einschränkung des Konsums gezwungen. Besonders verschärft wird die Situation durch ein schnell wachsendes Volumen von Aktienkrediten. Das Geld, mit dem die Amerikaner Aktien kaufen, ist zu einem so hohen Anteil auf Schuldenbasis finanziert, wie seit 25 Jahren nicht mehr. Allein im Januar 2000 sind die Aktienkredite im Vergleich zum Vormonat um 6,55 Prozent auf 243,5 Mrd. Dollar gestiegen. Die Schulden übertrafen damit den Wert vom September 1987, vor dem Aktiencrash, als der Dow-Jones um 23% abstürzte.[268] In den USA müssen Aktienkredite mindestens durch den doppelten Betrag des momentanen Aktienwertes abgedeckt sein, sonst droht der Zwangsverkauf. In Deutschland muß bei manchen Banken sogar der Aktienwert den dreifachen Betrag des Kredites ausmachen. Wenn es nun zu einem Börsencrash kommt, sinkt der Wert des Aktiendepots, und die Bank verkauft, ohne Zustimmung des Depotinhabers, die Wertpapiere, um die Kreditdeckung aufrechtzuerhalten. Durch diesen Effekt kommt es zu einer nochmaligen Verkaufswelle an der Börse und der Crash wird verschärft. Genauso müssen Fonds im Crash Wertpapiere abstoßen, da der Anteil von liquiden Mitteln amerikanischer Fonds 1999 auf 4,9% des gesamten angelegten Kapitals zurückgefallen ist. Wenn die Kurse zurückgehen und Anleger mehr Fondzertifikate abstoßen, müßten die Fonds ebenfalls Wertpapiere massiv verkaufen, was die Abwärtsbewegung an der Börse noch verstärken würde.[269] Der Fondmanager Roland Leuschel warnt ebenfalls schon seit langer Zeit vor einem Crash und wies darauf hin, daß sich allein 1999 die Aktienkredite verdoppelt hätten. Davon würde ein Drittel nur für Käufe auf dem weit überbewerteten Technologiesektor verwendet. Weitere Kennzeichen einer Überbewertung sieht er darin, daß inzwischen Leute Aktien kaufen, die gar nichts von den Unternehmen wüßten.[270]
Der Börsencrash in einem wichtigen Industrieland verbreitet sich dann schnell um die Welt und die Bewertungen der Aktien gehen auf das eigentlich realistische Niveau von höchstens 10% der heutigen Kurse zurück. Da sich durch solch einen Crash jedoch eine große Unsicherheit in der Wirtschaft ausbreitet und allgemein Wertpapiere mit einer Risikoprämie belastet werden, steigen die Zinsen. Steigende Zinsen wiederum führen einmal zu weiteren Verlusten auf dem Aktienmarkt und zu sinkenden

Kursen bei Anleihen. So wird der nächste Crash eine Kombination aus Aktien- und Anleihenzusammenbruch. Am Ende werden alle Anlageformen gemieden – das Geld wird nicht mehr investiert, sondern gehortet –, eine Deflation entsteht.

Neben der Aktienblase entwickelte sich vor allem in Großbritannien und den USA auch der Immobilienmarkt zu einem überspekulierten Geschäftsbereich. Dabei wurden während der letzten Jahre die Häuserpreise beispielsweise in den USA um 8 bis 39 Prozent jährlich nach oben getrieben. Da die Immobilienpreise so stark stiegen, nahmen immer mehr Amerikaner Kredite auf, um in den vermeintlich lukrativen Markt einzusteigen – ähnlich wie bei den Aktien. Im Jahr 2002 waren bereits zwei Drittel der Amerikaner in der Spekulation engagiert – während es nur 50 Prozent bei den Aktien waren. Experten warnten deshalb davor, daß das Platzen dieser Blase einen weit größeren Effekt auf den Wohlstand und damit den Konsum der Bevölkerung haben könnte, als das Platzen der Aktienblase. Dabei verschob der seit dem Jahr 2000 zurückgehende Aktienmarkt die Spekulation auf den Häusermarkt. Eine Spekulationsblase wurde also gegen eine andere vertauscht. (Süddeutsche Zeitung, 25.9.2002)

Bei der Entwicklung des Finanzmarktes wird häufig der Punkt der Marktmanipulation übersehen.

Vorbereitungen zum größten Enteignungsprogramm aller Zeiten

»Trotz der zehnjährigen Hausse in Amerika haben die amerikanischen Haushalte allein in den vergangenen beiden Jahren für 1000 Mrd. Dollar mehr Aktien verkauft als gekauft. Die Reichen verkaufen: Sie veräußern ihre Papiere an die Mittelklasse oder Institutionen, welche für den Normalverbraucher investieren. Sie verkaufen zu hohen Preisen, während der Mittelstand zu überhöhten Preisen einkauft. Was passiert, wenn der Aktienmarkt zusammenbricht? Dann leiden am meisten jene, welche zuletzt eingekauft haben – die große Mitte also. Während die Reichen früh genug ihr Geld in Sicherheit gebracht haben, würde die Masse verlieren. Ein Crash würde das Nettovermögen der Mittelklasse erheblich reduzieren und die Kaufkraft einbrechen lassen.«
Roger Kubarych, früherer Chefökonom der New Yorker Börse, Die Zeit, 12.5.1999

Spätestens jetzt stellt sich die Frage, ob die Entwicklung an den Börsen gezielt abläuft, um die Bevölkerung in einem Crash zu enteignen, oder ob alles rein zufällig geschieht. Angenommen, der herrschenden Schicht sind die Zusammenhänge im Zinssystem klar, dann werden sie auch wissen, daß dieses System zusammenbrechen wird. In einem zufälligen Crash würden diese Leute Gefahr laufen, ihr eigenes Vermögen zu verlieren. Also, was liegt näher als anzunehmen, daß es reiche Personen gibt, die den Zusammenbruch gezielt ablaufen lassen, um erstens das eigene Vermögen zu sichern und um zweitens am Verlust der anderen zu profitieren? Durch die gewaltige Vermögenskonzentration ist heute tatsächlich eine kleine Minderheit weltweit in der Lage, den Markt nach ihren Bedürfnissen zu manipulieren.

Die Nutznießer steuern den Markt

Die meisten Menschen denken, daß der Markt nur von Angebot und Nachfrage beherrscht werde. Jedoch wird dieser eigentliche Marktfaktor im kapitalistischen System zunehmend durch den Zinseszinsmechanismus überlagert. Am Start eines Wirtschaftssystems ist der Kapitalanteil (Zinslast der Volkswirtschaft) in einem Land noch klein – der Markt wird von Angebot und Nachfrage vieler Marktteilnehmer geregelt. Mit zunehmender Zeit jedoch steigert sich dieser Anteil exponentiell nach der Zinseszinsrechnung, weil die Unternehmen dazu gezwungen sind, hochverzinste Kredite aufzunehmen, um im expandierenden System überleben zu können. Die steigenden Zinslasten können anfangs noch durch ein kräftiges Wirtschaftswachstum ausgeglichen werden, mit zunehmender Zeit jedoch fallen die Wachstumsraten durch Marktsättigung und Wettbewerb, weshalb die Kapitalkosten für alle Unternehmen zum entscheidenden Faktor werden. In diesem Stadium wird die Marktwirtschaft (Regelung durch Angebot/Nachfrage) durch den Kapitalismus (Regelung nach der Rendite) abgelöst. Letztendlich ist solch ein System zum Zusammenbruch verurteilt, weil schnell die gesamte Wirtschaftsleistung durch die Zinslasten absorbiert wird. Der Zinseszinsmechanismus führt im weiteren Verlauf zu einer Konzentration von Vermögen (= Marktmacht) in wenigen Händen, weil sich die Kapitalerträge aus der Wirtschaftsverschuldung zunehmend bei wenigen Marktteilnehmern konzentrieren. Diese Institutionen können den Markt damit aktiv zu ihren Gunsten manipulieren. Es wird deutlich, daß unser Markt tatsächlich zum guten Teil manipuliert ist und alle Institutionen darauf aus sind, das überfällige Platzen des Ballons solange zu verschieben, bis das eigene Vermögen in Sicherheit ist.

So wurde beispielsweise der hochschießende Goldpreis im Herbst 1999 durch Notenbanken heruntergedrückt.[271] Damals wurde der Anstieg damit begründet, daß die Notenbanken ihren Goldverkauf limitiert hätten. In Wirklichkeit nutzten wahrscheinlich die Reichen die Gelegenheit, sich zur Crashabsicherung wieder günstig mit dem Edelmetall einzudecken. Diese Vermutung wurde bestätigt, nachdem im Februar 2000 der Goldpreis plötzlich wieder in die Höhe stieg. Anscheinend gibt es eine Zusammenarbeit zwischen Notenbanken und superreichen Institutionen, die den privilegierten Schichten den schubweisen Goldkauf ermöglichen soll, ohne daß die breite Masse durch einen Goldpreisanstieg verunsichert würde. Außerdem waren damals viele Hedge Fonds, die auf fallende Goldpreise spekulierten, zum verlustreichen Goldkauf gezwungen, um Leerverkäufe auszugleichen. Dadurch wäre der Preis weiter nach oben getrieben worden und die Fonds hätten Aktien und Anleihen abstoßen müssen, um Kapital für die Goldkäufe zu haben.[272] Dies hätte einen Rückgang an der Börse eingeläutet, der offenbar noch nicht erwünscht war.

Eine andere Manipulation des Marktes fand statt, als im Jahr 2002 die Börsen vor einem drastischen Kursrutsch standen. Der DAX konnte beispielsweise im Sommer 2002 an einem Tag ein Minus von über sieben Prozent verbuchen – den größten Verlust seiner Geschichte. Plötzlich jedoch drehten die Kurse überall auf der Welt in den positiven Bereich und aus dem anfänglichen Minus wurde ein Plus von drei Prozent – der größte Punktgewinn vom Tiefpunkt in der Geschichte des Aktienindex. Deutlich wurde dabei, wie gezielt »Kurspflege« betrieben wurde, wie also staatliche Stellen mit Steuergeldern Aktien kauften, um die Kurse wieder hochzutreiben. In den USA wurde dabei bekannt, daß eine geheime Organisation (Plunge Protection Team) damit beauftragt war, Kurse künstlich zu stützen.

Auch die Wechselkurse werden so manipuliert, daß die breite Bevölkerung nicht erkennt, daß ein Zusammenbruch bevorsteht. So stieg oftmals plötzlich der Dollarkurs aus unerklärlichen Gründen massiv gegenüber dem Euro an. Gleichzeitig drohte ein Crash an der Wall Street, da der Dow Jones am Handelstag davor massiv an Wert verlor. Nur durch diesen Anstieg konnte vermutlich ein Kapitalabfluß und Zusammenbruch in Amerika abgewendet werden. Ein weiterer Hinweis für eine gezielte Manipulation beim Dollarkurs zeigt das ausufernde Handelsbilanzdefizit von Amerika, das sich in einer freien Marktwirtschaft durch einen Dollarabfall korrigieren würde. Jedoch kann davon keine Rede sein, wie beispielsweise die Bekanntgabe eines neuen Rekord-Handelsbilanzdefizits im März 2000 zeigte, als der Dollar daraufhin sogar anstieg.[274] Der gleiche, allen Experten rätselhafte Vorgang konnte auch im April, nach Bekanntgabe eines noch höheren Defizits, beobachtet werden.[275]

Der Hintergrund dieser künstlichen Marktbeeinflussung ist darin zu sehen, daß den Nutznießern des Systems klar ist, daß das Finanzwesen zerfallen muß. Deshalb wollen sie die Ordnung solange aufrechterhalten, bis ihr Vermögen in Sicherheit ist, und bis möglichst viele Kleinanleger an der Börse investiert haben, was ihnen den Ausstieg zu hohen Kursen ermöglicht. Warum wird für Aktien breite Werbung gemacht? Warum wurde beispielsweise für die Infineon-Aktie weiter geworben, selbst als diese bald dreißigfach überzeichnet war? Dabei kann es in einer richtigen Marktwirtschaft eine Überzeichnung gar nicht geben, da der Preis der Aktie dann nach oben gehen müßte, was die Nachfrage regulieren würde. Offenbar dient die riesige Überzeichnung nur dazu, um viele Anleger vom Kauf von Aktien zu überzeugen. Wirklich lukrative Anlagemöglichkeiten werden bekanntermaßen »unter der Hand« gehandelt, da ein Einstieg der Masse die Rendite gefährden würde.

Eigentlich sollte es klar sein: Niemand hat ein Interesse daran, daß der kleine Mann reich wird, viele jedoch daran, daß er sein Vermögen verliert.

Doch wird der aufmerksame Beobachter auch wirkliche Vorbereitungen für einen Zusammenbruch erkennen können, mit denen die herrschende Schicht im Crashfall einmal die Geschehnisse im Griff behalten kann (etwa mit einem Überwachungsstaat, wie wir später noch sehen werden) und durch Zentralisierung der Finanzschaltstellen, welche eine weitgehende Enteignung der Bevölkerung ermöglichen könnte.

Zentralisation

So setzte Bundesbankpräsident Welteke auf mehr Zentralisierung der Bundesbank. Er will beispielsweise, daß das bisher unabhängige Bundesamt für das Kreditwesen (BAKred) der Bundesbank unterstellt werde.[276] Brisant ist die Angelegenheit deshalb, weil diese Behörde Banklizenzen vergibt oder über die Schließung von Kreditinstituten entscheidet. Im Krisenfall werden dann, vielleicht zentral von der Bundesbank gesteuert, Banken geschlossen oder gestützt, je nachdem, wessen Vermögen gerade in Gefahr ist. Ein anderes Mal wies Welteke darauf hin, daß die Bundesbank nur die Entscheidungen der EZB umzusetzen habe. Dabei stört ihn das Mitbestimmungsrecht der sieben Landeszentralbank-Präsidenten, die sechs Direktoren der zentral tätigen Mitglieder überstimmen könnten.[277] Anfang 2001 kündigte dann Finanzminister Eichel tatsächlich an, die Finanzmarktaufsicht in einer Superbehörde zu vereinen. (Welt, 26.01.2001) Auch sollen die Landeszentralbanken ihren Einfluß auf Entscheidungen der Bundesbank verlieren. (Financial Times Deutschland, 26.01.2001)

Im Zuge der Euro-Einführung wurde schon 1997 das Bundesbankgesetz

154

geändert. Das Vetorecht der Bundesregierung wurde aufgehoben und festgelegt, daß die Bundesbank die Bundesregierung nur soweit unterstützen
darf, wie es in der EZB vereinbart ist.[278] Das bedeutet, daß die gewählte
Bundesregierung im Krisenfall keinerlei Kontrollmöglichkeiten über die
Geldpolitik besitzt. In die gleiche Richtung deutet auch die Tatsache, daß
die meisten Notenbanken weltweit inzwischen von der gewählten Regierung unabhängig sind und damit keiner demokratischen Kontrolle mehr
unterliegen. Japan legte beispielsweise 1998, als eines der letzten entwik-
kelten Länder, eine weitgehend unabhängige Nationalbank fest. Gleichzeitig wurden alle Finanztransaktionen dem Einfluß des Staates entzogen.[279]
Die reiche Schicht hat dann im Krisenfall die Möglichkeit, ihren Einfluß
auf die Notenbanken geltend zu machen, um ihr Vermögen zu retten. Die
demokratisch gewählten Staaten können in diesem Fall keinerlei wirksame Maßnahmen mehr ergreifen, weil die Währungssouveränität aufgegeben wurde. So sind die Bankenfusionen zu riesigen Finanzgiganten zu
erklären, die dann in der Krise das Kapital zentral steuern können. Doch
ist die Entwicklung schon seit einiger Zeit im Gange: Schon vor den großen Bankfusionen der letzten Zeit beherrschten nur wenige Großbanken
den Markt. Eine Untersuchung des Ifo-Institutes ergab 1997, daß sich die
Bankenmacht bei wenigen Großbanken konzentriere. In Krisensituationen handelten diese Banken zuallererst als Gläubiger, auch wenn sie selbst
an bankrotten Unternehmen beteiligt seien. Wichtigstes Ziel sei für sie,
ihre Kredite abzusichern. Wenn überhaupt, dann werde nur großen, bekannten Unternehmen, deren Liquidation das Ansehen der Bank schädi-
gen würde, geholfen.[280]

Die Zusammenballung von Bankenmacht wird sich in Zukunft noch
beträchtlich steigern. Experten rechnen damit, daß am Ende ein Oligopol,
also nur noch wenige Institute, stehen werde. In 20 Jahren könnte der
Marktanteil der dann drei führenden Kreditinstitute auf 75 Prozent geklet-
tert sein. (Financial Times Deutschland, 18.10.2002)

Auch die systematische Ausgliederung von Kleinanlegern aus den Großbanken spricht dafür, daß hier eine Zweiklassengesellschaft aufgebaut
werden soll. Einmal die Reichen, die eine gute Beratung genießen und
deren Anlagen abgesichert werden und die Kleinanleger, die mit schlechten Produkten vorlieb nehmen sollen. Die Deutsche Bank trennte sich beispielsweise bereits 1998 von allen Kleinanlegern. Damit bleiben die reichen Anleger unter sich und können wirksam ihr Vermögen absichern.

Staatliche Vorbereitung

Als Vorbereitung auf einen bevorstehenden Crash könnten auch die hohen Bargeldbestände der Bundesbank in Höhe von 500 Milliarden Mark zum Jahresende 1999 angesehen werden. Dieser Bestand entspricht fast dem doppelten Bargeldumlauf.[281] Die Begründung, daß dieses Geld nur als Reserve diene, da die Druckereien verstärkt Euros drucken sollten, ist wenig glaubhaft. Unter Umständen dienen die Bestände dazu, in der Krise Großbanken vor dem Bankrott zu bewahren, damit sie noch effektiv ausstehende Schulden von Unternehmen und Kleinbürgern eintreiben können. Auch gesetzliche Regelungen, welche einen Crash verhindern sollen, werden nun plötzlich abgeschafft. So wurde in den USA der »Glass-Steagall-Act« von 1933 aufgehoben, der eine Trennung von Banken und Versicherungsunternehmen vorschrieb, um eine Anhäufung von Kapital zu verhindern. Diese Regelung wurde damals zur Verhinderung eines neuen Börsenkrachs, wie von 1929 eingeführt.[282] Doch ist scheinbar genau diese Kapitalkonzentration heute von der herrschenden Schicht gewollt, um im Crash alle Zügel in der Hand zu behalten.

Einschneidend wird sich im Krisenfall auch das »Gesetz zur Beschleunigung fälliger Forderungen« auswirken, das im März 2000 vom Bundesrat verabschiedet wurde. Dabei soll schon 30 Tage nach Eingang einer Rechnung beim Kunden der sogenannte Verzug vorliegen, ohne daß es einer Mahnung bedarf. Die Verzugszinsen sollen dabei fünf Prozentpunkte über dem Basiszinssatz liegen, der dreimal jährlich bestimmt wird.[283] Ein solches Gesetz soll nicht nur in Deutschland, sondern in ganz Europa eingeführt werden, mit dann sieben Prozent zusätzlichen Verzugszinsen.[284]

Nach dem Crash sind einmal viele Schuldner zahlungsunfähig, gleichzeitig steigen die Zinsen auf ein hohes Niveau. Durch die hohen Verzugszinsen wird das neue Gesetz eine zusätzliche Pleitewelle erzeugen und das zwangsweise Eintreiben der Schulden erleichtern. Auch in anderen Ländern geht die Entwicklung in die gleiche Richtung. So wurde Rußland von der OECD aufgefordert, gegen Firmen, welche die Steuern und Abgaben nicht rechtzeitig zahlen, konsequent das Insolvenzrecht einzusetzen.[285] In eine ähnliche Richtung geht die Erhöhung des Zuschlages auf 50 000 DM bei einer Fristüberschreitung für den, der seine Steuererklärung nicht pünktlich beim Finanzamt abgibt.[286]

Doch nicht nur im nationalen Umfeld, sondern auch bei internationalen Institutionen fallen bemerkenswerte Änderungen auf. So soll der IWF »reformiert« werden, was darauf hindeutet, daß eine kommende Krise nicht mehr aufgefangen werden soll.

IWF

Die Asien-, Rußland- und Brasilienkrise wurde durch Vergabe von IWF-Geldern in den letzten Jahren aufgehalten, bevor die ganze Welt betroffen war. Als Folge davon wurden jedoch die Länder weiter hoch verschuldet. Bei der nächsten Krise wird es deshalb noch schwerer sein, die Entwicklung im Griff zu behalten. Unter Umständen wird dies auch gar nicht mehr gewünscht, wie anstehende Reformen des IWF zeigen. So soll der IWF dahingehend reformiert werden, daß nur noch diejenigen Länder Kredite bekommen, die sich schon vor der Krise den Forderungen des Fonds gebeugt haben. Die Forderungen beinhalten unter anderem die Preisgabe der eigenen Wirtschaft internationalen Banken gegenüber. Im Krisenfall sind die Staaten dann völlig vom Wohlwollen weniger Großbanken abhängig. Für die Weltwirtschaft wichtige Krisenländer wie China, Argentinien, Rußland oder Indonesien sollen überhaupt keine Hilfen mehr erhalten. Allen IWF-Empfängern soll der Kapitalzufluß des IWF entzogen werden, wenn sie sich nicht an die Forderungen des Fonds halten.[287]

Der Vorsitzende der IWF-Reformkommission Allan Meltzer meinte: »Wenn es bankrott ist, nun: Kapitalismus ohne Pleite ist wie Religion ohne Sünde – es funktioniert nicht.«[288] Damit wird die nächste Krise anders ablaufen als die Störungen der letzten Jahre. Die betroffenen Länder werden gnadenlos abstürzen, das Geld wird sich vom Markt weltweit zurückziehen und eine Deflation muß eine Weltwirtschaftskrise erzeugen.

Die kommende Ölkrise

Die kommende Krise wird eine Wirtschafts- und Energiekrise werden, schon allein, weil die Transporte von Öl, wegen der hohen Kapitalkosten, ausfallen werden. Gerade jetzt, vor der Verknappung, sollen weltweit die Ölvorräte aufgelöst werden. So kündigte der damalige US-Präsident Clinton an, daß über eine Auflösung der strategischen Ölvorräte nachgedacht werde, um den hohen Ölpreis zu drücken.[289] Ebenso will das deutsche Bundesfinanzministerium durch den Verkauf der Bundesrohölreserve mehrere hundert Millionen D-Mark einnehmen. Man möchte dabei von den gestiegenen Ölpreisen profitieren.[290] Doch ist in einer Weltwirtschaftskrise auch deshalb von einem drastisch steigenden Ölpreisniveau auszugehen, weil dann die instabile politisch-militärische Situation im Nahen Osten in Gefahr gerät und die Förderung unsicher wird. Es werden jedoch nicht nur konkrete Vorbereitungen auf einen Crash hin getroffen, sondern man will auch die Schmerzgrenze der Bevölkerung testen, um festzustellen, wie leicht Geld aus der Bevölkerung ausgepreßt werden kann.

Krankenhaus-Notopfer

Wie einfach es ist, Geld aus der breiten Bevölkerung einzutreiben, zeigte die Einführung des Krankenhaus-Notopfers 1998. Jeder Krankenversicherte sollte 20 DM für ein angebliches Notopfer überweisen, anderenfalls wurde mit dem Gerichtsvollzieher gedroht.[291] Die Justiz unterstützte dabei die Erhebung des Krankenhaus-Notopfers und entschied, daß dem Versicherten mit diesem Akt nur ein »minimales« Opfer abverlangt worden sei. Nach Angaben des AOK-Verbandes haben etwa 90 Prozent der Versicherten das Notopfer bezahlt, was 800 Mio. DM einbrachte.[292] Was allerdings ein »minimales Opfer« ist, bleibt Auslegungssache und kann jederzeit unter Krisenbedingungen anders definiert werden. Vor dem Zusammenbruch ist die superreiche Schicht bemüht, kritisches Denken möglichst auszuschalten.

Manipulation der Jugend

Um schon Schüler von den neuen Entwicklungen zu überzeugen, organisierte eine Düsseldorfer Beratungsfirma gemeinsam mit der Bertelsmann-Stiftung einen »Netzwerkshop«, auf dem weitere Projekte in Schulen geplant werden sollten. Dabei ging es auch darum, wie den Schülern die europäische Integration und die Globalisierung verständlich gemacht werden könnte. Ziel der Bertelsmann-Stiftung sei eine langfristige Veränderung der Lehrinhalte und eine Modernisierung der Lehrmethoden. Die Gewerkschaft für Erziehung und Wissenschaft kritisierte bereits die Entwicklung der Bertelsmann-Stiftung zu einer Art von »Über-Kultusministerium«.[293] In die gleiche Richtung gehen Bemühungen des Deutschen Aktieninstitutes, welches fordert, daß die Schulen die wichtigsten Kenntnisse über den Finanzmarkt weitergeben sollten. Man könne sich vorstellen, daß die Wirtschaft die Kosten für die Schulbücher hierfür, mindestens teilweise, finanzieren würde. Ziel eines Faches Wirtschaft müsse es sein, den Schülern Kenntnisse über die Komplexität des ökonomischen Geschehens zu vermitteln.[294]

Man kann davon ausgehen, daß die Finanzgeber ihr Geld nicht ohne Hintergedanken investieren. Die Schüler sollen so von einem ausbeuterischen System überzeugt werden, anstatt sachliche Informationen zu erhalten. Je desinformierter die Gesellschaft letztlich vor dem Crash ist, um so weniger wird sie die Ereignisse verstehen und zu irrationalem Handeln neigen. Die Reichen haben dann die beste Möglichkeit, in dem Durcheinander ihr Vermögen zu sichern und sogar noch zu vermehren. Genau wie man ein Sparschwein schlachtet, das voller Geld ist, so wird in einem Crash das Vermögen der breiten Masse zu wenigen Reichen umverteilt werden, sobald der Großteil der Ersparnisse auf dem Finanzmarkt investiert ist. Dies wird auch durch die Erfahrungen aus der Geschichte belegt.

Die Zusammenbrüche in der Vergangenheit

»Die Geschichte gehört vor allem den Tätigen und Mächtigen, dem,
der einen großen Kampf kämpft, der Vorbilder, Lehrer, Tröster braucht
und sie unter seinen Genossen und in der Gegenwart nicht zu finden
vermag. – Er entnimmt daraus das Große, das einmal da war und
deshalb wohl auch wieder einmal möglich sein wird; er geht mutiger
seinen Gang, denn jetzt ist der Zweifel, der ihn in schwächeren
Stunden anfällt, ob er nicht vielleicht das Unmögliche wolle,
aus dem Felde geschlagen.«
Friedrich Nietzsche

Durch einen Blick in die Vergangenheit lassen sich deutliche Parallelen zur heutigen Zeit feststellen. Es wird deutlich, daß die Entwicklung an den Börsen zwangsläufig zu einer Enteignung der Bevölkerung führen muß. Immer wieder verfallen dabei die Leute der Gier, die vom rationalen Denken ablenkt – und verlieren dabei alles. Da der Zusammenbruch nur etwa alle zwei Generationen stattfindet, sind die Erfahrungen des letzten Geschehens für die neue Generation schon wieder vergessen und die fatale Entwicklung nimmt einen neuen Ablauf. Hier sind die Börsenkatastrophen von 1873 und 1929 ein gutes Beispiel.

Die Wirtschaftskrise 1873

In der Gründerzeit um 1870 wurden zunehmend Unternehmen durch massive Verschuldung gegründet und in Aktiengesellschaften umgewandelt. Die Betriebe waren dabei völlig überbewertet, was daran deutlich wurde, daß der Aktienwert oftmals das Doppelte oder Dreifache des realen Firmenwertes betrug. Zum guten Teil wurde dabei die Gier des Menschen nach Reichtum von cleveren Geschäftemachern geschickt ausgenutzt, um kritisches Denken auszuschalten. Täglich beschrieben die Zeitungen, wie einfach jemand durch die Börse reich werden könne. Die Vorgehensweise für solche Betrügereien war immer gleich und bestand darin, daß ein Betrieb aufgekauft und in eine Aktiengesellschaft umgewandelt wurde, wobei das Aktienkapital oft doppelt oder dreifach so hoch war wie der wirkliche Wert des Betriebes. Auch die Medien heizten die Entwicklung der

Aktien an, indem einseitig Zeitungsberichte über angebliche riesige Börsengewinne veröffentlicht wurden. Gleichzeitig forderte eine massive Werbung zur Investition an der Börse auf. Diese Meinungsbildung war erfolgreich und immer mehr Menschen wollten durch Aktien ohne Arbeit reich werden. Kaum jemand registrierte, daß die Zeitungen an der Entwicklung verdienten, da so die Anzahl neuer Inserate anstieg. Deshalb konnte es sich in dieser Phase kaum jemand erlauben, kritische Gedanken zu äußern, ohne von der Presse zerrissen zu werden.

Auch offener Betrug war gang und gäbe: So wurden die Aktien zu einem bestimmten Tag in einigen Bankhäusern zum Kauf aufgelegt und nur wer sofort zugriff, bekam die Papiere noch zum Ausgabepreis. Um die Anleger anzulocken, wurden bezahlte Personen damit beauftragt, ein reges Gedränge vor der Ausgabestelle vorzutäuschen. Gleichzeitig brachte die Presse Berichte über eine vielfache Überzeichnung der Aktien. In der Masse entstand dadurch der Eindruck, daß tatsächlich ein großes Interesse an den Aktien bestehe. Durch solche Tricks konnte die Entwicklung weiter angeheizt werden, und in den Jahren 1871 und 1872 erschien an der Börse in Berlin praktisch jeden Tag ein neues Unternehmen auf dem Kurszettel. Die Entwicklung war mit einem steilen Anstieg der Wohnungspreise verbunden, da von der reichen Oberschicht vermehrt Immobilien nachgefragt wurden. Die Mietpreise in Berlin stiegen drastisch an: Reichte im Jahr 1871 einer normalen Familie des mittleren Beamtentums noch etwa ein Sechstel des Haushaltseinkommens für die Miete, so kostete die selbe Wohnung ein Jahr später bereits ein Viertel des Einkommens.

Die Entwicklung endete im März 1873 im Zusammenbruch und der bis dahin größten Wirtschaftskrise, die 23 Jahre dauerte und die Bevölkerung in bittere Armut stürzte. Hunderttausende verloren ihre Existenzgrundlage, als die Kurse abstürzten. Ausgelöst wurde der Crash durch ein Gerücht, zwei Banken stünden vor dem Zusammenbruch. Durch das Abstoßen von Wertpapieren und den Rückzug der Spareinlagen kamen die Banken in Schwierigkeiten und Spareinlagen gingen verloren. Im Crash gingen 61 Banken, 116 Industrieunternehmen und 4 Eisenbahngesellschaften bankrott. Die Aktienkurse lagen im Jahr 1876 nur noch halb so hoch wie während des Booms 1873. Auch der Immobilienboom verkehrte sich ins Gegenteil, und unzählige Wohnungen standen leer, weil viele Hausbesitzer ihre Kredite nicht zurückzahlen konnten. Die Selbstmordrate stieg ebenfalls drastisch an und viele vormals reiche Aktienbesitzer landeten auf der Straße. Der Börsencrash wirkte sich auf die ganze Wirtschaft als Deflation aus: Niemand wollte mehr investieren, niemand konnte etwas kaufen. Die Firmen blieben auf ihren Waren sitzen und mußten die Preise reduzieren. Löhne und Gehälter wurden im weiteren Verlauf gekürzt.[295]

Die Weltwirtschaftskrise 1929–1939

Nach dem Zusammenbruch 1873 war der Aktienmarkt lange Zeit für die meisten Menschen ein anrüchiges Geschäft. Doch nach zwei Generationen schienen alle Erfahrungen vergessen zu sein, und es zeigte sich wieder einmal, daß die Menschheit nicht lernfähig ist und die selben Fehler immer wieder begeht. Es darf auch nicht vergessen werden, daß das Zinseszinssystem nach einigen Jahrzehnten Entwicklung wieder einen Zusammenbruch nötig machte. Die große Depression der dreißiger Jahre ist eines der besten Beispiele dafür, wie schnell sich eine massive Krise entwickeln kann. Die wenigsten sind sich heute darüber im klaren, daß eine Wirtschaftskrise das gewohnte Leben beeinträchtigen kann. Um sich eine realistische Vorstellung des Crashs zu machen, ist es nützlich, den Ablauf der letzten Depression näher zu beleuchten.

Der Börsencrash 1929

Beschreibung des Zusammenbruchs

Der Börsencrash 1929: In der Tat zeigen sich beeindruckende Parallelen in der Entwicklung des Finanzmarktes damals vor dem Crash, verglichen mit heute. Von 1912 bis 1920 stieg beispielsweise das amerikanische Volksvermögen von 188 auf 375 Milliarden Dollar. Trotz einer Bevölkerungszunahme wuchs damit das Volksvermögen pro Kopf von 2000 auf 3600 Dollar. Allerdings war dieser Vermögenszuwachs zu einem guten Teil von der Entwicklung an den Börsen abhängig. Die Bevölkerung glaubte damals tatsächlich an einen ewigen Wohlstand. Die Börsenkurse begannen ab 1924 zu steigen, und im Jahre 1927 erreichte die Spekulation ein deutliches Ausmaß. Weil die Kurse scheinbar unaufhörlich kletterten, erfaßte das Spekulationsfieber weite Bevölkerungsteile. Dabei unterstützte die Federal Reserve Bank 1927 die Spekulation sogar noch durch eine Absenkung des Diskontsatzes von 4 auf 3,5%. Auch die Politik versuchte alles, um Warnungen vor einem Crash zu zerstreuen. Im Januar 1928 erklärte der Präsident sogar, es bestehe kein Anlaß zur Sorge, da die Börsenkredite nicht zu hoch seien. Vorausschauende Experten sprachen schon von einer beginnenden Deflation, jedoch wurden die Warnungen nicht ernst genommen. Die Lage verschärfte sich latent weiter, und im März 1928 erreichten die Aktienkurse neue Höchststände. Der Zuwachs wurde mit der Verbreitung von Radioapparaten und Autos begründet. Durch den Aktienanstieg dieser Unternehmen wurde der Boom an der Börse eingeleitet. Auch am gesteigerten Börsenvolumen war die Entwicklung erkennbar: Mitte März 1928 wurden bereits 3,87 Millionen Aktien gehandelt. Rückschläge ignorierten die Anleger einfach und in den Nachrichten erschienen Börsenmeldungen an erster Stelle. Mehrere Male mußte 1928 die Börse sogar geschlossen werden, um den Angestellten die Bearbeitung der Aufgaben zu ermöglichen. Zunehmend wurde der Aktienkauf mit Krediten finanziert. Doch weiterhin war eine Verharmlosung der Entwicklung von offizieller Seite zu vernehmen. Herbert Hoover erklärte beispielsweise in seiner Rede zur Nominierung als republikanischer Kandidat, daß Amerika kurz vor dem endgültigen Sieg über die Armut stehe – das Armenhaus werde verschwinden. Im November 1928 folgte ein weiterer Kursanstieg, der noch deutlicher als zuvor zu einer Steigerung des Aktienvolumens führte. Dies zeigte sich daran, daß bereits über 5 Millionen Aktien an einem Tag gehandelt wurden. Die Börsenkredite explodierten und die Zinssätze der Banken bewegten sich um 9%. Ein Einbruch Anfang Dezember 1928 konnte den Hoffnungen auf eine weitere steigende Entwicklung keinen Abbruch tun. Inzwischen versuchte die Federal Reserve Bank die Kreditausweitung für Aktienkäufe zu beschränken, indem langfristige Kredite hierfür gesperrt wurden. Die Anleger stiegen deshalb auf die noch riskantere kurzfristige Verschuldung um, wobei die Zinssätze schnell von 12 auf 20% stiegen.

Nach einer kurzen Periode der Stagnation begann im Juni 1929 erneut ein Anstieg der Kurse. Wie heute, so glaubten die Amerikaner damals, daß es nur darauf ankomme, bei Kursverlusten nicht zu verkaufen, da der Rückgang schnell wieder aufgeholt werde.

Von offizieller Seite wurde die Spekulation immer weiter angeheizt: Der Finanzmann J. Raskob schrieb beispielsweise einen Artikel, der die

Überschrift trug: »Jeder kann reich werden«. Jeder müsse nur 50 Dollar im Monat an der Börse anlegen und könne innerhalb 20 Jahren damit ein Vermögen von 80 000 Dollar besitzen, um daraus ein monatliches Einkommen von 400 Dollar zu erzielen. Anfang September 1929 gaben die Aktien nach, und eine spätere Erholung im Oktober 1929 beruhigte die Anleger wieder. Fatalerweise erreichten die Maklerkredite inzwischen den Rekordstand von 6,8 Milliarden Dollar. Zunehmend widersprachen sich die Experten bezüglich der weiteren Wirtschaftsentwicklung. Ängste wurden jedoch weiterhin beruhigt. So hielt zum Beispiel Professor Irving Fisher noch am 17. Oktober 1929 eine Ansprache, in der er betonte, daß in wenigen Monaten der Aktienmarkt eine noch bessere Anlage sein werde, höher als der damals aktuelle Stand. Es gab keine Erholung mehr, und am 22. Oktober begannen die Kurse ohne Grund plötzlich zu fallen. Am nächsten Tag setzte sich das sinkende Niveau weiter fort. In der Folge wurden über sechs Millionen Aktien veräußert, wobei es sich um Zwangsverkäufe der auf Kredit erworbenen Aktien handelte. Von Expertenseite wurde jedoch weiter beruhigt. Der Teilhaber des Bankhauses Morgan, Thomas W. Lamont, meinte beispielsweise, daß alles nur eine technische Korrektur und keineswegs einer tiefgreifenden Ursache zuzuschreiben sei. Innerhalb des Handelstages brachen die Kurse massiv ein. Am darauffolgenden Montag kam es zu einem weiteren Sturz, der sich am Dienstag den 29. Oktober 1929 massiv fortsetzte.

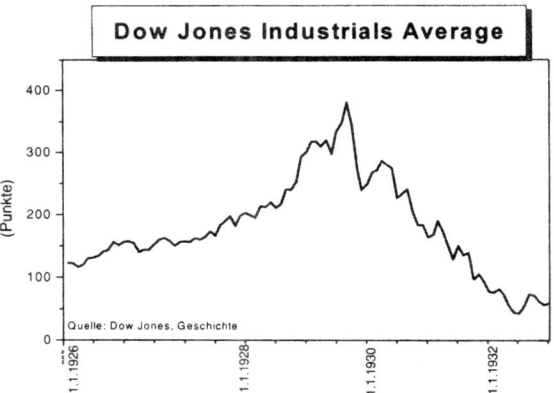

Abb. 21: Dow Jones Aktienindex, Börse USA vor und nach dem Börsencrash 1929

An diesem Tag hatte die Weltwirtschaftskrise begonnen, und die Börsenkurse verloren innerhalb weniger Jahre über 90% (Abb. 21). Deshalb brach die Kaufkraft der Bevölkerung ein – Unternehmens- und Bankenpleiten vernichteten das Vermögen der Sparer.

Deutschland: Für das Deutsche Reich waren vor allem zwei Faktoren für die Ausweitung des Zusammenbruchs entscheidend: Der Goldstandard und die Verschuldung. Über den Goldstandard war Deutschland an das Weltwährungssystem angebunden und wurde dabei schnell von der Krise erfaßt. Zusätzlich war nach dem Ersten Weltkrieg eine massive Verschuldung in den USA aufgebaut worden. Dabei nahmen die Banken kurzfristige Kredite in Amerika, um das Geld langfristig zu verleihen. Wenn der Rückzahlungstag kam, wurden neue, wiederum kurzfristige, Kredite genommen. Ab 1927 kam es zu ersten Krisenerscheinungen. Der Zahlungsmittelumlauf ging stetig zurück, die Folge waren Konkurse und wachsende Arbeitslosigkeit. Im Jahr 1930 erreichte die ausländische Verschuldung mit 22 Milliarden Mark einen Höhepunkt. Die Hälfte davon konstituierte sich aus kurzfristigen Schulden. In der Krise wurden die Kredite zunehmend zurückgezogen und deutsches Währungsgold floß nach Amerika. Der Zusammenbruch der Österreichischen Kreditanstalt am 11. Mai 1931 verursachte eine weltweite Angst um Kapitalanlagen in Deutschland. Die Folge war eine Kapitalflucht. Innerhalb weniger Wochen büßte die Reichsbank Gold und Devisen im Wert von 2 Milliarden Reichsmark ein. Ab Juli 1931 zog sich das Geldkapital massiv vom Markt zurück, da ausländische und deutsche Kunden ihr Geld von den Bankkonten abhoben. Besonders betroffen davon war die Darmstädter- und Nationalbank. Das Kapital der Bank setzte sich aus 2,18 Milliarden Auslands- und nur 0,12 Milliarden Inlandsverschuldung zusammen. Am 13. Juli 1931 stellte die Bank deshalb alle Zahlungen ein. Gleichzeitig übernahm die Regierung die Garantie für die Bank und ordnete für alle Kreditinstitute Bankfeiertage an. Immer mehr Banken mußten später gestützt werden.

Grund für die Ausbreitung der Krise: Der Zusammenbruch bewirkte eine Rückkehr zum Bargeld. Amerika versuchte massiv, Geld aus allen Ländern abzuziehen, weshalb es zu einer Ausbreitung der Krise über die ganze Welt kam. Die tiefere Ursache für die schnelle Verbreitung der Krise lag jedoch in der Golddeckung des Geldes. Mit dem Goldindex waren alle Währungen weltweit vom Goldpreis abhängig. Es kam hinzu, daß dieser Preis falsch angesetzt war. Obwohl der Preisindex seit dem Ersten Weltkrieg durchschnittlich um 50% gestiegen war, wurden die Goldstandards aufgrund der alten Preisindizes festgelegt. Bezüglich des Goldstandards waren damit die Preise um etwa 40% überbewertet. Damit war der Goldpreis zu niedrig festgesetzt und die Goldproduktion wurde unrentabel. Das

Angebot an dem Edelmetall sank und die Golddeckung ging stetig zurück, obwohl die wachsende Wirtschaft eine Ausweitung des Geldumlaufes benötigt hätte. Das Auftreten der ersten Spannungen hatte ein Zurückziehen des Goldes zur Folge, und die Notenbanken mußten umlaufendes Geld einziehen, um den Goldstandard aufrechtzuerhalten. Die Preise verfielen und gleichzeitig wurde die Entwicklung durch eine Korrektur der Warenpreise zum Gold weiter angeheizt. Ein nochmaliger Verfall der Warenpreise um 40% war die Folge.[296] Der Ablauf zur Krise ähnelt unserer heutigen Situation sehr. So wird auch heute behauptet, daß wir uns in einer neuen Wirtschaftsform befänden, in welcher alte Regeln nicht mehr gelten. Was damals die technische Entwicklung von Autos und Radios war, stellt heute das Internet dar, mit dem die explodierenden Kurse gerechtfertigt werden. Wie damals, so ist auch heute eine scheinbare Steigerung des Wohlstandes zu verzeichnen, da die gestiegenen Aktienkurse den Bürgern das Gefühl vermitteln, tatsächlich reicher geworden zu sein. Auch offiziell werden sowohl von der Wirtschaft als auch von der Politik Nachrichten verbreitet, die den Boom noch weiter anheizen sollen. Die Notenbanken tun, wie damals, ihr übriges, indem durch Zinssenkungen (wie 1998) nochmals der Aktienkauf angekurbelt wird. Auch zum Goldstandard gibt es heute eine Parallele, die sich in festen Wechselkursen und dem Euro zeigt. Durch diese Aneinanderbindung der Währungen nimmt man den Staaten die Möglichkeit, sich aus einer kommenden Krise zu befreien. Auch die fatale Verschuldung hat heute ein sogar noch viel größeres Ausmaß erreicht als damals. Die Parameter für eine neue Wirtschaftskrise sind also gegeben, und es stellt sich nur noch die Frage, wie sie abläuft. Auch hier lassen sich Schlußfolgerungen aus der Geschichte ziehen.

Die Weltwirtschaftskrise in Kanada

Wie schnell die Entwicklung vom Boom zur tiefen Depression vonstatten gehen kann, zeigte sich damals: Innerhalb von 7 Monaten befanden sich Amerika und die übrige Welt in einer Depression. Die Arbeitseinkommen sanken drastisch. In Kanada reduzierten sich die Löhne beispielsweise, je nach Region, um 49 bis teils sogar 71%. Gleichzeitig gingen die Warenpreise durch die entstandene Deflation herunter. Getreide, das 1929 noch zu 1,61 Dollar verkauft wurde, war 1932 nicht einmal mehr für 38 Cent zu veräußern. In der Deflation lohnte sich nicht einmal mehr die Ernte, da die Selbstkosten für den Anbau höher lagen als der zu erwartende Gewinn. Hier zeigte sich die fatale Eigenschaft einer deflationären Abwärtsspirale, da das Getreide infolge des Geldmangels teilweise gar nicht mehr zu verkaufen war. Die Erlöse sanken, während die Nebenkosten, wie zum Beispiel der Transport, relativ hoch blieben. Wenn zum Beispiel jemand einen Stier verkaufen wollte, waren die Kosten für den Transport zum Markt höher als der zu erwartende Gewinn. Durch mangelnde landwirtschaftliche Nutzung wegen der Krise und dem Ausbruch einer Dürre, wurden große Flächen in Nordamerika in eine Wüste verwandelt. Neben den Warenpreisen brachen auch die Boden- und Immobilienpreise ein. Häuser oder Boden verloren 90% ihres Wertes, den sie vor der Krise hatten. Verheerend waren die Folgen für den Arbeitsmarkt. Da sich die Gütererzeugung wegen der niedrigen Preise nicht mehr lohnte, wurden Beschäftigte entlassen. Auf zwei Stellen einer kanadischen Obstplantage bewarben sich beispielsweise über 200 Menschen. Der Lohn wurde dadurch auf zehn Cent je Stunde gedrückt.

Es gab in Kanada keinerlei Unterstützung von Bedürftigen, weder Arbeitslosengeld noch Sozialhilfe. Auch die Arbeitsbedingungen wurden immer weiter verschärft. So waren viele Arbeiter nur noch auf Abruf tätig, Pausen oder Vergünstigungen wurden restlos gestrichen. Oftmals mußten Beschäftigte unterhalb der gesetzlichen Mindestlöhne arbeiten.

Auf der ganzen Welt wurden Handelsbeschränkungen erlassen, der Welthandel brach zusammen. Die Regierungen ignorierten zum großen Teil die Vorkommnisse. Das Interesse der Menschen an Politik erreichte ein Minimum. Politische Zeitungen waren nicht zu verkaufen. In den USA kam es zu einer drastischen Zunahme der Kriminalität – Bank- oder Raubüberfälle waren an der Tagesordnung. Die Gewinner der Deflation waren diejenigen, die ihr Geld rechtzeitig in Sicherheit brachten, oder Arbeitsstellen in starken Industriebereichen behielten. Diese konnten die sinkenden Preise für günstige Käufe nutzen. Erst der Zweite Weltkrieg beendete die Krise. Im Jahr 1941 war die Depression durch die anlaufende Kriegsindustrie zu Ende.[298]

Für uns sind besonders die in Deutschland durch die Wirtschaftskrise hervorgerufenen Veränderungen interessant.

Verhältnisse in Deutschland

Nach den USA war das Deutsche Reich am stärksten von der Krise betroffen. Der Grund dafür lag darin, daß etwa drei Viertel der kurz- bis mittelfristigen Auslandskredite für langfristige Investitionen eingesetzt worden waren. Durch den deflationären Prozeß sank das Bruttosozialprodukt in der Weltwirtschaftskrise 1929 um 5%, 1930 um 4,2%, 1931 um 12,1%

und 1932 um nochmals 5%. Deshalb mußten immer mehr Betriebe Bankrott anmelden und die Zahl der jährlichen Konkurse verdoppelte sich zwischen 1928 und 1931. Es entstand ein Teufelskreislauf aus sich verringernder Kaufkraft, zurückgehender Nachfrage, sinkender Produktion und weiteren Entlassungen, der auch die Dauerkrise in der Landwirtschaft verstärkte. Viele kleine und mittlere Bauern konnten ihre Schulden nicht mehr abbezahlen und gingen finanziell zugrunde. Besonders die Maßnahmen der damaligen Regierung Brüning waren fatal, da sie, um einen ausgeglichenen Haushalt vorzuweisen, die direkten Steuern und indirekten Abgaben erhöhte. Die Massenarbeitslosigkeit überstieg bei weitem die Möglichkeiten der Arbeitslosenversicherung. Deshalb wurden die staatlichen Sozialzuwendungen zurückgefahren und die Löhne und Gehälter im öffentlichen Dienst gesenkt. Es zeigte sich schnell, daß die Maßnahmen der Regierung die Krise weiter verschärften. So kam es zu einer deflationären Abwärtsspirale, weil durch die Absenkung der Einkommen sich die Kaufkraft verringerte. Dadurch ging die Produktion weiter zurück, während die Arbeitslosigkeit rapide anstieg. Auf die Arbeitslosenunterstützung war zu dieser Zeit kaum ein Verlaß und je länger die Krise anhielt, desto mehr Arbeitslose fielen spätestens nach 26 Wochen (über 40-jährige nach 39 Wochen) aus der bescheidenen Arbeitslosenversicherung heraus. Danach erhielten sie bis zu 39 bzw. 52 Wochen eine deutlich reduzierte, bedürftigkeitsgebundene Krisenunterstützung; schließlich die winzige, rückzahlungspflichtige kommunale Wohlfahrtsunterstützung. Von den 4,7 Millionen Arbeitslosen im Frühjahr 1931 bezogen 43 Prozent Arbeitslosengeld, 21 Prozent Leistungen der Krisenfürsorge und 23 Prozent Zuwendungen der Wohlfahrtsunterstützung. Der Rest erhielt überhaupt keine Unterstützung. Auch die Ersparnisse gingen zu dieser Zeit verloren, oder waren gesperrt.

Nach Beginn der Krise konnten die Bankkunden nur noch in beschränktem Umfang über ihr Guthaben verfügen. Durch den Goldstandard war die Regierung nicht in der Lage, dem Markt zusätzliches Geld zur Verfügung zu stellen. Als erstes Land koppelte England deshalb das Pfund Sterling am 21. September 1931 vom Goldstandard ab, um es 20% abzuwerten. Damit wurde die Lage für Deutschland noch ungünstiger, weil der Wert der Reichsmark im Ausland stieg und deutsche Produkte ihre Konkurrenzfähigkeit auf dem Weltmarkt verloren. Brüning entschloß sich deshalb zu einer weiteren Verschärfung des Deflationsdrucks: Nach der Notverordnung vom 6. Oktober 1931 konnten Arbeitslose nur noch 20 statt 26 Wochen Leistungen erhalten. Die Folge der Maßnahme zeigte sich in einem erneuten Anstieg der Arbeitslosigkeit und Ende Februar 1932 gab es 6,1 Millionen registrierte Erwerbslose, mit den nicht gemeldeten Arbeits-

168

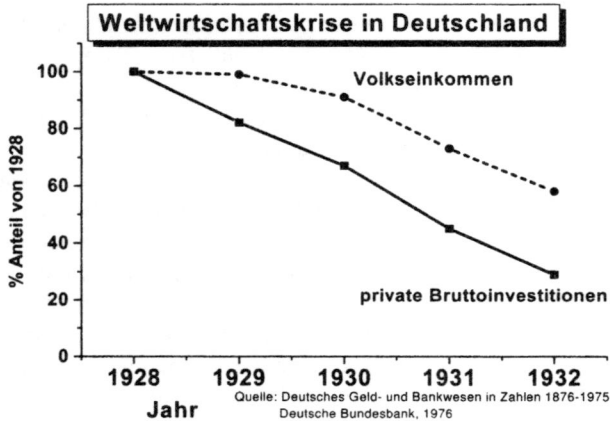

Abb. 22: Rückgang der Investitionen und des Volkseinkommens in der Deflation

losen über 7,6 Millionen.[299] Die Depression entwickelte sich aus dem Crash in sehr schnellem Tempo. Dabei wird die kommende Entwicklung noch viel schneller ablaufen, da einmal die Überbewertung des Börsenniveaus viel größer ist und durch die Informationstechnologie die Verkaufsgeschwindigkeit beim Zusammenbruch viel massiver und schneller vor sich geht als damals. Es ist dabei mit einer großen Anzahl von Unternehmensbankrotten und Bankenpleiten zu rechnen, wodurch die Kaufkraft der Bevölkerung empfindlich getroffen wird. Die meisten Betriebe werden dabei schon am Anfang der Krise am Ende sein, da die hohe Verschuldung bei steigenden Zinsen nicht mehr zu bedienen sein wird. Wie damals wird es zu einer deutlichen Absenkung der Preise kommen, welche die Gewinne und damit die Fähigkeit zum Schuldendienst reduzieren wird. Mit zunehmenden faulen Krediten kommen gleichzeitig die Banken in Schwierigkeiten und müssen die Auszahlungen einschränken oder ebenfalls Bankrott anmelden. Viele Sparer werden dabei ihr Vermögen verlieren. Die Arbeitslosenunterstützung wird wie in den dreißiger Jahren sehr schnell eingeschränkt und gestrichen werden. Wie damals werden die Regierungen und Notenbanken nichts gegen die Deflation unternehmen, da alle auf die reine Inflationsbekämpfung eingeschworen wurden. Besonders der Euro-Raum wird stark von der Krise getroffen werden, da sich die Nationen nicht ohne weiteres von den festen Wechselkursen im Euro-System trennen dürfen. Wenn der Euro schließlich doch noch zerfällt, wird sich der Grad des Zusammenbruchs nochmals steigern.

Lug und Trug

Festzustellen bleibt, daß die damalige Krise von den meisten Experten nicht erkannt wurde. Im Gegenteil: Die Bevölkerung wurde sogar noch beruhigt, obwohl die Entwicklung schon ihren Lauf nahm. So erklärten die Vertreter von 35 der größten Telegrafendienste – noch nach dem Einbruch – daß der Markt »von Grund auf gesund« und in besserer Kondition sei, als Monate zuvor. Das Schlimmste sei vorüber. In einem Marktbericht wurde festgestellt, daß »beginnend mit diesem Tag der Markt anfangen würde, das Fundament für jenen konstruktiven Fortschritt zu legen, der wie wir glauben, das Jahr 1930 charakterisieren wird«. Ein Experte meldete, daß die Schwierigkeiten »rein technischer Natur« seien und »das Fundament davon unberührt sei«.

Nicht nur durch falsche Aussagen, sondern auch durch Scheinaktionen wurde alles unternommen, um die Kleinanleger so lange wie möglich an der Börse zu halten. Nach einem Treffen von Bankiers verbreitete sich die Meldung, diese würden Aktien aufkaufen, um den Markt zu stützen. Das Volk vertraute darauf, und die New York Times verkündete, daß man sich nun sicher fühlen könne, wenn die reichsten und mächtigsten Bankiers des Landes bereitstünden, um eine Wiederkehr der Panik zu verhindern. Man könne sich beglückwünschen; keinem anderen Land sei bisher gelungen, so hieß es, durch einen solchen schlimmen Zusammenbruch so ungeschoren durchzukommen. Es wurden Nachrichten verbreitet, daß zu diesen billigen Kursen sicher eine große Schar von Käufern einsteigen würde. Viele Gerüchte von Maklergeschäften wußten von einem sagenhaften Volumen an Marktordern zu berichten, die sich für die nächste Marktöffnung gestapelt hätten. In einer gut gesteuerten Anzeigenkampagne in den Morgenzeitungen empfahlen die Börsenfirmen dringend, diese günstigen Chancen sofort zu ergreifen. »Wir glauben«, so verlautbarte eine Firma, »daß der Investor, der zum jetzigen Zeitpunkt Wertpapiere kauft, dies mit allergrößtem Vertrauen tun kann, wenn er mit jenem Maß an Urteilsvermögen an das Geschäft herangeht, das immer schon die Voraussetzung für kluge Geldanlagen war.« Doch statt wirklich Aktien zu kaufen, gaben die Banken Order für Limitverkäufe auf. Wertpapierbesitzern, die die Aktien durch Kredite gekauft hatten, wurde beim Unterschreiten der Limits das Depot verkauft, was den Preisdruck auf die Kurse noch weiter anheizte. Daß die ganze Aktienhausse Betrug war, hätte jeder wissen können, der sich viele Unternehmen etwas näher angesehen hätte: Es wurden beispielsweise eine Reihe unsinniger Aktien gehandelt, so boten Gesellschaften »Salzwasser Süß« an, oder es gab Unternehmen, die Schiffe gegen Piraten absicherten und sogar Räder für ein perpetum mobile bauen wollten. Gesellschaften, die einer kritischen Überprüfung entgehen wollten, verzichteten auf eine Notierung an den Börsen und ließen ihre Aktien im grauen Markt bei sogenannten Curb-Brokern, den Rinnsteinmaklern, handeln.[300] Heute wissen wir, daß die Entwicklung 1929 völlig übertrieben war und sogar offener Betrug benutzt wurde, um die Bevölkerung an die Börse zu locken. Man hätte annehmen können, daß die Menschen aus diesen sich ständig wiederholenden Ereignissen logische Schlußfolgerungen ziehen und die Ursache davon untersuchen würden, doch geschieht nichts dergleichen. Im Gegenteil: Genau die gleichen Fehler werden wieder gemacht, und man läßt sich nochmals von »Experten« blenden. Ein gutes Beispiel dafür ist die Entwicklung in Japan, die 1990 im Crash und einer schleichenden Wirtschaftskrise endete.

Der Kurssturz in Japan 1990

»Japan ist praktisch bankrott. Das Land hat ein riesiges Staatsdefizit. Die öffentliche Verschuldung, inklusive Rentenverpflichtungen, beträgt zweihundertfünfzig Prozent des Bruttosozialprodukts. Wenn Sie die bankrotten Banken und Rentenfonds hinzuzählen, erreicht sie dreihundert Prozent. Daneben sieht Italien wie eine Insel der Solidität und Stabilität aus.«

Prof. Rudi Dornbusch, Ökonom[301]

Nach einem Übereinkommen der USA mit Japan, die japanische Währung künstlich zum Abbau des amerikanischen Handelsbilanzdefizits höher zu bewerten, verdoppelte sich der Yen-Kurs innerhalb von zwei Jahren. Dadurch brach die Exportquote Japans ein und die Notenbank versuchte, den Schock für die Wirtschaft durch schnelle Zinssenkungen abzufedern. Der Leitzins wurde deshalb innerhalb eines Jahres von 5,0 auf 2,5 Prozent abgesenkt. Gleichzeitig wurde das Finanzsystem liberalisiert, und die Banken bekamen das Recht, eigene Kredite zu vergeben. Wegen der niedrigen Zinsen konnten die Unternehmen günstig Kredite aufnehmen und sie spekulativ einsetzen. Von dem Geld kauften die Firmen hauptsächlich Immobilien, in der Erwartung, daß im überbevölkerten Japan die Grundstückspreise weiter steigen müßten. Damit kam es zu einer Verkettung der Geschehnisse: Billige Kredite ermöglichten es der Wirtschaft, verstärkt Immobilien nachzufragen, was deren Preis erhöhte. Durch steigende Immobilienpreise wuchs gleichzeitig auch die Bewertung der Betriebe an der Börse, und die Firmen konnten wieder neue Sicherheiten für Kredite bieten, womit die Aktien weiter kletterten. Wie schon 1873 und

1929 wurden durch den Anstieg der Börsenkurse auch immer mehr Kleinanleger an die Börsen gelockt. Die Experten unterstützten die Manie noch durch immer neue Rechtfertigungen für die gestiegenen Kurse. Die Blase platzte, als die Zinsen im Herbst 1989 wieder stiegen und viele Unternehmen nicht mehr in der Lage waren, ihre Kredite zu bedienen. Durch Zwangsverkäufe von Immobilien kamen die Preise unter Druck und die Aktienkurse folgten der Entwicklung. Jetzt zeigte sich auch die verhängnisvolle Wirkung der Überschuldung: Da eine große Anzahl der Unternehmen ihre Schulden nicht mehr bezahlen konnte, sammelten sich bei den Banken immer mehr faule Kredite an. Das ganze Finanzsystem wurde damit gefährdet, und allein die 17 größten Banken des Landes mußten in den letzten Jahren zehn Prozent der gesamten Wirtschaftsleistung Japans abschreiben. Die Banken verweigerten in der Folge die Vergabe weiterer Kredite und erzeugten damit eine Deflation. Der Aktienmarkt verlor zwei Drittel seines Wertes. Daß es nicht zu einer sich selbst verstärkenden deflationären Abwärtsspirale kam, lag daran, daß die japanische Regierung keine Banken pleite gehen ließ und deshalb die deflationäre Entwicklung nicht in einer Bankenpleitewelle endete. Seit 1991 wurde der Zins immer weiter abgesenkt, mit der Wirkung, daß Geld damit noch weniger gerne verliehen wurde wie vorher schon. Der Konsum brach ein, weil die verunsicherten Verbraucher lieber das Geld sparten und auf noch günstigere Preise in der Deflation warteten. Ab 1992 versuchte die Regierung durch großangelegte Sanierungsprogramme, die Wirtschaft in Gang zu bringen. Der Erfolg war, daß das Strohfeuer bald verpuffte und die Staatsverschuldung durch neun erfolglose Programme auf 2,2 Billionen DM explodierte. Bei der hohen Verschuldung gibt es kaum noch einen Ausweg, da ein Anstieg des Zinsniveaus die Zahlungen des Staates enorm belasten würde. Er wäre dann gezwungen, die Steuern drastisch zu erhöhen, was der Wirtschaft den Rest geben würde. Auch der Verfall der Immobilienwerte ist noch nicht zu Ende, da die Banken bisher nur einen kleinen Teil übertragener Werte verkauften. Sobald jene jedoch beginnen, die Realwerte abzustoßen, wird es zu einem erneuten Preisdruck kommen.[302]

Auch in Europa verloren viele Anleger, die auf ein andauerndes Wachstum in Japan setzten, viel Geld. So wurden Optionsscheine auf japanische Unternehmensanleihen gehandelt, mit denen sich in den achtziger Jahren innerhalb von zwei Jahren 5000% Gewinn erzielen ließen. Die Wertpapiere waren so begehrt, daß die Unternehmen am Ende noch Gewinn machten, wenn sie sich verschuldeten. Im Jahr 1988 notierten mehr als 700 japanische Optionsscheine auf deutschen Kurszetteln. Kaum jemanden störten die Manipulationen, die von den Unternehmen betrieben wurden, um die Kurse zu treiben. Die Anleger kauften die Scheine sogar, ohne die genauen Bezugsbedingungen zu kennen. Ein übriges zur Manie tat die Presse: So prognostizierte die Anlegerzeitschrift »Finanzen« 1990, daß der Nikkei Index eher in Richtung 100 000 als in Richtung Null gehen werde. Normalerweise hätte es jedem Experten klar sein müssen, daß der Aktienmarkt in Japan absolut überbewertet war. Am Höhepunkt des Booms entsprach der Wert aller in Tokio gelisteten Unternehmen 40 Prozent der gesamten Kapitalisierung aller Aktiengesellschaften der Welt.[303] Auch war die japanische Wirtschaft nie konkurrenzfähig. So arbeiteten in den siebziger und achtziger Jahren nur 13 Prozent der japanischen Arbeitnehmerschaft in wettbewerbsfähigen Industrien.[304] Doch wie schon die vorhergehenden Einbrüche in der Geschichte zeigten, wollte auch jetzt niemand etwas lernen, und nach dem Crash in Japan startete schon die nächste, noch viel größere Hausse in den USA. Dieser »Aufschwung« erfaßte inzwischen die ganze Welt und hat sich, wie wir gesehen haben, zu einer regelrechten Manie entwickelt. In diesem Zusammenhang ist ein Vergleich zwischen Japan im Boom und den USA Anfang 2000 interessant.

Vergleich Aktien Japan – USA

Im Vergleich zu Japan ist heute die Überbewertung des Aktienniveaus in Amerika wesentlich größer. Die Entwicklung an den Börsen hat sich die letzten Jahre beschleunigt; so gewann etwa der S&P 500 im Schnitt von 1995 bis 1999 pro Jahr 25,7% an Wert, während es in der ersten Hälfte der Dekade nur 5,5% gewesen waren. Interessant ist der fast parallele Verlauf des japanischen Nikkei Index (bis vor dem Kursfall) in den achtziger Jahren und des Dow-Jones in den neunziger Jahren. Auch die Börsenkapitalisierung läßt einen guten Vergleich der beiden Länder zu: Beim Maximum der japanischen Aktien war deren Wert 1,3mal so hoch wie das Bruttoinlandsprodukt. In den USA sind die entsprechenden Wertpapiere bereits 1,6mal so hoch, wie die Wirtschaftsleistung des Landes. Die Schulden der Haushalte waren in Japan von 89% des persönlichen Einkommens im Jahr 1985 auf 112% im Jahr 1989 gewachsen. In Amerika sind die Verbindlichkeiten von 85% im Jahr 1992 auf 103% im Jahr 1999 gestiegen. Das Volumen von Wertpapierkrediten hat sich in den USA bis 1999 innerhalb von nur fünf Jahren auf fast 1400 Mrd. Dollar verfünffacht. Das Internet wird heute als Argument gebraucht, die Überbewertung zu rechtfertigen, was einen Vergleich zu Japan damals zuläßt, als es hieß: »Japan ist anders.« Es wurde behauptet, daß Gewinne in Japan unwichtig seien, da allein Umsatzwachstum und Marktanteil zählten, was in Zukunft die Gewinne steigern werde. Genauso wird heute der Boom von Internetwerten begründet. Firmen wie der Internet-Buchhändler amazon.com weisen sogar um so höhere Verluste aus, je mehr der Umsatz wächst. Selbst bei optimistischen Annahmen (niedrige Inflation, hohes Wirtschaftswachstum) kommt ein Analytiker des Wertpapierhauses Phillips&Drew zu dem Ergebnis, daß die US-Aktien um etwa 50% überbewertet sind.[305] Deutlich wird, daß einmal die Aktien tatsächlich absolut überbewertet sind und zum zweiten ein Zusammenbruch unseres Schuldensystems nicht mehr aufzuhalten ist. Angesichts dieser Schlußfolgerung stellt sich die Frage, welche Folgen der kommende Crash, im Vergleich zu 1929, haben wird.

Der kommende Crash

»Das ist die Sorge, die wir für die Entwicklung in den USA haben.
Die Sparquote ist dort deutlich zurückgegangen. Der sogenannte
›Wealth Effect‹ – wenn mit dem Vermögen die Konsumneigung steigt –
beflügelt die Nachfrage und stützt die Konjunktur. Dieser Effekt kann
aber plötzlich zusammenbrechen. Denn wenn die Zinsen zu hoch
werden, um aufgenommene Kredite zu bedienen, dann werden viele
Haushalte höhere Zinszahlungen nicht lange durchhalten und Aktien
verkaufen. Dann brechen die Kurse ein.«

Bundesbank-Präsident Welteke,
Finanzen 05/2000, Oberhaching

Berücksichtigt man die damaligen Bedingungen im Vorfeld beispielsweise des Börsencrashes 1929, fallen einige Parallelen zur heutigen Zeit auf: Offiziell wird eine Finanzkrise in den USA oder Europa ausgeschlossen, obwohl kritische Analytiker schon lange auf das aufgeblähte Börsenniveau oder deflationäre Anzeichen hinweisen. Durch eine großangelegte Werbeaktion in allen Medien werden zunehmend Anleger für spekulative Investments an der Börse geködert. Besonders kritisch ist das Wachstum von Dienstleistungswerten wie beispielsweise Computer- oder Internet-Aktien zu bewerten, da hier keine realen Werte im Hintergrund stehen. Die Medien und Experten wollen auch heute noch aus der Vergangenheit nicht lernen und bemühen sich, das Geschehen von damals in einem günstigen Licht oder als natürlichen Effekt darzustellen. So behauptete Karl-Heinz Paque in der Frankfurter Allgemeinen Zeitung zum 70. Jahrestag des Aktiencrashes von 1929: »Daß es solche Notlagen gibt, hat gar nichts mit einem Systemdefekt des Kapitalismus zu tun. Es ist vielmehr ein schicksalhafter ›fact of life‹, auf den man sich einstellen muß, selbst wenn man ein noch so großes und berechtigtes Vertrauen in die mikroökonomische Effizienz der Marktwirtschaft setzt. Wie häufig solche Notlagen entstehen, weiß niemand.«[306]

Der kommende Zusammenbruch wird, wegen der historisch großen Überbewertung, alle Ereignisse der Vergangenheit weit übertreffen. Dabei ist schon die heutige Ausgangsposition viel schlechter als damals: Weltweit wurden feste Wechselkurse eingeführt, wodurch sich eine Kapitalkrise in einem Land schnell auf die ganze Welt ausbreiten wird. Besonders die Einführung des Euros stellt hier eine Gefahr dar. Gleichzeitig wurde die finanzielle Abhängigkeit der Nationen untereinander ausgeweitet. Die

Verschuldung der Staaten erreichte überall Rekordniveau. Das Volumen der Devisentransaktionen steigert sich ständig. Der Welthandel hat ebenfalls Rekordniveau erreicht. Festzustellen ist auch, daß die heutige Entwicklung der Börsenindizes und der Verschuldung erheblich stärker verläuft als etwa in den zwanziger Jahren. Schon im Vorfeld der Krise wird heute die Kaufkraft durch Sparmaßnahmen der Regierung weiter eingeschränkt. Ebenfalls werden die Leistungen der Arbeitslosen und Sozialhilfeempfänger ständig reduziert. Deutlich kann daraus erkannt werden, daß eine kommende Krise größere Auswirkungen auf den einzelnen haben wird als die Depression der dreißiger Jahre. Die Wirtschaft ist heute erheblich zentraler gestaltet, wie man an der immer schnelleren Konzentration im Bankensektor erkennen kann. In der Krise wird diese Bankenmacht dann zur gnadenlosen Liquidierung von zahlungsunfähigen Unternehmen und Privatschuldnern eingesetzt werden. Wer Schulden hat und diese in der Krise nicht mehr bezahlen kann, wird rücksichtslos enteignet. Dabei ist vielen heute gar nicht klar, was eine Deflation für sie bedeutet: So werden durch eine deflationäre Spirale die Schulden real aufgewertet, während die Löhne und Unternehmergewinne sinken. Es wird damit zunehmend schwieriger, die Schulden zu bedienen. Sobald jedoch die Kredite, wegen Arbeitslosigkeit oder gesunkener Löhne, nicht mehr bezahlt werden können, erfolgt die Zwangsversteigerung. Gleichzeitig droht diese Maßnahme auch dann, wenn der Wert der Immobilie durch den Preisverfall unter den Wert der Hypothek sinkt, da sonst für die Bank faule Kredite entstehen. Die Bank wird also in jedem Fall in der Deflation Sachgüter, die auf Kredit gekauft wurden, abstoßen, womit sich der Preisdruck weiter verstärkt. Die Schuldner bleiben dann beispielsweise ohne Haus und weiter mit Schulden zurück, da der Zwangsverkauf die Hypothek nicht abdecken konnte.

Hungersnot

Doch die Auswirkungen der nächsten Krise werden noch viel weiter gehen, da inzwischen auch die lebensnotwendigen Sektoren, wie die Landwirtschaft, vom System völlig abhängig sind. Die Kleinbauern beispielsweise, die in den dreißiger Jahren die Städte versorgten, sind größtenteils verschwunden. Der landwirtschaftliche Sektor wird nur noch von einer kleinen Minderheit besetzt. Man darf nicht vergessen, daß in Deutschland seit 1967 über 60 Prozent der Kleinlandwirte verschwunden sind.[307]
Im Ausland sieht es ähnlich aus: So sank die Zahl der Farmen im Jahr 1997 in den USA auf den tiefsten Stand seit 1850.[308] Mit dem Verlust des

regionalen Wirtschaftens ging eine zunehmende Abhängigkeit vom Transportsektor einher. Gleichzeitig nahm der Einsatz und damit die Abhängigkeit von Maschinen, Pestiziden und Düngemitteln in der Landwirtschaft dramatisch zu. Daneben wird auch der Nahrungsmittelmarkt weltweit von wenigen großen Konzernen zu über 90% kontrolliert. Eine ähnliche Wirtschaftskrise wie damals würde heute eine Nahrungsmittelkrise in den Industriestaaten auslösen. Die überschuldeten Bauern können dann die Kredite nicht mehr abzahlen, der Preisverfall wird gleichzeitig die Selbstkosten nicht mehr abdecken und die Nahrungsmittelerzeugung muß zusammenbrechen. Ähnliches wird mit dem Transportsektor geschehen. Ohne ständige Zulieferung sind heute die Supermärkte innerhalb von etwa zwei Tagen ausverkauft, da die Lagerhaltung zur Kostenersparnis vermieden wird. Reserven sind ebenfalls keine vorhanden, da die EU-Lagerbestände bereits vor einigen Jahren komplett aufgelöst wurden. Weltweit sind die Vorräte von Nahrungsmitteln auf einem Tiefpunkt angelangt. Die Stilllegung von landwirtschaftlicher Nutzfläche wird sich ebenfalls negativ auf die Nahrungsmittelproduktion auswirken, da ein brachliegender Acker einen Teil seiner Ertragskraft einbüßt. Zudem kommt heute ein Großteil der Nahrungsmittel aus dem Ausland. Wenn die Transporte in einer Krise nur kurzfristig ausfallen, kommt die Versorgung schnell in Schwierigkeiten.[309]

Auch die geringe Vorratshaltung der Bevölkerung wird sich in einer Krise rächen. So lagerte Ende der neunziger Jahre nur noch jeder zehnte Haushalt Kartoffeln ein, während dies zehn Jahre früher noch 25 Prozent gewesen sind.[310] Der einbrechende Welthandel wird ebenfalls zur Knappheit wichtiger Güter beitragen.

Zusammenbruch des Zahlungssystems

Auch auf dem Finanzsektor werden die Schäden im Vergleich zur großen Depression erheblich größer. Damals wurde noch überwiegend mit Bargeld bezahlt. Heute wird zunehmend mit Kartengeld eingekauft. Durch eine Finanzkrise wird ein Großteil der Kreditkartengesellschaften und Banken in Schwierigkeiten kommen. Die Karten werden bei den Unternehmen wegen der zweifelhaften Sicherheit der dahinterstehenden Gesellschaften nicht mehr akzeptiert werden. Damit wird ein erheblicher Teil der Bevölkerung ihr gewohntes Zahlungsmittel verlieren. Als Folge davon muß die Kaufkraft absinken, womit die Unternehmen in Schwierigkeiten kommen.

Ein großer Teil der deutschen Bevölkerung wird auch durch die Deflation schwer getroffen werden: Der Anteil von Wohneigentum liegt in

178

Deutschland bei gerade knapp 41 Prozent.[311] In der Deflation können die
Mieten nicht mehr gezahlt werden, und viele Familien landen auf der Straße. Nicht zu vergessen ist, daß auch die Versorgung mit Erdöl in einer
Wirtschaftskrise in Gefahr gerät. Man muß bedenken, daß eine Verknappung der Ölproduktion von nur drei Prozent ab 1999 innerhalb von nicht
einmal einem Jahr die Preise um 200% steigerte.[312] Mit zunehmender Zeit
wird der Anteil der Ölförderung aus dem Nahen Osten immer größer. In
einer Wirtschaftskrise wird es dort zu politisch-militärischen Spannungen
kommen, was die Öllieferung in Gefahr bringt und was den Ölpreis in
heute undenkbare Regionen klettern lassen muß. Hier kommt es wie bei
der Deflation zu einer sich selbst verstärkenden Abwärtsspirale: In einer
Wirtschaftskrise kommen viele Staaten der Förderländer in Probleme, damit wachsen die politischen Spannungen, der Ölpreis steigt, und die Weltwirtschaftskrise wird dadurch weiter verstärkt, was die Spannungen im
Nahen Osten schließlich noch mehr steigert. Durch einen Crash könnte es
zu einer unglücklichen Verkettung der Umstände kommen.

Es bleibt festzuhalten, daß ein wirtschaftlicher Zusammenbruch bei uns
schnell weitere Bereiche des normalen Lebens lahmlegen könnte. Die Frage
ist nur, welche Ereignisse nach einem Zerfall der Wirtschaft vorstellbar
wären.

Entwicklung nach dem Crash

>*»Vielleicht liegt die einzige Rettung im Kollaps dessen, was wir
menschliche Zivilisation nennen. Eine Nuklearkatastrophe oder eine
Umweltzerstörung ähnlichen Ausmaßes würde vielleicht nicht gerade
die Menschheit auslöschen, aber die politischen und sozialen Gefüge
in einem Maß aus den Angeln heben, daß die Frage nach dem
›Danach‹ unsere Vorstellungskraft übersteigt.«*
>Tewolde Egziabher, Botaniker, Addis Abeba[313]

Aus den bisher dargestellten Fakten geht klar hervor, daß unser Zinsgeld-
system einem Endpunkt zusteuert. Wie jede Entwicklung, die mit immer
schnellerer Geschwindigkeit im endlichen Raum expandiert, letztlich in
einer Katastrophe enden muß, so muß auch der Zinskapitalismus zwangsläufig zusammenbrechen. Der Zinseffekt übernimmt dabei im Laufe der
Zeit eine beherrschende Stellung. Da sich das Kapital in immer weniger
Händen ansammelt, muß die breite Bevölkerung langfristig verarmen.
Gleichzeitig wird es für die reiche Schicht immer schwieriger, ihr Kapital
renditeträchtig wieder zu verleihen, da die Nachfrage nach Krediten mit

zunehmender Marktsättigung abnimmt und damit der Zins fällt. Das Kapital weicht deshalb auf den spekulativen Bereich aus und treibt die Aktienwerte in die Höhe. Die spekulative Blase muß schließlich platzen, und alles Geld zieht sich im unsicher werdenden Umfeld von allen Investitionen zurück. Es gibt eine Deflation, Banken brechen zusammen und Unternehmen gehen bankrott. Damit verliert die breite Bevölkerung die letzten Ersparnisse, ungekannte Armut breitet sich aus. Weil der Mensch im allgemeinen nur durch Schmerzen lernt, erscheint es sehr unwahrscheinlich, daß der Crash in irgendeiner Weise verhindert werden kann. Außerdem wäre dies gegen den Willen der herrschenden Schicht, die gerade an der Euphorie und auch am Crash verdient, und daß gerade die Nutznießer dieses Systems je etwas zur Stabilisierung beitragen werden, ist sicher nicht zu erwarten. Man muß also von einem Zusammenbruch – dem größten in der Menschheitsgeschichte – ausgehen. Es bleibt nur die Frage offen, wie es unmittelbar nach dem Crash weitergeht. An diesem Punkt gibt es drei mögliche weitere Entwicklungen:
- Bürgerkrieg, der im Überwachungsstaat endet,
- Weltkrieg und weitgehende Zerstörung unserer bekannten Welt,
- »Goldenes Zeitalter« durch umfassende Geldreform.
Wie die Entwicklung letztlich abläuft, hängt einmal von dem Willen unserer Machthaber ab, aber auch von der Einstellung der Bevölkerung. Wenn die Menschen sich weiter manipulieren lassen und lieber an Illusionen glauben, statt den Ereignissen rational auf die Spur zu kommen, wird es zwangsläufig zu den ersten beiden Szenarien kommen. Wenn jedoch tatsächlich, im Angesicht der schrecklichen Ereignisse, die Menschheit wirklich einmal zur Änderung der Verhältnisse bereit ist, dann werden auch die finstersten Mächte die Schaffung einer besseren Ordnung nicht aufhalten können. Um sich ein realistisches Bild der jeweiligen Entwicklung zu machen, sollen nachfolgend alle drei Möglichkeiten beleuchtet werden. An erster Stelle steht hier die Entwicklung eines Überwachungsstaates.

Der Überwachungsstaat – die perfekte Diktatur

»Seht euch vor, wir jagen euch jetzt mit Technologien, die ihr nie zuvor gesehen habt.«

Al Gore, amerikanischer Vizepräsident[314]

Wer unsere heutigen Geschehnisse mit wachen Augen beobachtet, dem fällt auf, daß die Machthaber gezielt die Freiheit beschränken und bestrebt sind, möglichst jeden Bürger unter ständiger Kontrolle zu behalten. Dies ist um so wichtiger, als sich, wie gezeigt wurde, die wirtschaftlichen und damit gesellschaftlichen Verhältnisse in den nächsten Jahren drastisch verschlechtern werden und die herrschende Klasse offensichtlich die Bürger durch eine lückenlose Überwachung unter Kontrolle halten will. Dabei werden die getroffenen Maßnahmen stets mit hohen Zielen begründet, etwa dem, die Kriminalität bekämpfen zu wollen. Das Überwachungsnetz wurde in der Vergangenheit langsam und möglichst unauffällig geschaffen, die Maßnahmen wurden jedoch in den letzten Jahren erheblich intensiviert. Zu beachten ist, daß die bekanntgegebenen Methoden in der Regel zehn Jahre hinter dem Stand liegen, der derzeit technisch möglich ist. Die wirkliche Gefahr durch den Überwachungsstaat ist deshalb noch ungleich höher als die offiziellen Meldungen nahelegen, doch reichen auch diese Angaben schon, um größte Vorsicht walten zu lassen. Dabei ist der Wille jedes Staates im Zinskapitalismus sehr groß, die Bevölkerung zu kontrollieren, um zum einen Unruhen zu verhindern und zum anderen die Arbeitskraft der Bevölkerung auszunutzen, wodurch die ausufernde Bedienung der Schulden sichergestellt werden soll. In unserer jüngsten Vergangenheit lassen sich unzählige Beispiele finden, wie der Staat durch eine sorgfältige Überwachung die Bevölkerung in Angst und Schrecken versetzte. Hier kann in erster Linie die Gestapo im Dritten Reich oder die Stasi in der DDR genannt werden. Doch war es damals immer noch möglich, sich dem Spitzelnetz zu entziehen, etwa durch die Flucht ins Ausland. Heute jedoch ist das Netz so dicht und weit gespannt, daß Flucht nicht mehr möglich ist. Durch die technischen Möglichkeiten kann der Überwachungsstaat heute alle Bürger rund um die Uhr kontrollieren, und in Zukunft soll das Netz noch viel engmaschiger werden. Viele Zeitgenossen verfallen dabei der Annahme, daß, wer nichts auf dem Kerbholz habe, sich nicht vor jener Überwachung fürchten müsse. Dies ist jedoch ein gefährlicher Trugschluß: Wer definiert denn, was als staatsfeindlich gilt und was nicht? Es sind genau dieselben Personen, die auch das Überwachungsnetz betreiben. Was ist, wenn die Lebensumstände so drückend geworden sind, daß ein Leben nicht mehr möglich ist und es dann Gesetze gibt, die vorschreiben, daß jeder die Hälfte seines letzten Besitzes an den überschuldeten Staat abgeben muß? Dann ist jeder staatsfeindlich und damit kriminell, der den Anweisungen nicht nachkommt, der also nicht für die Bedienung der Schulden zu sterben bereit ist.

Und wer sagt denn, daß der Begriff »Kriminalität« immer so gefaßt sein wird wie heute? Vielleicht wird jeder einmal zur Zwangsarbeit verurteilt, um die Verzinsung der Schulden sicherzustellen, und Flucht ist dann nicht mehr möglich. Was wäre, wenn beispielsweise die Mafia durch ihren großen Reichtum an die Macht des Überwachungsnetzes kommt und jeder »Schutzgeld« abzuführen hat? Eine Erfahrung aus der Geschichte lehrt, daß alles, was sich mißbrauchen läßt, auch irgendwann von irgend jemandem irgendwie mißbraucht werden wird. Ein Zurück gibt es dann nicht mehr, da diese Macht, die Herrschaft über jeden einzelnen Menschen zu jeder Zeit an jedem Ort, eine absolute ist. Die Entwicklung zum Überwachungsstaat ist also sehr gefährlich und kann ganz schnell in einer perfekten Diktatur enden, gegen die kein Widerstand mehr möglich ist. Bedenklich ist vor allem, daß diese Entwicklung immer schneller vor sich geht und die Bevölkerung dem Geschehen tatenlos und unkritisch entgegensieht. Der erste große Schritt zu einem modernen Überwachungsstaat wurde schon vor einiger Zeit getan.

Telefonkontrolle

Als vor mehr als einem Vierteljahrhundert das Abhören von Telefonaten vom Bundesverfassungsgericht erlaubt wurde, verweigerten drei der acht Richter ihre Zustimmung.[315] Groß war die Befürchtung, daß das Grundgesetz durch solch eine einschneidende Maßnahme ausgehebelt werden könnte. Inzwischen haben sich anscheinend alle an die mögliche Telefonkontrolle gewöhnt. Deshalb wurde Anfang 1998 das Grundgesetz geändert, um den großen Lauschangriff zu ermöglichen.[316] Schon kurze Zeit später hatte es die damalige Bundesregierung sehr eilig, 1998 noch vor der Bundestagswahl neue Möglichkeiten zu schaffen, um das Abhören von Telefoneinrichtungen zu ermöglichen – legitimiert durch eine spezielle Telekommunikations-Überwachungsverordnung (TKÜV). Dabei sollten Unternehmen und Organisationen dazu gezwungen werden, ihre Telefonanlage den Fahndern jederzeit zugänglich zu machen. Bevor ein Unternehmen eine interne Telefonanlage in Betrieb nehmen kann, bedarf es einer Genehmigung durch die Regulierungsbehörde. Sie wird nur erteilt, wenn die technischen Voraussetzungen zum Abhören gegeben sind.[317] Die Unternehmen müssen damit den Aufbau eines Überwachungsnetzes sogar mit eigenen Mitteln finanzieren. Die neuen Gesetze wurden auch sofort gründlich ausgenutzt. Nach Angaben des Bundesdatenschutzbeauftragten stieg die Zahl der Telefon-Lauschangriffe 1998 auf einen Höchststand von 9802, mehr als doppelt soviele wie 1995. Damit liegt Deutschland, gemessen an den internationalen Zahlen, weltweit an der Spitze.[318] Zusätzlich sollte 1999 die gesetzliche Regelung zur Speicherung von Verbindungsdaten von 80 Tagen auf bis zu drei Jahre ausgedehnt werden.[319] Die Anfragen nach den Daten haben inzwischen solche Ausmaße angenommen, daß die Telekom mit den Behörden über die Kosten streitet.[320] Es können also über sehr lange Zeiträume Verbindungen nachvollzogen werden. Unterstützend beschloß das Bundesverfassungsgericht, daß der BND den internationalen Fernmeldeverkehr weiterhin mit elektronischen Mittel abhören darf.[321] Darüberhinaus einigte sich die EU schon 1998 darauf, daß die Netzbetreiber alle Verschlüsselungsmöglichkeiten für Telefone, aber auch Paßwörter für das Internet, offenlegen müssen. Die Polizei wurde ermächtigt, die Daten auch ohne Richterbeschluß zu verwerten.[322] Dabei sind die Maßnahmen nicht nur auf Deutschland beschränkt, sondern werden weltweit vorangetrieben. So billigte das japanische Unterhaus 1999 eine Reihe von Gesetzen, die Abhöraktionen legalisierten.[323] Daß die Überwachung bereits international abläuft, darauf deuten auch intensive Verhandlungen zwischen der Europäischen Union und den USA hin, mit dem Ziel, den grenzüberschreitenden Telefon- und Internetverkehr gezielt zu kontrollieren.[324]

Die technischen Abhörmöglichkeiten sind nahezu unbegrenzt. So kann beispielsweise jedes schnurlose Telefon, auch mit Abhörsicherung, problemlos auf größere Distanzen belauscht werden. Oder es können moderne ISDN-Telefone mit speziellen Codes aktiviert und der Raum mit dem eingebauten Mikrofon überwacht werden. Die Benutzer eines Handys tragen ebenfalls ständig unbewußt ein Abhörgerät mit sich herum, da das Mobiltelefon jederzeit von außen unbemerkt aktiviert und die Gespräche im weiten Umkreis mitgehört werden können. Zusätzlich läßt sich mit dem Handy jederzeit der genaue Standort des Nutzers erfassen. Auch jeder Computer am Netzwerk macht es möglich, daß Fremde über eingebaute Mikrofone oder sogar den Lautsprecher, die Gespräche im Raum jederzeit belauschen können. Nicht zu vergessen sind hier die konventionellen Abhörmöglichkeiten: Mit Richtmikrofonen lassen sich sogar auf viele Kilometer Gespräche gezielt verfolgen, ganz abgesehen von Lasergeräten, welche die Schwingungen der Fensterscheibe erfassen und die Signale wieder in Sprache umwandeln. Es soll sogar Satelliten in erdnaher Umlaufbahn geben, die jeden gewünschten Punkt zu jeder Zeit gezielt abhören können.[325] Die neueste Errungenschaft sollen insektoide Wanzen sein. Dabei wurde eine Kakerlake mit einer Abhörwanze verbunden. Das Insekt sucht sich dann im Raum automatisch die beste Abhörstelle und kann von jedem Ort auf der Welt aus durch das Telefon aktiviert werden.[326] Auch ein Verstellen der Stimme beim Telefonieren nutzt nichts mehr, da die heutigen Programme jede Stimme zu einhundert Prozent identifizieren können.[327] Doch sind die Kontrollmaßnahmen nicht national begrenzt, sondern werden weltweit betrieben. Das dem Europaparlament zugeordnete Amt zur Bewertung von Technikfolgen legte im März 2000 einen Bericht vor, wonach kein Telefonat, kein Fax, egal ob über Festnetz oder mobil, und keine E-Mail vor dem Abhören durch den amerikanischen Geheimdienst NSA sicher ist.[328]

Im zunehmend verschärften internationalen Konkurrenzdruck um knapper werdende Mittel kommen die Staaten auch untereinander in Konflikte, bei denen offenbar alle Mittel erlaubt sind. Für den Präsidenten des Verbandes Deutscher Sicherheitsunternehmensberater, Matschke, steht fest, daß international in den zivilisierten Ländern ein Wirtschaftskrieg tobe. Das scheine Spionage und den Diebstahl, sogar unter Freunden, zu legalisieren. Jeder würde alles tun, um sich wissenschaftliche und wirtschaftliche Vorteile zu verschaffen. Hier spielt vor allem das globale Überwachungssystem Echelon eine wichtige Rolle, mit dem Amerikaner, Australier, Neuseeländer, Kanadier und Engländer rund um die Uhr die weltweite Telekommunikation belauschen können. Trotzdem wird die Bedrohung von den deutschen Behörden nicht ernst genommen. Deutschlands Geheimdienst-Koordinator Uhrlau habe sogar lange erzählt, die berichteten Abhöraktionen durch US-Stellen seien »Humbug«. Das habe ihn, sagt Matschke, an das »hartnäckige Bemühen aus Polizeikreisen früherer Jahre erinnert, trotz aller Indizien lange Zeit die Existenz von Mafia und Organisierter Kriminalität anzuzweifeln«.[329] Der Experte meinte auf die Frage, warum die Staaten nichts gegen die Abhöraktionen unternähmen, daß auch betroffene Regierungen, deren Politiker und Geheimdienste insgeheim hofften, an den Daten teilhaben zu können, wie »Die Welt« in einem Artikel am 3. August 2000 schrieb. Dabei soll dieses Abhörsystem ungeheuer leistungsfähig sein, und es sind nur wenige Beschäftigte überhaupt nötig, die Anlage zu betreiben. Heute ist es nicht mehr, wie früher, notwendig, daß die Gespräche von Menschen mitgehört und ausgewertet werden, da diese Arbeit vollautomatisch von hochentwickelten Computersystemen erledigt wird. Das Echelon-System soll in der Lage sein, jeden Tag über drei Milliarden Telefongespräche, Faxe und Internetverbindungen auf Schlüsselwörter zu kontrollieren. Die NSA kam auch in Amerika unter Druck, als sie erklären sollte, was sie mit vielen Milliarden Dollar jedes Jahr überhaupt macht.[330] Dabei werden Gespräche, Faxe oder E-Mails nicht nur stichprobenartig überprüft, sondern die Überwachung ist total – alles wird überprüft.[331] Die Existenz dieses Abhörsystems wurde übrigens erst im März 2000 von den Regierungen der EU zugegeben.[332] Ob diese effiziente Schnüffeleinrichtung tatsächlich »nur« zur Wirtschaftsspionage benutzt wird oder damit vor allem weltweit die Privatbürger kontrolliert werden sollen, wissen wir nicht. Es wäre denkbar, daß die herrschende Schicht herausfinden will, wo kritische Leute sind, um diese im Fall einer Krise gezielt festnehmen zu können, bevor sie eine Gefahr für das System darstellen.

Videoüberwachung

Die Überwachung beschränkt sich heute keineswegs mehr nur auf das Telefon. Durch den Vorwand, Verbrechen verhindern zu wollen, fordern immer mehr Politiker die konsequente Videoüberwachung von öffentlichen Plätzen, wohingegen Datenschützer bereits anmeldeten, daß damit die Freiheit auf dem Spiel stehe. So forderte die CDU im März 2000, daß in ganz Deutschland die Straßen und Plätze mit Video-Kameras überwacht werden sollten, um »Kriminalitätspunkte zu entschärfen«. Gleichzeitig sollen die Ausnahmeregelungen beim großen Lauschangriff zu Gunsten von Ärzten, Anwälten, Steuerberatern und Journalisten wieder abgeschafft werden, da sonst »abhörfreie Räume« entstehen würden, in die sich die organisierte Kriminalität zurückziehen könnte. Zusätzlich wurde der Spähangriff, also die Wohnungsüberwachung mit Kameras, gefordert. Außerdem müßten in ganz Deutschland verdachtsunabhängige Kontrollen erlaubt werden.[333]

Die Datenschutzbeauftragten von Bund und Ländern wiesen bereits darauf hin, daß eine flächendeckende Videoüberwachung »mit dem freiheitlichen Menschenbild des Grundgesetzes nicht vereinbar« sei. Gleichzeitig wurde die Sorge davor geäußert, daß in der Bundesrepublik eine Überwachungs-Infrastruktur entstehe.[334] Weiterhin gefährdet die wachsende Zahl von Überwachungskameras auf öffentlichen Plätzen nach Ansicht der Datenschützer langfristig die Demokratie. Wer sich ständig beobachtet fühlen müsse, könne kein staatsbürgerliches Bewußtsein entwickeln. Hunderttausende von Kameras summierten sich zu einer Struktur, die eine freie Entfaltung der Bürger beeinträchtige und die freiheitliche Ordnung vergiften könne. Gekoppelt mit Computern, die Gesichter erkennen und Personen damit gezielt verfolgen können, erlaube sie die »Industrialisierung der Überwachung«. Ganze Stadtteile Londons würden bereits heute schon von »intelligenten Kameras« kontrolliert, die auffälliges Verhalten einzelner Personen registrierten. Immer kleinere Geräte ließen sich immer leichter verbergen.[335] Wer etwa in New York wohnt, gerät statistisch zwanzigmal pro Tag auf ein Überwachungsband.[336]

Ein neues Computerprogramm mit dem Namen »Phantomas« erlaubt es, jede Person, die von einer Kamera erfaßt wurde, genau zu identifizieren. Auch Verkleidungen mit Perücke, Brille oder Bart können das System nicht täuschen.[337] Selbst die Überwachung der Bevölkerung mit Hubschraubern wird zunehmend verstärkt. Dabei kann jede Person, auch in völliger Dunkelheit, durch Wärmebildkameras ausgemacht werden. Es ist geplant, die Daten gleich per Funk in die Zentrale zu übertragen, wo sie ausgewertet werden.[338] Eine Flucht ist damit im Überwachungsstaat nicht mehr möglich.

Doch laufen neben der ständigen Videokontrolle schon Projekte, mit denen jedes Haus fotografisch erfaßt wird. Dabei fährt ein technisch ausgerüsteter Transporter durch die Straßen, und eine automatische Kamera fotografiert die Häuser von verschiedenen Seiten. Dieses Projekt läuft schon seit 1998, realisiert durch spezielle Firmen. Als Begründung wurde angegeben, daß die Daten als Hilfsmittel für die Feuerwehr und Krankenwagen zur besseren Orientierung dienen sollen. Der Haus- und Grundbesitzerverband nannte diese Argumentation wenig stichhaltig und forderte ein Verbot.[339] Wie schnell dieses Aufnahmen erfolgen, zeigt ein Beispiel: Um alle Häuser von Hannover zu erfassen, benötigt die beauftragte Firma gerade 48 Kameras und 120 Stunden.[340] Es ist deshalb davon auszugehen, daß die Maßnahme bereits abgeschlossen ist. Die Fotoaufnahmen könnten nach dem Zusammenbruch dazu dienen, Polizeitruppen gezielt zur Stürmung von Wohnungen einzusetzen, in denen systemkritische Personen vermutet werden. Durch die permanente Kontrolle aller Straßen und Plätze wäre eine Flucht oder ein Untertauchen innerhalb des Landes nicht mehr möglich. Die Kameras würden jedes Gesicht erkennen und sofort die staatlichen Organe alarmieren, daß eine gesuchte Person auf einer Straße gesichtet wurde. Doch auch in der Wohnung kann sich niemand sicher fühlen, selbst wenn dort keine Kameras installiert wurden. So soll es inzwischen Satelliten geben, welche die Menschen auch in geschlossenen Räumen anhand ihrer Körperwärme erkennen können.[341] Um geeignete Profile aller Personen zusammenzutragen, eignet sich das Internet besonders gut.

Internetkontrolle

In allen wichtigen amerikanischen Computerprogrammen sind sogenannte Hintertüren eingebaut. Mit deren Hilfe kann der US-Geheimdienst National Security Agency (NSA) nicht nur den Datenverkehr zwischen verschiedenen Rechnern belauschen, sondern auch auf die Festplatten zugreifen. Die amerikanischen Software-Hersteller sind per Gesetz dazu verpflichtet, bei allen Exportversionen ihrer Programme die Verschlüsselungsmöglichkeiten im Datenverkehr zu begrenzen und den Behörden einen Teil der Codes bekanntzugeben, damit ein Zugriff jederzeit möglich ist.[342]

Dabei erklärte die US-Regierung schon 1998, daß sie den Sicherheitsbehörden Zugang zu den Verschlüsselungscodes gewähren möchte, um private Computer auszuspionieren.[343]

Der Chiphersteller Intel gab bekannt, daß alle Chips ab Pentium III Seriennummern tragen sollen, die sich von außen abfragen lassen. Damit läßt sich weltweit jeder Computer genau lokalisieren. Außerdem soll der Chip auch einen festen Algorithmus für die Verschlüsselung von Nachrichten benutzen, den Geheimdienste einfach lesen können, womit alle Geheimhaltung im Computerbereich unmöglich gemacht wird.[344]

Lange Zeit flossen sogar E-Mails, die innerhalb Deutschlands ausgetauscht wurden, ausschließlich über die USA, da alle Internet-Anbieter mit Amerika Verträge besitzen.[345]

Neben der Kontrolle durch Geheimdienste wird auch die normale Polizei verstärkt, um das Internet zu kontrollieren. Die Polizei durchforstet dabei bereits heute das Internet rund um die Uhr nach sogenannten verdächtigen Inhalten. Die Polizei teilte dabei mit, daß die Anonymität im Internet ein Trugschluß sei. Dabei wird nicht nur das Internet überprüft, sondern auch die Chatrooms. Es handelt sich dabei um anlaßunabhängige Kontrollen, also Überprüfungen ohne Verdacht. Die Formen der Recherche im Netz werden geheimgehalten.[346] Dabei soll, wie jeder Überwachungsbereich, auch diese Kontrolle schnellstens ausgebaut werden. Weil das Medium Internet so unübersichtlich sei, hält Bundesinnenminister Schily es für notwendig, bereits »an der Quelle« die Kontrolle anzusetzen, wie bei der Eingabe von Daten in das Netz. Ermittlungsbeamte des Bundeskriminalamtes und der Länderpolizei müßten dazu im Internet »auf Streife« gehen.[347] Daneben wurde in einer geheim tagenden Regierungsarbeitsgruppe die Bildung einer Eingreiftruppe geplant.[348] Wenn bereits alle Daten überwacht werden sollen, die innerhalb des Internets eingegeben werden, dann muß davon ausgegangen werden, daß auch hier keine Anonymität mehr besteht. Es ist davon auszugehen, daß es auch hier in erster Linie nicht um die Sicherheit des Datennetzes, sondern um die Überwachung der Bevölkerung geht. Der Experte für Datensicherheit Prof. Brunnstein wies darauf hin, daß es der falsche Weg sei, die Sicherheit im Internet mit dem Strafgesetzbuch zu regeln. Eine stärkere Überwachung mache wenig Sinn, da sie schnell unterlaufen werden könne.[349] Im Sommer 2000 wurde laut »Handelsblatt.com« vom 9.8.2000 von der Regierung sogar eine Versteuerung der Internetnutzung am Arbeitsplatz beschlossen, welche umfangreiche Kontrollen der Netz-Nutzung vorsieht. Dabei warnte der Bundesbeauftragte Jakob bereits vor dem gläsernen Arbeitnehmer, den es keinesfalls geben dürfe.

Ohnehin ist zu beachten, daß das Internet über Telefonleitungen funktioniert, die schon seit längerem unter Kontrolle sind. Es ist sogar davon auszugehen, daß das weltweite Netz nur deshalb geschaffen wurde, um die Daten der Überwachungsstellen sofort zu jeder Zeit weltweit auszuwerten. Dabei könnte eine Person, die beispielsweise im Ausland ins Netz der dortigen »Überwachungspolizei« gegangen ist, weil sie sich beispielsweise durch ihre Unterschrift verraten hat (automatische Computerkontrolle[350]), nun schnell über die Internetverbindung identifiziert und danach ausgeliefert werden.

Bewegungskontrolle

In diesem Zusammenhang ist es für die herrschende Klasse auch notwendig, die Bewegung jedes einzelnen Bürgers zu ermitteln, um damit ständig über den Aufenthaltsort informiert zu sein und Bewegungsprofile erstellen zu können. In erster Linie wird hier der PKW-Verkehr kontrolliert. Die technischen Maßnahmen sind auch hier schon weitgehend ausgereift und müssen nur noch umgesetzt werden. So wurde, unter dem Vorwand, Autodiebstähle reduzieren zu wollen, bereits ein System vorgestellt, das es erlauben soll, einen gestohlenen Wagen mit Hilfe des codierten Autoschlüssels per Satellit aufzuspüren und den Wagen damit zu stoppen. Das System wurde von der NASA mit großem Interesse zur Kenntnis genommen und soll schnellstmöglich in der neuen Raumstation ISS erprobt werden.[351]

Im Ausland ist die PKW-Überwachung bereits Realität; Singapur führte beispielsweise bereits 1998 ein Buchungssystem für Straßenbenutzungsgebühren ein, das sich nebenbei gleich zur idealen Überwachung eignet. Jedes in Singapur zugelassene Fahrzeug muß dabei ein kleines Gerät enthalten, in das eine kreditkartengroße Karte geschoben wird, über welche die Straßennutzungsgebühr automatisch beim Passieren von Kontrollpunkten abgebucht wird.[352] Ein ähnliches System wurde auch schon für Deutschland geplant. Dabei sollte durch eine ständige Satellitenortung über eine

Geldkarte ständig die Straßenbenutzungsgebühr für jeden gefahrenen Kilometer abgebucht werden.[353] In England befindet sich ein anderes System in Planung, das den gleichen Zweck erfüllt: Nach Expertenmeinung könnte in einigen Jahren in England ein satellitengesteuertes Automobil-Überwachungssystem namens »Großer Bruder« die Fahrzeuggeschwindigkeit kontrollieren. Das System würde die Einhaltung der vorgeschriebenen Geschwindigkeit messen und bei Bedarf automatisch bremsen. Nebenbei würde ein solches System den Aufenthaltsort des Fahrzeuges jederzeit feststellen können.[354] Interessant ist die Bezeichnung des Systems als »Großer Bruder«, nach George Orwells Roman »1984«, der den totalen Überwachungsstaat beschreibt.

Eine Lücke war hier bisher die Bahn, da Fahrkarten anonym gekauft werden und der Kunde zu beliebigen Zeiten das Beförderungsmittel nutzen konnte. Nach neuen Ideen der Bahn soll damit bald Schluß sein: Sie plant nämlich eine Änderung der bisherigen Regeln und will die Fahrpreise vom Buchungstag vor dem Reisebeginn abhängig machen. Kunden, die mehrere Tage vor der Reise buchen, sollen günstigere Preise erhalten. Bevorzugt sollten die Fahrkarten am Computer über das Internet bestellt werden. Ähnlich wie beim Flugverkehr soll es für die Tickets voraussichtlich eine Zugbindung und eine Reservierungspflicht geben. Zur Einführung des Systems gewährte die Bahn bereits Anfang des Jahres 2000 denjenigen Kunden Rabatte, welche die Fahrkarte im Internet bestellten.[355] In Zukunft werden dann die Bahnschalter vollkommen geschlossen, und wer eine Fahrt machen möchte, muß das am kontrollierten Netz erledigen. Außerdem muß er sich auf eine Fahrt festlegen. Die Überwachungsstelle weiß dann genau, wer wann wohin fahren wird, und kann dabei Rückschlüsse auf den Aufenthaltsort oder den Zweck der Reise ziehen.

Handys, die perfekte Überwachung

Eine besondere Hilfe für den Überwachungsstaat sind Mobiltelefone, da sich einmal die Umgebung des Nutzers abhören läßt und außerdem gleichzeitig fortwährend der Aufbewahrungsort des Gerätes festgestellt werden kann. So wissen die Betreiber des Netzes ständig, wo sich der Handybesitzer befindet. Sekundengenau wird festgehalten wer wann mit wem und von wo aus gesprochen hat. Ende Mai 1997 wurde von der damaligen Regierung ein Gesetzentwurf gebilligt, der es den Ermittlern erlaubt, schon bei bloßem Verdacht »von nicht unerheblicher Bedeutung«, die Speicher von Telefongesellschaften anzuzapfen. Der Paragraph 99a der Strafprozeßordnung enthält dabei keinerlei Verwertungsverbote, so daß alle Telefonate kontrolliert werden dürfen. Mit den Aufenthaltsdaten der Handynutzer lassen sich genaue Bewegungsprofile der Nutzer erstellen, mit denen sich die Personen kontrollieren lassen.[356] Es ist zu vermuten, daß dieser Umstand ein Hauptgrund dafür war, Mobiltelefone in der Bevölkerung zu verbreiten. Die aggressive Werbung ist nur Mittel zum Zweck: Selbst jeder Schüler und jede Oma soll plötzlich ständig erreichbar – und damit jederzeit erfaßbar – sein. Noch vor wenigen Jahren konnte man problemlos sein Leben auch ohne diese »Errungenschaften« verbringen. Warum wohl schafft man nun die Telefonzellen langsam aber sicher ab, um statt dessen Handys einzuführen – wenn nicht zur Kontrolle?

Natürlich hatte die Werbung, da massenpsychologisch ausgefeilt durchgeführt, beachtliche Wirkung: In Deutschland besaßen Anfang des Jahres 2000 schon 23 Millionen Bürger ein Handy, 72 Prozent mehr als ein Jahr davor. In anderen Ländern ist man noch weiter: Jeder dritte Franzose, 40 Prozent der Briten und die Hälfte der Italiener telefonieren bereits mobil.[357] In Amerika hat inzwischen die zuständige Behörde mit Genehmigung des Präsidenten verfügt, daß Mobilfunkgesellschaften bis zum Oktober 2001 technisch in der Lage sein müssen, jederzeit über den Standort jedes Handys Auskunft zu geben. Die Regelung wird mit dem Vorwand begründet, daß die Polizei und Feuerwehr jederzeit darüber informiert sein muß, woher ein Hilferuf kommt.[358]

Neben der ständigen Information über den Aufenthaltsort eines Bürgers sind die Überwachungsinstanzen vor allem an den Zahlungsvorgängen der Menschen interessiert.

Kontrolle der Zahlungsvorgänge

Da in unserer Welt ohne Geld nichts läuft, lassen sich die Einwohner eines Staates in diesem Punkt am wirksamsten kontrollieren. Schon vor einiger Zeit wurde die Möglichkeit eingeschränkt, Bargeld über Ländergrenzen hinweg zu transferieren: Wer mit mehr als 30 000 Mark Bargeld in die Bundesrepublik einreist oder Deutschland damit verläßt, muß seit Mitte 1998 mit behördlicher Kontrolle rechnen. Nach der Rechtslage besteht seither bei Ein-, Aus- und Durchfuhr sowohl im Reiseverkehr wie auch im gewerblichen Güterverkehr für jeden die Verpflichtung, Geld und Wertgegenstände im Gesamtwert von 30 000 DM oder mehr anzuzeigen. Neben Bargeld interessieren sich die Fahnder auch für Schecks, Wechsel, Edelmetalle und Edelsteine.[359]

Wenn von der Kontrolle der Kontobewegungen die Rede ist, denken die meisten sicherlich an die Schufa, die Schutzgemeinschaft für allgemeine Kreditsicherung. Diese Organisation ist ebenfalls ein Mittel, um den Zahlungsverkehr der Bürger zu kontrollieren. Ein Kunde kann zwar bei einer Kontoeröffnung der Weitergabe von Daten an die Schufa widersprechen, doch die Bank wird in diesem Fall mißtrauisch und von einer Kontoeröffnung absehen. Ein Bankmitarbeiter wird besonders dann mißtrauisch, wenn außer dem Namen keine weiteren Angaben, auch kein Girokonto, gespeichert sind.[360] Um bei der Schufa als Risikokandidat gemeldet zu werden, bedarf es nur eines Mahnbescheides für eine vergessene Rechnung, der Gläubiger muß dafür lediglich einen Mahnbescheid beim Amtsgericht beantragen. Die Schufa und damit jede Bank erhält von diesem Vorgang Kenntnis und sperrt unter Umständen Kreditlinien oder lehnt eine Eröffnung eines neuen Kontos ab.[361] Da in unserer heutigen Welt ohne ein Girokonto weder ein Arbeitsplatz noch eine Wohnung zu haben ist, kann über diese Organisation viel Macht ausgeübt werden. Zusätzlich kann der Kunde über seine Bankverbindungen eingeschätzt und damit kontrolliert werden. Doch geht die Entwicklung weiter: Ein Erlaß aus dem Jahr 1997 erlaubt den Finanzbehörden die Überwachung sämtlicher Bewegungen zwischen Girokonten.[362] Nach Beschlüssen der Regierung sollen die Banken weiterhin dazu verpflichtet werden, Kontrollmitteilungen über Zinseinkünfte an das Finanzamt weiterzugeben.[363] Auch eine Forderung der OECD, genauso ausländischen Institutionen den Zugriff zu Bankkonten jederzeit zu ermöglichen, deutet auf mehr Kontrolle hin.[364] Damit hätte der Staat einen weiteren Einblick über die Vermögensstruktur des einzelnen.

In die gleiche Richtung gehen Forderungen der EU-Kommission, wonach jeder Steuerberater, Anwalt und Diamantenhändler künftig melden muß, wenn er den Verdacht hat, daß seine Mandanten oder Kunden in Geldgeschäfte verstrickt sind. Die Meldepflicht soll dabei im weiteren Verlauf auf alle Berufe ausgedehnt werden, bei denen ein Geldwäscherisiko besteht.[365]

Es lassen sich zwar alle Zahlungsvorgänge auf dem bargeldlosen Weg überwachen, allerdings war es bisher für den Überwachungsstaat ein Hindernis, nicht über die baren Geldtransfers informiert zu sein.

Abschaffung des Bargeldes

Weltweit sind deshalb verstärkte Bestrebungen im Gange, das Bargeld durch bargeldlose Systeme zu ersetzen. Als besonders kritisch ist dabei die Verwendung von EC- und Kreditkarten für Zahlungsvorgänge anzusehen, weil damit alle Kaufvorgänge zentral gespeichert werden, womit der Kunde einer totalen Überwachung unterliegt. Es läßt sich jederzeit nachvollziehen, wer wann wo was bezahlt hat. Wie beim Handy setzt man zuerst auf kräftige Werbung, um das angeblich »moderne Zahlungsmittel« im Volk beliebt zu machen. Mit Erfolg: Ende 1999 verfügte beinahe jeder Einwohner der Bundesrepublik über eine EC-Karte oder eine Karte mit Zahlungsmittelfunktion. Innerhalb eines Jahres wurden die Karten um 19% häufiger benutzt.[366] Eine weitere Anstrengung, um die Bürger von der Notwendigkeit der Chipkarte zu überzeugen, weist in Richtung Jugendschutz. Mit dem Vorwand, den Zigarettenkauf von Jugendlichen einzuschränken, wollen die Mitglieder der Nichtraucherschutzinitiative im Bundestag die Zigarettenindustrie zwingen, ihre Automaten auf ein neues, bargeldloses System umzustellen. Denkbar sei dabei die Einführung spezieller Chip-Karten oder der Einsatz von Eurocheque- und Kreditkarten.[367]

Kaum ein Bundesbürger scheint sich allerdings Gedanken darüber zu machen, welche Macht er den Banken mit der Verwendung von EC-, Chip- oder Kreditkarten einräumt. Der Bundesbeauftragte für Datenschutz, Joachim Jacob, wies bereits darauf hin, daß auch aufladbare Geldkarten die systematische Überwachung der Personen erlauben. Der Benutzer lege Datenspuren über Zeit, Ort und ausgegebenen Betrag. Die Daten würden jahrelang gespeichert, und auf Knopfdruck könnten von jedem Kartennutzer exakte Verhaltens- und Kaufprofile erstellt werden.«[368] Des weiteren wiesen die Datenschützer darauf hin, daß das bargeldlose Bezahlen mit Karte entsprechende Datenspuren hinterlasse. Wer zum Beispiel regelmäßig in einer Edelboutique einkaufe oder in einer Luxusherberge übernachte, die von der Mafia als Geldwaschanlage benutzt werde, könne schnell als Verdächtiger im Polizeiapparat registriert werden.[369] Bedenklich stimmt in diesem Zusammenhang, daß der Bargeldgebrauch zunehmend eingeschränkt wird. Die »Euro-Zeitung« vom 21. Mai 2000 berichtete beispielsweise, daß in Frankreich ein Gesetz erlassen wurde, das Bar-Zahlungen von Beträgen über 1500 DM für Geschäftsleute und 6000 DM für Privatpersonen verbietet.

Wem nützt ein solches Gesetz? Wird der Zahlungsverkehr sicherer? – Nein, im Gegenteil: Das bargeldlose Zahlungssystem provoziert bereits Anschläge von finsteren Gruppen.

Terrorismus

Wer garantiert überhaupt für die Sicherheit des bargeldlosen Verkehrs? Bargeld, also die ausgegebenen Scheine und Münzen, stellen ein verbrieftes Dokument für die Kaufkraft dar, während das bargeldlose »Geld« nur ein Versprechen der Banken darstellt, bei Bedarf Bargeld ausgeben zu können. Sind die Kreditinstitute dazu im Krisenfall nicht mehr in der Lage, ist das Versprechen hinfällig und das bargeldlose Scheingeld wertlos.

Wie sehr wir uns mit dem ganzen Chipgeld, das vom Funktionieren der Computer abhängt, in Abhängigkeit und Gefahr bringen, und wie leicht sich hier unser Vermögen zerstören läßt, zeigte ein Beitrag des Terrorismusforschers Prof. Laqueur. Er wies dabei auf die Risiken einer verkomplizierten Gesellschaft im Falle terroristischer Anschläge hin: Wenn es Terroristen gelänge, »wichtige Zentralen oder Schaltstellen unserer sich immer komplizierter und vernetzter entwickelnden Computersysteme zu blokkieren oder gar zu zerstören, dann könnte dadurch für Tage, Wochen oder schlimmstenfalls Monate das Leben unserer Gesellschaft völlig paralysiert werden«. Er wies auch auf eine historische Grunderkenntnis hin: »Leider gibt es in der Geschichte ein Gesetz, daß alles, was sich am Horizont menschlichen Denkens als Möglichkeit herausbildet, eines Tages auch in die Praxis umgesetzt wird.« Dabei ist für die Zerstörung eines Landes nicht viel Aufwand nötig: »Was man braucht, sind vier, fünf oder höchstens sechs Personen mit technischen Kenntnissen und etwas Kapital zur Anschaffung der entsprechenden Materialien und Geräte, und schon läßt sich Terror ganz ohne besonders ausgefeilte konspirative Strukturen organisieren.«[370] In die gleiche Richtung deutet eine Studie des Center for Strategic and International Studies (CSIS), die zum Ergebnis kam, daß die USA durch Zerstörung des Computernetzes (und damit der Zahlungsvorgänge) mit zehn exzellenten Hackern und zehn Millionen Dollar in die Knie gezwungen werden könnten.[371]

Anfang 2000 gab es einen umfassenden Hackerangriff auf das Internet. Zur künftigen Abwehr derartiger Vorkommnisse beauftragte man die NSA, entsprechende Maßnahmen zu ergreifen, was zeigt, wie ernst die Lage ist.[372] Würde dieser Schlag noch umfassender geführt, könnte mit einem Mal die ganze Weltwirtschaft zerstört werden. Man läßt aus diesem Grund und wegen der ständigen Kontrolle besser die Finger von solchen »modernen Zahlungsmitteln«.

Eine Weiterentwicklung der heutigen Geldkarten wäre, aus der Sicht des Überwachungsstaates, eine Karte, die alle Funktionen (Ausweis, Zahlungsfunktion, Kreditkarten usw.) in einer registrierten Karte vereinigt. In den USA wird diese sogenannte »smart card« bereits seit einiger Zeit umworben. Die EU-Kommission fördert aus diesem Grund mit Nachdruck ein Projekt zur Entwicklung eines Personalausweises auf Chipkarte. Die sogenannte Fasme-Karte soll unter anderem den Wohnungs- und Arbeitsplatzwechsel innerhalb Europas und damit die internationale Überwachung sicherstellen. Der Ausweisinhaber soll sich nach den Plänen der Entwickler per Fingerabdruck identifizieren.

In Großbritannien will die Regierung bis 2002 ein Viertel aller Transaktionen auf elektronischem Wege abwickeln; im Jahr 2005 sollen es schon 50% und 2008 schließlich volle 100% sein. Dann kann sich niemand mehr der einheitlichen Kontrollkarte verschließen. Dabei sei Fasme nur die Vorstufe für eine europaweite Identitätskarte. Die Verantwortlichen haben es sehr eilig mit der Einführung, denn in nur 18 Monaten sollen rechtliche Verwaltungsnormen auf eine multifunktionale Javacard abgebildet werden können.

Auch schnelle Gesetzesänderungen in ganz Europa sollen kurzfristig dafür durchgezogen werden.»Es wird nicht damit getan sein, Gesetze zu befolgen – man wird sehr viele von ihnen ändern müssen, um ein derartiges Chipkartensystem zuzulassen« so Marit Köhntopp, die sich beim Landesbeauftragten für Datenschutz Schleswig-Holstein mit dem Thema Chipkarten beschäftigt.[373]

Im Ausland sind die Fortschritte schon deutlicher sichtbar: In Finnland werden mit größter Geschwindigkeit alle herkömmlichen Identifikationsmittel gegen Chipkarten ausgetauscht.[374] Doch auch das finanziell am Boden liegende Rußland holt in diesem Bereich kräftig auf. Dort wurde 1998 ebenfalls ein System installiert, mit dem beispielsweise Bußgelder landesweit bezahlt werden sollen. Begründet wurde die Einführung damit, daß sich die Bürger damit lange Wartezeiten und Behördenbesuche sparen könnten.[375] Wenn dieses System einmal voll eingeführt ist, könnten im Krisenfall überall Kontrollpunkte aufgestellt werden, bei denen jeder seine Karte in einen Automaten schieben muß, um weiteren Durchgang zu erlangen. Wer dann keine Karte hat oder wessen Karte gesperrt wurde, kann einfach ausgesondert und festgenommen werden.

Überhaupt räumt man mit dem Kartengeld einer unbekannten Instanz absolute Kontrolle über sein Leben ein. Wenn von oben her das Konto gesperrt wurde, weil man vielleicht systemkritische Gedanken geäußert hat, steht man schnell vor dem Nichts, da man weder kaufen, noch verkaufen kann.

Neben der Chipkarte gibt es noch weitergehende Modelle, um eine eindeutige Identifikation der Menschen sicherzustellen.

Der genetische Fingerabdruck und implantierte Chips

Die Möglichkeiten einer sicheren Identifikation ist den Machthabern ein besonderes Anliegen, da Ausweisdokumente und unter Umständen auch

Karten gefälscht werden und Bürger sich dem Überwachungsapparat entziehen könnten. Durch den »genetischen Fingerabdruck« aber könnte die Identität jedes Bürgers zu jeder Zeit ermittelt werden. Deshalb ist man bestrebt, in der Bevölkerung den Eindruck zu erwecken, daß die systematische Registrierung der Bürger unbedingt nötig sei, um Verbrecher fangen zu können. Schon Mitte 1998 wurde im Bundesrat, wieder mit dem Vorwand der Verbrechensbekämpfung, die Anwendung von DNA-Analysen allein für erkennungsdienstliche Maßnahmen gefordert.[376] Der Aufbau einer zentralen Datei für den genetischen Fingerabdruck wurde kurz darauf in Angriff genommen, obwohl die rechtliche Lage noch umstritten war.[377]

In den USA besteht schon seit einiger Zeit eine landesweite Gendatei, auf die Behörden jederzeit zurückgreifen können.[378]

Die beste Überwachung ist natürlich gewährleistet, wenn jeder Bürger mit einem implantierten Chip »ausgerüstet« wird. Durch den Chip wäre auch sein Aufenthaltsort über Satellit jederzeit ermittelbar. Im Ausland laufen bereits Bestrebungen in diese Richtung. Im US-amerikanischen Staat Illinois droht beispielsweise allen Sozialhilfeempfängern, die sich weigern, ihre Daten mit einem Fingerscan koppeln zu lassen, die Sperrung der Beihilfen. Wenn dem Druck nachgegeben wird, werden die Zahlungen wieder aufgenommen.[379] Weiterhin laufen in den Vereinigten Staaten Pläne, einen pfenniggroßen Chip mit Satellitennavigation unter die Haut von Personen einzupflanzen, damit diese ständig zu lokalisieren sind. Bürgerrechtler sehen der Entwicklung allerdings mit Sorge entgegen. Die American Civil Liberties Union befürchtet zu Recht einen Mißbrauch durch Personen, die Zugang zu den gelieferten Daten haben. Regierungsvertreter könnten so völlig legal jede Bewegung der Bürger ihres Landes auf Schritt und Tritt verfolgen. Auch wäre es nur eine Frage der Zeit, bis sich Unbefugte Zugang zu den übermittelten Daten verschaffen und sie für kriminelle Zwecke mißbrauchen könnten.[380]

Schon seit einiger Zeit werden auch bei uns Forderungen nach implantierten Chips lauter. So forderte ein CDU-Abgeordneter schon 1996, daß die Entführung von Kindern dadurch unterbunden werden solle, daß an ihnen Minisender angebracht werden. Das Bundesforschungsministerium versprach daraufhin, die Idee prüfen zu lassen.[381]

Bei Tieren sind implantierbare Chips schon lange Realität. Um die Verwendung auch beim Menschen später propagieren zu können, werden gleichfalls Haustiere einbezogen. In Catania auf Sizilien müssen beispielsweise bis Mitte 2000 alle Hunde mit einem implantierten Chip versehen werden.[382]

Im Sommer 2000 wurde in Deutschland eine Kampagne gegen Hunde initiiert, welche dazu führte, daß beispielsweise das Bundesland Rheinland Pfalz eine Vorschrift erließ, wonach alle »gefährlichen Hunde« mit einem implantierten Chip versehen werden müssen, wie sich der Gefahrenabwehrverordnung Rheinland Pfalz vom 30. Juni 2000 entnehmen läßt. Neben der perfekten Kontrolle ist ein Überwachungsstaat auch an einer möglichst wehrlosen Bevölkerung interessiert.

Wehrloses Volk

Hier ergriffen die Regierungen weltweit ebenfalls drastische Schritte. So wurden gleich nach der Machtübernahme von Tony Blair im Jahr 1997 alle Pistolen in Großbritannien eingesammelt. Auch Sportschützen mußten ihre Waffen (sogar Kleinkaliber) abliefern. Eine Verschiebung der Maßnahme lehnte Blair persönlich ab und forderte die sofortige Umsetzung.[383]

Sogar in Amerika sind die Bestrebungen zur Entwaffnung der Bevölkerung im vollen Gange. So erklärte der US-Bundesstaat Maryland im April 2000, daß der Besitz von Waffen für bestimmte Gruppen verboten sein soll. Der dortige Gouverneur sprach von einer neuen Ära in Bezug auf die Waffenkontrolle in den USA.[384]

In Deutschland sollen jetzt sogar relativ harmlose Verteidigungswaffen waffenscheinpflichtig werden: Im März 2000 sprach sich der Bundesrat für schärfere Waffengesetze aus. Danach sollen sogar Schreckschuß-, Reizstoff- und Signalwaffen waffenscheinpflichtig werden.[385]

Auch der technische Fortschritt soll in Zukunft einbezogen werden. So läßt die amerikanische Regierung in einem großangelegten Forschungsprojekt »kluge Schußwaffen« entwickeln, die nur bei Gebrauch durch ihre Eigentümer funktionieren. Denkbar sei, daß die neue Technologie mit Fingerabdrücken und Radiowellen funktioniere. Damit solle verhindert werden, daß Waffen überwältigter Polizisten verwendet werden könnten.[386]

Nicht nur der Waffensektor wird streng reglementiert. Auch wer sich in Zukunft mit juristischen Mitteln gegen staatliche Repressalien wehren will, hat schlechte Karten: Im Dezember 1999 wurde ein Referentenentwurf vom Bundesjustizministerium veröffentlicht, der die erste Instanz stärken möchte, um einen Rechtsstreit dort möglichst ein für allemal zu erledigen. Nicht mehr die Höhe des Streitwertes, sondern die Schwierigkeit der Sache soll entscheiden, ob man in Berufung und Revision gehen kann. Wenn also die berechtigte Klage im ersten Verfahren abgelehnt wurde, kann diese nicht in einer höheren Instanz nochmals geprüft werden. Genauso kann dann ein Systemkritiker unberechtigt zu einer hohen Gefängnisstrafe verurteilt werden und hat keine Möglichkeit, das Verfahren nochmals prüfen zu lassen.[387] Genauso soll in Zukunft eine Klage vor dem Bundesverfassungsgericht nicht mehr für jeden möglich sein.[388] Drückende Entscheidungen, die von der Regierung erlassen werden, können dann nicht einmal mehr ohne weiteres in Frage gestellt werden. Doch in erster Linie ist die »Überwachungsregierung« daran interessiert, systemkritische Gedanken erst gar nicht aufkommen zu lassen. Wie schon im Kapitel unter Massenpsychologie gezeigt, läßt sich eine Menschenmasse leicht manipulieren, da sie nicht rational, sondern allein emotional empfindet. Da jedoch das Denken von der Sprache abhängt, ist hier entscheidend, die Landessprache so zu verändern, daß systemfeindliche Gedanken gar nicht formuliert und damit entstehen können. Als ersten Schritt versuchen die Manipulatoren deshalb die geschriebene Sprache zu verfälschen. Diesem Zweck dient offenbar die weithin von der Bevölkerung abgelehnte »Rechtschreibreform«.

Rechtschreibreform

Wie wichtig diese »Reform« den Machthabern zu sein scheint, zeigt die Energie, mit der die ungeliebten Entscheidungen durchgepeitscht wurden. Obwohl man in Schleswig-Holstein die Einführung sogar per Volksentscheid im Land ablehnte, wurde die Maßnahme doch durchgeführt,[389] da der Bevölkerungsentscheid anscheinend nicht demokratisch genug (also dem System nützlich) war. Dabei ist auch die Justiz in dieser Frage keineswegs unabhängig, wie eine Klage von Reformgegnern vor dem Bundesverfassungsgericht zeigt. Die Gegner der Rechtschreibreform äußerten dabei Zweifel an der Unabhängigkeit des Bundesverfassungsgerichtes und erklärten, daß die Gewaltenteilung zur Farce werde, wenn die Gesellschaft zulasse, daß offensichtliche Absprachen zwischen dem höchsten bundesdeutschen Gericht und Mitgliedern der gesetzgebenden Organe als normal betrachtet würden. »Wer garantiert den Bürgern, daß das Karlsruher Urteil in gut unterrichteten Bonner Kreisen vorab nur gelesen, nicht korrekturgelesen wird?« Die Kläger zogen deshalb ihre Klage vor dem Bundesverfassungsgericht aus Protest zurück.[390] Die Rechtschreibreform scheint ihre Wirkung nicht zu verfehlen. So zeigte eine Untersuchung im März 2000, daß sich die Rechtschreibfehler seit der Reform signifikant erhöht hätten. Dabei wurde die Untersuchung sogar von Reformbefürwortern durchgeführt.[391]

Gedanken- und Geburtenkontrolle

Noch viel raffinierter sind technische Einrichtungen zur Gedankenkontrolle, die erst gar nicht den Wunsch nach Revolution aufkommen lassen.

In Australien ist es Wissenschaftlern und Technikern anscheinend gelungen, Teile des Gehirns auszuschalten, um die anderen Hirnregionen zu größerer Leistung zu bringen. Durch ein kleines Kästchen am Hinterkopf werden getaktete magnetische Impulse erzeugt. Der Nutzer nimmt dann alle Informationen gefiltert auf, er konzentriert sich nur noch auf einen einzigen Bereich, wobei andere Gedanken ausgeblendet werden. Dieser Zustand ist bei sogenannten »Savants« – genialen Idioten, wie sie genannt werden – bekannt. Diese Menschen können beispielsweise zentimetergenau Entfernungen nennen, 24 Sprachen sprechen oder ohne Uhr die genaue Zeit angeben, sind jedoch unfähig, Personen zu erkennen oder zu beschreiben, was sie tun.[392]

Wer im neuen Überwachungsstaat nicht richtig »spurt«, bekommt in sein Gehirn einfach ein Implantat eingepflanzt, das systemkritische Gedanken ausblendet. Er denkt dann nur noch ans Arbeiten und sein größter Wunsch besteht darin, dem System zu dienen.

Ein weiterer wichtiger Punkt ist die Geburtenkontrolle. Zum einen wird die herrschende Schicht in Zukunft sicher keine Überbevölkerung mehr zulassen und zum anderen will sie verhindern, daß kritische Menschen überhaupt entstehen. Bereits in 15 Jahren sollen nach Aussage einer britischen Mediziner-Studie Kinder nur noch in einer künstlichen Gebärmutter heranwachsen. Der Fötus darf jedoch nur dann gedeihen, wenn er durch eine Reihe von Tests als unbedenklich eingestuft wird. Daneben soll der Gesundheitszustand eines jeden Menschen von Geburt an durch implantierte Chips permanent kontrolliert werden. Bei Abweichungen von der Norm sollen diese Alarm schlagen. Durch solche Maßnahmen sollen alle Krankheiten in der Zukunft in den Griff zu bekommen sein.[393]

Damit eröffnet sich eine Welt, in der niemand mehr ein Existenzrecht hat, der als »krank« – da zu kritischem Denken fähig – gilt. Der natürliche Verlauf der Evolution wird damit komplett unterbrochen, es werden gezielt Menschen einer Art gezüchtet. Aufstände gegen das System sind in Zukunft allein deswegen nicht mehr zu befürchten.

In eine ähnliche Richtung deutet auch eine Untersuchung, die ergab, daß genmanipulierte Nahrung im Tierversuch zur Gehirnschrumpfung führt. Nur zwei Tage, nachdem ein englischer Wissenschaftler einen Artikel dazu veröffentlicht hatte, wurde er vom Dienst suspendiert.[394] Womöglich wird aus jenem Grund die Gennahrung überhaupt erst eingeführt und propagiert, damit der durchschnittliche Intelligenzquotient in der Bevölkerung herabgesetzt werden kann. Dumme Menschen sind wiederum leichter lenkbar und stellen keine Gefahr für das System dar.

Schon heute ist das weltweite Kapitalsystem in der Lage, wirksam Unruhen zu unterdrücken. Eigenartig sind in diesem Zusammenhang auch die ständigen Ermahnungen für Impfaktionen. Was letztlich dabei den Menschen verabreicht wird, ist nicht durchschaubar. Vielleicht soll damit ebenfalls ein Zustand erzeugt werden, der es erlaubt, die Bevölkerung besser zu kontrollieren. Im Jahr 1999 startete bereits ein großer Impfwettbewerb in ganz Deutschland an Schulen. Durch Gruppenzwang sollte eine möglichst hohe Impfrate erreicht werden. Wenn sich mindestens jeder zweite Schüler impfen lasse, so wurde erklärt, erhielte die ganze Schule einen kostenlosen Konzertbesuch bei einer DJ-Bobo-Veranstaltung.[395]

Selbst wenn sich trotz der perfekten Kontrollmechanismen noch Unmut in einer Bevölkerungsgruppe bilden sollte, besteht die Möglichkeit, diesen mit Hilfe ausländischer Truppen im Zuge niederzuschlagen. Eine Vorreiterrolle dafür könnten die UN-Friedensmissionen darstellen.

UN-Friedensmissionen

Es kann als sehr gefährlich angesehen werden, wenn souveräne Staaten mit dem Argument, »Frieden schaffen« zu wollen, angegriffen werden. Übersehen wird dabei meist, daß die Definition davon, wer in einem Konflikt eigentlich der »Gute« und wer der »Böse« ist, oftmals rein willkürlich ist. Über die Medien kann, wie wir im Kapitel über Massenpsychologie gesehen haben, praktisch jede gewünschte Meinung im Volk erzeugt werden. Es besteht bei solchen internationalen Einsätzen die Gefahr, daß bestimmte Gruppen gezielt eine internationale Stimmung schaffen, um gegen ein Land militärisch »legal« vorgehen zu können. Dabei bedarf es nur einiger brutaler Fernsehbilder mit entsprechendem Kommentar, und die Kriegsaktion wird vom Volk abgesegnet.

Bei genauer Betrachtung muß man feststellen, daß die bisherigen Friedensmissionen der UNO sehr eigenartig abgelaufen sind. Beispielsweise kam es nach entsprechenden Fernsehbildern in Australien zu organisierten Veranstaltungen, in denen der angebliche Wunsch der Bevölkerung demonstriert werden sollte, daß Australien, auch ohne UNO-Mandat und Erlaubnis der indonesischen Regierung, Truppen nach Ost-Timor entsenden wolle.[396] Deshalb stellte Australien Anfang September 1999 der indonesischen Regierung ein Ultimatum von 48 Stunden, um die Situation in der Unruheregion unter Kontrolle zu bringen. Gleichzeitig wurden Kriegsschiffe in die Region entsandt. Auch die deutsche Entwicklungshilfe-

ministerin forderte wenig später den Einsatz einer internationalen Friedens-
truppe.[397] Doch war die Situation nach dem Einmarsch von UN-Truppen
plötzlich nicht mehr interessant, was den offiziell begründeten Zweck der
Aktion doch sehr fraglich erscheinen läßt. So wurden einige Luxusschiffe
an die Küste von Ost-Timor gebracht, in denen die UN-Mitarbeiter woh-
nen. Außer daß diese Leute mit neuen Geländewagen über die Insel fahren, scheint an Hilfe nicht viel bereitzustehen. Den Bewohnern von Ost-
Timor geht es heute sogar noch weitaus schlechter als vor dem Einmarsch,
da die zahlungskräftigen UN-Mitarbeiter die Preise drastisch nach oben
treiben und die arme Bevölkerung damit nicht konkurrieren kann. Besonderen Anstoß erregen bei den Inselmenschen die Lebensgewohnheiten der
»Helfer«, die ausgiebigen Gebrauch von der Prostitution machen und damit das moralische Empfinden der streng gläubigen Bevölkerung verlet-
zen.[398] Deutlich wird an diesem Beispiel, daß es bei den internationalen
Missionen weniger um die Menschen, Menschenrechte, Demokratie oder
Freiheit geht, sondern daß dies unter Umständen erste Schritte sind, um
legal mit Truppen fremder Nationen lokal herrschende Unruhen gewaltsam aufzulösen. Gefährlich sind solche angeblichen Friedensmissionen
auch deshalb, weil sich dadurch regionale Konflikte schnell auf die teil-
nehmenden Staaten ausbreiten können. Doch trotz dieser bestehenden
Gefahr haben die nach massenpsychologischen Gesichtspunkten geführten Kampagnen große Erfolge gezeigt. So sind 93% der Deutschen dafür,
daß sich die Bundeswehr an militärischen Aktionen beteiligen solle.[399]

Daß es bei diesen Missionen in erster Linie um die Stützung des Zinskapitalismus geht, wurde nicht zuletzt in einer Forderung des US-amerikanischen Finanzministers Summers deutlich, als er verlangte, daß die USA
grundsätzlich bei Krisen eine stark interventionistische Rolle spielen müßten. Der Kapitalismus nach amerikanischem Vorbild solle überall das langfristige Ziel sein.[400] Zu ihrem Jubiläumsgipfel 1999 gab die NATO bekannt, daß man in Zukunft schon im Vorfeld von Krisen eingreifen wolle,
auch außerhalb des eigenen Gebietes und ohne Zustimmung der UNO.[401]

Was wäre, wenn in einer wirtschaftlichen Krise auch in Deutschland
Hungerrevolten ausbrechen und die Machthaber UN-Truppen zur Hilfe
rufen, welche dann die Bevölkerung unter Kontrolle behalten? Wer garantiert eigentlich dafür, daß diese Missionen nur gegen Diktatoren eingesetzt
werden? Bedenklich ist in diesem Zusammenhang, daß internationalen,
nicht demokratisch legitimierten Organisationen immer mehr Macht eingeräumt werden soll. So forderte die CDU-Generalsekretärin Merkel, die
globalisierte Wirtschaft stärker zu lenken. Dabei sollten neue »weltweit
ordnende Institutionen« dafür sorgen, daß Reichtum nicht auf wenige konzentriert bleibe.[402]

Der Völkerrechtler Matthias Herdegen fordert sogar, daß die Souveränität von Staaten aufgehoben werde. Das Völkerrecht solle dann den Schutz menschlicher Würde und menschlichen Lebens übernehmen. Interventionen wären schon allein deshalb legitim, da in der NATO ausschließlich demokratische Rechtsstaaten vertreten sind.[403] In letzter Konsequenz bedeutet dies, daß jeder Staatenverbund, der sich »demokratisch« nennt, rechtmäßig einen anderen Staat angreifen darf, weil hier angeblich oder tatsächlich Minderheiten diskriminiert werden. Dies öffnet der Manipulation Tür und Tor, um Staaten anzugreifen, die nicht konform mit dem Kapitalismus gehen. In die gleiche Richtung weisen Pläne der EU, neben militärischen, auch zivile Krisenreaktionskräfte mit 60 000 Mann Stärke aufzubauen, die dazu bestimmt sind, die Systemstabilität wieder herzustellen.[404]

Doch damit nicht genug: Zunehmend werden Pläne ausgearbeitet, militärische Einheiten für den Einsatz im Inland bereitzustellen. So forderte der CSU-Sicherheitsexperte Christian Schmidt, daß die Bundeswehrstärke nicht reduziert werden sollte, um vermehrt die Abwehr nichtmilitärischer Bedrohungen im Inland zu übernehmen.[405] Diese Maßnahmen könnten schon auf erste Schritte zu einem Polizei- und Gewaltstaat hindeuten, in dem die Grundrechte mit Füßen getreten werden.

Einschränkung der Grundrechte

Überhaupt sollen in Zukunft Demonstrationen anscheinend möglichst der Vergangenheit angehören. So wird geplant, das Grundrecht auf Versammlung einzuschränken. Nach zwei Demonstrationen der NPD am Brandenburger Tor in Berlin im März 2000 sprach sich beispielsweise Berlins Innensenator Werthebach dafür aus, dieses Grundrecht zu ändern, da anderenfalls Kundgebungen der rechten Szene zum Dauerproblem würden.[406]

Im Sommer 2000 wurde erneut eine Kampagne gestartet, um schärfere Gesetze und eine Einschränkung von Grundrechten zu erwirken. Obwohl der Verfassungsschutz bekanntgab, daß sich rechte Gewalttaten von 1990 bis 1998 halbiert haben und auch im Jahr 2000 eine stark rückläufige Tendenz zu beobachten ist, wie u. a. »Die Welt« in ihrer Ausgabe vom 11. August 2000 berichtete, wurde ein erweiterter Bundesgrenzschutz-Einsatz zur Überwachung beschlossen (siehe auch »Yahoo-Schlagzeilen« vom 5. August 2000).

Auch eine neue Regelung in den EU-Staaten geht in diese Richtung. So müssen alle EU-Länder, in denen es zu Blockaden des Handels durch Demonstrationen kommt, innerhalb von fünf Tagen erklären, welche Maßnahmen sie gegen den Protest unternommen haben. Bleiben die gewünschten Aktionen aus, kann die EU-Kommission gegen das Land vorgehen. Die Minister unterschrieben Verträge, nach denen sich jede Nation verpflichtet, alles zu tun, um Hindernisse schnell zu beseitigen.[407] Ein Demonstrations- oder Protestrecht wird es damit in Zukunft nicht mehr geben. Da der Handel in Europa Vorrang hat, könnten solche Unmutsäußerungen möglicherweise auch militärisch aufgelöst werden. Wer an Demonstrationen teilnimmt, kann heute innerhalb kurzer Zeit identifiziert werden. So gibt es inzwischen Kameras, die binnen weniger Sekunden viele hundert Bilder aufnehmen können, wobei die Teilnehmer einer Massenveranstaltung auf Einzelbildern erkannt und anschließend ausgegeben werden.[408]

Doch auch das Grundrecht zum Eigentum gerät in Gefahr: In Österreich wollte man in einem Entwurf zum Militärbefugnisgesetz sogar neben den erweiterten Spitzelbefugnissen für den Heeresnachrichtendienst die Möglichkeit für das Militär vorsehen, auch in Friedenszeiten jederzeit zivile Autos und Häuser beschlagnahmen zu dürfen.[409]

Daß die beschriebenen Maßnahmen am wenigsten dazu dienen, das Verbrechen zu bekämpfen, wird an den erfolglosen Ermittlungen gegen die Terrororganisation Rote Armee Fraktion (RAF) deutlich: So konnten die Fahnder trotz eines Mitarbeiterstabs von hundert Beamten und großem Aufwand nie besonders viel über die Organisation der RAF herausfinden. Keiner der Anschläge seit 1985 konnte auch nur ansatzweise aufgeklärt werden. Wegen der mangelhaften Ergebnisse konzentrierten sich die Ermittler vor allem auf die Bekennerschreiben, analysierten die Papiersorte und interessierten sich für die Orthographie und Grammatikfehler.[410] Eigentlich müßte es für den Überwachungsstaat, mit den derzeit zur Verfügung stehenden Mitteln, eine Kleinigkeit sein, eine organisierte Terrorbande auszuheben. Da dies jedoch nicht einmal ansatzweise geschehen ist, kann das Argument der Verbrechensbekämpfung kaum gelten. Demnach liegt der Zweck der Maßnahmen in der Kontrolle der Bevölkerung. Ohnehin wäre es lächerlich, wegen eines winzigen Prozentsatzes krimineller Elemente ein ganzes Volk überwachen zu wollen, wenn nicht andere Interessen dahinterstünden. Aus den vorgestellten Fakten wird deutlich, daß der Überwachungsstaat keineswegs eine Gefahr in der weiten Zukunft darstellt, sondern bereits zügig ausgebaut wird. Und wie schon betont, gibt es, wenn dieser Überwachungsstaat erst einmal etabliert ist, kein Zurück mehr. Man kann sicher sein, daß die vorhandenen Mittel im Krisenfall dann auch konsequent genutzt werden. Tatsächlich kam es am 11.9.2001 zu einer solchen Krise, als in den USA durch einen Terroranschlag das World-Trade-Center zerstört wurde. Das Ereignis wurde in beängstigendem Ausmaß dazu genutzt, einen stärkeren Ausbau des Überwachungsstaates zu fordern, obwohl für die Urheberschaft des verdächtigten Osama bin Laden keine Beweise vorgelegt wurden.[410a] Auch der Politikwissenschaftler an der Bundeswehr-Hochschule in Hamburg, Prof. Pradetto erklärte, daß bin Laden vielleicht ein Bestandteil des Terrors wäre, keinesfalls jedoch ein bedeutender.[410b] Eilig wurden vor allem in Deutschland sofort neue Gesetze eingebracht, um die Bevölkerung besser unter Kontrolle zu haben. So äußerte der Bundesbankpräsident Welteke schnell Zweifel am deutschen Bankgeheimnis.[410c] Bundesfinanzminister Eichel griff diesen Gedanken auf und forderte die Einrichtung einer zentralen Stelle, in der alle »verdächtigen« Kontobewegungen erfaßt werden sollten.[410d] Der bayerische Innenminister Beckstein warf Datenschützern vor, an »überholten Bedenken« festzuhalten und forderte, daß Videoüberwachung auch dort praktiziert werden müßte, wo es lediglich eine »abstrakte Bedrohung« gebe.[410e] Videokameras und Überwachung also am besten flächendenkend und überall! Die CDU forderte darüber hinaus, daß die Bundeswehr künftig auch im Inland eingesetzt werden solle, um »Terroristen auszuschalten«.[410f] Darüber hinaus plante Bundeswirtschaftsminister Müller, die gesetzlichen Voraussetzungen für Fahrverbote und Stromabschaltungen zu schaffen.[410g] Schnell waren sich die Innenminister der Bundesländer auch darin einig, eine großangelegte Rasterfahndung durchzuführen.[410h] Bundesinnenminister Schily folgte dann mit einem zweiten »Sicherheitspaket«, in dem er forderte, daß Ausweise sowohl Fingerabdrücke, als auch biometrische Daten, wie beispielsweise die Gesichtsform, enthalten sollten.[410i] Damit wäre es dann möglich, mittels der installierten Videoüberwachungskameras jeden Bürger automatisch zu identifizieren, zu erfassen und zu überwachen. Weiter sollte durch dieses »Sicherheitspaket« dem Bundeskriminalamt das Recht eingeräumt werden, auch ohne Anfangsverdacht zu ermitteln.[410j] Mit Recht lehnte der Bundesdatenschutzbeauftragte Jacob die Pläne ab und erklärte, daß diese kaum tauglich seien, den internationalen Terrorismus zu bekämpfen.[410k] Einhellig wurden die Überwachungs-Forderungen darüber hinaus von Bürgerrechtlern, Richtern, Anwälten und der Polizeigewerkschaft als »überzogen und voreilig« abgelehnt, und es wurde vor einer übermäßigen Einschränkung der Grundrechte gewarnt.[410l] Mit den Anschlägen in den USA hat damit der Überwachungsstaat einen ungekannten Aufschwung erfahren. Die Zukunft kann schnell in einer perfekten Diktatur enden. Wie ein solches Szenario aussehen kann, soll die nachfolgende Geschichte zeigen.

Szenario 1: Der Überwachungsstaat schlägt zu

»Es ist eine Welt, in der es keinen Ort mehr geben wird, an dem man
sich oder irgend etwas verstecken kann.«
Zeitschrift New Scientist[411]

Der Ausbau des Überwachungsstaates wurde gegen Ende des 20. Jahrhunderts von den Machthabern weltweit intensiviert. Die Bevölkerung schaute dem Geschehen unkritisch zu, da die offiziellen Erklärungen einleuchtend waren: Es wurde verlautbart, daß mehr Kontrolle nötig sei, um endlich die Verbrecher, vor allem die organisierte Kriminalität auszurotten. Dabei wurden Einzelfälle, wie Kindesentführungen, der Bevölkerung mediengerecht präsentiert, um den unbedingten Nutzen von mehr Kontrolle aufzuzeigen. In gutem Glauben dachten die meisten tatsächlich, daß »wer ein anständiger Bürger ist, nichts zu befürchten« habe. Dies änderte sich schlagartig, als eine Wirtschaftskrise andere Umstände herstellte.

Die Wirtschaftskrise
Diese Krise begann dadurch, daß ein Unternehmen in den USA zugeben mußte, jahrelang die Bilanzen gefälscht zu haben. Die Aktien der Firma sackten daraufhin rapide ab. Plötzlich schauten sich die Anleger die Börsenwerte etwas genauer an. Sie entdeckten, daß es in Amerika nie einen »Aufschwung« gegeben hatte und dieser der Welt nur durch manipulierte Statistiken vorgegaukelt wurde. Auf einen Schlag waren Aktien nicht mehr interessant und wurden massiv abgestoßen – die Preise purzelten um über 90%. Mit dem Aktiencrash war eine Kapitalflucht aus den USA verbunden, da niemand mehr Interesse hatte, dort zu investieren, und allein sein Geld in Sicherheit wissen wollte. Durch den Abzug von Geld kam der US-Dollar unter Druck und notierte bald unter einer DM pro Dollar. Um die Kapitalflucht abzubremsen, erhöhte die amerikanische Nationalbank die Leitzinsen bis auf 30%. Dadurch brach die hochverschuldete Wirtschaft in den USA zusammen, da sie die Kredite nicht mehr bedienen konnte. Durch rückgängige Unternehmensgewinne jedoch mußten die Aktien weiter fallen. Wegen der gesunkenen Wertpapierkurse kamen wiederum die Privathaushalte unter Druck, weil plötzlich ihr Aktienvermögen nichts mehr wert war. Fatalerweise hatten die meisten Privatleute in den scheinbaren »Boomjahren« ihre Ersparnisse aufgelöst und sogar Kredite aufgenommen, um Aktien zu kaufen. Die Schulden mußten nun hochverzinst abgezahlt werden, was viele Bürger unter Druck brachte und sie zwang, Realgüter wie Immobilien zu verkaufen. Da dies jedoch in großem Stil geschah, verfielen die Preise rapide. Außerdem waren die Unternehmen dem gleichen

Druck ausgesetzt und versuchten nun durch Preissenkungen in jenem ruinösen Wettbewerb bestehen zu können. Weil jedoch die Bevölkerung den Konsum einschränkte, da sie entweder bankrott war, oder nach dem Crash kaum noch Vermögen besaß, kamen die Betriebe erneut unter Zugzwang, weil der Absatz zurückging. Deshalb mußten Arbeitskräfte entlassen werden. Dadurch wiederum sank die Kaufkraft der Bürger weiter, was neue Unternehmenspleiten bewirkte.

Auch die Banken waren in dieser Situation in der Klemme: Durch bankrotte Betriebe und Privathaushalte war ein Großteil der Schulden, trotz Enteignung der Schuldner, nicht mehr einbringbar. Gleichzeitig zogen die Anleger ihr Vermögen von der Bank ab, die das Kapital nicht mehr auszahlen konnte und die Türen schließen mußte. Durch diese Bankenpleiten verloren die meisten Menschen noch den Rest ihres Vermögens.

Doch wirkte die Krise nicht nur in Amerika, sondern breitete sich über die ganze Welt aus. Durch den stark gefallenen Dollarkurs kam zum Beispiel das exportabhängige Europa unter Druck und versank in der gleichen deflationären Abwärtsspirale wie die USA. In dieser Situation faßte die Europäische Zentralbank einen fatalen Entschluß.

Der Euro – das Ende von Europa

Von der Europäischen Zentral Bank (EZB) wurde erklärt, daß die kräftigen Wechselkursbewegungen in Europa nur durch eine sofortige Einführung von Euro-Bargeld stabilisiert werden könnten. Dazu wurden die schon seit langem bereitgestellten Euro-Banknoten benutzt. Wie schon vor dem Zusammenbruch geplant, wurde die Verteilung des Euros mit militärischen Mitteln unterstützt. Für den Umtausch setzte die EZB nur fünf Tage an, wobei pro Person maximal 5000 DM umgetauscht werden durften. Durch diese Maßnahme enteignete man die Bevölkerung noch weiter, da das noch vorhandene Barvermögen reduziert wurde. Unruhen hielt man in dieser Phase durch das Militär ab. Die Einführung der Einheitswährung hatte jedoch fatale Konsequenzen: Das Geld zog sich sofort aus den wirtschaftlich schwächeren Regionen in Europa zurück, die Bevölkerung dort war damit zur Auswanderung in die produktiveren Gebiete gezwungen. Hier kam es zu einem gnadenlosen Konkurrenzkampf mit den dortigen Arbeitskräften, die wegen des deflationären Verfalls ohnehin kaum noch Lohn erhielten. Die Streitigkeiten wurden in allen Bereichen immer größer, und so entschlossen sich die Regierungen, das Militär der Euro-Einführung zu einer Dauereinrichtung werden zu lassen.

Der Schnüffelstaat zeigt sein wahres Gesicht

Es wurden Gesetze erlassen, die eine Kritik am Euro und vor allem am

Kapitalismus unter hohe Strafen stellten. Sehr entgegen kam den Regierenden nun die perfekt ausgebaute Überwachungs-Infrastruktur. Dank breiter Telefon- und Videoüberwachung konnten Systemkritiker schnell ausfindig und »unschädlich« gemacht werden. Die Beweglichkeit der Einwohner war ohnehin durch hohe Benzinpreise eingeschränkt, doch wollten die Machthaber auf jeden Fall über den ständigen Aufenthaltsort jedes Bürgers informiert sein, da jeder Einwohner einen potentiellen Regimegegner abgeben könnte. Durch ein großangelegtes Programm wurde die zwangsweise Implantation von lokalisierbaren Chips beschlossen. Wer sich weigerte, wurde unausweichlich in eigens dafür eingerichteten »Besserungslagern« vom Sinn der Maßnahme »überzeugt«.

Durch die Chips wurden auch alle Zahlungsvorgänge erledigt, da das Euro-Bargeld schnell wieder eingezogen wurde, als die Machthaber den Nachteil erkannten, daß sie über die anonymen Zahlungsvorgänge keine Kontrolle hatten. Wenn sich nun ein Bürger durch kritische Äußerungen verdächtig machte, reichte es meist, wenn sein Konto einige Tage gesperrt wurde, bis er wieder auf »Linie getrimmt« war. Der Chip dient auch dazu, die »Wegesteuer« abzubuchen, was kein Problem darstellte, da jeder rund um die Uhr erfaßt wurde. Für hartnäckige Kritiker ließen sich die Machthaber eine besondere Maßnahme einfallen: Sie bekamen einen Chip ins Gehirn eingepflanzt, der »negative Gedanken« generell ausblendete. Selbstverständlich wurden alle Wohnungen und öffentlichen Plätze rund um die Uhr durch Mikrofone und Kameras automatisch überwacht. Erkannte der Computer systemfeindliche Äußerungen, griff sofort eine Sonderpolizei ein, die den Unmut im Keim erstickte. Bestens bewährte sich auch das vor dem Crash aufgebaute Mobilfunknetz, das es den Eingreiftruppen erlaubte, schnell Daten über mißliebige Personen von jedem Punkt aus an die Zentrale weiterzusenden. Nach dem Crash wurde auch schnell eine Arbeitspflicht eingeführt, d.h. die Regierung weist jedem eine Arbeit zu. Erfüllt der Arbeiter sein Leitungssoll nicht, so wird dem mit Kontosperrung oder Besserungslager nachgeholfen. Ein Privatleben gibt es in diesem Staat praktisch nicht mehr. Man führte sogar ein, daß niemand mehr eigene Kinder haben darf, da die Nachkommen in einer künstlichen Gebärmutter herangezogen und in staatlichen Heimen erzogen werden. Durch diese Maßnahme möchte die herrschende Schicht einmal die Überbevölkerung in den Griff bekommen und auch dafür sorgen, daß nur noch Menschen auf die Welt kommen, die keinerlei Widerstand befürchten lassen. Selbstverständlich nennt sich auch dieser Staat noch »Demokratie« und die »Freiheit« ist sogar Verfassungsbestandteil. Ein Hauptpunkt in dieser Verfassung ist die Ausschaltung jeder Systemstörung, was nach Ansicht der Herrschenden nur durch lückenlose Kontrolle des Landes erreicht werden kann.

Der drohende Weltkrieg

»Der heute herrschende Kapitalismus in der Gesellschaft bedeutet ewigen Krieg ... Die Kriege sind Lösungsversuche wirtschaftlicher Fragen in kapitalistischem Sinne ... Die entscheidende Frage der Friedensbewegung lautet: Wird es gelingen, den heute herrschenden Kapitalismus aus der Gesellschaft zu beseitigen? ... Bleibt aber das kapitalistische Erwerbssystem herrschend, dann müssen die Zeiten der ewigen Kriege fortdauern, trotz aller Friedenskonferenzen.«
Prof. Ruhland, System der politischen Ökonomie, 1908

Bei der Frage, was nach dem wirtschaftlichen Zusammenbruch kommt, gibt es neben der Ausbildung eines Überwachungsstaates, der sich gegen die eigenen Bürger richtet, noch die Möglichkeit, daß eine Nation versucht, die Probleme mit militärischen Mitteln zu lösen. In der Menschheitsgeschichte haben Zeiten, in welchen es den Leuten schlecht ging, oftmals zu kriegerischen Konflikten geführt. Es liegt deshalb nahe, solch eine Auseinandersetzung auch für unsere Zukunft nach einem wirtschaftlichen Zusammenbruch zu erwarten. Dabei dient ein Krieg einmal dazu, von den inneren Mißständen abzulenken und zum zweiten dazu, die entstandenen Aggressionen der Bürger statt auf die Machthaber auf einen äußeren Feind zu richten. Um ein Szenario für das künftige Geschehen zu entwerfen, ist es interessant, die Hintergründe vergangener Kriege zu untersuchen. Im allgemeinen wird heute behauptet, daß die Kriegsursachen meist in gewalttätigen, machtsüchtigen Diktaturen zu suchen seien. Was dabei übersehen wird, ist der wirtschaftliche Hintergrund, der die Entwicklung erst ermöglichte.

Die Ursachen des Krieges: Beispiel Zweiter Weltkrieg

In den zwanziger Jahren erlebte die Welt, wie wir gesehen haben, einen atemberaubenden wirtschaftlichen Aufschwung, der sich in explodierenden Aktienkursen zeigte. Die Entwicklung änderte sich schlagartig, als im Oktober 1929 mit dem Börsencrash in New York die große Weltwirtschaftskrise einsetzte. Das Geldkapital zog sich, wegen steigender Unsicherheiten, aus der Wirtschaft zurück, was einen starken Abfall des Preisniveaus nach sich zog. Weil die Preise verfielen (Deflation), ging sofort der Absatz von Gütern zurück, da jeder auf noch günstigere Preise wartete und seinen Kauf verschob. Damit kamen die Unternehmen in Bedrängnis und waren gezwungen, Arbeitskräfte zu entlassen, womit die Kaufkraft noch mehr einbrach. Zunehmend mußten Banken schließen, da Kredite uneinbringbar waren. Die Lage endete in einer hoffnungslosen Situation.

Erst mit Ausbruch des Zweiten Weltkriegs steigerte sich die Wirtschaftsentwicklung weltweit in kurzer Zeit zu einer Hochkonjunktur, da die Rüstungsindustrie wieder rentable Anlagemöglichkeiten bot und damit die Geldhortung aufhob (Abb. 23).

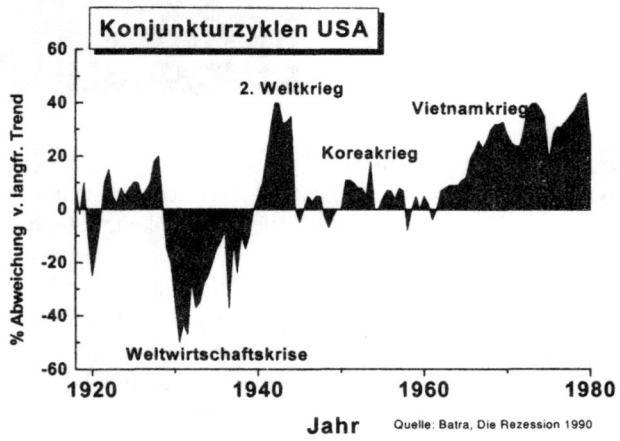

Abb. 23: Konjunkturzyklen in den USA

Durch den Weltkrieg wurde also die Deflation beendet, da jetzt wieder rentable Anlagemöglichkeiten in der Rüstungsindustrie vorhanden waren. Der Krieg zerstört auch genug Realkapital, wie Häuser, Fabriken und Maschinen, womit der Bedarf für Kredite wieder ansteigt. Durch die größere Nachfrage nach Geld gehen auch die Zinsen nach oben, womit es sich für den Geldausleiher wieder lohnt, sein Kapital für die Wirtschaft zur Verfügung zu stellen. Damit wird die Investitionsquote erhöht, allerdings erst, wenn die Zerstörung ein ausgiebiges Niveau erreicht hat.

Der Krieg dient im Prinzip dazu, das zusammengebrochene Zinssystem wieder zum Laufen zu bringen. Wie der bewaffnete Konflikt im Detail verläuft, ist in diesem Zusammenhang zweitrangig. In Deutschland verschlechterte sich die Lage nach Beginn der Weltwirtschaftskrise drastisch. Weil die Geldmenge durch einen Goldstandard an den Preis des Goldes gebunden war, mußte nach dem Abzug amerikanischer Goldreserven Geld eingezogen werden. Damals mußte für das ausgegebene Geld ein Drittel des Wertes in Form von Gold bei der Reichsbank hinterlegt sein. Als der Goldbestand abnahm, mußte deshalb die dreifache Menge Geldes eingezogen werden, was eine massive Deflation auslöste. Das Volkseinkommen sank von 1928 bis 1932 um 40%, die privaten Bruttoinvestitionen sogar um 75%. Die wirtschaftlichen Aussichten verdüsterten sich zunehmend, die Arbeitslosenzahl stieg. In dieser Situation konnte sich die radikale NSDAP von einer kleinen Splitterpartei parallel zur Zahl der Arbeitslosen zur größten Partei aufschwingen (Abb. 24).

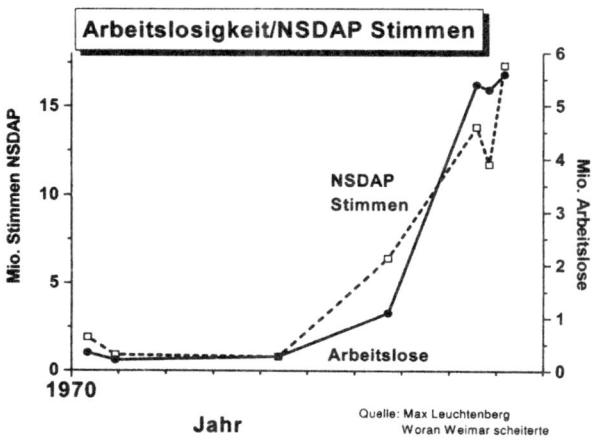

Abb. 24: Entwicklung der Arbeitslosen/NSDAP-Stimmen in der Deflation

Ein gutes Beispiel dafür, daß Kriege mit unserem Zinskapitalismus zusammenhängen, zeigt die Entwicklung der Staatsverschuldung (Abb. 25). Durch den Zins steigert sich die Verschuldung eines Staates, wie schon gezeigt, immer mehr. Jedes Land muß sich dabei immer weiter verschulden, schon allein, damit das durch den Zins verminderte Geldkapital wieder in den Wirtschaftskreislauf kommt. Da aber mit zunehmender Zeit die Zinslasten immer größer werden, ist der Staat letztlich dazu gezwungen, entweder eine Wirtschaftskrise in Kauf zu nehmen oder durch Eroberungen im Ausland zu versuchen, Kapital für die Bedienung der Schulden zu rauben.

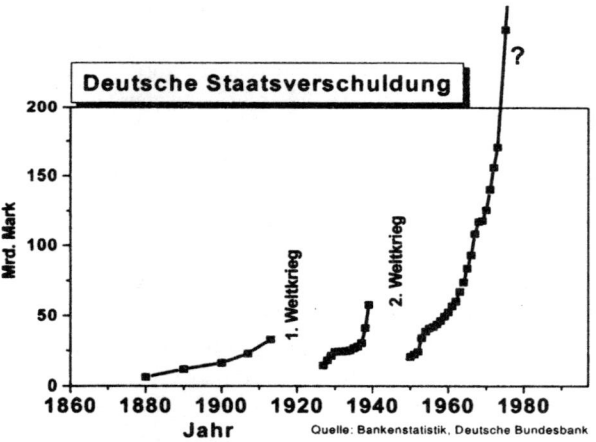

Abb. 25: Staatsverschuldung

Um diesen Zusammenbruch soweit wie möglich hinauszuschieben, sind die Staaten gezwungen, ihre Exportrate, zu Lasten anderer Nationen, zu steigern. Die Exportquote von Deutschland steigt ständig und soll im Jahr 2000 den Rekordwert von über einer Billionen D-Mark erreichen.[412] Die anderen Staaten steigern ihre Ausfuhren ebenfalls, womit der Konkurrenzdruck schnell zunimmt. Die internationalen Spannungen steigen deshalb immer weiter an, bis zum bewaffneten Konflikt. So gab es vor dem Ersten und Zweiten Weltkrieg jedesmal eine Explosion der Exportrate (Abb. 26).

Heute müssen die Staaten in der Globalisierung weltweit miteinander konkurrieren. Da die Zinslasten immer mehr explodieren, wird der Druck auf eine Ausweitung des weltweiten Marktanteils ständig größer. Wenn nun eine Weltwirtschaftskrise den Markt schrumpfen läßt, bleibt oft nur noch die Möglichkeit des Krieges.

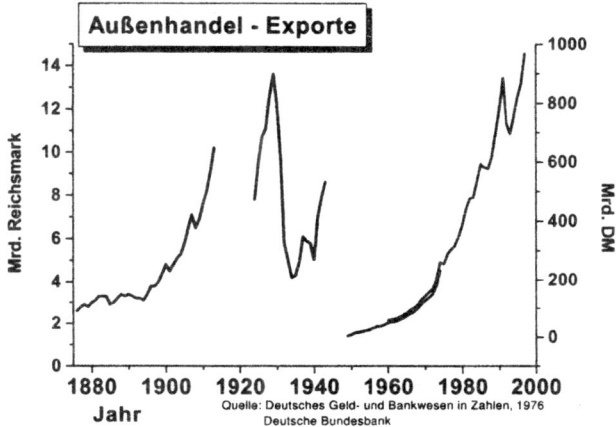

Abb. 26: Exporte in Deutschland

Entwicklung zum Krieg

Wie läßt sich die Entwicklung zum Krieg vorstellen (Abb. 27)?

Zinsen führen zur *Geldvermögenskonzentration*, da derjenige, der viel Geld besitzt und dieses anlegt, wachsende Zinseinnahmen bekommt, diese wieder anlegt und im nächsten Jahr hierfür noch mehr Zinsen erhält (Zinseszinseffekt).

Da aber Zinsen nicht aus dem Zauberhut kommen, sondern erarbeitet werden müssen, wachsen die *Zinslasten* für die übrige Bevölkerung immer schneller an.

Irgendwann sind die Verschuldungskosten so groß, daß sie nicht mehr erarbeitet werden können. Da aber in unserem System kein Geld ohne Zinsen verliehen wird, kommt es zur *Geldhortung*, d. h. Geld wird dem Geldkreislauf entzogen.

Entzug von Geld aus der Wirtschaft bedeutet eine *Deflation*, die zu einem Rückgang der Wirtschaftsleistung führt.

Die Deflation geht schließlich in eine *Wirtschaftskrise* mit Massenarbeitslosigkeit, Armut und Unruhen über.

Wenn eine Wirtschaftskrise lang genug anhält, kommt es zu sozialen Spannungen und häufig zum *Krieg.*

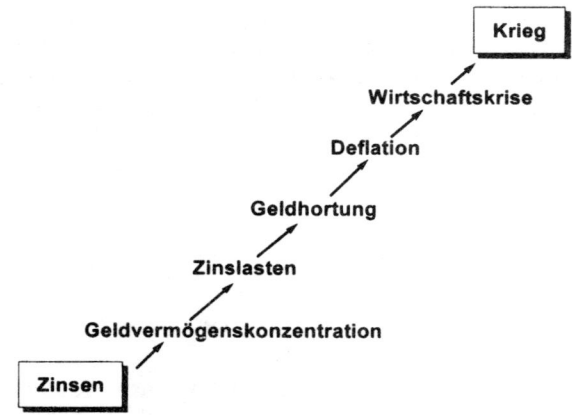

Abb. 27: Der Krieg als Folge des Zinssystems

In gleichem Maße, wie sich das Vermögen in immer weniger Händen konzentriert, steigt auch die Verschuldung der Bevölkerung und damit die Zinslast an. Weil die Staaten immer größere Anteile der Steuereinnahmen für den Zinsdienst ausgeben müssen, kommt es zwangsläufig zu Einschränkungen der sozialen Leistung und zu Abgabenerhöhungen. Die sozialen Spannungen wachsen national wie international und entladen sich in kleinen, bald auch wieder in großen Kriegen. Die Schlußfolgerung aus dieser Betrachtung lautet, daß Kriege durchaus keine Ereignisse aus ferner Vergangenheit darstellen, sondern daß die Neigung zu gewaltsamen Auseinandersetzungen, parallel zur Zunahme der wirtschaftlichen Schwierigkeiten, immer stärker zunimmt. Dabei verläuft die Entwicklung zwangsläufig: Solange die Wirtschaft schneller wächst als der Kapitalanteil, wenn also der Zinssatz kleiner ist als die Wachstumsrate, sind die Mißstände nur verborgen vorhanden. Sobald jedoch das Wachstum der Ökonomie an Grenzen stößt, beansprucht der Kapitalanteil einen immer größeren Teil des Volksvermögens. Es kommt zur schnellen Vermögensverschiebung durch den Zinseffekt. Die Schwierigkeiten nehmen immer größere Ausmaße an. Schließlich zieht sich das Kapital aus der Wirtschaft zurück, weil die Mindestverzinsung nicht mehr sichergestellt ist. Die daraus entstehende Deflation führt zu großer Not und Unruhen. In einem Krieg wird letztlich das Sachkapital vernichtet, und mit dem Aufbau fängt die Entwicklung von vorne an – bis zum nächsten Krieg. Gute Beispiele für diesen Zusammenhang stellen der Erste und Zweite Weltkrieg dar, in denen die Zinslasten der Staaten jeweils einen Höhepunkt erreichten. Auch die französische Revolution, die später zu den europäischen Kriegen unter Napoleon führte, kann mit diesem Hintergrundwissen erklärt werden. So mußte der französische Staat ein Jahr vor der Revolution fast 70 Prozent seiner Einnahmen nur für den Zinsdienst der Verschuldung ausgeben. Aus diesem Grund wurden die Steuern massiv angehoben und die Bevölkerung revoltierte.[413]

Warnungen vor dem Krieg

> *»Die großen Kämpfe der neueren Zeit sind gegen Wunsch und Willen der Regierenden entbrannt. Die Börse hat in unseren Tagen einen Einfluß gewonnen, welcher die bewaffnete Macht für ihre Interessen ins Feld zu rufen vermag ...«*
> Generalfeldmarschall Graf von Moltke (1800–1891)

Nach einem Krieg entsteht häufig der Eindruck, daß die Geschehnisse nicht vorhersehbar gewesen wären. Doch meist hätte jeder mit grundlegenden Kenntnissen über das Finanzsystem diese Ereignisse erkennen können, wie an den folgenden beiden Beispielen zu erkennen ist:

Prof. Ruhland, 1908
Bereits sechs Jahre vor dem Ersten Weltkrieg warnte der Professor für politische Ökonomie, Ruhland, vor dem Weltkrieg: »Bei der nur zu oft maßlosen Inanspruchnahme des Kredits vollzieht sich hier mit Hilfe des Bank- und Börsenkapitals in einer anscheinend planvollen Weise eine nationale wie internationale Verkettung der Privatunternehmungen, die in unserem Kriegszeitalter uns eines Tages einer Krise entgegen zu führen droht, wie sie kaum in der Geschichte der Völker schon erlebt wurde.« Ruhland bezeichnete den Krieg als »Erwerbsart der Reichen«. Weil sich das Kapital in jedem Land in immer weniger Händen ansammelt, müssen diese Großkapitalisten letztlich aufeinanderstoßen und sich gegenseitig bekämpfen. Durch die hohen Staatsverschuldungen sind die Nationen in die Konflikte verwickelt.

Prof. Ruhland führte weiter aus, daß in einem kapitalistischen System Friede niemals möglich sei. Unsere Epoche nannte er »die Zeiten der ewigen Kriege«: »Der heute herrschende Kapitalismus in der Gesellschaft bedeutet ewigen Krieg ... Die Kriege sind Lösungsversuche wirtschaftlicher Fragen in kapitalistischem Sinne ... Die entscheidende Frage der Friedensbewegung lautet: Wird es gelingen, den heute herrschenden Kapitalismus aus der Gesellschaft zu beseitigen? ... Bleibt aber das kapitalisti-

sche Erwerbssystem herrschend, dann müssen die Zeiten der ewigen Kriege fortdauern trotz aller Friedenskonferenzen.«Deutlich wird, daß der Krieg
reale wirtschaftliche Hintergründe hat und deshalb alle Friedens-
veranstaltungen sinnlos sind, solange nicht die Ursache der Konflikte beseitigt ist. Ein anderer Friedensfreund, den wir später noch näher betrachten werden, wies ebenfalls mit Nachdruck auf die Problematik hin.

Silvio Gesell, 1918

Silvio Gesell, ein deutscher Kaufmann in Argentinien, der zum ersten Mal
ein Wirtschaftssystem ohne Zins vorstellte, warnte bereits 1918, zur
Friedenssehnsucht nach dem Ersten Weltkrieg, vor dem nächsten Konflikt:»Trotz des heiligen Versprechens der Völker, den Krieg für alle Zeiten zu ächten, trotz des Rufes der Millionen: ›Nie wieder Krieg‹, entgegen
all den Hoffnungen auf eine schönere Zukunft muß ich es sagen: Wenn
das heutige Geldsystem, die Zinswirtschaft, beibehalten wird, so wage ich
es, heute schon zu behaupten, daß es keine 25 Jahre dauern wird, bis wir
vor einem neuen, noch furchtbareren Krieg stehen. Ich sehe die kommende Entwicklung klar vor mir. Der heutige Stand der Technik läßt die Wirtschaft rasch zu einer Höchstleistung steigern. Die Kapitalbildung wird,
trotz der großen Kriegsverluste, rasch erfolgen und durch ein Überange-
bot den Zins drücken. Das Geld wird dann gehamstert werden. Der Wirtschaftsraum wird einschrumpfen, und große Heere von Arbeitslosen werden auf der Straße stehen. An vielen Grenzpfählen wird man dann eine
Tafel mit der Aufschrift lesen können: ›Arbeitsuchende haben keinen Eintritt ins Land, nur die Faulenzer mit vollgestopftem Geldbeutel sind will-
kommen.‹ Wie zu alten Zeiten wird man dann nach dem Länderraub trachten
und dazu wieder Kanonen fabrizieren müssen; man hat dann wenigstens
für die Arbeitslosen wieder Arbeit. In den unzufriedenen Massen werden
wilde, revolutionäre Strömungen wach werden, und auch die Giftpflanze
Übernationalismus wird wieder wuchern. Kein Land wird das andere mehr
verstehen, und das Ende kann nur wieder Krieg sein.« Interessant ist besonders die Parallele zwischen den Erläuterungen Gesells und dem tatsächlichen Ablauf des Zweiten Weltkrieges.

Deutlich wird aus diesen beiden Beispielen, daß die bewaffneten Konflikte der Vergangenheit durchaus vorhersehbar waren. Offenbar scheint
man jedoch aus der Geschichte nichts gelernt zu haben. So wird Krieg
heute als»friedensschaffende Maßnahme« bezeichnet. Man versteht dar-
unter den Versuch, gewaltsame Machthaber mit Waffeneinsatz zum Einlenken auf westliche Forderungen zu zwingen. Sogar das Zentralkomitee
der deutschen Katholiken hat sich für militärische Interventionen ausge-
sprochen und forderte rascheres und konsequenteres Durchgreifen.[414] Da-

mit wird jedoch weder die Ursache im Finanzsystem geändert, noch wird wirklich Frieden in der Gesellschaft verankert. Im Gegenteil: Durch die Zerstörungen im Konflikt kommt das Land in zunehmende wirtschaftliche Bedrängnis, weil für den Wiederaufbau vermehrt Kredite aufgenommen werden müssen. Damit fällt der betroffene Staat im globalen Konkurrenzkampf der Nationen noch weiter zurück – am Ende bleibt nur wieder eine gewaltsame Lösung übrig. Ein gutes Beispiel dafür, wie wirtschaftlicher Druck ein Land zu bewaffneten Auseinandersetzungen zwingen kann, war der Kosovokrieg gegen Jugoslawien.

Krieg auf dem Balkan

»Stoiber berichtete, er sei ›im Stakkato‹ gefragt worden, wieso die Nato unter dem Vorwand, die Menschenrechte müßten verteidigt werden, nicht gleich auch Peking bombardiere, wegen der Kurden Ankara, wegen der Basken Madrid oder wegen der Korsen Paris.«
Frankfurter Allgemeine Zeitung, 13.4.1999,
über den Moskaubesuch des CSU-Vorsitzenden Stoiber

Dieser Konflikt war gekennzeichnet durch eine ganze Reihe von Widersprüchen und Ereignissen, die nicht in das offiziell veröffentlichte Schema passten. Schon vor den Bombardierungen von Serbien im Frühjahr 1999 versuchte man acht Jahre lang das Land durch Wirtschaftssanktionen unter Druck zu setzen. Die Wirtschaftsleistung wurde allein dadurch auf den Stand von 1968 zurückgeworfen. Mit solchen Maßnahmen erhöht sich der Zwang auf ein Land, mit militärischen Mitteln seinen Wirtschaftsraum auszudehnen – Sanktionen zwingen zum Krieg.

Durch die Bombardierungen der NATO ab Ende März 1998 wurde bis Anfang Mai 1999 in Serbien ein Schaden von über 40 Mrd. Dollar angerichtet. Die Arbeitslosigkeit lag bei 50%, das Bruttosozialprodukt hatte sich halbiert. Nach Expertenmeinung war die Zerstörung schon bald größer als nach dem Zweiten Weltkrieg.[415] Damit wurde diesem hochverschuldeten Land jede Hoffnung auf Erholung genommen. Nach einem Friedensvertrag wird bald der nächste, noch schlimmere Krieg die Folge sein. Daß es in diesem Konflikt keineswegs um Menschenrechte oder andere hohe Ziele ging, zeigt sich am Ablauf des Krieges: Den Verhandlungsgesandten der beiden Konfliktparteien wurde Anfang 1999 ein Ultimatum gesetzt, den Streit vertraglich zu beenden. Beide Parteien konnten sich auch einigen, bis von der NATO nachträglich neue Forderungen unterbreitet wurden. Diese Bedingungen beinhalteten unter anderem die freie Bewegung westlicher Militärs auf dem gesamten Territorium Jugoslawiens und die kostenlose Benutzung von serbischen Häfen und Flugplätzen. Gleichzeitig verlangte die NATO noch die völlige Immunität, egal ob zivil-, verwaltungs- oder strafrechtlich.[416] Selbstverständlich waren solche Forderungen für die serbische Seite nicht akzeptabel.

Es scheint so, daß der Konflikt gezielt ausgelöst wurde, indem die Bedingungen immer weiter verschärft wurden, bis sie für eine Seite nicht mehr zu akzeptieren waren. Wenig später kam es dann zur Bombardierung des Landes unter Führung der USA. Da der Bevölkerung die Hintergründe lange Zeit verschwiegen wurden, konnte schon am Anfang des Angriffes eine Zustimmungsrate bei Umfragen von 61 Prozent in Deutschland ermittelt werden.[417] Doch scheint der Westen damals keineswegs kampfbereit gewesen zu sein. Führende britische Offiziere erhoben später in einer geheimen Analyse scharfe Kritik wegen unzureichender Ausrüstung, verworrener Befehlsstränge und mangelhafter politischer Führung beim damaligen Kosovo-Einsatz. Nur dem schwachen Widerstand der Serben sei zu verdanken gewesen, daß der Einsatz überhaupt gelungen sei. Die Soldaten hätten Waffen bei anderen Einheiten der KFOR ausleihen müssen, weil die eigenen Gewehre unbrauchbar gewesen seien. Jedes dritte Funkgerät habe Defekte aufgewiesen. Das Hauptquartier des britischen Generals Jackson sei viel zu weit von den Soldaten entfernt und die Befehle deshalb teilweise verworren, unvollständig und widersprüchlich gewesen.[418]

Die scheinbar demokratische Entscheidungsfindung war ebenfalls sehr eigenartig: Die deutsche Bundesregierung stimmte mit großer Mehrheit einem Kampfeinsatz zu.[419] Kritische Stimmen wurden von Anfang an unterbunden. So erhielt die Staatssekretärin von Umweltminister Trittin einen Verweis vom Bundeskanzler, als sie das Ende des NATO-Angriffskrieges forderte.[420] Der grüne Fraktionschef Rezzo Schlauch meinte, daß der Bundeswehreinsatz kein Bruch mit der pazifistischen Tradition seiner Partei sei. Ein Mandat der UNO sei zwar wünschenswert, jedoch habe für ihn das Eingreifen mit der Zustimmung aller maßgeblichen Kräfte Vorrang.[421]

Bei solchen Zustimmungsraten aus der Politik muß es erheblichen Druck auf die Entscheidungsträger gegeben haben, anders läßt sich die Schnelligkeit der Ergebnisfindung nicht erklären. Doch auch das Ende des Konfliktes, das mit einem unerwarteten Einlenken des serbischen Präsidenten begann, ist nach wie vor rätselhaft. Sogar ein Jahr nach dem Krieg war immer noch nicht klar, warum der serbische Präsident überhaupt den Forderungen so plötzlich nachgab. Es gab weder militärische, noch andere Gründe dafür. Im Kosovo fanden sich nach dem Einmarsch der NATO gerade 26 zerstörte serbische Panzer, die Armee war noch immer in voller

Kampfkraft.[422] Das schnelle Nachgeben mußte also andere Gründe gehabt haben. Auch deutet die geringe Schwächung der serbischen Armee darauf hin, daß bei den Angriffen überwiegend zivile Ziele zerstört wurden. Offiziell sei die NATO nicht in der Lage gewesen, beim elftägigen Rückmarsch der Serben abziehendes Gerät und Panzer zu zählen.[423]

Auch der Sinn der Maßnahme bleibt weiterhin im dunkeln. Heute ist der Kosovo keineswegs befriedet, sondern stellt eine noch größere Unruheregion dar als vor dem Krieg. Der UNO-Gesandte Jiri Dienstbier warf den Vereinten Nationen und der NATO Versagen bei ihrem Einsatz im Kosovo vor. Er meinte, daß kein einziges der gesetzten Ziele erreicht worden sei, weder die Sicherheit der Menschen noch die Bewegungsfreiheit, noch die Herstellung demokratischer Bedingungen.[424] Er erklärte weiter, daß sich der Westen im Kosovo blamiere und der Angriff von Leuten befohlen wurde, welche die Zustände auf dem Balkan überhaupt nicht gekannt hätten. Die kosovoalbanische UCK sei nicht wirklich aufgelöst und würde sich aus Albanien heraus bewaffnen. Eine Gefahr erkannte der Sondergesandte in der Zielsetzung der UCK nach einem unabhängigen Kosovo, was die Errichtung eines »Groß-Albaniens« bedeuten würde.[425]

Daß es bei diesem Krieg nicht um eine Besserung der Lage im Kosovo ging, zeigte sich auch an der fatalen Entscheidung, die D-Mark dort als Währung einzuführen, was zu einer Kapitalflucht und Zerstörung der Wirtschaft führte. Im Verlauf des Konfliktes kam es zunehmend zu Spannungen mit Rußland, das die Angriffe von Anfang an ablehnte. Einer Meldung der »Washington Post« nach soll der Kosovo-Krieg beinahe den Ausbruch den Dritten Weltkrieges bewirkt haben. Als die russischen Truppen noch vor den NATO-Verbänden den Flughafen von Pristina erreichten, befahl der Oberkommandierende der NATO-Streitkräfte, General Clark, dem britischen Generalleutnant Jackson, die russischen Truppen unverzüglich anzugreifen. Generalleutnant Jackson erkannte die Provokation und die Gefahr eines Dritten Weltkrieges und verweigerte die Ausführung des Befehls. Mit den Worten: »Ich werde nicht den Dritten Weltkrieg für Sie beginnen«, soll er den Angriff ausgesetzt haben.[426]

Die Besetzung des Flughafens in Pristina verlief auch unter ungewöhnlichen Bedingungen: Während im ersten Augenblick niemand wußte, wer den Befehl dazu gegeben hatte, wurde in Medienkommentaren erklärt, daß die russischen Militärs eine eigene Linie vertreten würden, die sich von der Regierung grundlegend unterscheide.[427] Dabei scheint das Militär in Rußland mehr Einfluß auf die Geschehnisse gehabt zu haben, als offiziell zugegeben wird. In amerikanischen Kreisen gab es damals ernste Verunsicherung, da Rußland zuerst erklärte, die Einheiten an der Grenze zum Kosovo zu stoppen und am nächsten Tag versicherte, die in den Kosovo

218

eingedrungenen Einheiten würden bald wieder abgezogen, was ebenfalls nicht eingehalten worden war.[428] Dabei stand die Welt damals tatsächlich am Rande eines neuen Weltkrieges. So entsandten die Russen während des Kosovo-Kriegs einen Flottenverband ins Mittelmeer.[429] Die USA sahen diesen massiven Flottenaufmarsch mit großer Besorgnis.[430] Gleichzeitig wurden die Beziehungen zur NATO[431] und alle Kontakte der Eismeerflotte zu Norwegen[432] abgebrochen. Auch die Drohungen des damaligen russischen Präsidenten Jelzin, daß sein Land keinesfalls einen Einsatz von Bodentruppen zulassen werde,[433] weist deutlich auf den Ernst der Lage damals hin. Der russische General Lebed empfahl sogar, Serbien mit dem Flugabwehrsystem S-300 auszurüsten. Sobald NATO-Flugzeuge vom Himmel fielen, wäre der Krieg schnell zu Ende.

In die gleiche Richtung ging der Verwaltungschef von Murmansk, der russische Kriegsschiffe für eine friedensstiftende Mission in die Konfliktzone entsenden wollte. Gleichzeitig wuchs die antiwestliche Stimmung in der russischen Bevölkerung rapide an, was sich in mehreren Bombendrohungen gegen die US-Botschaft äußerte.[434]

Als unter dem Krieg die chinesische Botschaft durch einen westlichen Angriff zerstört wurde, waren auch in China antiwestliche Ambitionen nicht zu überhören. Dabei ist die Zerstörung der Botschaft weiterhin sehr rätselhaft. Während China davon ausging, daß es Absicht gewesen sei, erklärten westliche Vertreter, daß es sich um einen Irrtum gehandelt habe.[435] Im April 2000 veröffentlichten die USA den Abschluß-Untersuchungsbericht zu der Angelegenheit und stellten fest, daß es sich bei der Bombardierung um eine Kette dummer Zufälle gehandelt habe. China wies darauf hin, daß die Botschaft auf jeder Landkarte deutlich verzeichnet gewesen und ein Irrtum deshalb unglaubwürdig sei.[436] Wie auch immer: Diese Aktion hätte schnell zu einer Eskalation des Konfliktes führen können.

Im Juni 1999 startete Rußland darüberhinaus noch das Großmanöver »Westen 99«, die größte Militäroperation seit den achtziger Jahren.[437] Der russische Sonderbeauftragte Tschernomyrdin machte die Dramatik deutlich, als er erklärte, daß die Welt niemals zuvor in diesem Jahrzehnt so nahe an einem Atomkrieg gewesen sei.[438] Schon vorher wies er mehrmals darauf hin, daß, wenn Rußland in einen Konflikt zwischen NATO und Jugoslawien hingezogen werde, dies einen Dritten Weltkrieg auslösen würde.[439] Wie nahe die Welt damals an einem Dritten Weltkrieg gestanden hatte, machten auch Meldungen aus Libyen deutlich, wonach die Regierung alle Studenten heimgerufen hatte, wegen der Gefahr eines bevorstehenden Atomkrieges.[440] Es wurde sogar darauf hingewiesen, daß auch der Erste und Zweite Weltkrieg durch ähnliche Spannungen auf dem Balkan entfacht worden waren.[441] An diesem Beispiel wird deutlich, daß unsere

Welt heute keineswegs so sicher ist, wie vielfach angenommen wird. Wäre der Kosovo-Konflikt noch in eine Zeit der Wirtschaftskrise gefallen, wären die Gefahren für einen neuen Weltkrieg ungleich größer gewesen. Auch wird deutlich, daß Rußland eine Gefahr darstellt, vor allem für uns Mitteleuropäer. Auch in anderen Teilen der Welt wachsen die Zinslasten und damit der Druck auf die Regierungen, ihre wirtschaftliche Stellung zu verteidigen. Dies ist letztlich im Zinssystem nur durch Kampf möglich. So werden die Kriege auch die wohlhabenden Staaten treffen, bis wieder alles in Schutt und Asche liegt, wenn nicht endlich die seit langem bekannten Lösungen zur Stabilisierung der Wirtschaft ernst genommen werden.

Falsche Vorstellungen in der Bevölkerung

*»Der Eroberer ist immer friedliebend (wie Bonaparte auch stets von sich
behauptet hat), er zöge ganz gern ruhig in unseren Staat ein –
damit er dies aber nicht könne, darum müssen wir den Krieg wollen und
also auch vorbereiten, d. h. mit anderen Worten: es sollen gerade die
Schwachen, der Verteidigung Unterworfenen immer gerüstet sein, um
nicht überfallen zu werden; so will es die Kriegskunst ...«*
Carl von Clausewitz[442]

In der Vergangenheit wurde in der Bevölkerung der Eindruck erweckt, daß eine militärische Auseinandersetzung heute nicht mehr möglich wäre. Eine umfassende Abrüstung, so wurde verbreitet, hätte die Gefahr beseitigt. Kaum bekannt ist jedoch, daß man sich im Streit um die nukleare Abrüstung seit langer Zeit noch nicht einmal auf eine einvernehmliche Tagesordnung geeinigt hat. Seit mehr als zwei Jahren befindet sich die UN-Konferenz in der Sackgasse.[443]

Ein Beispiel, wie schnell sich ein Weltkrieg hätte entwickeln können, liegt schon über zehn Jahre zurück: Im Jahr 1989 stand die Welt, nach dem Fall der Berliner Mauer, dicht vor einer globalen militärischen Auseinandersetzung. Nach Angaben des damaligen sowjetischen Außenministers Schewardnadse hätten damals 40 000 bis 50 000 Panzer bereit gestanden, Richtung Westen abzurücken. »Wäre nur ein Schuß gefallen, dann hätte dies den Dritten Weltkrieg ausgelöst.«[444] Da damals allerdings die wirtschaftliche Lage stabil war, blieb das Risiko gering. Wenn allerdings eine neue Weltwirtschaftskrise ausbricht, wird diese alle Länder der Erde betreffen. Kein Land der Welt ist heute mehr ohne Schulden, die Situation ist, wie gezeigt wurde, wesentlich ungünstiger als vor der Weltwirtschaftskrise 1929. Besonders bedrohlich ist heute, daß von einem Crash vor allem die Länder erfaßt werden, die heute über ein großes Militärpotential verfügen. Es liegt deshalb für diese Staaten nahe, die Armee einzusetzen, wenn sie keinen anderen Ausweg mehr sehen. In einer neuen Weltwirtschaftskrise werden deshalb alle heutigen Konfliktherde zu gewalttätigen Auseinandersetzungen führen. Auch der UNO-Generalsekretär Annan wies bereits darauf hin, daß die unsicher werdende politische Lage in der Welt aus den zugrundeliegenden Ungleichgewichten und Verzerrungen der Weltwirtschaft resultiere. Wenn sie nicht bekämpft würden, seien noch mehr Konflikte zu erwarten, die dann noch schwerer in den Griff zu bekommen seien.[445]

Es lohnt sich deshalb, diese Unruhezonen genauer anzusehen, um auf den Verlauf in einem kommenden Weltkrieg schließen zu können. Bei diesen Betrachtungen ist zu berücksichtigen, daß Krieg selbstverständlich eines der schrecklichsten Ereignisse darstellt, die überhaupt denkbar sind. Trotzdem muß man die Angelegenheit realistisch, von den Fakten her sehen und darf weder in illusorische Vorstellungen noch in unrealistische Angst verfallen. In einem möglichen Krieg würde es uns auch wenig helfen, wenn wir eine bessere Ordnung etablieren wollten, sofern eine fremde Macht unser Land ausbeutet und so völlig andere Herrschaftsstrukturen festlegt. Eine wirksame Verteidigung ist deshalb Grundvoraussetzung dafür, daß die Ursache des Krieges, das Zinseszinssystem, beseitigt werden kann.

Krisenherde

»Was wäre, es gäbe Krieg und keiner geht hin, und
der Krieg kommt zu Dir?«

An erster Stelle steht für uns Rußland, da dieses sich zum einen heute schon in wirtschaftlichen Schwierigkeiten befindet, zum zweiten militärisch stark gerüstet ist und uns auch geographisch am nächsten liegt. Daß von hier aus tatsächlich eine Kriegsgefahr nach einem Crash droht, wird deutlich, wenn man sich die Fakten ansieht. Dabei soll die russische Bevölkerung nicht als schlecht oder gar als Aggressor gesehen werden. Auch Rußland ist nur ein Opfer unseres Finanzsystems, das sich unter Umständen mit militärischen Mitteln zu wehren weiß. Die eigentliche Schuld liegt jedoch bei den Verantwortlichen, welche nicht gewillt oder imstande sind, eine stabile Ordnung zu schaffen.

Rußland

»Nach sämtlichen internationalen Regeln ist die Nato der Aggressor,
auch nach dem Verständnis der UNO. Die Nato hat sich in eine un-
glaubliche Situation gebracht: Sie hat die Uno-Charta gebrochen, sie
hat den Sicherheitsrat überlistet und sie hat eine Doktrin gebrochen,
auf die wir uns verlassen haben, nämlich daß es keine Einsätze außer-
halb des Nato-Gebiets geben wird. Und schließlich hat sie ihr
politisches Credo gebrochen: Es hieß, daß diese Allianz demokra-
tischer Staaten niemals eine Offensiv-Operation durchführen
würde. Wie können wir ihr jetzt noch glauben?«

Sergej Karaganow, Vorsitzender des russischen Rates für
Außen- und Verteidigungspolitik[446]

Wirtschaftlicher Niedergang
An erster Stelle der Betrachtung muß die wirtschaftliche Situation stehen.
Diese hat sich seit der Rußlandkrise im Sommer 1998 drastisch verschlech-
tert: Nach Angaben der russischen Nachrichtenagentur Interfax sank das
durchschnittliche Einkommen in Rußland allein im Jahr 1999 um 15 Prozent auf 127 Mark im Monat. Das Existenzminimum liege bei 68 Mark,
wobei 50 Millionen Russen sogar noch weit unter dieser Grenze existieren
würden.[447] Nach Umfrageergebnissen besitzen über 80 Prozent der Russen keinerlei Ersparnisse[448] und sind auf die kargen Lohnzahlungen angewiesen. Vom Statistischen Zentralamt in Moskau wurde im Herbst 1999
sogar ein Bericht vorgelegt, wonach ein Drittel der Russen unterhalb der
Armutsgrenze lebt. Es soll außerdem ein markanter Rückgang der Bevöl-
kerungszahl erkennbar gewesen sein. Er sei eine Folge des wirtschaftlichen Zusammenbruchs.[449] Dabei sind die Wohlstandseinbußen in Rußland
extremer als in Deutschland während der Weltwirtschaftskrise.

Im benachbarten Weißrußland bildet sich sogar ein neuer ökonomischer
Krisenherd, in dem es zunehmend zu Hungerprotesten kommt. Auch in
anderen Staaten der ehemaligen Sowjetunion sieht es düster aus: In
Georgien erreichte das Bruttosozialprodukt gerade ein Drittel des Wertes
von 1998, in der Ukraine liegt es bei 37 Prozent und in Rußland bei 55
Prozent.[450] Auch die grundlegenden Faktoren gehen den Menschen dort
verloren. So sind seit 1990 über 90 Prozent des russischen Bodens in private Hand übergegangen, meist an die reiche Oberschicht und an Ausländer.[451]

Wie schlimm die Armut in Osteuropa sein muß, läßt sich an der drama-
tischen Zunahme der Tuberkulose erkennen: In vielen Teilen Osteuropas
und den Staaten der ehemaligen Sowjetunion wird die Situation in bezug

auf die Tuberkulose von Experten als alarmierend eingeschätzt. Infolge der politischen, wirtschaftlichen und sozialen Veränderungen habe sich die Zahl der Tuberkulosefälle insgesamt fast verdoppelt.[452] Viele Krankenhäuser hatten nach der Finanzkrise 1998 die Aufnahme von Patienten über 65 Jahre eingestellt, weil die begrenzten Mittel jüngeren Menschen vorbehalten seien. Rußland ist im medizinischen Bereich zu 60 Prozent auf Importe angewiesen, die durch den Rubelverfall zusammenbrachen.[453] Wie sich die Lebensumstände im Land verschlechtern, zeigen auch die Verhältnisse in den Gefängnissen. So stehen jedem Gefangenen nur 0,7 Quadratmeter Fläche zur Verfügung, und 40% der Insassen begehen einen Selbstmordversuch. Als Ursache für die katastrophalen Verhältnisse wurde die russische Finanzkrise genannt.[454] Um die Zinszahlungen Rußlands für seine Auslandskredite sicherzustellen, wurde schon vorgeschlagen, die Umsatzsteuer auf Lebensmittel auf 20 Prozent zu verdoppeln.[455] Damit könnten sich noch weniger Menschen den normalen Lebensstandard leisten und müßten in die Armut abrutschen. In diesem Umfeld steigt die Kriminalität rasant an. So hat sich 1999 die Zahl der Auftragsmorde im Vergleich zum Vorjahr verdoppelt.[456] Ein Hauptgrund für die extreme Verarmung der Menschen in der ehemaligen Sowjetunion liegt in der durch die Währungskrise 1998 verursachten Aufwertung der Auslandsschulden. Durch den Rubel-Verfall waren plötzlich die erst kurz zuvor in Dollar-Anleihen umgewandelten Auslandsschulden plötzlich nicht mehr bezahlbar. Es gab eine Deflation, in der praktisch alles Geld vom Markt verschwand. Damit fiel die russische Wirtschaft auf die ineffektive Tauschwirtschaft zurück. Heute wird etwa 80 Prozent des Handels nur durch Warentausch abgewickelt.[457] Seit der Krise muß die einstige stolze Weltmacht Rußland um jeden Dollar IWF-Kredit betteln. Schon allein diese Demütigung läßt im Fall einer Weltwirtschaftskrise, in der die Situation der Menschen dort noch viel schlechter werden wird, auf eine wachsende Kriegsbereitschaft schließen. Solange Kredite aus dem Ausland flossen, ließ sich die schlechte wirtschaftliche Lage einigermaßen kaschieren, seit jedoch die Kredite vom IWF 1998 gesperrt wurden, tritt die Not offen zutage. Eine Besserung ist nicht in Sicht: So wurde die Auszahlung eines IWF-Kredites auch im Jahr 2000 vom Währungsfond abgelehnt.[458] Der amerikanische Spekulant George Soros hat dem IWF im Januar 2000 sogar geraten, sich aus Rußland wegen der dortigen politischen Lage zurückzuziehen. Als Beispiel für die beunruhigende Entwicklung nannte er den Krieg in Tschetschenien. Bereits zuvor deutete der stellvertretende IWF-Direktor Fischer an, den ausstehenden Kredit von 4,5 Milliarden Dollar weiter zurückzuhalten.[459] Selbst wenn der IWF der Geldvergabe zustimmen würde, würde der Betrag überhaupt nicht an Rußland ausgezahlt, sondern nur von einem IWF-Konto auf ein anderes umgebucht werden, um die Schulden des Landes zu bedienen.[460] Auch der Hauptgläubiger Deutschland weigert sich, dem Land zu helfen. So wurde von Finanzminister Eichel erklärt, daß Deutschland jede Schuldenerleichterung für Rußland ablehne. Rußland sei ein »reiches Land« und solle deshalb seinen Verpflichtungen nachkommen. Jede Hilfe würde die Kreditwürdigkeit weiter untergraben, im Interesse Rußlands müßte deshalb darauf verzichtet werden. Trotzdem schätzte der Finanzminister die Lage in Rußland als »außerordentlich kritisch« ein. Die Schuldenkrise in Rußland stelle ein weit größeres Risiko dar, als die Aufbauhilfe im Kosovo. Die wahren Zahlen für die vergebenen russischen Kredite wurden von der Bundesregierung nicht veröffentlicht. Bankenkreise sprachen von »Nebelkerzen«.[461] Dabei ist zu beachten, daß das Land nie in der Lage sein wird, die Schulden zurückzuzahlen. Allein für den Zinsdienst hätte Rußland 1999 fast seinen ganzen Staatsetat aufwenden müssen. Durch Umschuldungen und weitere Kredite verschärft sich die Lage in Zukunft nur noch weiter. Der kommunistische Duma-Präsident Selesnjow forderte 1999, daß sich Rußland von seinen, durch die IWF-Schulden geschaffenen Ketten befreien müsse. Nur durch eine Diktatur könnten die IWF-Forderungen umgesetzt und die Bevölkerung von einem sozialen Aufruhr abgehalten werden.[462]

Auch die Lebensmittelversorgung ist in Rußland in Gefahr. Über Jahre wurde die Landwirtschaft in dem Land durch billige Importe aus den EU-Ländern zerstört, weshalb zuletzt 70 Prozent der Nahrung eingeführt werden mußten. Durch den Währungsverfall halbierten sich die Einfuhren und das Land geriet in eine Versorgungskrise, weil eine eigene Produktion nicht mehr möglich war und die Importe unbezahlbar wurden.[463] Doch wird Rußland nicht nur durch die Verschuldung niedergedrückt. Man versucht auch offen, es von seinen Einnahmequellen abzuschneiden: So wird heute angestrebt, Rußland von der Hauptdevisenquelle, dem Erdöl, langfristig abzukoppeln. Amerika möchte mit einer Pipeline von Aserbaidschan in die Türkei die Kontrolle über große kaspische Erdölvorräte übernehmen. Rußland äußerte bereits, daß es die Aktion als massiven Angriff auf seine Interessen sehe. Dabei werden im Kaspischen Meer Ölvorräte vermutet, die wesentlich größer als die von Alaska sind.[464]

Aus den wirtschaftlichen Umständen wird deutlich, daß Rußland im heutigen Zinssystem keine Chance mehr hat, je wieder auf die Beine zu kommen. Um so ernster sollten deshalb militärische Drohungen genommen werden, die darauf schließen lassen, daß in der russischen Führung eine offene Konfrontation unter Umständen in die Überlegungen einbezogen wird.

Drohung mit dem Krieg

Bedenklich sind in diesem Zusammenhang die regelmäßigen Warnungen des Landes vor einem Atomschlag anzusehen. Dabei handelt es sich keineswegs nur um »leere Drohungen«. Die Äußerungen sind vielmehr ein Spiegelbild dessen, was an Maßnahmen in diesem Land in Betracht gezogen wird, um die Krise zu bewältigen. Dabei sind diese Überlegungen durchaus nachzuvollziehen: Aus der Sicht Rußlands wurde das Land in den letzten Jahren gleich mehrmals bei internationalen Entscheidungen einfach übergangen: So im militärischen Schlag gegen den Irak Ende 1998 und dem Kosovo-Krieg 1999. Damit verbunden ist eine Ausbreitung antiwestlicher Stimmung, welche die Kriegsgefahr wachsen läßt. In politischen und publizistischen Kreisen Rußlands wird zunehmend die Meinung vertreten, daß vom Westen nichts Gutes zu erwarten sei. Dabei wird sogar die Frage gestellt, ob es Unterschiede zwischen dem Kalten Krieg damals und der Beziehung heute gebe. Der damalige Außenamtschef Iwanow forderte sogar schon eine »Pause« in den gegenseitigen Verhältnissen. Das Ende der Sowjetunion sei dabei mit ständigen Niederlagen, wie der Osterweiterung der NATO, dem Kosovokrieg oder den gescheiterten Wirtschaftsreformen verbunden gewesen. Diese antiwestliche Stimmung kommt dabei dem militärischen Bereich zugute, der die Rüstungsausgaben im Jahr 2000 um 50 Prozent steigern und den Ausbau des Atomwaffenpotentials vorantreiben möchte.[465]

Vor allem die NATO-Ost-Erweiterung wurde lange Zeit als Gefahr gesehen und belastet die Beziehung mit dem Westen latent weiter. Der weißrussische Präsident Lukaschenko warnte damals den Westen davor, die NATO-Ost-Erweiterung trotz der Ablehnung Weißrußlands durchzuführen. Das Militärpotential seines Landes sei größer, als das von Deutschland, Polen oder der Ukraine. Zur gleichen Zeit schloß sein Land deshalb einen Unionsvertrag mit Rußland ab.[466] Weiter gab Weißrußland bekannt, daß viele Dinge verbessert würden, um das Land zu verteidigen. Dabei sei die Abrüstung gestoppt worden, und die Armee werde mobil und ultramodern gemacht.[467] Auch die Ukraine nähert sich zunehmend dem russischen Lager und gab bekannt, daß gemeinsame militärische Manöver geplant seien.[468]

Rußland fühlt sich dabei vor allem durch den Aufbau eines Raketenabwehrsystems in den USA unter Druck gesetzt. Der damalige russische Präsident Jelzin warnte schon vor einiger Zeit, daß der Aufbau dieses Systems »extrem gefährliche Folgen« haben könnte. Hohe russische Militärs warnten ebenfalls in scharfer Form, und zahlreiche Raketentests sollten die Drohungen unterstreichen. Auch die Warnung, daß Rußland seine neue Atomrakete Topol M mit Mehrfachsprengköpfen bestücken könne und aus den Abrüstungsverträgen START I und II aussteigen würde, müssen durchaus ernst genommen werden.[469] Vom Sicherheitsrat der strategischen Streitkräfte in Rußland war schon 1998 zu vernehmen, daß sich das Land das Recht auf einen nuklearen Erstschlag unter damals nicht genau definierten Bedingungen vorbehalte.[470] Präsident Putin machte nach der Ratifizierung von START II deutlich, daß sein Land aus allen Abrüstungsverträgen aussteigen und eine selbständige militärische Politik verfolgen werde, wenn die USA an einer Änderung des ABM-Vertrages festhalten sollten.[471]

Die USA wollen durch diese Vertragsänderung ein Abwehrsystem gegen Raketen aufbauen, womit Rußland seine Fähigkeit verlieren würde, in wirksamem Ausmaß strategische Nuklearraketen einzusetzen. Keinesfalls scheint Rußland bereit zu sein, eine dominierende Supermacht, wie die USA, auf der Welt zu dulden. Deshalb erklärte der damalige russische Außenminister Iwanow im Sommer 1999, daß man Amerika nicht als Weltpolizist dulden werde, ansonsten drohe ein »ständiges Balancieren am Abgrund des Krieges«.[472] Nach den gespannten Beziehungen unter dem Kosovokrieg warnte der damalige Präsident Jelzin mit lauter, aufgeregter Stimme: »Wir haben atomare Macht, und wir können eine Antwort auf Clintons antirussische Position finden.«[473]

In diesem Zusammenhang ist auch die Änderung der russischen Militärdoktrin von Interesse. Der Einsatz von Atomwaffen wurde darin besonders betont und die Hemmschwelle für den Gebrauch von Kernwaffen abgesenkt.[474] Ein Atomwaffeneinsatz sei bereits möglich, »wenn alle anderen Möglichkeiten der Lösung der krisenhaften Situation aufgebraucht sind oder sich als ineffektiv erwiesen haben«. Die Sicherheitsdoktrin von 1997 ließ den Gebrauch von Atomwaffen demgegenüber nur zu, wenn »die Existenz« Rußlands bedroht sei.[475] Eine atomare Erstschlagsvariante hatte nicht einmal die Sowjetunion vorgesehen.[476] Der spätere Präsident Putin wies bereits im Sommer 1999 darauf hin, daß auch in Zukunft an Atomwaffen festgehalten werde. Dabei sei die Entwicklung und Verbesserung des Atomwaffenpotentials eine der wichtigsten Aufgaben für seine Regierung. Putin meinte, daß wenn das Atompotential in den kommenden fünf bis sieben Jahren nicht beibehalten werde, sich die Lage in Rußland auf radikalste Weise verändern werde.[477] Die Drohungen setzten sich auch unter dem Tschetschenienkrieg fort, als Putin jede Kritik an diesem Konflikt unter Hinweis auf die eigenen Atomwaffen in scharfer Form zurückwies.[478] Dabei scheint es sich bei den Drohungen durchaus um eine ernste Angelegenheit zu handeln, die sogar auf Vorbereitungen eines größeren Unternehmens schließen lassen.

Vorbereitungen zum Krieg

»Es gibt Kräfte sowohl im Westen als auch in Rußland, die versuchen könnten, diese Krise noch zu vertiefen ... Setzen sich die negativen ökonomischen Prozesse fort, könnte so etwas wie eine Konföderation entstehen. Und für eine Konföderation gibt es nur zwei Wege: entweder der endgültige Zerfall oder der gewaltsame Zusammenschluß. Beides wäre schrecklich für Rußland.«
Sergej Karaganow, Vorsitzender des russischen Rates für
Außen- und Verteidigungspolitik[479]

Man sollte beachten, daß sich die frühere Sowjetunion fast ein halbes Jahrhundert nur auf einen neuen bewaffneten Konflikt vorbereitet hat. Kein Land der Welt steckte so hohe Anteile der Wertschöpfung in das Militär wie Rußland. Daß dieses Potential, wie von den Medien oft behauptet, jetzt komplett verrottet sein soll, klingt wenig glaubhaft. Gerade im Tschetschenienkrieg waren viele Fachleute überrascht, wie gut die russische Armee ausgerüstet war. Zahlreiche Experten stellten erstaunt fest, daß sie sich jahrelang über den Zustand der russischen Armee täuschen ließen. Nahezu unbemerkt wurde die desolate russische Armee in den letzten Monaten und Jahren aufgerüstet. Moskau bewies dem Westen, daß zumindest große Teile seiner Streitkräfte einsatzbereit und gut geführt sind.[480]

Auffällig war, daß sich der Feldzug in Tschetschenien über mehrere Monate hinzog und dann plötzlich innerhalb weniger Tage beendet wurde. Anscheinend war die russische Armee nicht gewillt, das Unternehmen schnell abzuschließen. Dabei war lange Zeit auch rätselhaft, wie sich die tschetschenischen Widerstandskämpfer mit Waffen und Munition versorgten. Erst als die russische Militärstaatsanwaltschaft berichtete, daß Waffen von russischen Soldaten auf russischen Militärstützpunkten in Georgien an die Tschetschenen verkauft wurden, erklärte dies einiges.[481]

Unter Umständen wurde dieser Konflikt gezielt von russischen Kreisen angezettelt, um die Gelegenheit auszunutzen, Soldaten im praktischen Geschehen auszubilden. So erklärte der Militärexperte Alexander Golz in der »Financial Times Deutschland online« vom 5. Juli 2000, daß der Tschetschenienkrieg nur dazu gedient habe, um alte Waffen und Munition zu verbrauchen und die Soldaten im praktischen Kampf zu trainieren. Dafür sprechen auch die rätselhaften Attentate, die den Krieg auslösten, als im Herbst 1999 mehrere Bombenexplosionen in Moskau ganze Wohnblocks zerstörten. Westliche Drohungen gegen das Land heizten die antiwestliche Stimmung weiter an. Beispielsweise drohte die Parlamentarische Versammlung des Europarates im Dezember 1999 mit dem Ausschluß Rußlands aus dem Staatenbund. Gleichzeitig verglich US-General Clark die russische Offensive mit dem Vorgehen von Einheiten Jugoslawiens im Kosovo-Konflikt.[482] Zusätzlich kündigte der für Außenbeziehungen zuständige EU-Kommissar Patten einen harten Kurs in der Handelspolitik gegenüber Rußland an, falls das Land beim gewalttätigen Kurs in Tschetschenien bliebe.[483]

Die russische Regierung betrachtete es als unangebracht, als Anfang 2000 von der Europäischen Union Sanktionen wegen des Tschetschenienkriegs verhängt wurden. Dabei sollten Hilfsprogramme eingefroren und Handelspräferenzen nicht weiter ausgeweitet werden. Rußland gab zu verstehen, daß derartige Maßnahmen der EU gleichermaßen schaden würden wie Rußland, das deshalb entsprechend reagieren müßte. Notwendige »Gegenmaßnahmen zum Schutz der Interessen Rußlands« wurden in Erwägung gezogen.[484] Anfang April 2000 wurde Rußland als erste Nation überhaupt sogar vom Europa-Rat ausgeschlossen, worauf die russischen Abgeordneten erklärten, daß sie keine Möglichkeit der Zusammenarbeit mehr sähen.[485] Ein hochgerüstetes Land, welches sich in wirtschaftlichen Schwierigkeiten befindet, weiter unter Druck zu setzen, kann sich als fataler Fehler entpuppen. Dabei laufen schon seit einiger Zeit Maßnahmen, die einer Kriegsvorbereitung dienen könnten. So hält Rußland schon seit Sommer 1999, als weltweit zweitgrößter Ölförderer, einen Teil der Exporte zurück. Außerdem erließ die russische Regierung eine Sondersteuer auf eine Reihe wichtiger Metalle.[486] Dies erstaunt um so mehr, als dieses Land normalerweise jede Exportmöglichkeit nutzen müßte, um seine Schulden zu bedienen. Unter Umständen wurde jedoch geheimen Rüstungsprojekten Vorrang eingeräumt, da man sich keine Hoffnung macht, je wieder aus der »Schuldenschlinge« – wie es in der Duma einmal formuliert wurde – herauszukommen. Schon die veröffentlichten Neuentwicklungen auf dem Waffensektor lassen aufhorchen.

Aufrüstung

So hat Rußland 1997 beispielsweise einen neuen Kampfpanzer entwikkelt, der allen westlichen Modellen überlegen sein soll.[487] Anfang 2000 wurde eine schnelle Modernisierung der russischen Marine mit neuentwickelten Schiffstypen bekanntgegeben.[488] In der B-Waffenforschung ist Rußland ebenfalls weltweit in Führung. Obwohl diese Waffen seit 1972 verboten sind, trieb das Land die Forschung unter dem Deckmantel der Impfstoffentwicklung weiter voran. Dabei soll es unter anderem zur Entwicklung eines neuen Erregers von Milzbrand gekommen sein, der gegen alle Impfstoffe resistent ist.[489] Der 1992 geflohene russische B-Waffenexperte Ken Alibek wies darauf hin, daß Rußland an neuartigen B-Waffen arbeite, mit denen die Tötungsrate durch Verwendung eines gentechnisch veränderten Pockenvirus deutlich gesteigert werden konnte.[490] Dabei investiert Rußland seit längerer Zeit einen Großteil der Militärausgaben in neue Waffensysteme: Allein 1997 wurden 12,8 Milliarden Dollar von 19 Milliarden Dollar nur in neue Rüstungsentwicklungen wie der neuen Interkontinentalrakete Topol M2 oder neue taktische Atomwaffen mit leichten Sprengköpfen von weniger als 90 kg Gewicht gesteckt.[491] Vor allem das Atompotential des Landes sollte keinesfalls unterschätzt werden. Offiziell verfügt Rußland, trotz einer Reduzierung der Atomwaffen, immer noch über ein riesiges Nuklearpotential: 751 Interkontinentalraketen mit 3600 Sprengköpfen, 75 strategische Bomber mit rund 800 nuklearen Sprengköpfen sowie 384 ballistische Raketen auf U-Booten mit rund 1800 Sprengköpfen.[492] Daneben eine große Zahl taktischer Atomwaffen auf Kurzstreckenraketen (10 000 Sprengköpfe) und Artilleriemunition. Die Ratifizierung des START-II-Vertrages, der eine Halbierung der strategischen Atomwaffen vorsieht, bedeutet für Rußland eine Fristverlängerung bis 2007.[493] An Abrüstung braucht das Land damit noch lange nicht zu denken. Im Jahr 1999 kündigte der russische Spitzenpolitiker Stepaschin an, daß die Rüstungsindustrie die Grundlage der Wirtschaft bilden müsse und der Kosovo-Krieg ein Schlag gegen sein Land gewesen sei, aus dem man entsprechende Schlüsse ziehen müsse.[494] Diese Aussage deutet in Richtung mehr Aufrüstung. Daß ein Krieg beim russischen Militär für möglich gehalten wird, zeigte auch ein Erlaß, der die Zielfestlegung von Atomwaffen definierte. Dabei wurden nicht nur strategische Waffen für lange Reichweiten, sondern auch taktische Nuklearwaffen einbezogen, welche durch eine kurze Reichweite erst im Krieg selbst von Nutzen sind. Die Dokumente seien derart geheim, daß man nicht einmal den Titel nennen wollte.[495]

Auch die Ansicht vieler Medien, daß die russische Armee völlig zerfallen sei, geht an der Realität vorbei. So befindet sich zwar die dem Verteidigungsministerium unterstehende offizielle Armee in schlechtem Zustand, jedoch ist der Großteil der Kampfverbände dem Innenministerium unterstellt und gilt hier als sehr gut ausgerüstet.[496] Dabei setzt das Land offenbar wieder zunehmend auf Konfrontation: So kam es erstmals seit 1993 im Herbst 1999 wieder zu einem Luftzwischenfall, als zwei russische Bomber sich unangemeldet dem amerikanischen Luftraum näherten.[497]

Eine Schlüsselrolle bei der weiteren politischen Entwicklung wird der russische Präsident einnehmen.

Putin, der unbekannte Mann

Im Herbst 1999 wurde Ministerpräsident Primakov unerwartet vom damaligen Präsidenten Jelzin entlassen und dafür der öffentlich unbekannte Geheimdienstleiter Putin als Regierungschef präsentiert. Jelzin erklärte damals auch gleich, daß er genau diesen Mann als seinen Nachfolger wünsche. Mit seinem plötzlichen Rücktritt Ende 1999 machte Jelzin dann dem Wunschkandidaten den Weg zur Macht frei. Dabei ist über diese Person nicht viel bekannt, so weiß heute weder der Westen noch die russische Bevölkerung selbst, was er überhaupt plant oder welcher politischen Richtung er zuzuordnen ist. Auch die Präsidentenwahl vom März 2000 brachte hier wenig Klarheit. So war Putin der einzige von zwölf Kandidaten, der kein Wahlprogramm veröffentlichte. Auch seine Einstellung zur Politik war interessant, da er die Demokratie als »Diktatur des Gesetzes« definierte.[498] Putin war schon vor der Wahl der erklärte Sieger, und die wachsende Beliebtheit des Mannes wurde vor allem mit der unnachgiebigen Militäroffensive in Tschetschenien erklärt.[499]

Putin gilt damit von Anfang an als Mann des Krieges. Nach der Wahl erklärte er der Welt, daß er die nationale Würde und Moral Rußlands herstellen und Ordnung schaffen wolle und durch einen starken Staat dem Chaos durch eine Diktatur des Gesetzes ein Ende machen wolle. Zu beachten ist, daß Putin von Anfang an vom früheren Jelzin-Finanzier Beresowski abhängig war und damit einem der reichsten Männer Rußlands wahrscheinlich immer noch Gehorsam schuldig ist.[500] Daß der russische Präsident auch nur die Interessen der Reichen vertritt, zeigte ein Hinweis, daß er gegen eine Umverteilung des Eigentums sei, also die Superreichen im Land unbehelligt bleiben sollen.[501] Eine Änderung der Außenpolitik wurde von ihm ebenfalls gleich nach der Wahl verkündet. Dabei stünden die Korrekturen in Verbindung mit den ernsthaften Veränderungen in der Welt. Hier forderte der neue Präsident schon vor der Wahl energischere Schritte bei der Durchsetzung wirtschaftlicher und politischer Interessen Rußlands.[502] Auch wolle er Rußland als Weltmacht neu begründen, weshalb Anfang 2000 die Militärausgaben in manchen Bereichen um teilweise 80% gesteigert wurden.[503] Bedenklich stimmt auch, daß unter Putin die sowjetische Vergangenheit wiederbelebt und glorifiziert werden soll. So weihte der Präsident nur wenige Wochen nach seiner Wahl wieder Statuen und Tafeln von Stalin ein. In Georgien wurde ebenfalls nach 40 Jahren in einem Lagerhaus wieder ein Standbild des Diktators aufgestellt.[504]

Deutlich wird, daß es sich beim neuen Präsidenten um eine unbekannte Figur handelt, die im Krisenfall auch zu ungewohnten Mitteln greifen könnte.

Zunehmende Konfrontation

Das ist um so brisanter, als sich in Rußland schon seit einiger Zeit eine Neuorientierung des Staates hin zu mehr Konfrontation abzeichnet. So bauen sich beispielsweise große Spannungen zum Nachbarland und NATO-Mitglied Türkei auf, das schon früher mit einem Angriff auf Rußland drohte. Um die Türkei unter Druck zu setzen, kürzte beispielsweise Rußland seine Erdgaslieferungen im Dezember 1999 von 27 Mio. Kubikmeter auf 20 Mio. Daraufhin mußten in der Türkei Kraftwerke stillgelegt werden, die 10% der Landeselektrizität erzeugten.[505]

Eine weitere Verschärfung der Situation könnte sich durch eine stärker werdende Zusammenarbeit Rußlands mit antiwestlichen Staaten ergeben. So wurde schon im April 2000 in der russischen Presse von einer »Achse Belgrad – Bagdad« gesprochen, da der irakische Verteidigungsminister in einem Geheimtreffen vom russischen Kollegen empfangen wurde.[506] Wenig später wurde eine geplante strategische Partnerschaft mit der Atommacht Indien bekanntgegeben.[507]

Gegenüber Rußland scheint jedoch der Westen zunehmend in eine Art Leichtsinnigkeit zu verfallen. Dabei wurde über Jahre in der Bevölkerung der Eindruck verbreitet, daß eine militärische Konfrontation nicht mehr denkbar sei. Dies mag unter den jetzigen Bedingungen stimmen, sieht jedoch bei einem wirtschaftlichen Zusammenbruch völlig anders aus. Ob ein Angriff aus dem Osten Erfolg hätte, hängt nicht zuletzt mit der militärischen Stärke der westlichen Streitkräfte zusammen.

Der schwache Westen

Dabei baut der Westen in militärischer Hinsicht rapide ab. Die NATO beschloß beispielsweise im März 2000 den radikalen Umbau, wobei die Zahl der Hauptquartiere von 65 auf nur noch 20 reduziert werden soll. Dies könnte sich als Fehler erweisen, wenn es zu einem plötzlichen Angriff käme, da diese Stützpunkte im Ernstfall das Gros der Truppen gegen einen Angriff aus dem Osten kommandiert hätten. Trotzdem meinte der zuständige Kommandeur, der deutsche Vier-Sterne-General Spiering, daß ein Angriff nicht mehr zu befürchten sei.[508] Jedoch wird mit solchen Einschätzungen weder einer politischen noch einer wirtschaftlichen Änderung Rechnung getragen. Vor allem Deutschland, welches bei einem Angriff als erstes westliches Land betroffen wäre, ist bemüht, den Verteidigungssektor drastisch zu begrenzen. So muß die Bundeswehr, wegen des Sparpaketes, ohne moderne Funk- und Abwehrsysteme auskommen. Es soll sowohl auf zusätzliche Funkausstattung, wie auch auf ein modernes Panzerabwehr-

Raketensystem und unbemannte Flugkörper verzichtet werden.[509] Dabei sind die jetzigen Maßnahmen erst der Anfang: Die Grünen wollen sogar durchsetzen, daß die Mannschaftsstärke der Bundeswehr halbiert wird und weiter »abrüstungskompatibel« bleibe, um 15 Milliarden DM zu sparen.[510] Auch die Zusammenarbeit mit den Nachbarstaaten soll eingeschränkt werden, da offensichtlich Schuldendienst vor Sicherheit geht. Um jährlich 810 Mio. DM zu sparen, soll deshalb das deutsch-niederländische Korps aufgelöst werden.[511]

Die Verteidigungsausgaben sind dabei schon weit unter das übrige westliche Niveau abgesunken: Während Deutschland bis 1990 jährlich rund drei Prozent des Bruttosozialproduktes für die Verteidigung aufwandte, ist der Wert 1999 auf nur noch 1,5 Prozent gefallen.[512] Fatal könnte sich auch die Entscheidung auswirken, daß Frauen in die Bundeswehr in allen Waffengattungen aufgenommen werden müssen. In jahrtausendelanger Kriegsgeschichte war es durchaus begründet, das weibliche Geschlecht aus Kampfhandlungen herauszuhalten, schon allein, weil dadurch die Moral der Truppe zersetzt würde. Die Kampfkraft einer gemischt geschlechtlichen Truppe liegt deshalb weit unter dem normalen Niveau. Dies hat nichts mit Diskriminierung des weiblichen Geschlechts zu tun, sondern wird durch alte historische Erfahrungen begründet. Trotzdem wurde Anfang 2000 vom Europäischen Gerichtshof beschlossen, daß Frauen der Dienst mit der Waffe offenstehen müsse. Man erklärte, daß europäisches Recht in jedem Fall über dem nationalen Recht, einschließlich des Verfassungsrechts, stehe.[513]

In den Nachbarstaaten ist die Situation ähnlich, weshalb es in den nächsten Jahren sogar zu einer neuen Abstimmung über die Auflösung der Schweizer Armee kommen soll.[514] Mit dem Abbau der Landesverteidigung ist auch die Abschaffung des Zivilschutzes verbunden. Die Schutzvorkehrungen gegen einen Krieg wurden dabei in den letzten Jahren konsequent abgebaut. So schaffte man etwa das Sirenensignal für Katastrophen oder Kriegsangriffe schon 1995 ab. Da ein Steuerungsteil an den Sirenen ausgetauscht wurde, kann das Signal auch nicht mehr genutzt werden – es kann nur noch Feueralarm gegeben werden. Im Katastrophenfall soll die Bevölkerung über Fernsehen und Radio informiert werden.[515] Daß jedoch nach einem überraschenden Angriff unter Umständen die elektronischen Medien nicht mehr funktionieren, wird nicht bedacht. Insgesamt sind die Vorkehrungen gegen einen Angriff mit Massenvernichtungsmitteln, vor allem in Deutschland, sehr minimal. So berichtete ein Mitglied der Sanitätsakademie der Bundeswehr, daß ein Angriff mit B-Waffen verheerende Schäden anrichten würde, da kaum ausreichende Mittel zur Verfügung stünden.[516] Wie anfällig unser ganzes Land bereits durch die immer stärkere Zen-

232

tralisation ist, zeigt beispielsweise das Thema Energieversorgung. So legte ein Eichhörnchen beim Hüpfen durch ein Umspannwerk im Frühjahr 1999 die Stromversorgung von 5000 Menschen bei Bielefeld lahm.[517] Schnell wäre unser Land verteidigungsunfähig, wenn eine fremde Macht gezielt nur die Versorgungszentralen angreifen würde. Schon allein die Not und Panik würde ausreichen, um die Ordnung zu destabilisieren. Auch der Zivilschutz wurde in den letzten Jahren massiv abgebaut. So waren 1992 noch 3400 Menschen dort beschäftigt, im Jahr 1999 nur noch 1500. Vor allem die Begründung, warum Schutzmöglichkeiten abgebaut werden, ist interessant: So meinte der stellvertretende Leiter der Kieler Katastrophenforschungsstelle, Walter Dombrowsky, daß es eine enorme Ungerechtigkeit sei, wenn nur ein kleiner Teil der Bevölkerung geschützt werden könnte. Deshalb dürfe man die Option Schutzräume gar nicht erst diskutieren. Im gleichen Zug wurde auch die staatliche Nahrungsvorsorge drastisch, von 100 Millionen DM im Jahr 1989 auf weniger als 20 Millionen im Jahr 1998, reduziert.[518] Deutlich wird an diesen Zahlen, daß die Zivilbevölkerung in einem kommenden Krieg viel schwerer zu leiden hätte, als beispielsweise im Zweiten Weltkrieg.

Doch es gibt noch eine andere Bedrohung, die vor allem in einer wirtschaftlichen Krise gefährlich werden könnte. So meldeten die westlichen Geheimdienste schon vor einiger Zeit, daß sich aus dem Osten ein enormer Migrationsdruck aufgebaut habe. In Rußland, Weißrußland und der Ukraine sollen zweieinhalb bis drei Millionen Menschen bereitstehen, um in den Westen zu emigrieren.[519] In der Krise würde ein solches massives Zusammentreffen verschiedenster Kulturen zu bürgerkriegsähnlichen Zuständen führen, welche die Verteidigungsfähigkeit von Westeuropa zersetzen müßten. Es sollte jedoch in diesem Zusammenhang nicht nur an einen militärischen Überraschungsangriff gedacht werden, auch terroristische Bedrohungen müssen ernst genommen werden.

Terrorismus

So wurde bekannt, daß bereits eine große Zahl von Atomwaffen aus den russischen Beständen verschwunden sind. Laut Auskunft des russischen Generals Lebed sind allein in Rußland 80 Nuklearwaffen verlorengegangen.[520] Die Vermutung liegt nahe, daß sie sich bereits in den Händen terroristischer Kreise befinden.

Der ehemalige Oberbefehlshaber der amerikanischen strategischen Streitkräfte General Butler erklärte, daß es in Zukunft keine Frage mehr sein werde, ob es zu nuklearen Terroranschläge komme. Dies sei vielmehr nur noch eine Frage der Zeit. Er betonte, daß es in Rußland schon acht bewiesene Nukleardiebstähle gegeben habe, und es sei nicht auszuschließen, daß sich ein Teil der Beute bereits in Händen der Mafia befinde. Auch in Verboten sieht der General wenig Möglichkeiten, da es noch nie gelungen sei, einer Waffe mit Verboten Herr zu werden. Die Chance, den Nuklearterror zu stoppen, sei wahrscheinlich bereits vergeben worden.[521]

Der Irak soll bereits 1998 mit einem Angriff mit Anthrax (Milzbrand-Erreger) auf Großbritannien und die NATO-Mitglieder gedroht haben.[522] Auch der amerikanische Präsident äußerte schon den Verdacht, daß es in den nächsten Jahren zu einem Terroranschlag mit B- oder C-Waffen in den USA kommen könnte.[523]

Bei der Diskussion über Terrorismus wird oft die Person des arabischen Multimilliardärs Osama bin Laden genannt. Angeblich plane dieser Mann ständig neue Anschläge. Außerdem sei er dabei, ein Arsenal von Massenvernichtungswaffen aufzubauen.[524] Eigenartig ist, daß dieser »Terror-Chef« bis vor den Anschlägen auf die amerikanischen Botschaften in Afrika unbekannt war und dann plötzlich an einer ganzen Reihe von Anschlägen schuld gewesen sein soll. So soll er an 17 Terrorakten, wie dem Mordversuch gegen den ägyptischen Präsidenten, der geplanten Ermordung des Papstes und dem Anschlag in Luxor beteiligt gewesen sein.[525] Interessanterweise konnten die USA später keine Beweise gegen bin Laden vorlegen, und es stellte sich heraus, daß der Angriff auf eine sudanesische Fabrik unbegründet war.[526]

Mit dem Terrorismus verbunden sind oft Staaten des Nahen Ostens, in denen sich nach einer wirtschaftlichen Katastrophe ein Krisenherd ersten Ranges ausbilden könnte.

Naher Osten/Irak

»Die Entscheidungsträger im Westen sollten in jedem Fall berücksichtigen, daß die Bevölkerung nicht für die Taten ihrer Regierung verantwortlich ist. Deshalb darf sie auch nicht dafür bestraft werden.«
Butros Ghali, ehemaliger Generalsekretär der UNO zur Irakpolitik[527]

Es sollte bedacht werden, daß der Großteil der weltweiten Waffenexporte, nämlich 40 Prozent im Jahr 1996, in den Nahen Osten fließt.[528] Eine besondere Bedrohung stellt hier die Situation im Irak dar. Nach dem Irakkonflikt von 1991 verhängte die UNO, unter Führung der USA und Großbritanniens, umfassende Sanktionen gegen den Staat, die sicherstellen sollten, daß das Land entwaffnet werden könnte und zur Zusammenarbeit mit der UNO gezwungen sei. Auch war geplant, daß die entstehende Not dazu führen müßte, daß der Machthaber Saddam Hussein vom Volk gestürzt würde. Jedoch zeigt die historische Erfahrung, daß Diktatoren durch äußeren Druck eher noch mehr Zustimmung im Volk finden, als daß dieses sich auflehnen würde. Es entsteht dadurch sogar ein zunehmender Haß gegen das Ausland, der sich in einem neuen Krieg entladen könnte. Durch die Wirtschaftssanktionen gegen den Irak seit 1990 verarmte die Bevölkerung drastisch. Das Pro-Kopf-Einkommen war von 1990 bis 1997 von 2300 auf unter 800 Dollar gefallen. Viele Familien überlebten nur, weil das Großfamilienprinzip schwache Mitglieder stützen konnte. Durch die Sanktionen lag die Getreideernte 1996 um 45% unter dem Stand von 1990. Die größte Dürre seit den zwanziger Jahren verschlimmerte die Lage weiter.[529] In Krankenhäusern werden wegen des Mangels selbst Einwegspritzen 50 bis 70mal benutzt.[530] Angesichts der katastrophalen humanitären Lage im Irak kritisierte der Koordinator für humanitäre Hilfe, Sponeck, die seit August 1990 andauernden Sanktionen der Vereinten Nationen. Diese Sanktionen, so argumentierte Sponeck, stützten das Regime in Bagdad, schadeten aber dem Volk. Durch den Stillstand der Wirtschaft und den Kollaps der Währung sei den meisten Irakern die Lebensgrundlage entzogen worden. Sponeck begründete seinen Rücktritt mit der im Dezember 1999 verabschiedeten UN-Resolution 1284, da die wenigen humanitären Erleichterungen – wenn überhaupt – frühestens nach einem Jahr bescheidene Wirkung zeigen würden. Er meinte, daß man hier Stellung beziehen und die Dinge beim Namen nennen müßte. Interessant ist, daß Hans von Sponeck nach dem Iren Halliday bereits der zweite UN-Beauftragte ist, der wegen der aussichtslosen Lage vorzeitig von seinem Posten zurücktrat. Sein Vorgänger begründete seinen Rücktritt damit, daß das Sanktionsregime zur Unterernährung und zum Tode Tausender Kinder beigetragen habe.[531] Wegen der zunehmend schlechteren Lage im Irak ist es nur eine Frage der Zeit, bis die Bevölkerung bereit ist für einen neuen Krieg. Wenn sich unter diesen Umständen noch die weltwirtschaftliche Lage ändern würde, dann wäre der Ausbruch eines bewaffneten Konfliktes sehr wahrscheinlich. Möglicherweise könnte es zu einem Schlag der arabischen Staaten gegen Israel kommen, da die Friedensfrage im Nahen Osten nach wie vor ungelöst ist. Interessant ist in diesem Zusammenhang, wie anscheinend absichtlich der Krisenherd Irak warmgehalten wird. Ein gutes Beispiel dafür war die Krise im Jahr 1998: Nach mehreren Äußerungen des UN-Leiters der UNSCOM-Abrüstungskommission Butler und einigen Berichten darüber, daß der Irak nicht kooperiere, verschärfte sich der Konflikt Anfang 1998 zunehmend. Später ging es dann um den freien Zugang der UNSCOM zu den Präsidentenpalästen. Dazu meinte ein westlicher Diplomat, daß dies alles eine inszenierte Krise gewesen sei. Grund dafür sei gewesen, der UNSCOM prinzipiell Zutritt zu allen Gebäuden im Irak zu verschaffen. Es hätte dabei gar keinen konkreten Verdacht oder triftigen Grund gegeben.[532] Zusätzlich verschärfte die Krise wieder die Beziehung des Westens zu Rußland und China. Beide Länder warnten im Februar 1998 die USA vor einem Militärschlag gegen den Irak und wiesen auf die Möglichkeit eines Dritten Weltkriegs hin.[533] Die Angelegenheit entspannte sich, als der irakische Präsident sich dem Wunsch beugte. Im Herbst 1998 schließlich lehnte der Irak eine weitere Zusammenarbeit mit der UNSCOM ab, da bekannt wurde, daß der US-Geheimdienst mit der Abrüstungsbehörde zusammenarbeitete.[534] Diese Maßnahme endete in einem militärischen Schlag im Dezember 1998. Auch diese Militäraktion war für die Beziehungen mit Rußland sehr kritisch. Schon nach Beginn der Offensive gegen den Irak berief Rußland den Botschafter aus den USA zurück, eine Maßnahme, die es seit dem Zweiten Weltkrieg nicht mehr gegeben hatte. Außerdem wurde in Rußland die volle Gefechtsbereitschaft aller Truppenteile angeordnet.[535] Auch die UNO war über den Alleingang der USA und Englands nicht unterrichtet worden, was der Generalsekretär Annan mit scharfen Worten verurteilte.[536] Seit diesem Angriff werden, von der internationalen Öffentlichkeit gar nicht mehr beachtet, ständig Angriffe auf den Irak geflogen. Dieses Beispiel macht wieder einmal deutlich, daß es bei den Militäraktionen gar nicht um den vorgegebenen Zweck geht, sondern daß anscheinend absichtlich ein Krisenherd aufgebaut werden soll. Daß sich jedoch aus solchen Provokationen sehr schnell wieder ein bewaffneter größerer Konflikt entwickeln könnte, zeigten Aussagen des Institute for Defense Analysis (IDA), die zu dem Schluß kamen, daß der Irak innerhalb von fünf Jahren über 200 bis 300 Langstreckenraketen verfüge, mit denen er 60 große Städte in Amerika mit B-Waffen beschießen könnte. Die USA wollten nicht ausschließen, daß sie auf einen solchen Angriff mit einem Atomschlag reagieren werden.[537]

Auf einen neuen Befreiungsschlag des Irak deutet beispielsweise auch die Rücknahme der Grenzanerkennung zu Kuwait hin.[538] Der Irak könnte, wenn die USA durch eine Wirtschaftskrise geschwächt wären, wieder in Kuwait und Saudi-Arabien einmarschieren, womit die Ölfelder in Gefahr kommen würden. Abgesehen vom Nahen Osten sind aber auch die Krisenpunkte im asiatischen Raum nicht zu unterschätzen.

China

Vor allem die Großmacht China wird in einem kommenden weltweiten Konflikt, neben Rußland, eine entscheidende Rolle spielen. Dabei sind wieder in erster Linie die wirtschaftlichen Rahmenbedingungen entscheidend. Es sollte berücksichtigt werden, daß die offiziell bekanntgegebenen Zahlen für dieses Land nie authentisch sind, sondern in der Regel wesentlich zu optimistisch dargestellt werden. Doch schon allein diese veröffentlichten Daten zeigen, daß China finanziell ruiniert ist. Würde man alle Ausgaben des Landes stoppen, würden die Einnahmen nicht ausreichen, um die Verschuldung zu bedienen. Wie bei Rußland auch, gibt es für den chinesischen Staat kaum eine Hoffnung, aus der Schuldenfalle zu entkommen. Auch das jedes Jahr ausgewiesene Wachstum zwischen sieben und acht Prozent kann nicht stimmen, da der Energieverbrauch beispielsweise im Jahr 1989 um über fünf Prozent gesunken ist.[539] Tatsächlich muß davon ausgegangen werden, daß das Land sich in einer Depression befindet. Wie schlimm es um die wirtschaftliche Situation in China bestellt sein muß, zeigte sich im Herbst 1999, als der Staat plötzlich den Abzug von Kapital aus Fonds einschränkte. Tausende von Menschen wurden in der Vergangenheit mit hohen Zinsversprechen geködert und dürfen nun nur noch 70% ihres Geldes über drei Jahre zurückfordern. Mehrere Großdemonstrationen zeigten den Unmut der Bevölkerung.[540] China setzt deshalb, wie Rußland, auf eine Verstärkung des militärischen Bereiches. Dabei rüstet das Land seine Armee kräftig auf. So wurde massiv Geld in neue Kommunikationstechnik und die Truppenausbildung investiert.[541] Für das Jahr 2000 soll der Militärhaushalt um fast 13 Prozent gesteigert werden.[542] Durch Spionage soll das chinesische Atomprogramm innerhalb kürzester Zeit vom Stand der fünfziger Jahre auf den jetzigen gebracht worden sein. Experten rechnen deshalb damit, daß diese Waffen genauso gut sind, wie die westlichen.[543]

Es scheint ebenfalls Vorbereitungen auf einen größeren bewaffneten Konflikt zu geben. So berichtete die »Washington Times« im Februar 2000, daß sich China auf einen Krieg vorbereite. Dabei planten die chinesischen Strategen den Gebrauch eines Gemischs aus marxistisch-leninistischen Doktrinen und alten chinesischen Taktiken. Eine Frage der Strategen wäre, wie schnell die Vereinigten Staaten in einer Krise zusammenbrechen werden – eine Sicht, die auf der marxistischen Vorstellung des kapitalistischen Zerfalls beruht. Der zweite Chef des chinesischen Militärstabes, General Guankai, erklärte, daß jede hegemoniale Bestrebung und Weltkontrolle in einem Krieg enden müsse. Dabei stimmten die Planer auch die Taktik auf die US-Streitkräfte ab. So gebe es Ballone, welche die elektromagnetische

Umgebung stören könnten. Auch neuartige U-Boote, welche die US-Versorgung unterbrechen könnten, seien vorhanden. Die amerikanischen Streitkräfte würden, so wüßte man, kaum über Abwehrmaßnahmen gegen U-Boote verfügen. Die chinesische Taktik ist dabei bemüht, die feindlichen Kräfte anzugreifen, bevor sie sich konzentrieren könnten. Der Stratege Gao Hen schrieb, daß eine Verteidigung Taiwans durch Amerika einen Krieg von weltweiter und historischer Tragweite verursachen könne.[544]

Vor allem die Frage um die von China beanspruchte Insel Taiwan wird schon heute als Streitpunkt erster Ordnung betrachtet. Beispielsweise protestierte China im Februar 2000 scharf gegen die Annahme eines Gesetzes für die Sicherheit Taiwans im amerikanischen Abgeordnetenhaus und nannte dies eine schwere Einmischung in innere Angelegenheiten, weil die Regelung eine direkte Kommunikation und Kooperation zwischen den beiden Streitkräften vorsieht.[545] In regelmäßigen Abständen wird auch offen vor einem neuen Konflikt gewarnt. Vor den taiwanesischen Wahlen im März 2000 beispielsweise richtete die chinesische Regierung wiederholt scharfe Warnungen an das Land. Sollte Taiwan die Unabhängigkeitskräfte stärken, sei das chinesische Volk bereit, zu den Waffen zu greifen, um Taiwan zurückzuerobern, erklärte der chinesische Ministerpräsident Zhu Rongji. Weiter drohte er, daß das chinesische Volk bereit sei, all sein Blut zu vergießen und sein Leben zu opfern, um die Einheit des Vaterlandes und die Würde der Nation zu verteidigen.[546]

In einen kommenden Konflikt werden auch andere Länder miteinbezogen, wie eine Warnung Chinas vor ernsten Konsequenzen an Papua Neuguinea zeigte, als das dortige Parlament die Aufnahme diplomatischer Beziehungen zu Taiwan beschloß.[547]

Neben China spielt auch der Konfliktherd Korea seit Jahrzehnten schon eine gefährliche Rolle.

Korea

»Ehemaliger Spion warnt vor Nordkorea ... Nordkorea sei eine unberechenbare Macht, der es allein darum gehe, Südkorea und besser noch die Welt — einschließlich der Vereinigten Staaten — mit Hilfe von Agenten, Raketen und Atombomben zu kontrollieren.«
Frankfurter Allgemeine Zeitung, 5.8.1998

Dabei besteht jederzeit die Gefahr, daß das kommunistische Nordkorea den Süden angreift. Dies ist insbesondere deshalb brisant, weil Nordkorea seit einigen Jahren unter massiven wirtschaftlichen Schwierigkeiten und einer Hungersnot leidet. Die Not soll schon so groß gewesen sein, daß sogar Leichen versteckt werden mußten, damit sie nicht auf offener Straße von Hungernden verspeist würden. Trotzdem hat das Land eine sehr gut ausgebaute Militärinfrastruktur und ist bis an die Zähne bewaffnet. Eine gezielte Propaganda der Regierung schiebt die Schuld für die Not auch Südkorea und dem Westen zu. Immer wieder gibt es auch direkte Konfrontationen mit dem Süden, wie im Sommer 1999, als es zu einem Seegefecht kam. Zweieinhalb Monate später erklärte Nordkorea die umstrittene See-Grenzlinie zu Südkorea für ungültig. Das Land behalte sich das Recht zur Selbstverteidigung der neu festgelegten Grenze mit »verschiedenen Mitteln und Methoden« vor. Wegen eines mangelnden Friedensvertrages befinden sich die beiden koreanischen Staaten seit fast 50 Jahren technisch gesehen immer noch im Kriegszustand.[548] Unter verschärften wirtschaftlichen Bedingungen nach einem Crash wird auch dieses Pulverfaß explodieren. Auch Japan wird in einen künftigen asiatischen Konflikt mit hineingezogen, allein schon deshalb, weil 1998 zwischen den USA und Japan ein neues Abkommen geschlossen wurde, das regelt, wie Japan mit den USA in Konflikten mit Dritten zusammenarbeiten solle. Festgelegt wurden Aufgabenteilungen bei einer militärischen Auseinandersetzung in der Region oder die Überwachung eines UN-Wirtschaftsembargos. Die japanische Verfassung erlaubte bis dahin nur einen Militäreinsatz zur Selbstverteidigung des Landes.[549]

Die seit Juni 2000 laufenden scheinbaren Annäherungen der beiden koreanischen Staaten sollten nicht als Lösung des Konfliktes angesehen werden. Möglicherweise handelt es sich hierbei sogar nur um ein Täuschungsmanöver, da nicht einmal ein Jahr vorher ein neuer Koreakrieg vom Norden her noch als unvermeidbar angesehen wurde.

Auch in Südasien bewegen sich die Streitigkeiten zwischen Indien und Pakistan immer an der Grenze des Krieges.

Indien/Pakistan

Gefährlich ist die Lage dort, weil einmal beide Länder schon heute in wirtschaftlichen Schwierigkeiten sind und zum zweiten, weil beide Atomwaffen besitzen. Indien muß beispielsweise 45 Prozent seines Staatshaushaltes nur für den Schuldendienst ausgeben, während 22 Prozent in das Militär investiert werden.[550] Es ist damit nur eine Frage der Zeit, bis die Armee benutzt wird, um die Zinslasten tragen zu können. Mitte 1998 testeten Pakistan und der Erzfeind Indien jeweils Atomsprengkörper. Der UN-Botschafter von Pakistan erklärte wenig später, daß in Südasien die reelle Gefahr eines atomaren Konfliktes bestehe.[551]

Der Chef der Hessischen Stiftung Friedens- und Konfliktforschung Harald Müller meinte, daß man sich in der Region innerhalb von 15 Jahren auf einen Atomkrieg einstellen müsse, da innere Probleme auf einen äußeren Feind abgewälzt würden.[552] Die Kriegsdrohungen von beiden Seiten sind dabei schon seit längerem nicht mehr zu überhören. Der Ministerpräsident des indischen Bundesstaates Jammu und Kaschmir Abdullah hat beispielsweise die Regierung in Neu-Delhi aufgefordert, Pakistan den Krieg zu erklären. Nur so könne der seit zehn Jahren andauernde Konflikt in der Himalaja-Region gelöst werden.[553] Auch aus Pakistan kommen regelmäßig düstere Warnungen: So drohte der pakistanische Außenminister Khan damit, neue Langstreckenraketen einzusetzen, die Indien verwüsten würden. Er verwies darauf, daß Indien große Städte hätte und ein Angriff noch Jahrhunderte in Erinnerung bleiben würde.[554]

Die westlichen Kapitalgeber verschärfen die Situation weiter, indem etwa Sanktionen angedroht wurden. Die EU drohte beispielsweise im Herbst 1999 damit, daß – wenn in Pakistan nicht schnell demokratische Reformen eingeführt würden – die finanziellen Mittel gestrichen würden. Ohne westliche Unterstützung gebe es keine Investitionen und es komme zum Zusammenbruch. Die Auslandsverschuldung Pakistans beträgt 32 Mrd. Dollar, womit das Land ganz vom IWF abhängig ist. Die Devisenreserven sind nicht einmal so groß, daß sie vier Monate die Importe abdecken könnten.[555] Wegen des Devisenmangels erlaubte die pakistanische Regierung Tauschgeschäfte im Außenhandel.[556] Interessant ist in diesem Zusammenhang die Rechtsprechung des Obersten Gerichtshofes in Pakistan, wie im Kapitel über den moralischen Hintergrund erwähnt. Das Gericht forderte von der pakistanischen Regierung die Einführung von zinsfreiem Geld bis zum Jahr 2001. Mit solch einem Geld wäre der Staat einmal unabhängig von ausländischem Kapital und könnte sich aus eigener Kraft stabilisieren. Unter Umständen wäre diese Maßnahme jedoch für das internationale Kapital ein Grund, einen Krieg gegen das Land zu veranlassen. Auch die Absetzung des vorigen Ministerpräsidenten Sharif war durchaus legitim, da er nur im Interesse der Reichen handelte. So führte er vor dem Umsturz in Pakistan eine Umsatzsteuer von 15 Prozent ein, welche die arme Bevölkerung tragen sollte, während die reichen Großgrundbesitzer davon ausgenommen waren.[557] Wie auch immer die weitere Entwicklung verlaufen sollte, in jedem Fall ist von einer steigenden Kriegsgefahr auszugehen. Dabei könnte es zu einer Verkettung der Ereignisse und zum Weltkrieg kommen: Wenn Indien und Pakistan atomar aufrüsten, wäre China ebenfalls dazu gezwungen, das Nuklearpotential zu erweitern, was wiederum die USA veranlassen würde, die Errichtung eines regionalen Raketenabwehrsystems für Taiwan und Japan voranzutreiben. Rußland sähe sich in diesem Szenario ebenfalls zu einer neuen Atomrüstung veranlaßt.[558] In einer Wirtschaftskrise könnte dann dieses labile Gleichgewicht sehr schnell zerbrechen, und ein Atomkrieg wäre die Folge. Die Gefahr steigerte sich nicht zuletzt Ende 2001, als im Dezember ein Anschlag auf das indisches Parlament verübt wurde und Indien Pakistan beschuldigte, daran beteiligt zu sein. Schnell setzte von beiden Seiten aus ein Truppenaufmarsch ein und es wurde mit dem Einsatz von Atomwaffen gedroht. Damit bestätigt sich wieder einmal mehr die Befürchtung, daß es nicht eine Frage ist, *ob* die Krisenherde explodieren, sondern nur *wann* sie es tun. Die meisten Menschen vertrauen in einem solchen Falle und beim Thema Krieg allgemein auf die »Ordnungsmacht« USA. Doch kann diese eine solche »Arbeit« überhaupt leisten? Es ist interessant, sich in diesem Zusammenhang einige wenig bekannte Hintergründe näher anzusehen.

USA

Nach Aussagen von amerikanischen Politikern ist das Land in der Lage, zwei Krisenherde zur gleichen Zeit zu kontrollieren. Wenn es jedoch mehr Konfliktregionen sind, ist die amerikanische Armee überfordert. Nach einem wirtschaftlichen Zusammenbruch werden überall auf der Welt Konflikte entstehen, die auch die USA, etwa durch den Ausfall der Ölversorgung aus dem Nahen Osten, bedrohen. Die Streitkräfte werden dann bei den vielen Konflikten überfordert sein und unter Umständen die Verteidigung des eigenen Landes vernachlässigen, was wiederum andere Staaten wie China oder Rußland für einen Angriff nutzen könnten ...

Doch schon heute ist die Lage komplizierter geworden. Nach Angaben des angesehenen Londoner International Institute for Strategic Studies (IISS) ist die Situation für die USA schwieriger geworden, weil durch die Globalisierung Bedingungen geschaffen wurden, unter denen sich Krisen mit zunehmender Geschwindigkeit und auch ungewissen Folgen entwickeln könnten. Auch die Gefahr eines nuklearen Krieges wird unter kritischen Personen in Amerika durchaus ernst genommen. So meinte der demokratische Senator von New York, Daniel Patrick Moynihan, daß wenn die USA mit der bisherigen Politik weitermachen würden, die Aussichten auf einen Atomkrieg unbeabsichtigt auf einen solch spannungsgeladenen Punkt gebracht werden könnten, wie er seit Beginn des Atomzeitalters noch nie erreicht worden wäre.[559]

In diesem Zusammenhang muß immer gesehen werden, daß die USA ein zwiespältiges Spiel treiben, in dem es in den wenigsten Fällen um Demokratie und Menschenrechte geht, sondern um reine Kapitalinteressen.

Amerika ist heute das Land, das den Kapitalismus am meisten verteidigt. Dabei scheint man sich auch nicht unbedingt an internationale Regeln zu halten, wie das Verbot von Weltraumrüstung. Daß es dabei Waffen geben muß, welche der breiten Bevölkerung noch nicht bekannt sind, wurde im Februar 2000 deutlich, als China eine Arbeitsgruppe zur Kontrolle von Weltraumwaffen verlangte. Chinesische Vertreter wiesen darauf hin, daß die Verhinderung eines Rüstungswettlaufs im All eine Frage sei, die ganz oben auf der Prioritätenliste der Abrüstungskonferenz stehen sollte. Die Einrichtung einer solchen Gruppe wurde von den USA daraufhin strikt abgelehnt.[560] Daß Amerika keineswegs nur der Verteidiger von Freiheit und Demokratie ist, zeigt allein die Tatsache, daß der für Aufrüstung bekannte ehemalige Präsident Reagan vor seiner politischen Karriere als glühender Kommunist bekannt war.[561] **An diesem Beispiel wird auch deutlich, daß Kommunismus und Kapitalismus sich voneinander nur durch den Grad der Monopolisierung unterscheiden,** jedoch grundsätzlich keineswegs verschiedene Systeme darstellen. Je nachdem, wie es den Mächtigen nutzt, wird die eine oder andere Seite mehr unterstützt und propagiert. Die USA verteidigen als Weltmacht keineswegs die Interessen der Freiheit. So erklärte der einflußreiche amerikanische Schriftsteller Gore Vidal, *daß das Ziel der USA ist, die Kontrolle über die ganze Erde zu erreichen. Dabei wäre ein guter Teil der Bevölkerung in Amerika ohne Bürgerrechte und das Land heute ein Polizeistaat. Das Einkommen der Bevölkerung ist dabei so weit gesunken, daß ein Doppelverdienerhaushalt soviel verdient, wie der Ehemann im Jahr 1973 alleine. Die Politik werde vollständig von den Konzernen gemacht, und der Präsident sei nur ein Angestellter, der nichts zu entscheiden habe.*[562] Aus der Sicht der Mächtigen ist ein Krieg unter Umständen gar kein unerwünschtes Ereignis, wenn sie die Entwicklung der Erdbevölkerung betrachten.

Überbevölkerung

Die Weltbevölkerung wächst alle zwei Sekunden um fünf Menschen. Die gegenwärtige durchschnittliche Geburtenrate liegt bei drei Kindern pro Frau. Ändert sich dieser Wert nicht, so berechneten UNO-Experten in ihrem schlimmsten Szenario, werden im Jahr 2150 rund 296 Milliarden Menschen die Erde bevölkern.[563] Dabei wurde schon im Herbst 1999 die Sechsmilliardengrenze der Erdbevölkerung überschritten, womit sich die Menschheit seit 1960 verdoppelt hat.[564] Ein weiteres Anwachsen der Bevölkerung ist nach diesen Zahlen nicht mehr möglich, da es sonst zum ökologischen

Kollaps kommen müßte. Nach einer Untersuchung der Vereinten Nationen ist das weltweite Ökosystem bereits heute durch die wachsende Rohstoffnachfrage stärker gefährdet als je zuvor. In den letzten 100 Jahren gingen demnach die Hälfte aller Feuchtgebiete verloren und auch die Hälfte aller Wälder wurde vernichtet. Außerdem sind 70 Prozent der Fischarten überfischt.[565]

Es ist durchaus anzunehmen, daß die Mächtigen dem Geschehen nach dem Zusammenbruch freien Lauf lassen werden und erst nach einem Atomkrieg wieder die Führung übernehmen wollen. Leider sind in diesem Zusammenhang die meisten Menschen dem falschen Glauben erlegen, daß es einen Nuklearkrieg gar nicht geben könne.

Das Märchen vom unmöglichen Atomkrieg

»Du interessierst Dich nicht für den Krieg – aber der Krieg
interessiert sich für Dich!«

Ist von einem drohenden Krieg die Rede, wird von vielen behauptet, daß ein neuer Weltkrieg, noch dazu geführt mit atomaren Sprengköpfen, gar nicht möglich sei, weil ein Einsatz des Atombombenpotentials unvorstellbar wäre. Die Medien haben in diesem Zusammenhang kräftig Falschmeldungen verbreitet. Es wurde behauptet, daß ein Schutz gegen Kernwaffen unmöglich und vergeblich sei. Ein Nuklearkrieg sei auch deshalb völlig undenkbar, weil die Erde danach auf Jahrtausende verstrahlt sei, was auch dem Angreifer nichts nutzen würde. Doch ist dem wirklich so?

Wenig bekannt sind die physikalischen Fakten zu Atombomben, die zu völlig unterschiedlichen Ergebnissen führen: Atomwaffen beziehen ihre enorme Energie aus der Spaltung von Uran oder Plutonium, bei Wasserstoffbomben noch zusätzlich aus der Kernfusion von Wasserstoff. Die Energieausbeute verteilt sich zu 50% auf die Druckwelle, zu 30% auf Hitzestrahlung, zu 5% auf Sofortkernstrahlung und 10% Rückstandsstrahlung. Vor der Druckwelle, der Hitzestrahlung und der Sofortkernstrahlung (radioaktive Strahlung aus dem Feuerball der Bombe innerhalb der ersten Minute) kann man sich schützen, indem man einige Kilometer von der Explosionsstelle entfernt ist oder stabile unterirdische Räumlichkeiten (stabile Keller, U-Bahnschächte usw.) aufsucht.

Was den Menschen am meisten Angst macht, ist hier die radioaktive Strahlung, die nach dem Abwurf verbleibt. Beim radioaktiven Niederschlag ist es zuerst wichtig, in welcher Höhe die Atomwaffe gezündet wurde. Wurde sie in der Luft gezündet, so werden die radioaktiven Bestandteile der Bombe in große Höhen befördert, in der sie keine unmittelbare Gefahr für die Erdbewohner darstellen – ein radioaktiver Fallout bleibt aus. Wenn jedoch die Kernwaffe in Bodennähe oder auf der Erdoberfläche gezündet wurde, lagern sich die radioaktiven Bombenbestandteile an den hochgeschleuderten Staub an und rieseln wieder zu Boden – es kommt zu strahlendem Fallout. Von der Strahlung her interessant sind also nur Explosionen in Erdnähe, da nur dann radioaktiver Ausfall entsteht.

Die meisten Menschen denken nun, daß die Strahlung permanent sei und die betroffene Region für lange Zeit unbewohnbar machen würde. Dies ist jedoch nicht der Fall, da es sich beim Fallout zum größten Teil um kurzlebige Isotope handelt, die schnell zerfallen. Die Strahlung ist dabei nach der Kernwaffenzündung sehr hoch und klingt danach schnell ab. Bereits sieben Stunden nach einem Atombombeneinsatz in Bodennähe ist schon 90% der Radioaktivität wieder verschwunden. Nach 48 Stunden ist nur noch 1% der Strahlung meßbar, welche eine Stunde nach der Explosion erfaßbar war, und nach zwei Wochen gibt es nur noch eine Reststrahlung von weniger als 0,1% (Abb. 28).

Dies bedeutet, daß das Gelände schon nach wenigen Tagen betreten und nach einigen Monaten sogar wieder normal genutzt werden kann. Völlig grundlos ist auch die Annahme, daß nach einem Atomgefecht das Wasser radioaktiv verseucht wäre und deshalb kein Überleben möglich sei. Einmal zerfallen die radioaktiven Isotope, wie gezeigt wurde, sehr schnell, zum zweiten besteht der radioaktive Fallout aus wasserunlöslichem Staub, der sich an der Erdoberfläche ablagert und nicht in das Grundwasser eindringt. Sogar oberflächennahes und nicht durch Tonschichten abgeschirmtes Wasser ist damit nicht von Radioaktivität bedroht.[566]

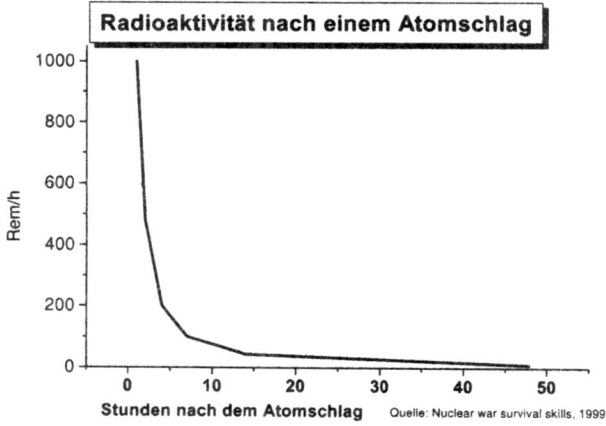

Abb. 28: Rückgang der Strahlung nach einem Atomwaffeneinsatz

Genauso sieht es mit dem Anbau von Nahrungsmitteln nach einem Atomschlag aus: Der Großteil radioaktiver Substanzen ist bereits nach einigen Wochen vollständig verschwunden, und kleine Reste langlebiger Isotope wie Strontium-90 oder Cäsium-139 werden im Boden durch Ionenaustauschvorgänge weitgehend gebunden und deshalb nicht von den Pflanzen aufgenommen.[567] – Ein Atomkrieg ist aus diesen Gründen sicher kein Weltuntergang und läßt sich militärisch durchaus führen. Eine weitere Furcht der Menschen gilt der Neutronenbombe.

Künstliche Angst vor der Neutronenbombe

Die Entwicklung der Neutronenbombe wurde von den Medien dazu genutzt, den Fatalismus in der Bevölkerung gegenüber einem Kernwaffeneinsatz weiter zu stärken. Neutronenbomben, so wurde verbreitet, würden mit ihrer Neutronenstrahlung sogar Panzer fast vollständig durchdringen und die Besatzung töten, während alle Gegenstände durch die geringe Explosionswirkung nahezu heil bleiben würden. Einen Schutz gebe es gegen diese Waffe nicht.

Hier wurden jedoch wieder einmal die physikalischen Fakten vergessen. Es ist richtig, daß Neutronen den Metallmantel von Panzern nahezu ungestört durchdringen, jedoch wird diese Strahlung von Wasser oder Beton gut absorbiert. Dies bedeutet, daß die Zivilbevölkerung in einem betonierten Keller oder einem einfachen Loch mit Erdüberdeckung sogar sehr guten Schutz findet.[568] Wird der Keller noch mit wasserstoffhaltigem Kunststoff, wie etwa billigem Polyäthylen, ausgekleidet, wird Neutronenstrahlung zum Großteil absorbiert.

Die Neutronenbombe ist wieder ein gutes Beispiel dafür, wie in der Bevölkerung offensichtlich gezielt der Glaube an die Unmöglichkeit eines neuen Weltkrieges erzeugt wird. Anscheinend will man sogar, daß die Menschen im Ernstfall schutzlos dem Geschehen gegenüberstehen. Warum wohl sonst wurde der Zivilschutz aufgelöst und der Katastrophenschutz abgebaut? Warum werden staatliche Schutzeinrichtungen geschlossen und Warnmittel wie Sirenen konsequent abgebaut? Warum hat man es so eilig, die Einrichtung von bombensicheren Krankenhäusern und Lebensmittelvorräte aufzulösen? Warum wird die Bevölkerung nicht darüber aufgeklärt, daß schon einfachste Maßnahmen im Ernstfall das Leben wirksam schützen können?

Als Schlußfolgerung daraus ergibt sich, daß ein Atomkrieg führbar ist und keineswegs den »Weltuntergang« bedeuten würde. Der nächste Weltkrieg wird auch deshalb mit Nuklearwaffen geführt werden, weil damit konventionelle Munition gespart werden kann: Für eine Artillerie-Atomgranate mit einer Sprengkraft von 20 000 Tonnen TNT müßten einige Güterzüge voll konventioneller Munition herbeigeschafft werden, was dem Angreifer im Gefechtsfall schwerfallen würde. Die russische Gefechtstaktik sieht deshalb einen ausgiebigen Einsatz taktischer Atomwaffen vor. Jede Division verfügt darum über eigene Kernwaffen. Da Rußland im nächsten Weltkrieg wegen der geographischen Nähe voraussichtlich unser Gegner sein wird, ist es interessant, sich mit der russischen Kriegstaktik einmal etwas näher zu beschäftigen.

Die russische Gefechtstaktik[569]

»Die Kampfdoktrin des Gegners. Allein entscheidende Kampfart:
Angriff. Ziel des Angriffs: Durchbruch – Einkesselung – Vernichtung!«
Major v. Dach, Gefechtstechnik, 1980

Um sich eine realistische Vorstellung von einem möglichen Weltkrieg in Europa zu machen, sollte man sich die Taktik des möglichen Gegners genauer ansehen. Die russische Gefechtstechnik setzt dabei von Anfang an ausschließlich auf Angriff. Die Vorstöße sollen blitzartig und unter massiver Überlegenheit ablaufen. Geplant ist eine zehnfache Überlegenheit, durch die russische Panzer mögliche Verteidigungsstellungen überrollen. Truppenkonzentrationen des Verteidigers werden schon in der Anfangsphase durch Atomwaffen zerschlagen und dessen Beweglichkeit mit ausgiebigem Einsatz chemischer Waffen unterdrückt.

Die russische Armee setzt in erster Linie auf den Einsatz gepanzerter Fahrzeuge und kann damit im panzergünstigen, ebenen Gelände schnelle Bodengewinne realisieren. Auf Schwierigkeiten stößt die Einheit erst im panzerungünstigen Gelände, da die Kampfverbände ohne die Unterstützung gepanzerter Fahrzeuge nur beschränkt einsatzfähig sind. Dieses Gelände wird daher nach Möglichkeit ausgespart und von später nachfolgenden Truppen niedergekämpft. Besonderen Wert legt die russische Armeeführung auf einen überdurchschnittlich hohen Bestand an Luftabwehrwaffen, mit der die Luftwaffe des Verteidigers wirksam und schnell zerstört werden kann. Oberster Grundsatz der Taktik ist ein enormes Angriffstempo. Dabei werden gezielt hohe eigene Verluste in Kauf genommen. Das Sparen von Zeit ist wichtiger als das Sparen von Menschenleben, Maschinen und Material. Die Tagesziele einer Division liegen im offenen Gelände bei 100 km und im hindernisreichen Territorium bei 50 km pro Tag. Grundsätzlich greift die kämpfende Truppe in zwei Staffeln an, wobei sich jede Staffel in zwei bis drei Angriffswellen unterteilt. Die erste Staffel hat die Aufgabe des Durchbruchs, die zweite die des Niederkämpfens verbliebener Verteidigungsstellungen. Zusätzlich zur vorrückenden Truppe sind strategische Luftlandungen großer Verbände im Hinterland des Verteidigers geplant, die ihm in den Rücken fallen.

Anhand der russischen Taktik kann man sich klare Vorstellungen darüber machen, wie ein Angriff auf Westeuropa aussehen könnte. Als erstes muß mit einem plötzlichen Angriff gerechnet werden, da der Gegner dann unvorbereitet ist und leicht überrumpelt werden kann. Durch die Konzentration auf Panzer werden zuerst panzergünstige Gebiete eingenommen, die Gebirgsgegenden werden ausgespart. Das bedeutet, daß in der ersten Angriffswelle die norddeutsche Tiefebene und das panzergängige deutsche Mittelland eingenommen wird. Die Gebirgsregionen der Alpen und der panzerungünstigen Mittelgebirge werden erst in einer späteren Phase erobert. Da in der russischen Doktrin der Gewinn von Gelände alle anderen Argumente überwiegt, ist schon in der Anfangsphase mit massivem Einsatz taktischer A- und C-Waffen zu rechnen.

Fatal würde sich in einem kommenden Krieg auswirken, daß Deutschland dem Verbot von Landminen zugestimmt hat. Minen dienen in erster Linie dem Verteidiger, der damit die Stoßkraft des Angreifers bremsen und ihn letztlich stoppen kann. Wenn jedoch Minen nicht mehr benutzt werden sollen, gibt es kaum ein derzeit bekanntes Mittel, um die große Panzerübermacht des Ostens aufzuhalten. Eine Möglichkeit wäre hier lediglich der großflächige Einsatz von Neutronenbomben in feindlichen Bereitstellungsräumen, da Neutronenstrahlung zwar den Panzer durchdringt und die Besatzung tötet, jedoch im Umfeld die Zivilbevölkerung schont, da keine oder kaum Zerstörung stattfindet und die Menschen in Kellern relativ gut geschützt sind. Doch auch hier hat Deutschland auf eine entsprechende Ausrüstung vertraglich verzichtet. Die Abwehrmöglichkeiten unseres Landes gegen einen russischen Angriff sind demnach äußerst begrenzt und werden mit weiteren Sparmaßnahmen nochmals reduziert werden.

Wie sich aus unserem gegenwärtigen System ein Dritter Weltkrieg entwickeln könnte, zeigt nachfolgende Diskussion.

Der Dritte Weltkrieg – eine Diskussion

X. S.:»Es stellt sich nicht die Frage, ob es wieder zu einem Krieg kommt, sondern nur wann es soweit ist. Ursache dafür ist unser Wirtschaftssystem, in dem Geld nur verzinst weiterverliehen wird. Dadurch wachsen

Geldvermögen und Schulden in gleichem Umfang immer schneller – die Schere öffnet sich! Hätte jemand nur einen Pfennig im Jahre 0 zu 5% Zins angelegt, wäre daraus bis zum Jahr 1990 ein Vermögen geworden, welches 134 Mrd. (134 000 000 000) Erdkugeln aus purem Gold entspräche. Im gleichen Ausmaß wachsen auch die Schulden an, die von der ganzen Bevölkerung getragen werden müssen. Hier wird deutlich, daß dieses System nie funktionieren kann – bereits nach wenigen Jahrzehnten sind die Schulden so hoch, daß sie nicht mehr bezahlt werden können, es kommt zu Wirtschaftskrisen, Bankrotten, letztlich zum Krieg. Ein Jahr vor der Französischen Revolution mußte Frankreich allein für seine Schulden 70% der Steuereinnahmen als Zins auszahlen. Die entstandene Armut führte zur Französischen Revolution. Genauso führte die Verschuldung von 1913 zum Ersten Weltkrieg und die Weltwirtschaftskrise zum Zweiten. Heute ist die weltweite Verschuldung wieder auf Rekordstand, die ersten Länder zerbrechen. Allein Rußland muß dieses Jahr fast den gesamten Staatshaushalt für Zinszahlungen aufwenden.«

I:»Natürlich sind Kriege systembedingt. Nur das mit der Staatsverschuldung ist lediglich eine der Ursachen. Sonst wäre es möglich, über eine Hyperinflation, diese zu beseitigen. Ähnlich wie es in den zwanziger Jahren war. Das nächste Problem, das wir mit unserem System haben, ist, daß es nun mal kein ewiges materielles Wachstum gibt auf einer endlichen Welt. Unser Planet ist einfach zu klein, um die Habgier von 6 Mrd. Menschen zu befriedigen.«

X. S.:»Es ist richtig, die Verschuldung ist nur Folge des Systems. Weil sich die Geldvermögen exponentiell (also mit steigender Geschwindigkeit) vermehren, müssen auch die Schulden in gleichem Ausmaß zunehmen. Was der eine als Vermögen hat, muß ein anderer als Schulden haben. Auch der ewige Wachstumszwang ist Folge des Finanzsystems: Weil die Geldvermögen über den Zinseffekt anwachsen, muß auch die Produktion mithalten. Sobald jedoch das Wirtschaftswachstum kleiner wird als der Zinssatz, kommt es zu einer schnellen Kapitalverschiebung von arm zu reich. Jedes System, welches sich auf Zins beruft, ist deshalb zum Wachstum gezwungen. Oder wie der Verhaltensforscher Konrad Lorenz einmal sagte: ›Jetzt endlich habe ich erkannt, daß nicht das Wirtschaftswachstum den Zinseszinswahn erzeugt, sondern *daß der Zins die einzige wahre und wirkliche Ursache dafür ist, daß die Welt dem Wahnsinn des ewigen Wachstums verfallen ist.*‹ Wenn wir also wirklich etwas Positives aus den Geschehnissen herausholen wollen, kommen wir um eine Beschäftigung mit dem Geldwesen nicht herum!«

M.: »... eine interessante Ansicht hast du da. Auch daß vielleicht in der Vergangenheit ein Krieg dazu führte, Staatsschulden abzubauen, mag ja noch irgendwie angehen. Bei dem Krieg, von dem wir jetzt aber reden, sieht die Sache anders aus. Das Potential an Waffen, das zur Verfügung steht, ist derartig gewaltig, daß ein Land so dermaßen massiv zerstört werden kann, daß nicht nur alle Städte, sondern die komplette Infrastruktur, von der kleinen Holzbrücke bis hin zu wichtigen Verkehrsknotenpunkten, in Schutt und Asche liegt. Der Aufbau eines solch zerstörten Landes dürfte noch um einiges höher liegen. Bedenke, ein einziges U-Boot der Poseidon-Klasse, von denen die Engländer eine ganze Reihe besitzen, hat mehr Zerstörungskraft als alle im Zweiten Weltkrieg gefallenen Bomben zusammen. Viel wahrscheinlicher finde ich, daß eine Revolution, egal welcher politischen Couleur, die herrschende Klasse verdrängt und dann ganz einfach die Staatsschulden für null und nichtig erklärt.«

X. S.: »Auch im erwarteten Dritten Weltkrieg sind die Ursachen die selben. Der Erste Weltkrieg war auch schon der schlimmste bis dahin, den sich vorher niemand vorstellen konnte, einige Potenzen höher noch der Zweite Weltkrieg. Warum soll es dann keinen Dritten geben? Die Zerstörung würde gewaltig sein und alle Vorstellungskraft übersteigen. Doch bereits nach einigen Jahrzehnten wäre, beim Stand der Technik, wieder alles aufgebaut. Vielleicht wird dieser Krieg auch genutzt, um endlich das Überbevölkerungsproblem anzugehen. Eine Todesrate von 80–90% ist sicher realistisch. Ob es soweit kommt oder nicht ist m. E. zweitrangig. Sicher ist, daß die nähere Zukunft alles andere als rosig aussieht. Es wird zu Armutsrevolutionen und Kriegen kommen als Kampf um das sich immer mehr zurückziehende Geldkapital. Für wichtig halte ich es, den Ursachen dafür auf den Grund zu gehen, damit es nicht zu einem Vierten und Fünften Weltkrieg kommt. Und dabei spielt unser Finanzsystem eine entscheidende Rolle. Ich denke in dieser Sache durchaus optimistisch: Lieber ein Ende mit Schrecken als ein Schrecken ohne Ende!«

M.: »... mit der Überbevölkerung hast du recht, nur findet die nicht hier in Europa statt, sondern ganz woanders. Und ob die Folgen nach einigen Jahrzehnten aufgearbeitet sind, wage ich zu bezweifeln. Bedenke nur was passiert, wenn einige Kernkraftwerke zerstört oder beschädigt werden, beim Einsatz von Nuklearwaffen nicht zu vermeiden, dann strahlt Europa noch etwas mehr als ein paar Jährchen. Revolutionen, Aufstände, usw. wird es ganz sicher geben, da bin ich mit dir ganz einer Meinung. Nur ein Krieg, klassisch wie er hier aufgezeichnet wird, den wird es wohl kaum noch geben. Viel zu teuer, und nicht gewinnbar! Viel wichtiger scheint mir die

Gefahr, die z. B. aus dem Nahen Osten droht. Atombomben im Kofferformat – sicher heute kaum noch Science Fiction. In solchen ›Kriegen‹ liegen die Gefahren. Internationaler Atomterrorismus scheint mir viel wahrscheinlicher.«

D.: »Systembedingt? Was heißt das schon? Irgendwas wird der Auslöser für einen zukünftigen Weltkrieg sein. Bereits beim Ersten, wie auch beim Zweiten Weltkrieg war der Auslöser im Balkan zu finden. Daß sich die Situation jetzt und heute in dieser Gegend wieder zuspitzt, ist sicher nicht gerade beruhigend. Hat Milosevic doch bereits mit einem Dritten Weltkrieg gedroht, sollte die NATO Serbien angreifen …«

X. S.: »Es ist richtig, daß ein Krieg unter den heutigen Umständen unausweichlich ist. Nur sollte man mal fragen warum das so ist. Man erkennt dann ganz schnell, daß daran wirtschaftliche Ursachen beteiligt sind. Auch ist nicht der ›schlechte Mensch‹ schuld, sondern der Mensch ist so, wie er vom System geprägt wird. Ein System aber, welches von sich aus nach immer schnellerer Expansion drängt (Zinseszinseffekt), wobei es wenige Gewinner und viele Verlierer gibt, erzeugt von sich aus den Boden für Krieg. Nochmal: Nicht der Mensch ist an den Kriegen schuld, sondern das falsche Wirtschaftssystem, das ihn dazu zwingt, um überleben zu können. Genauso wird nicht Rußland die Ursache des nächsten Krieges sein, sondern das Kapitalsystem, welches dieses Land in eine unlösbare Wirtschaftskrise stürzte, aus dem allein der Kampf noch Hoffnung bieten kann … Man darf hier nicht Ursachen und Folgen verwechseln!«

I.: »Sicherlich, die Russen werden nicht schuld sein am Ausbruch des Dritten Weltkrieges. Wie du richtig beschrieben hast, geht jedweder soziale Konsens in unserem System früher oder später verloren. Das würde zu revolutionären Umwälzungen führen. Das wollen die Mächtigen natürlich nicht. Wie kann ich dem begegnen? Man beutet unterentwickelte Völker aus und mit diesem materiellen Vorteil verbessere ich den Lebensstandard der eigenen Bevölkerung. Was sicherlich den revolutionären Elan mindert. Was passiert jetzt aber, wenn unser Planet an seine Wachstumsgrenzen stößt? Die Staaten geraten in ihrem Kampf um Ressourcen und Absatzmärkte in eine immer stärkere Konfrontation, und dann kommt es zum großen Knall! Das allerbeste daran ist aber, unsere Mächtigen im Lande tun das wissentlich. Sie nehmen den Tod von Millionen Menschen in Kauf, um die eigene Macht- und Habgier befriedigen zu können.«

X. S.: »Die Betrachtung, daß das System tatsächlich die Entwicklungsländer, nämlich über die Zinsen für die ›Entwicklungshilfe-Kredite‹, ausbeutet, ist richtig. Nicht richtig ist jedoch, daß dieses Vorgehen den Lebensstandard bei uns verbessert. Allein in Deutschland werden z. Z. jedes Jahr über 1000 Mrd. DM Zinsen von der großen Bevölkerung zu wenigen Gewinnern umverteilt. Nur bei uns besitzen, nach einer Studie der CDA, eine CDU-Organisation, 3% der Bevölkerung über 80% des Gesamtvermögens. Da die Wirtschaft ohne Geld nicht läuft, sind Unternehmen, Arbeiter und die gesamte Bevölkerung auf Verschuldung bei der profitierenden Minderheit angewiesen. Über die Zinszahlungen werden diese noch reicher und wir sitzen noch mehr in der Schuldenfalle. Es verhält sich also in unserem Fall folgendermaßen: Die profitierende Minderheit (die UNO spricht in einer Studie von weniger als 400 Personen, welche über die Hälfte des Welteinkommens verfügen) beutet die Entwicklungsländer *und uns* aus. Wir haben keinen Vorteil davon. Da das System jedoch spätestens dann ein Ende hat, wenn die Zinsverpflichtungen nicht mehr bezahlt werden können, ist ein bewaffneter Krieg unausweichlich. Meiner Ansicht nach könnte der Vorgang nur dadurch abgebrochen werden, wenn ein stabiles, also zinsfreies, System eingeführt wird, wie wir es im ›Goldenen Mittelalter‹ (1150–1450) hatten. In dieser Zeit wurden z. B. die meisten unserer heutigen Städte gegründet, Krieg und Armut oder Arbeitslosigkeit waren unbekannt. In dieser Zeit wurden auch die Dome und Kathedralen in Europa gebaut, bis dann kurz vor Ende des 15. Jahrhunderts das Zinsgeld, ausgehend vom Augsburg der Fugger, wieder eingeführt wurde. Allerdings sieht es so aus, als ob die profitierende Schicht lieber alles in Schutt und Asche legen wird, bevor sie auf ihr leistungsloses Einkommen verzichten muß. Unsere Aufgabe sehe ich darin, sich kundig zu machen über den Systemmechanismus und zu verhindern, daß es, vielleicht nach einem Krieg, wieder zur gleichen Entwicklung kommt.«

I.:»Doch, doch – unser Wohlstand ist zum Teil auf dem Elend der dritten und mittlerweile vierten Welt begründet. Oder überleg doch mal, was würde passieren, wenn alle Völker der Welt den Wohlstand der Deutschen genießen würden. Ich meine mit Wohlstand nicht, daß wir alle satt zu essen haben, ein Dach über dem Kopf, eine Wohnung oder sonst irgendwelche elementaren Dinge. Vielmehr überlege ich mir, was passieren würde, wenn andere Völker über den hiesigen Motorisierungsgrad verfügen würden. Wir würden uns ökologisch vernichten. Also kann man ökologisch unverträglichen Wohlstand nur einer Minderheit auf diesem Planeten garantieren.«

X. S.:»Ob es zu einem neuen Krieg kommt oder nicht, ist nicht eine Frage des ›Glaubens‹, sondern einzig logische Folge unseres Wirtschaftssystems.

Dabei ist es nicht die Frage ›ob‹ wieder etwas Schlimmes passiert, sondern nur noch ›wann‹ … Durch Krieg wird das System wieder in den Anfangszustand versetzt, und das Spiel beginnt von neuem. Die aufkommenden Verteilungskämpfe sind heute nur Folge davon, daß in jedem Land zunehmend das Geld fehlt, da es für die Verzinsung der Schulden verwendet werden muß. Allein Rußland muß dieses Jahr fast den gesamten Staatshaushalt nur zur Zinszahlung verwenden – wie das gutgehen soll, weiß niemand. Immerhin könnte dieses Land durch einen Krieg den Hauptgläubiger Deutschland ausschalten und die Schulden damit begleichen. Es sollte doch mehr über handfeste Fakten diskutiert werden, als über Meinungen und Glauben einzelner – das würde uns sicher schneller zu einer Lösung kommen lassen, als fruchtlose Diskussionen darüber, was der eine oder andere ›glaubt‹.«

Q.: »… Was die Wirtschaft betrifft. Sicherlich hast du irgendwo recht, was den Zinsmechanismus betrifft. Aber da sich laut Keynes (Wirtschaftsökonom, USA) die Wirtschaft im ständigen Gleichgewicht befindet, können die Zinsen nur soviel wachsen, wie auch die Inflation wächst, und die wird ja wohl durch das Produktivitätswachstum (Technologie, Bildung usw.) bestimmt. So einfach ist das also auch nicht, da der Reingewinn letztendlich bei plusminus Null liegt.«

X. S.: »… Auch ein großer Irrtum: Der Zinssatz ist *immer* größer als die Inflationsrate. Der Kreditzins besteht aus folgenden Bestandteilen: eigentlicher Zins, Inflationsanteil, Risikoanteil. Wenn die Inflation steigt, steigt der Inflationsanteil im Kreditzins und der Geldverleiher wird gegen Entwertung geschützt. Der eigentliche Zins jedoch führt zu einer exponentiellen, also immer schneller wachsenden Vermehrung von Geldvermögen bei wenigen und Schulden bei den meisten. So ein System muß zerbrechen. Bei der ganzen Angelegenheit darf man sich nicht so sehr von den Medien beeinflussen lassen, sondern muß durch eigenes Nachdenken und ›zwischen-den-Zeilen-lesen‹ die Wirklichkeit ergründen. Dann erkennt man, daß alles rein gesetzmäßig abläuft und sich damit auch die Zukunft sehr exakt vorhersagen läßt, allerdings ohne genauen Eintrittstermin.«

I.: »Ich glaube auch nicht, daß man, um die Schulden zu beseitigen, einen Krieg lostritt. Diese könnte man ganz einfach über eine Hyperinflation eliminieren. Vielmehr meine ich, wir stoßen an unsere Wachstumsgrenzen, weiteres Wachstum würde in den ökologischen Kollaps führen. Peng, aus und gar nichts mehr. Also Krieg, alles liegt am Boden und es kann wieder aufgebaut werden. Oder was denkt ihr, was unser Ex-Kanzler Kohl mit der ›Bewahrung der Schöpfung‹ gemeint hat?«

X. S.:»... Ein Zinssystem kann niemals funktionieren, weil es rein mathematisch mit zunehmender Zeit immer schneller expandiert, schließlich explodiert. In der Praxis heißt dies, daß die Reichen Geld verleihen und über die erhaltenen Zinsen noch reicher werden, damit im nächsten Jahr noch mehr verleihen können usw. Natürlich muß dies von jemandem erwirtschaftet werden, nämlich von der breiten Bevölkerung, die nicht soviel Geld besitzt, um dieses ›arbeiten zu lassen‹. Wie geht die Umverteilung vor sich? Der Staat verschuldet sich – über Steuern müssen Zinsen gezahlt werden (heute bereits mehr als 25% der Steuereinnahmen nur für Zinslast). Die Wirtschaft ist auf das Geld der Reichen angewiesen und muß sich verschulden (in jedem Produkt, das ihr kauft, zahlt ihr im Schnitt 50% Zinsen, bei der Wohnungsmiete sogar 70–80%). Der Privatmann ist gezwungen, sich zu verschulden, z. B. wenn er ein Eigenheim finanzieren will (ein Haus wird gebaut, der Wert eines zweiten Hauses muß als Zins zurückgezahlt werden). Wenn man nun diese Größen summiert, kommt man auf über 1000 Mrd. DM jährlich nur für Deutschland. Im Schnitt bleibt der Großteil der Zinserträge bei etwa 3% der Bevölkerung hängen, welche dadurch noch reicher werden. Ergebnis ist, daß die breite Bevölkerung immer schneller verarmt. Die Spannungen nehmen zwangsläufig zu, das System *muß* letztlich in gewaltsamen Auseinandersetzungen enden. Auch der Nationalökonom Keynes hat ausdrücklich von der ›Liquiditätsfalle‹ gesprochen – also dem Punkt eines Systems, an dem eine ausreichende Rendite für das Kapital nicht mehr gesichert ist. Die Reichen ziehen dann ihr Geld einfach aus dem Wirtschaftskreislauf ab – Folge ist eine Deflation mit Wirtschaftskrise. Weil Geld im Geldkreislauf fehlt, gewinnt es einen ungeheuerlichen Wert – die Preise für Produkte und die Löhne verfallen. Bankenzusammenbrüche nehmen den Menschen ihre Ersparnisse. Am Ende bleibt nicht einmal soviel übrig, um existieren zu können. Kurz vor dieser Phase stehen wir heute. Es ist auch ein großer Irrtum zu glauben, daß Inflationen Schulden abbauen: Sobald die Inflation ansteigt, wird dieser Preissteigerungseffekt in den Zins eingerechnet – d. h. der Geldverleiher bleibt vor dem Verfall verschont. Überhaupt kann sich heute kein Land der Welt mehr eine Inflation leisten, weil sich sonst der Wechselkurs nach unten bewegen würde, was die Rückzahlung der Auslandsschulden unmöglich machen würde. Genau dies ist letzten Sommer in Rußland passiert. Um die Zinsen für die Verschuldung zahlen zu können, mußte sich dieses Land in den letzten Jahren massiv weiterverschulden. Jetzt ist der Wechselkurs zum Rubel verfallen – die Schulden und Zinsen müssen zum Vielfachen zurückgezahlt werden. Nur dieses Jahr soll Rußland fast seinen ganzen Staatshaushalt für Schuldzahlungen verwenden. Definitiv wurden bereits Gelder vom IWF und Deutschland verweigert. Rußland steht jetzt mit dem Rücken zur Wand. Untergehen oder kämpfen heißen die beiden Möglichkeiten. In letzter Zeit wurde bereits mehrfach von russischen Politikern und Generälen mit einem Angriff gedroht. Man muß sich klarmachen, daß es tatsächlich soweit kommen muß, wenn nicht das System noch in letzter Minute geändert wird – was allerdings zu bezweifeln ist. Es ist immerhin sehr interessant, selber aufmerksam zu beobachten, wie Kriege entstehen und wie ein Rad ins andere greift in diesem Wahnsinnssystem.«

M.: »... Deine Beschreibung unseres Systems ist wirklich sehr interessant. Aber auch die Amerikaner, die vor einigen Jahren Staatsbedienstete nach Hause schicken mußten, weil die Löhne nicht richtig gezahlt werden konnten, haben sich ohne Krieg aus ihrer Misere gerettet. Und was ist mit Holland und England, auch dort war die Wirtschaft, vor allem in England, eine Zeitlang sehr schlecht – und nun? Daß sich etwas ändern muß, da stimme ich dir voll zu. Vielleicht, wenn Rußland stark genug droht und die Lage sehr desolat wird, vielleicht wird Rußland dann seine Schulden einfach streichen und fertig!! Besser als ein Krieg, bei dem die eigene Vernichtung droht. Was meinst *du*???«

X. S.: »Hallo, daß Amerika gerade einen Überschuß im Staatshaushalt hat, ändert leider nichts an der Beurteilung des Systems. Entscheidend ist immer die Entwicklung der Gesamtverschuldung, also der Summe aus Staatsschuld, Unternehmerschulden und Schulden der Privathaushalte. Weil die Geldvermögen durch den Zinseszinseffekt immer schneller anwachsen, müssen auch die Schulden im gleichen Ausmaß anwachsen – was der eine gewinnt, verliert ein anderer. Wie sich jetzt aber die Schulden auf die drei Sektoren (Staat, Unternehmen, Privathaushalte) verteilen, ist im Prinzip bedeutungslos. Im Fall USA läuft die Wirtschaft zur Zeit gut, das heißt, die Unternehmen fragten einen großen Teil der nötigen Kredite nach. So konnte der Staat seine Kreditaufnahme verringern. Die Gesamtverschuldung, für die wir indirekt Zinsen zahlen müssen, vergrößert sich jedoch weiterhin. Genauso öffnet sich die Schere von arm und reich immer schneller. In diesem Vorgang gibt es kein einziges Land der Welt, welches eine Ausnahme darstellt. Auch Holland, England oder Neuseeland, wie die schnell wechselnden ›Mutterländer‹ heißen, sind hier keine Ausnahme. Allein die Staatsverschuldung der Niederlande wächst weiterhin in atemberaubendem Tempo. Zwangsläufig wird in absehbarer Zeit überall auf der Welt eine Minderheit das gesamte Vermögen in Händen halten. Die übrige Bevölkerung kann dann die horrenden Zinslasten nicht mehr tragen – das System bricht zusammen. Das bedeutet, daß das Zinssystem ein System mit Verfallsdatum ist. In diesem Szenario sind manche Länder weiter als andere. Rußland befindet sich beispielsweise bereits in der Endphase, während sich bei uns die Lage vielleicht noch einige Jahre hinauszögern ließe. Einem endgültigen Verfall entgeht jedoch keiner der Staaten mit diesem System. Auch ein ›Schuldenerlaß‹, wie er etwa von den Kirchen gefordert wird, ändert daran gar nichts. Auch hat es sowas wie einen Erlaß der Kredite noch nie gegeben. Dies würde bedeuten, daß jemand in gleichem Umfang auf sein Guthaben verzichten müßte – das hat noch nie jemand getan. Bisher liefen alle ›Erlässe‹ darauf hinaus, daß einfach die Schulden einem anderen Land aufgebürdet wurden. Zum Beispiel muß, wenn Banken einem Land die Kredite erlassen, der deutsche Staat, also wir Steuerzahler, fortan die Kredite ›bedienen‹ – die dahinterstehenden Guthaben bleiben unangetastet. Würde man tatsächlich mit Gewalt einen Erlaß durchsetzen, müßte sich das gesamte Geld aus dem Wirtschaftskreislauf zurückziehen, weil das Vertrauen in die Kredite zerstört wäre. Eine Deflation mit sofortiger Wirtschaftskrise weltweit wäre die Folge. Einzige Lösung wäre die Einführung eines zinsfreien Geldsystems – etwa wie es im ›Goldenen Mittelalter‹ von Kaiser Barbarossa gemacht wurde. In dieser Zeit gab es tatsächlich keine Armut und Kriege. Doch fürchte ich, daß die Menschheit nur durch Schmerz und Zerstörung lernen wird. Trotzdem sehe ich unsere Verpflichtung und Aufgabe darin, dafür zu sorgen, daß so ein Unglück nie wieder geschehen kann!«

I.: »Amerika, im übrigen auch England, sind den Weg gegangen, sich über einen Sozialabbau Vorteile im internationalen Wettbewerb zu verschaffen. Sollten alle Staaten der Welt den gleichen Weg gehen, wären die Standortvorteile dahin und die Spirale würde sich von neuem und schneller drehen. Das kann also keine Lösung sein. Wenn Länder wie Rußland, Brasilien oder China kollabieren, dann löst dies einen gigantischen Dominoeffekt aus. Deutschland hätte nicht mehr lange. Die bereits vorhandenen Probleme würden in kürzester Zeit explodieren.«

X. S.: »… eben weil die Finanzkrisen sich häufen und inzwischen die halbe Welt erreicht haben, sehe ich die Lage als sehr bedrohlich an. Vergleicht man die Wirtschaftsdaten von heute mit denen von 1929 (kurz vor der Weltwirtschaftskrise), erschrickt man über die enge Parallelität!«

M.: »… Deine Texte und Informationen sind wirklich sehr interessant und lesenswert. Sicherlich hast *du* recht. In einem Punkt sicher auch, der Punkt, an dem du meinst, einen Schuldenerlaß hätte es noch nie gegeben. Das ist sicher richtig. Aber einen Krieg, wie er in den Vorhersagen beschrieben wird, sicher auch noch nicht. Wenn in Rußland wirklich eine Führung das Ruder übernimmt, die in ihrer wirtschaftlichen Notlage nur einen Krieg als Lösung sieht, wird das der Westen auch wissen. Es wird sicher erst gedroht und große Sprüche geklopft bis zum eigentlichen Angriff. Und ob der Westen sich dann nicht zu einem noch nie dagewesenen Schritt entscheidet, halte ich gar nicht für so unwahrscheinlich.«

X. S.: »…, vor dem Ersten und Zweiten Weltkrieg dachte auch jeder, daß es, bei der damaligen Waffendichte und Technologie, unvorstellbar wäre, je wieder einen Krieg zu führen. Jeweils wurden sogar wenige Wochen vor Kriegsausbruch noch Freundschaftsparaden abgehalten – alles war schnell vergessen. Außerdem geht es gar nicht um den ›Westen‹ oder den ›Osten‹, sondern es geht um Geldverleiher, die sich keiner Nation verpflichtet fühlen und ebensowenig der Weltbevölkerung. Ein Krieg ist hier ein schönes Mittel, um von den eigenen profitablen Leihgeschäften abzulenken – bevor jemand merkt, was eigentlich zu diesen Zuständen geführt hat. Die großen Geschäftemacher im Hintergrund hatten noch nie einen Schaden durch Krieg, im Gegenteil war dieser sogar das beste Geschäft. Leider kann ich keinen Grund erkennen, warum es diesmal anders sein sollte. Wie schon gesagt: Auch ein Schuldenerlaß wäre keine Lösung und würde den Zusammenbruch allenfalls aufschieben. Selbst wenn es vorerst nicht zum Krieg käme: Die wirtschaftliche, soziale Lage kann sich in diesem System nur weiter verschlechtern – bis auch uns noch die Luft ausgeht! Weil ich weiß, daß es nur noch schlimmer kommen kann, finde ich auch einen Krieg, der diesem Treiben ein Ende setzt, nicht einmal das schlimmste Ereignis, das kommen kann.«

Ma.: »… Vorab möchte ich sagen, daß mir diese Zinszusammenhänge zuvor noch nie so vor Augen geführt wurden wie von dir. Scheinbar ganz logische Abläufe, die in Kauf genommen werden von denen, die sie ändern könnten, da sie sich darüber an der ahnungslosen und unfähigen Masse bereichern? Abgefahren! Ein riesiges Monopoly-Spiel! Am Ende sind einige wenige ganz reich, alle anderen sind pleite … Der Zweite Weltkrieg mag ja positiv für die Wirtschaft und Geldgeber gewesen sein, sowie sicher auch jede Form der Aufrüstung. Ein atomarer Vernichtungskrieg wird aber bestimmt *keine* Gewinner hervorbringen. Oder wird da eiskalt spekuliert, daß dieser Krieg nur begrenzt auf einige Regionen ausfallen würde? … Letztendlich bräuchten doch nur mit aller Staatsgewalt, über eine Krisensitzung des Weltsicherheitsrates, die Reichen enteignet werden. Gewiß würde das schwerwiegende Folgen haben, was die Sicherheit von Geldanlagen grundsätzlich anginge, aber es wäre allemal besser als ein Krieg!

Bei dieser Gelegenheit könnte bereits ein neues System *ohne* Zinsen ein-geführt werden und die Vermögenssicherheit wäre wieder gegeben. Es be-darf vielleicht einer Art Revolution – nicht aber eines Krieges!«
Nach dieser tatsächlich stattgefundenen Diskussion steht die Frage im Raum, ob es zu einem neuen Weltkrieg kommen wird, der die Ungleich-gewichte im System wieder beseitigt. Folgend daher ein fiktives Szenario, wie es nach einem von vielen Experten befürchteten Terroranschlag auf die USA zu einem Weltkrieg kommen könnte. Dabei hat die Realität die Befürchtungen am 11.9.2001 beinahe bestätigt, als Terroristen das World Trade Center in New York zerstörten und die USA Anfang Oktober 2001 zum Vergeltungsschlag gegen Afghanistan ansetzten. Nur durch großan-gelegte Stützungsaktionen der Notenbanken wurde damals ein Zusammen-bruch des Weltfinanzsystems um Haaresbreite verhindert. Hätte der An-schlag ein größeres Ausmaß erreicht, wie im folgenden Szenario beschrie-ben, so wäre das System zusammengebrochen. Die Befürchtung, daß es vielleicht zu einem weiteren, noch drastischeren Anschlag kommen könn-te, erhärtete sich, als der Führer der afghanischen Taliban Mulla Moham-med Omar im November 2001 erklärte, daß das Ziel die Zerstörung Ame-rikas sei. Er meinte weiter:»Mit Gottes Hilfe hoffen wir, daß dies inner-halb einer kurzen Zeit geschehen wird. Behalten Sie diese Voraussage im Gedächtnis.«[569a] Deutlich wurde diese massive Bedrohung jedoch schon zuvor, als Osama bin Laden mit dem Einsatz von Chemie- und Atomwaf-fen drohte.[569b] Dabei ist zu bedenken, daß die weltweite Bereitschaft zum Terrorismus mit der zwangsläufigen Verarmung in unserem System zu-nehmen wird. Wie sich solch ein Anschlag auf die wirtschaftliche und politisch-militärische Konstellation auswirken könnte, das soll folgend an-hand einem fiktiven Szenario beschrieben werden.

Szenario 2: Der Krieg nach dem Crash

»Jede Kriegführung gründet auf Täuschung. Wenn wir also fähig
sind anzugreifen, müssen wir unfähig erscheinen, wenn wir unsere
Streitkräfte einsetzen, müssen wir inaktiv erscheinen; wenn wir nahe
sind, müssen wir den Feind glauben machen, daß wir weit entfernt
sind; sind wir weit entfernt, müssen wir ihn glauben machen, daß wir
nahe sind. Lege Köder aus, um den Feind zu verführen. Täusche
Unordnung vor und zerschmettere ihn.«
Sunzi, Die Kunst des Krieges, 500 v. Chr.

Die Welt Anfang des 21. Jahrhunderts war gekennzeichnet durch eine zu-nehmende Zahl von kleinen, räumlich begrenzten Konflikten. Als die wirtschaftliche Situation noch einigermaßen normal war, wurden diese Konflikte meist rein verbal, aber auch in kleineren Scharmützeln ausgefochten. Dies änderte sich schlagartig, als die große Wirtschaftskrise begann. Dabei löste ein Terroranschlag in Amerika eine ganze Kette unglückseliger Ereignisse aus.

Von der Wirtschaftskatastrophe zum Krieg
Der Anschlag bestand in der Zündung mehrerer Atomsprengsätze auf Manhattan. Die Täter wurden von den USA im islamischen Bereich vermutet, die offenbar einige Nuklearsprengsätze aus dem Ostblock erworben hatten. Die Wirkung jedoch war fatal: Nicht einmal, daß große Teile Manhattans zerstört worden waren, erwies sich als das schlimmste, sondern daß das Finanzzentrum der Welt, die Wall Street, vernichtet war, was weltweit zum Zerfall führte. Überall entstanden große Liquiditätsprobleme, da niemand wußte, wie weit auch europäische Banken mit dem Finanzsystem in Amerika verflochten waren. Die Aktienmärkte erlebten einen Crash von nahezu 99%. Damit kamen ebenfalls die großen Fonds und Banken in Bedrängnis, und eine Bankenpleite machte den Großteil des Volksvermögens zunichte. Gleichzeitig waren die Kreditinstitute gezwungen, jedes noch verfügbare Kapital sofort einzuziehen. Wer Schulden hatte, wurde augenblicklich durch Notstandsgesetze enteignet. Die Folge war eine bittere Armut, die in schweren Unruhen endete. Aufstände wurden von den Regierungen bewaffnet niedergeschlagen.

Auch militärisch hatte das Ereignis ernste Folgen: Die USA griffen einige Staaten an, die sie hinter dem Anschlag vermuteten. Damit wiederum fühlten sich einige islamische Staaten zum Gegenschlag gezwungen, womit die Ölversorgung aus dem Nahen Osten in Gefahr geriet und später gänzlich ausfiel. Die Wirtschaftskrise ging damit Hand in Hand mit einer schweren Energiekrise. Alle Energieträger wurden unbezahlbar, einmal wegen des gestiegenen Preises und zum zweiten durch die Vernichtung des Volksvermögens, weil niemand mehr Geld hatte, um etwas zu kaufen.

Noch schlimmer als Westeuropa traf es allerdings die Staaten, die sich bereits vor dem Anschlag in wirtschaftlichen Schwierigkeiten befanden. Durch die Asien-, Rußland- und Brasilienkrise wurden die betroffenen Staaten schon vorher in hohe Verschuldung getrieben. Wegen des Liquiditätsmangels forderten die westlichen Staaten nun die Kredite zurück. Teilweise wurden die Ansprüche sogar von einigen Entwicklungsländern erfüllt, mit dem Ergebnis, daß ein großer Teil der Bevölkerung einfach verhungerte. Das größte Problem war jedoch für Europa zu dieser Zeit der Ostblock, obwohl dies weiterhin von allen Politikern verleugnet wurde.

Der Weltkrieg beginnt
In der Krise waren die westlichen Staaten gezwungen, alle Verteidigungs-
aufgaben sofort einzustellen. Zudem wurden bewaffnete Einheiten gebraucht, um die eigene Bevölkerung in Schach zu halten. Die russische
Führung erkannte zu dieser Zeit die ausweglose finanzielle Situation, da
die Zinsen bereits auf über 100% gestiegen waren und die Auslandsschuld
somit nie wieder tilgbar wäre. Ihr war klar, daß sich der Westen nun in
einer äußerst verwundbaren Lage befand. Die Sparmaßnahmen der Jahre
vor dem Crash brachten die westlichen Streitkräfte in eine schwache Position, aber der Anschlag ruinierte die Verteidigungsfähigkeit nun vollständig. Die russischen Militärs entschlossen sich daher zu einem massiven
Schlag gegen den Westen. Dabei konnten sie sich auf Pläne aus der Sowjet-
zeit stützen. Das russische Militär wurde auch von der Krise längst nicht
so stark getroffen wie die westlichen Mächte, da sich die Streitkräfte schon
nach der Rußlandkrise an schlechte wirtschaftliche Verhältnisse gewöhnen mußten und so bereits Erfahrung im Umgang mit diesen Phänomen
hatten. Zugute kam ihnen dabei eine jahrzehntelange Aufrüstung und eine
weitgehende Mobilisierung der Armee, schon vor dem Zusammenbruch.

Der eigentliche Angriff begann mit einer konzertierten Aktion aus Atomschlag und Vorrücken der konventionellen Streitkräfte. Durch Zündung
von Atombomben in großer Höhe wurden durch den Elektromagnetischen
Impuls alle elektrischen Geräte im Westen zerstört. Schon dadurch war die
Verteidigungsfähigkeit weitgehend gelähmt. Die amerikanischen Militärs
stellten zu dieser Zeit kaum eine Gefahr dar, da sie einerseits in weltweite
Konflikte verwickelt waren und andererseits ein atomarer Schlag mit Interkontinentalraketen und Langstreckenbombern die zentralen Einrichtungen in den USA zerstörte. Gegen Westeuropa rückten eine große Anzahl
von Divisionen zum Angriff an. Von Vorteil erwiesen sich die vollständig
gepanzerten Einheiten, die Verteidigungsstellungen einfach überrollen
konnten. Regte sich dennoch regional Widerstand, wurde er durch taktische Atomwaffen schnell gebrochen. Fatal erwies sich hier für Deutschland, daß es weder über Schutzmöglichkeiten für die Bevölkerung, noch
über wirksame Waffen zur Panzerabwehr verfügte. Im Angriff wurde zuerst die norddeutsche Tiefebene überrollt, da hier das Gelände äußerst
panzergünstig war. Die Mitte Deutschlands wurde kurz darauf, und wie
bei der russischen Taktik geplant, Süddeutschland erst im späteren Verlauf
eingenommen. Die Armeen konnten Deutschland innerhalb einer Woche
erobern, und die übrigen Staaten kapitulierten wenig später vollständig.
Die russischen Machthaber errichteten ein System nach marxistischem
Muster, da sie nichts anderes kannten. Eine Zwangsarbeitspflicht wurde
eingeführt und der Lebensstandard sank auf ein Minimum.

Das Neue Zeitalter

Wie wir gesehen haben, muß unsere falsche Währungsordnung immer in einem Zusammenbruch enden. Dies bedeutet jedoch im Gegenschluß, daß eine Änderung des Finanzsystems auch die Schaffung einer stabilen Ordnung ermöglichen würde. Wenn es also gelingt, den Zins aus der Wirtschaft zu eliminieren, so wäre der exponentielle Zerstörungsmechanismus beseitigt. Damit wird es möglich sein, sowohl die soziale Frage zu lösen, als auch dauerhaften Frieden auf der Welt sicherzustellen. Eine von der Fachwelt vernachlässigte, weithin unbekannte Persönlichkeit fand dazu einen Weg.

Silvio Gesell

Silvio Gesell[570] (1862–1930)

Vor über hundert Jahren, im Jahr 1891, veröffentlichte der aus Deutschland stammende und in Argentinien tätige Kaufmann Silvio Gesell zum ersten Mal zusammenfassende Gedanken zur Reformation des Finanzwesens. Durch eingehende Beobachtung erkannte Gesell den umfassenden Zusammenhang zwischen Schwankung des Durchschnittspreises und der umlaufenden Geldmenge. 1916 veröffentlichte er erstmals sein Hauptwerk, »Die natürliche Wirtschaftsordnung«, in der er ein geschlossenes Konzept vorstellte, das sowohl die Störungen der Wirtschaft erklärte wie auch eine Lösung aufzeigte. Der Ausgangspunkt von Gesells Studien war die Beobachtung, daß Geld eine Überlegenheit über Ware und Arbeit habe. Während z. B. der Besitzer eines verderblichen Kartoffelberges im Wert von einer Million DM sich beeilen muß, seine Ware gegen das wertbeständige, universelle Zahlungsmittel Geld einzutauschen, kann der Geldbesitzer (mit einer Million DM) praktisch beliebig lange warten, bis er die Ware kauft. Der Warenbesitzer muß dem Geldbesitzer einen Preisnachlaß gewähren, anderenfalls investiert sich das Geldkapital nicht und wartet auf günstigere Bedingungen. Dieser Preisnachlaß kommt nicht durch Marktkräfte von Angebot und Nachfrage zustande, sondern durch die Überlegenheit des Geldes. Ähnlich ist die Situation bei der Arbeit: Während der Geldbesitzer warten kann, bis er sein Geld investiert, sind Unternehmer und Arbeitnehmer auf Arbeitslohn zur Bestreitung des Lebensunterhaltes angewiesen. Dabei müssen sie den potentiellen Investor durch Zahlung eines Betrages, den Zins, animieren, sein Kapital zu verleihen. Wird kein Zins gezahlt, bzw. unterschreitet er die Mindesthöhe von 2–3%, so zieht sich das Geld ganz aus dem Geldkreislauf zurück und »streikt«. Das bedeutet, daß der Zins ein Lockmittel ist, um Geld überhaupt am Fließen zu halten. Dieser Zins hat nun die fatale Eigenschaft, letztlich die gesamte Welt auf den Kopf zu stellen, je länger das System läuft, bis am Ende alles in Krisen und Kriegen zerstört wird. Danach startet die gleiche Ordnung von vorne. Um den Zins aus der Wirtschaft zu entfernen, muß die Währung auf die Rangstufe der Ware herabsinken und die verlustlose Hortbarkeit verlieren. Gesell fand hier die Möglichkeit, einen Geldschein in einzelne Felder zu unterteilen, auf dem zum angegebenen Datum eine Marke (ähnlich Briefmarken) aufgeklebt werden muß, damit der Schein seine Gültigkeit behält.

Umlaufgesichertes Geld

Die Marken können bei einer Ausgabestelle der Notenbank erworben werden. Am Jahresende wird der Geldschein zu 100% gegen einen neuen, mit leeren Feldern, umgetauscht. Dabei würde der Zins nicht plötzlich auf Null Prozent heruntergehen, sondern allmählich, wie die Überlegenheit des Geldes abgebaut wird, sinken. Gesell nannte die neue, langfristig zinsfreie Währung »Freigeld« und die darauf aufgebaute Wirtschaftsordnung »Freiwirtschaft«.

Zinsfreies Geld

Die entscheidendste Folge wäre, daß solch ein Geld nicht mehr verlustlos gehortet werden könnte. Wer den Geldschein zu Hause liegen läßt, muß ständig Marken kaufen und aufkleben. Um dem Verlust zu entgehen, wird er das Geld darum auch gerne zinsfrei an jemanden weiterverleihen, der es ihm nach einem vereinbarten Zeitraum zu 100% in neuen Scheinen zurückerstattet. Der Zins, als Belohnung für das Weitergeben des Scheines, verschwindet und wird durch eine Strafe (Negativzins) abgelöst. Vorteil haben hier sowohl die Schuldner wie die Gläubiger: Einmal der Kreditnehmer, da er einen zinslosen Kredit erhält, aber auch der Geldverleiher, weil er dem zeitlichen Verlust entgeht. Gesell erklärte dies auch in einem Gedankenexperiment:

Würde ein einsamer Bewohner einer Insel (Robinson) von einem anderen (Freitag) besucht werden, wobei Robinson von dem Besucher um ein Darlehen in Form von verderblichen Lebensmitteln gebeten würde, so müßte er es von Robinson zinsfrei erhalten. Hier hätten beide einen Vorteil davon, einmal Robinson, weil seine Nahrungsmittel nicht weiter verderben und er im nächsten Jahr frische zurückerhält und zum zweiten Freitag, weil er sofort etwas zu essen hat.

Weiterer Vorteil des zinsfreien Geldsystems wäre die Möglichkeit, absolute Preisstabilität ohne Inflation und Deflation sicherzustellen. Gesell wollte diesen Zustand mittels eines Index über einen breiten Warenkorb erreichen, ähnlich unserer heutigen Inflationsberechnung. Fällt der Indexpreis, gibt die Notenbank mehr Geld in Umlauf, indem dieses dem Staat zinslos zur Verfügung gestellt wird. Steigt hingegen der Preis, so muß dem Geldkreislauf Währung entzogen werden, was durch die Einnahmen aus der Umlaufsicherung (Klebemarkenverkauf) oder, wenn nicht ausreichend, durch eine Steuererhöhung geschehen könnte.

Als besonders untauglich für ein funktionierendes Währungssystem erkannte Gesell den Goldstandard oder die Edelmetallwährung. Bei der Verwendung von Gold und Silber liegt die Deflationsgefahr bereits auf der Hand. Die aufstrebende Wirtschaft benötigt mehr Geld zur Verwendung als Tauschmittel, womit jedoch die Förderkapazitäten der Bergwerke nicht mithalten können. Schon entsteht ein Geldunterschuß, der die Preise sinken läßt und die Wirtschaft damit abwürgt. Ebenfalls steigt in aufstrebenden Phasen die Verwendung von Edelmetall für die Schmuckindustrie, wodurch wieder zuwenig Metall für die Verwendung als Tauschmittel übrig bleibt. Genauso ist es bei der Golddeckung, also der Regelung, daß die umlaufenden Geldscheine jederzeit zu einer festgelegten Rate in Gold eingelöst werden können. Bestehen bleibt die Abhängigkeit der Geldmenge von der Förderkapazität der Bergwerke und damit die Unmöglichkeit, die Währung zuverlässig zu steuern. Bestes Beispiel, wohin solch eine Politik führt, war die Weltwirtschaftskrise der dreißiger Jahre. Darum muß nach Gesell die Währung immer aus einem Material bestehen, das beliebig vermehrt werden kann.

Um eine Flucht des Kapitals in den Boden zu verhindern, schlug Gesell eine Bodenreform vor. Boden stellt ein unvermehrbares Gut dar und kann deshalb grundsätzlich nicht auf dem freien Markt nach Angebot und Nachfrage gehandelt werden. Deshalb muß neben der Geldreform auch eine Bodenreform stattfinden. Diese sollte durch allmählichen Aufkauf des Grundes durch die Gemeinden erfolgen. Hinterher sollte der Boden gegen Erbpachtzins meistbietend versteigert werden. Dabei darf das Eigentum an einem vermehrbaren Gut, wie einem Haus, nicht mit dem unvermehrbaren Boden verwechselt werden. Die durch eigene Leistung erwirtschaftete Immobilie bleibt grundsätzlich Eigentum des Besitzers, während Grund und Boden Eigentum der Gemeinde bleibt. Als privater Besitz bleibt die Immobilie voll gewinnbringend veräußerbar. Die Sicherheit des Eigentümers wäre hierbei ebenso gewahrt wie Spekulation verhindert wäre.

Kommunismus/Eigennutz

Ein scharfer Gegensatz bestand zwischen Gesell und dem Kommunismus. Einmal sah er schon die Grundlage des Marxismus, die Wertlehre, als völlig falsch an. Ein Ding hat, wie wir gesehen haben, nie einen absoluten Wert, sondern erzielt immer nur den Preis, den jemand zu zahlen bereit ist. Während der Marxismus von der Uneigennützigkeit der Menschen ausging, sah Gesell den Eigennutz als angeboren an, der durch ein chancengleiches System in nützliche Bahnen gelenkt werden kann. Dabei erkannte Gesell den Eigennutz als eigentliche Triebkraft des Menschen. Jemand, der für sich allein arbeitet und den Arbeitsertrag voll und ganz erntet, setzt sich mit ganzer Kraft ein. Einer, der mit zehn anderen eine Arbeit verrichtet, wobei der Lohn aufgeteilt wird, wird sich am schwächsten Mitmenschen orientieren und seine Arbeitsleistung reduzieren. Wenn jemand sogar mit der ganzen Menschheit, bei gleicher Lohnaufteilung, arbeiten soll, wird er seine Leistungsbereitschaft auf ein Minimum herabsenken. Warum auch Maximales leisten, wenn die eigene Arbeit nur ein Tropfen im Meer bedeutet? Gesell: »Die natürliche Wirtschaftsordnung wird darum auf dem Eigennutz aufgebaut sein. Die Wirtschaft stellt an die Willenskraft schmerzhafte Anforderungen bei der Überwindung der natürlichen Trägheit. Sie braucht darum starke Triebkräfte, und keine andere Anlage vermag diese in der nötigen Stärke und Regelmäßigkeit zu liefern als der Eigennutz. Der Volkswirtschaftler, der mit dem Eigennutz rechnet und auf ihn baut, rechnet richtig und baut feste Burgen.«

Gesell erkannte, daß der Kommunismus nie funktionieren kann, weil er die eigennützige Natur des Menschen nicht berücksichtigt. Am deutlichsten zeigt sich dieser Eigennutz auf dem Markt: Der Verkäufer möchte einen besonders hohen Preis erwirtschaften, während der Käufer so wenig wie möglich zahlen will. Am Ende trifft sich Angebot und Nachfrage in der Mitte.

Wird jedoch dieser Eigennutz, etwa durch festgesetzte Preise, verboten, so kommt es zur Ausbildung eines Schwarzmarktes, wo unter der Hand teuer gehandelt wird, während die Waren aus den öffentlichen Regalen verschwinden. Dabei darf der Eigennutz nicht mit Rücksichtslosigkeit verwechselt werden. Der eigennützige Mensch erkennt sehr schnell: Für ihn liegt der größte Nutzen darin, daß es auch der Allgemeinheit gut geht. Gesell: »Der Kurzsichtige ist selbstsüchtig, der Weitsichtige wird in der Regel bald einsehen, daß im Gedeihen des Ganzen der eigene Nutz am besten verankert ist.« Voraussetzung ist allerdings eine chancengleiche, funktionierende Wirtschaft, in der niemand durch das fehlerhafte System eine Monopolstellung erlangen und die anderen damit unterdrücken kann.

Der Begriff Eigennutz wird heute im allgemeinen Sprachgebrauch negativ gewertet. Man muß an diesem Punkt die Frage stellen, wem dieser Umstand nutzt! Nutzen ziehen diejenigen aus dieser Beurteilung, die an der Fortexistenz unseres Ausbeutungssystems interessiert sind und deshalb möglichst eine Bevölkerung haben wollen, die ihnen freiwillig alles abgibt. In dieser Hinsicht wurde Gesell auch von dem Individualisten Max Stirner (1806–1856) mit seinem Hauptwerk »Der Einzige und sein Eigentum« beeinflußt. Stirner erkannte, daß die Grundnatur des Menschen auf Eigennutz, statt – wie von Marxisten proklamiert – auf Altruismus aufgebaut ist. Die Marktwirtschaft wird diesem Anspruch am besten gerecht. Gesell schwebte dabei das Ideal des unabhängigen Individuums vor: »Die Entwicklung vom Herdenmenschen, vom Teilmenschen, zum selbständigen Vollmenschen, zum Individuum und Akraten, also zum Menschen, der jede Beherrschung durch andere ablehnt, setzt mit den ersten Anfängen der Arbeitsteilung ein. Sie wäre längst vollendete Tatsache, wenn diese Entwicklung nicht durch Mängel in unserem Bodenrecht und Geldwesen unterbrochen worden wäre – Mängel, die den Kapitalismus schufen, der zu seiner eigenen Verteidigung wieder den Staat ausbaute ... Die N.W.O. (Natürliche Wirtschaftsordnung, d. Autor), die ohne irgendwelche gesetzlichen Maßnahmen von selbst steht, die den Staat, die Behörden, jede Bevormundung überflüssig macht und die Gesetze der uns gestaltenden natürlichen Auslese achtet, gibt dem strebenden Menschen die Bahn frei zur vollen Entfaltung des ›Ich‹, zu der von aller Beherrschtheit durch andere befreiten, sich selbst verantwortlichen Persönlichkeit, die das Ideal Schillers, Stirners, Nietzsches, Landauers darstellt.« Dabei näherte sich Gesell auch den Erkenntnissen der Massenpsychologie von Le Bon, der die Intelligenz des einzelnen über der einer Gruppe sah:»Ein Mann ist immer mehr als zwei, viel mehr als hundert und mit tausend Mann gar nicht mehr zu vergleichen ... Die Klugheit muß man durch die Zahl der Menschen, aus denen sie hervorgehen soll, dividieren. Die Dummheit muß man dagegen mit ihr multiplizieren.«

Als Alternative sah Gesell eine natürliche, durch eine zinsfreie Wirtschaft stabilisierte Ordnung:»Eine Gesellschaftsordnung schaffen, die keiner künstlichen Stützen bedarf, die in sich völlig ausbalanciert ist, ohne Innenreibungen funktioniert, mit keinem Nachbarn kollidiert, das ist der Physiokraten hohe Aufgabe, eine Aufgabe ähnlich der, die Goethe seinem Gotte mit den Worten aufbürdet:

Was wäre ein Gott, der nur von außen stieße,
Im Kreis die Welt am Finger laufen ließe?
Ihm ziemts, die Welt von innen zu gestalten,
Von innen in Balanz zu halten.

Solche ideale Gestaltung und Ordnung »von innen heraus« schafft im abgebauten Staat mit elementarer Kraft der Selbsterhaltungstrieb des Menschen, der viel verlästerte, sogenannte Egoismus, der in seiner Wirkung aufs glücklichste dadurch unterstützt wird, daß ihm durch die Arbeitsteilung am wirkungsvollsten gedient wird. Die Arbeitsteilung aber, die aus der ursprünglichen Menschenherde überhaupt erst eine Gesellschaft, eine der Ordnung bedürftigen Menschengesellschaft schuf, hat die als seltsame Fügung zu betrachtende Eigentümlichkeit, daß niemand ihre Vorteile persönlich nützen kann, ohne den vollen Gegenwert dieser Vorteile an die Gesellschaft (die die Arbeitsteilung ermöglicht und die rückwirkend die Herde in eine Gesellschaft verwandelt) abzuliefern.«[571]

Der Eigennutz stellt also gar nicht das Problem dar, da sich der Egoismus in einer freien Gesellschaft von selbst beschränkt. An der Uneigennützigkeit sind im allgemeinen immer die Kräfte interessiert, die den Menschen ausbeuten wollen. Hier erkannte Gesell in erster Linie den Staat, der nur dazu geschaffen wurde, den Zinskapitalismus zu bewahren.

Der Staat als Unterdrückungsmittel

»Für uns kommt es darauf an, wirtschaftliche Zustände und ein
Gemeinwesen zu schaffen, die auf die heutigen Menschen zugeschnitten
sind, die das Ich, das Fundament des Gemeinwesens, wieder zu seiner
wahren Natur kommen lassen.«

Silvio Gesell

Besonders den Einfluß des Staates hielt Gesell für schädlich. Der Staat
sollte sich auf die Grundaufgaben beschränken. Jeder Staat ist letztlich nur
ein Herrschaftsinstrument, welches die ungerechten Zustände stabilisieren will, und strebt danach, sich unentbehrlich zu machen, um seine Bürger möglichst in Abhängigkeit zu halten. Gesell:»Der Staat fällt immer so
aus, wie ihn die herrschende Klasse braucht.« Der Staat ist dabei immer
ein unnatürliches Kunstprodukt:»Die Schwäche sucht Stärke in der Anlehnung; der Starke aber fühlt sich am stärksten allein. Der Schwache strebt
nach Zentralisation, der Starke nach Dezentralisation ... Wenn also der
Staat imstande wäre, Kraft zu erzeugen, so wäre diese Kraft gegen den sie
erzeugenden Staat gerichtet.« Da eine Staatsform nie selbst herrschen kann,
benötigt sie Funktionäre, die Schaltstellen vereinnahmen und nie zu einer
Verbesserung der Lage beitragen werden:»Er ist ja Minister, um die Folgen, nicht um die Ursachen zu bekämpfen. Denn ein Minister, der den
Ursachen nachgeht, bekämpft sich selbst, begeht Selbstmord.« Dabei muß
der Staat im Zinskapitalismus immer zum Verfall der Gesellschaft führen:
»Wir haben den Staat mit der Pflege der Schule, der Religion, des Medizi-
nalwesens, des Heerwesens, des Handels, der Kunst und Wissenschaft
betraut, und alles hat er den verbrecherischen Privatinteressen der herrschenden Klasse angepaßt, verdreht und verbogen.«[572] »Alle, restlos alle
diese Staatsangelegenheiten stehen und fallen mit dem Begriff des Macht-
staates. Weil unsere Gesellschaftsordnung auf Gewalt aufgebaut ist, weil
die Aufrechterhaltung der kapitalistischen Ordnung sich ohne öffentliche,
staatliche Gewalt nicht vorstellen läßt, darum ganz allein sind sie dem
Staate zu seiner Stärkung aufgebürdet worden.«

Im staatlichen Schulsystem erkannte Gesell, wie Le Bon auch, die Ursache für die oftmals unkritische Betrachtungsweise der Masse:»Wohin
solche Uniformierung des Geistes der Kinder und damit selbstverständlich der Erwachsenen führt, das sehen wir heute. Statt 65 Millionen Menschen, Personen, Individualitäten, beherbergt das Reich nur einen Menschen, den uniformierten Menschen, wie ein Sandkorn unter 65 Millionen
Sandkörnern, wie ein Schaf unter einer Herde von 65 Millionen Schafen.
Diese 65 Millionen betrachten natürlich alles, was sich ereignet, von ei-

nem und demselben Standpunkte, und, wie es scheint sollen sie das auch, weil das als Zweck der geistigen Uniformierung, als Zweck der Staatsschule angesehen wird ... Der Staat ist auf dem Gebiete der Schule überflüssig, und wenn er trotzdem an seinen Usurpationen festhält, so nur aus Gründen, die absolut nichts mit Kultur und Wissenschaften gemein haben und verheimlicht werden müssen.«

Eng mit dem Staatswesen verwandt ist die Politik, die bisher in der sozialen Frage auch nur versagt hat, wenn es darum ging, eine bessere Ordnung zu schaffen.

Experten

Die Experten und Politiker versuchten nach Gesell alles, um eine solche bessere Ordnung zu verhindern, und möchten diese möglichst totschweigen:»Es gibt tatsächlich keine politische Partei, die sich an den Lehrsätzen der ›natürlichen Wirtschaftsordnung‹ reiben könnte, ohne Schaden an der Geschlossenheit zu nehmen, ja man braucht kein weitsichtiger Politiker zu sein, um vorhersagen zu können, daß an dem Tage, wo die Parteien gezwungen werden, Stellung zu den Lehrsätzen der N.W.O. zu nehmen, sie sich alle auflösen werden, um dann aus dem Chaos als zwei neue Parteien hervorzugehen, die sich dann bis zur Strecke bekämpfen werden – Gegner und Freunde der natürlichen Wirtschaftsordnung ... Wenn wir einmal die natürliche Wirtschaftsordnung erleben, dann braucht man sie nicht mehr in Büchern zu studieren, dann wird alles so klar, so klar, so selbstverständlich. Wie bald wird dann auch die Zeit kommen, wo man den Verfasser bemitleiden wird, nicht aber, wie es heute noch geschieht, weil er so utopischen Wahngebilden nachstrebt, sondern weil er seine Zeit der Verbreitung einer Lehre widmete, die ja doch nur aus einer Reihe banalster Selbstverständlichkeiten besteht.«

Besonders interessant sind die Ausführungen Gesells nach Ausbruch der Weltwirtschaftskrise 1930:»Die Regierung, die Parteien, die Wissenschaftler, voran die Professoren, sind am Ende ihres Lateins, das offenbar nie etwas anderes als Schwindel gewesen ist ... Die Hoffnung auf den Zusammenbruch soll einem Schreck vor dem Zusammenbruch Platz machen, und das wird geschehen, wenn wir den Kopf aus dem Sand ziehen und mit offenen Augen die Entwicklung der Dinge betrachten, wie sie zwangsläufig vor sich gehen wird ... Wenn wir unfähig bleiben, die Aufgabe, die uns gestellt wurde, zu lösen, so werden wir Stück um Stück unserer staatlichen Selbständigkeit verlieren; die Empörungen und Verzweiflungstaten, die nicht ausbleiben können, werden immer größere Kreise umfassen und immer größere Opfer verlangen, die Hungerrevolten werden kein Ende mehr nehmen, die Regierung wird von links nach rechts und von rechts nach links pendeln, und jeder Pendelschlag wird nur die Verwirrung, die Hilf- und Ratlosigkeit vermehren ...«

Oftmals wird heute versucht, Gesell in die »rechte Gesinnungsecke« zu stellen. Vorgeworfen wird ihm hier meist, daß auch im Dritten Reich vereinzelt Überlegungen über das Zinssystem angestellt wurden. Führend war hier Gottfried Feder, der die Lehre von Silvio Gesell als »Irrlehre« verurteilte.[573] Weiterhin wird Gesell Rassismus unterstellt, weil er von »der Hochzucht des Menschengeschlechtes« schrieb. Darin drückte sich die Hoffnung Gesells auf eine gewaltfreie Weiterentwicklung der Menschheit aus, die einsetzen könnte, wenn die wirtschaftlichen Druckmittel wegfielen. Als Kaufmann in Argentinien war Gesell von Grund auf nicht rassistisch eingestellt. Sein Wunsch war, für die Welt ein besseres Wirtschaftssystem zu entwickeln und die Ursachen von Armut, Arbeitslosigkeit und Wirtschaftskrisen zu beseitigen, was dann tatsächlich auf eine völlig andere Entwicklung des Menschen hoffen ließe.

Funktion eines umlaufgesicherten Geldsystems – Praktische Durchführung

An erster Stelle steht die Frage, wie ein zinsfreies Geld heute in der Praxis aussehen könnte. Da die Überlegenheit des Geldes über die Ware und die Arbeit beseitigt werden soll, muß Geld mit einer zeitlichen Gebühr behaftet sein. Dabei gibt es grundsätzlich zwei Möglichkeiten: Einmal kann das Geld kontinuierlich an Wert verlieren, was durch den Vorschlag Gesells mit einem Klebemarkengeld erreicht würde. Zum zweiten besteht noch die Möglichkeit, die Währung an bestimmten Tagen gebührenpflichtig zum Umtausch aufzurufen. Beide Lösungen wurden in der Vergangenheit schon mit Erfolg praktiziert, wie wir später noch sehen werden. Wichtig ist, daß sich nicht eine Minderheit wieder, wie beim Überwachungsstaat, der Währung bemächtigt und damit die Menschen kontrollieren kann. Unter anderem wurden schon Vorschläge gemacht, den gesamten Handel nur noch durch Computer zinsfrei abzuwickeln. Die Gefahr wäre hier nicht zu unterschätzen, daß eine Minderheit das Computersystem vereinnahmt und dann alle anderen ausbeuten kann. Ein zinsfreies System muß deshalb auf anonymem Bargeld aufgebaut sein. Dabei wäre in der heutigen Zeit die kontinuierliche Methode, wie von Gesell vorgeschlagen, die bessere.

Vor allem sollte auch beachtet werden, daß alle Arten von Chipgeld, Netzgeld oder insgesamt Buchgeld immer mehr oder weniger fehleranfällig sind. Was wäre, wenn plötzlich die Elektrizität ausfiele oder ein Computervirus das Netz lahmlegen würde? Dann müssen alle Zahlungen ausfallen, nur weil man sich auf ein angeblich »modernes« Zahlungsmittel verlassen hatte. Viele Menschen stört heute am Klebegeldsystem, daß dieses zu umständlich wäre. Doch wer muß überhaupt umständlich viel Marken kleben? Nur derjenige, der auch viel Geld hortet und damit die Hortungsgebühr zu entrichten hat. Die Entwicklung eines automatischen Klebegerätes wäre sicher eine Kleinigkeit. Auch Briefmarken werden heute noch aufgeklebt, ohne daß jemand das Briefverschicken als zu umständlich bezeichnen würde. Selbstverständlich steht die praktische Durchführung einer umlaufgesicherten Währung durchaus jeder Verbesserung offen. Dennoch muß sowohl die Anonymität als auch geringe Störanfälligkeit des Zahlungsverkehrs in jedem Fall gesichert sein, sonst könnte der Schaden am Ende größer sein als der Nutzen, wie wir im Kapitel vom Überwachungsstaat gesehen haben. Hier stellt sich die Frage, inwieweit es reicht, das Bargeld unter Umlaufzwang zu stellen.

Bargeld und Buchgeld: Die Befürchtungen in diesem Punkt gehen dahin, daß angenommen wird, Bargeld spiele heute nur noch eine untergeordnete Rolle, da die meisten Kapitalbewegungen bargeldlos erfolgen. Dieses sogenannte »Buchgeld« entsteht jedoch erst aus dem Bargeld, indem jemand Geld bei der Bank einzahlt und dieses auf seinem Konto gebucht wird. Der gleiche Geldschein kann nun, nachdem die Bank den Geldschein wieder verliehen hat, mehrmals im Geldkreislauf bei einem Kreditinstitut gebucht werden, womit die Beträge des Buchgeldes größer werden, als das der Grundlage Bargeld. Wenn jedoch die Geldscheine mit einer Umlaufsicherungsgebühr belastet werden, dann würden viele Geldbesitzer auf den scheinbar verlustlosen bargeldlosen Bereich wechseln. Damit jedoch würden bei der Bank große Kosten für die Umlaufsicherungsgebühr entstehen, da sich dann das Bargeld bei den Kreditinstituten konzentrieren würde. Die Bank wäre also dazu gezwungen, diese Kosten auf die Konten überzuwälzen, und das Buchgeld wäre damit automatisch ebenfalls unter Umlaufzwang. Im übrigen entscheidet in einer Volkswirtschaft nur die umlaufende Bargeldmenge über die Entwicklung der Wirtschaft. Eine empirische Untersuchung bestätigte dies ebenfalls, indem geklärt wurde, daß es keinen Zusammenhang zwischen Sichtguthaben und Preisentwicklung gibt, sehr wohl jedoch zwischen Bargeld und Inflation.[574]

Auch die verbreitete Vorstellung, daß Banken aus dem Nichts Geld »schöpfen« können, ist falsch: Jedes Kreditinstitut kann nur das verleihen, was an Einzahlungen hereinkommt, und dies hängt vom Bargeldbestand ab. Nicht umsonst erklärte die Bundesbank: »Die Geldschöpfung der Banken geht stets mit einer Zunahme des Bargeldumlaufs und der bei der Bundesbank zu haltenden Mindestreserven einher. Sie erfordert also Geld, das die Kreditinstitute nicht selbst schaffen können.«[575] Letztlich hängt damit die Wirtschaft ausschließlich vom Angebot an umlaufenden Bargeld ab und dieses läßt sich steuern, indem das Geld mit einer Umlaufsicherung belegt wird.

Umlaufgesichertes Geld: Die Vorteile von zinsfreiem Geld, also Geld, in dem der Zinsanteil im Kredit entfällt, liegen auf der Hand: Einmal verschwindet der exponentielle Wachstumsmechanismus, der bisher immer zum Zusammenbruch führte, was bedeutet, daß sich die Wirtschaft auf einem gesunden Niveau stabilisieren kann. Zum zweiten ist es mit diesem Geld erstmalig möglich, eine Wirtschaft ohne Inflation und Deflation zu steuern. Bisher konnte die Notenbank zwar genau die herausgegebene Geldmenge kontrollieren, nicht jedoch die im Umlauf befindlichen Währungsbeträge. Für die Preisbildung ist allerdings nur der Anteil an Geld von Bedeutung, der sich im Umlauf befindet und deshalb Nachfrage nach Gütern hält. Der Anteil des Geldes, der unter Matratzen, im Tresor oder im Ausland liegt, ist in diesem Moment soviel wert, wie Geld, das gar nicht existiert. Da jedoch die umlaufende Geldmenge den Preisstand bestimmt, hat die Notenbank beim hortbaren Geld keine Möglichkeit, diesen zu beeinflussen. Hier muß darauf verwiesen werden, daß die Notenbanken bisher gar keine Möglichkeit hatten, den Preisstand stabil zu halten. Auch die Zinspolitik konnte hier wenig ausrichten. So gibt es keinen empirisch gesicherten Zusammenhang zwischen den kurzfristigen Zinsen der Notenbanken und der Preisentwicklung. Daneben kann die Notenbank auch gar nicht den für die Wirtschaft wichtigen langfristigen Realzins beeinflussen.[576]

Um eine Deflation zu vermeiden, versucht sie deshalb immer, mehr Geld in Umlauf zu geben, als eigentlich benötigt wird, woraus sich die durchschnittliche Inflationsrate in Deutschland von fast drei Prozent erklären läßt. In welchem Umfang tatsächlich Geld seiner Funktion als Tauschmittel entfremdet wird, zeigen folgende Angaben: Nach Aussagen der Deutschen Bundesbank befinden sich zwischen 30 und 40% des Bargeldbestandes im Ausland.[577] Daß Geld heute tatsächlich zum größten Teil gehortet wird und damit nicht als Tauschmittel zur Verfügung steht, belegen weitere Untersuchungen, nach denen der größte Anteil des Bargeldanstiegs auf 1000-DM-Noten entfallen, die im Zahlungsverkehr wenig Verwendung finden.[578] In den USA ist die Situation noch extremer, dort gelangen zwei Drittel des ausgegebenen Bargeldes ins Ausland.[579] Es wird geschätzt, daß 75% der neugedruckten Dollarnoten das Land sofort verlassen und damit nicht mehr ihre Aufgabe als Tauschmittel erfüllen können.[580] Bei umlaufgesichertem Geld dagegen befindet sich nahezu das gesamte ausgegebene Geld der Notenbank im Umlauf. Diese kann nun über statistische Methoden (Inflationsberechnung nach einem Warenkorb) die

Änderung des Preisniveaus bestimmen und Geld herausgeben, wenn dieses fällt, oder Geld über Steuern einziehen, wenn dieses steigt. Wie ein Thermostat die Temperatur eines Raumes über Ein- und Abschalten einer Heizung kontrolliert, kann dann die Notenbank den Preisstand einer Volkswirtschaft immer auf gleichem Niveau halten. Schon allein dadurch würde sich in unserer Wirtschaft eine viel größere Planungssicherheit ergeben. Es ließe sich genau bestimmen, welchen Wert Ersparnisse noch in 50 Jahren hätten – nämlich den selben wie heute. Die neue Währung hätte noch andere Vorteile: Beispielsweise könnte damit wirkungsvoll die Kriminalität bekämpft werden, ohne einen Überwachungsstaat aufzubauen.

Kriminalitätsbekämpfung: Die Großkriminalität könnte beispielsweise durch umlaufgesichertes Geld unmöglich gemacht werden. Heute werden die im Untergrund erwirtschafteten Gelder zuerst bar gehortet, dann langsam wieder in den Geldkreislauf investiert (»gewaschen«). Bei einem Geld, das regel- oder unregelmäßig ausgetauscht wird, würde das Umtauschen großer Barbestände auffallen. Wenn man sich nur klarmacht, wie schon der letzte langsame Austausch der DM-Noten auf die Oetker-Entführer gewirkt hat, wird klar, wie stark die Kriminalität davon getroffen wird. Nicht umsonst erklärte der gegen die Mafia ermittelnde italienische Richter Falcone, daß nur derjenige, der an das Geldwesen herangehe, den Sumpf der organisierten Kriminalität trockenlegen könne. Falcone wurde später ermordet. Überhaupt bestehen heute die Hauptgewinne der organisierten Kriminalität aus legalen Spekulationsquellen. So besitzt die Mafia schätzungsweise etwa ein Drittel der italienischen Staatsanleihen oder investierte über 70 Mrd. DM in die neuen Bundesländer.[581] Wie schnell wäre die Großkriminalität am Ende, hätte sie nicht mehr die Möglichkeit der Bargeldhortung. Doch wird dies offenbar gar nicht gewünscht, da man sonst keine Begründung mehr hätte, einen Überwachungsstaat aufzubauen. Neben den Vorteilen einer neuen Währung rücken häufig noch andere Fragen in die Diskussion.

Sparen: Viele Zeitgenossen stellen sich beim Thema zinsfreies Geld die Frage, wie man dann Ersparnisse bilden könne. Dies erfolgt genauso wie heute: Indem man das Geld zur Bank bringt, werden einem Guthaben angerechnet. Die Bank wiederum verleiht als Dienstleitungsunternehmen Kredite an Unternehmer oder Häuslebauer weiter und verlangt dafür eine Gebühr. Die Vorteile für den Sparer liegen darin, daß er beim langfristigen Sparen bei der Bank keine Umlaufsicherungsgebühr bezahlen muß, da nur der Besitzer der Geldscheine diese begleichen muß. In der Praxis wird die Bank nun demjenigen, der Geld kurzfristig, beispielsweise auf dem Girokonto anlegt, die volle Umlaufsicherungsgebühr auferlegen, dagegen wird diese umso kleiner werden, je längerfristig die Anlage wird. Genauso be-

nicht alles kann verleiht werden!

+ = Hartung

kommt heute derjenige mehr Zins, der Kapital langfristig anlegt, als derjenige, der sein Geld täglich verfügbar auf der Bank hat.

Bestandteile des Zinses

An erster Stelle ergibt sich hier die Frage nach der Beeinflussung des Zinsniveaus. Nach der Definition von Gesell ist der Zins in erster Linie abhängig von der Nachfrage nach Krediten. Dabei kann er nie auf Null gehen, da sonst Geld gehortet wird und es zu einer Wirtschaftskrise kommt. Dieser Zins liegt deshalb relativ stabil bei 3–4%. Bei der Frage des Zinses kommt es häufig zu Mißverständnissen. Es ist richtig, daß der Zins eine Größe ist, die aus dem Angebot bzw. der Nachfrage nach Krediten entsteht. Wollen viele Menschen Schulden machen, so kann der Geldverleiher viel Zins fordern und umgekehrt. Bei einer umlaufgesicherten Währung, nach Gesell, gibt es im Prinzip den Zins immer noch, er wurde nicht verboten. Allerdings wird dieser langfristig, mit der Stabilisierung der Wirtschaft, gegen Null tendieren und so verschwinden. Würden jedoch plötzlich viele Menschen in eine Art Konsumrausch verfallen und wahllos Kredite nachfragen, so müßte der Zins wieder erscheinen und die übermäßige Geldnachfrage stabilisieren und abbremsen, bis das Gleichgewicht wieder erreicht ist und er wieder auf Null sinkt. Der Regulationsmechanismus Zins wird also gar nicht verboten, sondern es werden nur die Hemmschwellen beseitigt, welche verhindern, daß der Zins auf Null sinken kann. Neben dem eigentlichen Zins, also der Größe, die aus der Nachfrage nach Geld resultiert, gibt es noch weitere Faktoren, die im Kreditzins enthalten sind. Gesell nennt hier einmal die Inflationsrate, den Gewinn des Geldverleihers und den Risikozuschlag.

Inflationsanteil: Die Beeinflussung des Kreditzinses durch die Inflation kommt von der Überlegung des Geldverleihers, nie weniger Kaufkraft zurückzuerhalten als er ausgeliehen hat. Der Gläubiger wird also immer die zu erwartende Inflationsrate auf den eigentlichen Zins aufschlagen. Das wird schnell anhand einer Grafik deutlich (Abb. 29).

Aus diesem Umstand läßt sich auch folgern, daß der Geldverleiher durch eine Inflation nie einen Schaden hat, sondern daß dieses Risiko voll und ganz auf den Schuldner übergewälzt wird. Eine Inflation ist also niemals ein wirksames Mittel, um den Zins zu beseitigen. Ganz anders sieht das Risiko für den Kreditnehmer aus, der sich beispielsweise für 100 000 Euro verschuldet und bei dem sich die Preissteigerung um drei Prozentpunkte erhöht. Angenommen er hätte fünf Prozent Zins (ohne Inflation) zu zahlen, dann muß er pro Jahr 5000 Euro an Zinslast tragen. Bei einer Erhö-

272

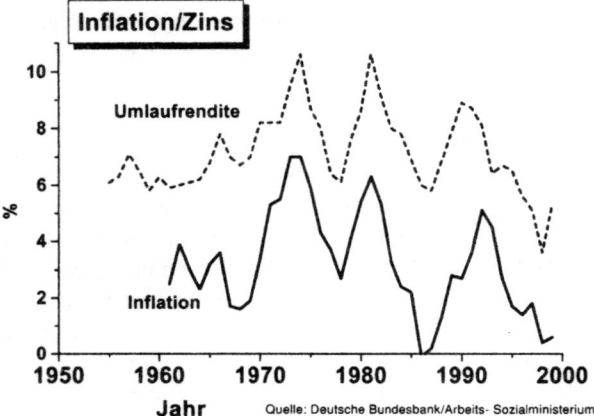

Abb. 29 : *Parallelität zwischen Inflation und Zins*

hung der Inflationsrate um drei Prozentpunkte erhöht sich die Belastung um zusätzliche 3000 Euro pro Jahr, während sein Inflationsausgleich zum Lohn gerade einige hundert Euro ausmacht, und dieser noch durch eine ungünstigere Steuerprogression aufgefressen wird.

Risikozuschlag: Der Risikozuschlag zum Zins resultiert aus dem Umstand, daß der Geldverleiher für einen Kredit das zu erwartenden Ausfallrisiko auf den Zins aufschlägt. So muß ein Schuldner, bei dem keine Sicherheiten vorhanden sind, einen höheren Zinssatz für seinen Kredit zahlen, als ein Kreditnehmer, mit beispielsweise einem Haus als Pfand. Deshalb sind auch die Renditen von Anleihen aus Entwicklungsländern wesentlich höher als die Verzinsung von Staatsanleihen sicherer Industriestaaten. Die Länder der Dritten Welt müssen dabei einen höheren Zins bieten, da sonst niemand bereit wäre, das Ausfallrisiko einzugehen und lieber die Papiere sicherer Staaten bevorzugen würde. Der Risikozuschlag ist auch von der momentanen wirtschaftlichen Situation abhängig. So wird dieser in Erwartung eines Zusammenbruchs größer, was 1998 zu beobachten war, als die Zinssätze weltweit, nach dem Ausfall Rußlands als Schuldner, in die Höhe schossen.

Gewinn: Der Kreditzins enthält auch einen Gewinnanteil des Verleihers, da für den Kreditvermittler (Bank) mit dem Verleihgeschäft auch Kosten, beispielsweise für Personal und Gebäude, verbunden sind. Deshalb werden auch diese bei der Kalkulation des Kreditzinses berücksichtigt.

Die Bank: Die Kreditinstitute leben dabei von der Differenz zwischen

Kreditzins und Einlegerzins, der sogenannten Bankenmarge, die in der Regel zwischen 1,3 und 1,7% liegt. Diese Marge besteht aus dem Gewinn und dem Risikozuschlag. Die Bank leiht sich also Kapital von den Einlegern und verleiht dieses weiter, es handelt sich demnach um eine reine Kreditvermittlung. Für sie ändert sich also auch in einem zinsfreien Umfeld praktisch nichts, da der Gewinn weiterhin erhalten wird. Das bedeutet, daß auch ohne Zins Geld nicht kostenlos ausgeliehen werden kann, sondern die Leistung der Geldvermittlung bezahlt werden muß. Folgend zur besseren Vorstellung eine Übersicht der Kreditzinsbestandteile:

Kreditzinsbestandteile	Beispiel heute mit Zinsgeld	Beispiel bei umlaufgesicherter Währung
Eigentlicher Zins	3%	0%
+ Inflationszuschlag	3%	0%
+ Risikozuschlag	1%	0,5%
+ Gewinn der Bank	0,5%	0,5%
Kreditzins	**7,5%**	**1%**

Kredite werden nach der Einführung von umlaufgesichertem Geld dann zu nur noch etwa 1% Gebühren verliehen, da sowohl der Zins, als auch die Inflation wegfallen. Auch der Risikozuschlag wird sich vermindern, da das Ausfallrisiko für beispielsweise eine Firmenpleite in einer stabilen Ordnung viel geringer ist als heute. Kritiker wenden hier oft ein, daß solch eine Ordnung heute nicht mehr durchführbar wäre. Angesichts einer vielbeschworenen Globalisierung kommen viele Menschen dabei Zweifel, wenn von einer neuen Währung die Rede ist. Oft wird vermutet, daß diese nur zu verwirklichen wäre, wenn die ganze Welt dieses neue Geld einführen würde.

Regionales zinsfreies Geld

Die Befürchtungen gehen in erster Linie in die Richtung, daß viele annehmen, die zinsfreie Währung würde durch zinsbehaftetes ausländisches Geld verdrängt werden. Doch ist es in der Praxis genau umgekehrt, daß nämlich das Zinsgeld von der zinsfreien Währung abgelöst wird. Dies liegt daran, daß der Mensch dazu neigt, attraktive Sachen zu horten, während er unattraktive Dinge schnell wieder loswerden möchte. Nach der Einführung einer zinsfreien Währung sähe es dann so aus: Der ausländische Dollar wirkt sehr attraktiv, da weder irgendwelche Hortungsgebühren anfallen, noch dieser regelmäßig ausgetauscht wird. Sollten sich also Dollars im Währungsraum befinden, würden sie ihre Tauschmittelfunktion sehr schnell einbüßen, da sie gehortet werden. Die umlaufgesicherte Währung hingegen wird von jedem schnell weitergegeben, da damit im Vergleich zum Dollar viele Nachteile verbunden sind. Der Dollar wird also letztlich aus dem Geldkreislauf von selbst verschwinden, während das zinsfreie Geld immer umläuft und so den Warenaustausch sicherstellt. Genauso verhält es sich mit Goldklumpen oder Edelsteinen, die ebenfalls nicht lange die Funktion einer Konkurrenzwährung einnehmen würden.

Eine andere Frage stellt die Sorge vor einer Kapitalflucht dar.

Kapitalflucht: Oftmals wird der Vorschlag einer neuen, stabilen Währung mit dem Argument niedergeschlagen, daß sofort eine Kapitalflucht einsetzen würde und die Wirtschaft zusammenbrechen müßte. Doch was würde wirklich passieren, wenn plötzlich die Entscheidung käme, daß zinsfreies Geld eingeführt wird? Die reiche Klasse würde unter Umständen tatsächlich auf den Gedanken kommen, ihr Geld schnell in ausländische Währung zu wechseln, um weiterhin Zinsen kassieren zu können. Wenn jedoch viel D-Mark gegen Dollars getauscht werden, steigt der Dollarkurs gegenüber der D-Mark. Es muß also ein immer höherer Markbetrag aufgewandt werden, um einen Dollar zu erhalten. Allein dadurch ist eine Kapitalflucht ausgeschlossen. Auch eine richtige Flucht, mit einem Koffer voller Geld, würde wohl kaum jemand unternehmen, da seine Scheine einem Umlaufzwang unterliegen, er also ständig Marken kleben und noch dazu der vollgeklebte Schein am Jahresende ausgetauscht werden muß, um weiter gültig bleiben zu können. Eine Kapitalflucht kann es also gar nicht geben, solange flexible Wechselkurse vorliegen.

Eine ähnliche Frage stellt der Außenhandel dar.

Außenhandel: Auch hier gilt es, zuerst die Funktion von Wechselkursen zu verstehen. Wechselkurse führen immer zu einem Ausgleich zwischen Importen und Exporten. Importiert ein Land vom anderen mehr als es ausführt, so reagiert der Wechselkurs mit einem Abfall, womit die Einfuhr von Waren teurer wird. Damit wird jedoch gleichzeitig der Export gestärkt, bis sich am Ende Einfuhr und Ausfuhr von Waren entsprechen. Dieser Mechanismus funktioniert bei zinsfreiem Geld genauso. Weiterhin werden ausländische Staaten bei uns Maschinen kaufen und wir im Ausland Rohstoffe. Der Wechselkurs reguliert hier ebenfalls Angebot und Nachfrage.

Ein anderes Problem besteht in der schon geäußerten Befürchtung, daß die Reichen in Sachwerte flüchten könnten.

Realkapital/Boden: Die reiche Oberschicht könnte auf die Idee kommen, wenn es schon keine Zinsen mehr für das Geld gibt, dann beispielsweise durch Immobilien leistungsloses Einkommen erzielen zu wollen. Wenn jedoch in großem Stil Häuser gebaut werden, fallen die Mietpreise, und der »Mietzins« wird damit mit dem Geldzins beseitigt. Die Miete würde sich langfristig bei den Unkosten und einem kleinen Gewinn einpendeln und sogar nur noch ein Viertel des heutigen Betrages ausmachen. Genauso verhält es sich mit anderem vermehrbaren Realkapital, wie Fabriken oder Autos. Anders sieht es hingegen beim nicht vermehrbaren Boden aus. Hier könnten tatsächliche die Geldbesitzer den ganzen Boden aufkaufen und über die Bodenrente die Einwohner ausbeuten. Jede Geldreform muß deshalb mit einer Bodenreform gekoppelt werden, was beispielsweise durch eine Bodensteuer erreicht werden kann. Besser wäre noch ein Modell, in dem der Staat den Grund und Boden nach und nach aufkauft und nur auf der Basis von Erbpacht wieder an die Nutzer verpachtet. Der Bürger hätte dann weiterhin die Garantie für eine langfristige Nutzung des Grundstückkes, ohne daß die Gefahr von Bodenspekulation bestehen würde.

Freilich stellt sich nun die Frage, welche wirkliche Bedrohung es für eine neue umlaufgesicherte Währung geben könnte. Nun, eine wirkliche Gefahr würde es darstellen, wenn das kapitalistische Ausland plötzlich versuchen würde, die zinsfreie Währung mit dem Aufgebot aller Mittel zu vernichten.

Zerstörungsversuche: Die herrschende Schicht könnte, weil ihr eine andere Währung ein Dorn im Auge wäre, ihr Kapital einsetzen und beispielsweise ohne Rücksicht auf eigene Verluste, zinsfreie D-Mark aufkaufen, um trotz Umlaufsicherung eine Deflation zu erzeugen. In diesem Fall muß mit allen Mitteln dagegengehalten werden. Dies könnte geschehen, indem das Geld in dieser Krisenzeit jede Woche ausgetauscht wird, wobei die normalen Bürger mit Freibeträgen ausgestattet werden. Die Angreifer werden dann mit so hohen Verlusten behaftet, bis sie ihr Vorhaben aufgeben. Denkbar wäre in diesem Fall auch die Einführung von Kapitalmarktkontrollen, beschränkt auf die Krisenzeit, wie es beispielsweise sehr erfolgreich das Land Malaysia unter der Währungskrise durchgeführt hat. Dieses Land konnte, im Gegensatz zu den anderen, hohe Auslandsverschuldung und Abhängigkeiten vermeiden, indem es einfach den Währungshandel aussetzte und Kapital im Inland mit zwangsweise hohen Investitionszeiten bedachte.

Szenario 3: Währungsreform nach dem Crash

> *»Wer fest will, fest und unverrückt dasselbe,*
> *der sprengt vom festen Himmel das Gewölbe.*
> *Dem müssen sich die Engel verneigen und sagen:*
> *›Komm und nimm, du nimmst dein eigen!‹«.*
>
> Emanuel Geibel, Dichter

Hier ein mögliches Zukunftsszenario, wie es nach einem massiven Zusammenbruch weitergehen kann. Diese Annahme basiert allerdings auf sehr optimistischen Annahmen, also darauf, daß der Mensch tatsächlich aus Fehlern lernt und die Ursachen erkennt bzw. rational handelt.

Die Welt zerfällt

Das Leben der Menschen wurde Ende des zwanzigsten Jahrhunderts von nie dagewesenen Wirtschaftskatastrophen überschattet. Die Finanzkrisen begannen in Asien und breiteten sich über alle Länder der Welt aus: Rußland, Brasilien, später das ahnungslose Europa und die USA. Hier erwies sich die Einführung fester Wechselkurse im Zuge der Euro-Umstellung für Europa als fatal: Die Notenbanken waren nicht mehr in der Lage die riesige Kapitalflucht, die einsetzte, abzufedern, da sie an Weisungen der Europäischen Zentralbank gebunden waren. Diese wiederum war viel zu sehr damit beschäftigt, Wechselkurse innerhalb Europas zu stabilisieren, als daß irgendeinem Land geholfen werden konnte. Am Ende mußten die Wechselkurse aufgegeben werden und das Finanzsystem brach zusammen. Sehr schnell zog sich das Geldkapital vom Markt zurück, eine Deflation entstand, die den Großteil der Bevölkerung in bittere Armut stürzte. Sogar frühere Bezieher hoher Einkommen waren nun auf der Straße zu finden, da ihre Guthaben bei Bankenpleiten restlos verloren waren. Wer verschuldet war, wurde aufgrund von Notstandsgesetzen völlig enteignet. Der Regierung war offenbar die Stabilisierung des Bankensystems wichtiger als das Wohl der Bevölkerung. Überschuldete Landwirte stellten die Nahrungsmittelproduktion ein, weil die Zinslasten nicht mehr zu bezahlen waren. Im weiteren Verlauf brach auch die öffentliche Ordnung zusammen, weil der Staat mehr mit der Bedienung seiner Schulden beschäftigt war als seinen Aufgaben nachzukommen. Unruhen und Kriminalität gehörten schnell zum Alltag – die Gesellschaft verfiel. Überall in der Welt, besonders aber in Europa, brachen deshalb Unruhen aus. Wütende Menschenmassen zerstörten den Großteil der Infrastruktur, ganze Städte wurden niedergebrannt. Am Ende lag alles in Schutt und Asche, die Bevölkerung war drastisch reduziert. So wie die Kulturen des Altertums in

Wirtschaftskatastrophen untergingen, so endete auch diese »Beste aller Welten«.

Die Ursache

Nach dem Zusammenbruch hatte man glücklicherweise erstmals aus der Geschichte gelernt. Es wurde erkannt, daß ein instabiles, auf Zinsen aufgebautes Finanzsystem durch den Zinseszinseffekt immer explodieren, d. h. zusammenbrechen muß. Dies stellte die Ursache der Katastrophe dar. Durch den Zins explodieren sowohl die Gesamtgeldvermögen wie auch die Gesamtschulden. Wer viel Geld hat, wird durch Zins noch reicher, während die übrige Bevölkerung immer schneller verarmt – das Geld konzentriert sich – die Reichen werden reicher, die Armen ärmer. Irgendwann ist der Punkt erreicht, an dem die Zinslast nicht mehr getragen werden kann, es kommt zum plötzlichen Zusammenbruch, das Geld zieht sich vom Markt zurück, es entsteht eine deflationäre Abwärtsspirale – alles endet in Hunger, Armut, Krieg. Den wenigen Überlebenden war klar, daß ein völlig neues System aufgebaut werden mußte. Da jede menschliche Kultur und Gesellschaft auf der Arbeit begründet wird, diese auf der Wirtschaft aufgebaut ist und das Fundament das Geldwesen darstellt, muß zwangsläufig jede Störung in der Grundlage eine Instabilität im gesamten Haus erzeugen. Also mußte das neue System vor allem grundlegend stabil aufgebaut werden. Auf jeden Fall war klar, daß ein explodierender Mechanismus, wie der Zins, ausgeschlossen werden mußte.

Wirtschaft ohne Geld?

Warum ein System ohne Zahlungsmittel nicht möglich war, zeigte sich schon in den ersten Wochen nach der Katastrophe: Jeder war damit beschäftigt, sich aus Trümmern das Lebensnotwendige zurechtzuzimmern. Dabei war der eine in bestimmten Arbeiten geschickter als der andere. Alles ging sehr langsam und zäh vonstatten, da sich die Menschen mehr behinderten als halfen. Auch der Tauschhandel war viel zu umständlich, als daß er zum Aufbau beitragen konnte. An Arbeitsteilung war hier gar nicht zu denken. Deshalb beschloß man, um eine Arbeitsteilung zu ermöglichen und damit das Arbeitsergebnis zu vervielfachen, ein Zahlungsmittel einzuführen.

Goldwährung?

Der Vorschlag, Goldklumpen als »Geld« zu benutzen, wurde wieder fallengelassen, nachdem bekannt wurde, daß der Zins gerade aus der Überlegenheit des Zahlungsmittels über Ware und Arbeit resultierte. Gold hätte den Vorteil der Unvergänglichkeit, der Besitzer des Goldklumpens könnte diesen also einfach behalten und andere mit der Nichtweitergabe des Tauschmittels in die Klemme bringen, er könnte den Geldkreislauf unterbrechen und damit jeden Warenaustausch verhindern – eine Wirtschaftskrise wäre die Folge. Der Goldbesitzer würde das Zahlungsmittel nur dann weitergeben, wenn er durch Zinsen »bedient« würde. Es wäre der Anfang einer neuen Katastrophe.

Freiwirtschaft

Glücklicherweise waren einigen Überlebenden die Ideen des Geldreformers Silvio Gesell (1862–1930) bewußt, der erklärt hatte, wie richtiges Geld aussehen muß. Es war ihnen bekannt, daß Geld nie zwei Aufgaben, die des Tauschmittels und das des Schatzmittels (Wertaufbewahrungsmittels) gleichzeitig erfüllen konnte. War es Schatzmittel, konnte es nicht gleichzeitig den Warenaustausch als Tauschmittel sicherstellen. Deshalb mußte Geld so konstruiert sein, daß es nur Tauschmittel sein konnte. Einige kluge Leute kamen auf die Idee, ein Stück Papier (fälschungssicher mit einigen Motiven versehen) in Felder aufzuteilen, wobei pro Woche des Jahres ein Feld vorgesehen war. Es wurde nun zur Regel gemacht, daß der Geldschein nur seine Gültigkeit besäße, wenn am Wochenanfang das entsprechende Feld mit einer Wertmarke (wie Briefmarken) beklebt wurde. Die Wertmarke mußte gebührenpflichtig bei der »Notenbank« erworben werden. Der Effekt war einfach, aber wirkungsvoll: Das Geld lief immer in der Wirtschaft um, der Geldkreislauf war geschlossen, niemand konnte Zins fordern. Jeder hatte nur das Bestreben, das Geld schnellstmöglich wieder weiterzugeben, um das Aufkleben der Wertmarke zu sparen. Freiwillig wurde aus Eigennutz deshalb das Tauschmittel zinsfrei weiterverliehen, zum Nutzen von Gläubiger und Schuldner: Der Gläubiger sparte sich das Aufkleben der Marken, der Schuldner hatte sofort ein Startkapital, um sein Unternehmen aufzubauen. Je mehr solche Kleinunternehmen gegründet wurden, um so schneller ging plötzlich der Aufbau vonstatten. Die Arbeitsteilung zeigte ihren leistungssteigernden Effekt. Jeder spezialisierte sich auf die Tätigkeiten, die er am besten beherrschte. Plötzlich lohnte es sich für kreative Menschen, Erfindungen zu machen, welche dem Erfinder und der Allgemeinheit nutzten (der Erfinder hatte ein hohes Einkommen, die Gesellschaft den Nutzen an der Erfindung).

Man konnte sich gar nicht mehr vorstellen, wie im »dunklen Zeitalter« vor der Katastrophe Erfindungen von Monopolisten unterdrückt werden konnten und die Menschen den Großteil des Tages nur für die Verzinsung der Schulden arbeiten mußten. Mit steigender Wirtschaftsleistung war auch ein steigender Bedarf an Tauschmittel verbunden. Eine gegründete «Notenbank« war dazu verpflichtet, soviel Zahlungsmittel in Umlauf zu geben, daß der Durchschnitts-Preisindex über alle Waren konstant blieb. Wenn Tauschmittel in der Wirtschaft benötigt wurde, d. h. der Preisindex nach unten zeigte, wurde Geld von der »Notenbank« gedruckt und an jeden Bewohner gleichmäßig verteilt. Wenn der Preisindex stieg, mußte Geld dem Wirtschaftskreislauf entzogen werden, indem beispielsweise die Gebühr für die Wertmarken angehoben wurde. Ein Betrug durch die »Notenbank« war ausgeschlossen, da die Bevölkerung jederzeit anhand des durchschnittlichen Preisniveaus überprüfen konnte, ob das Tauschmittel richtig verwaltet wurde.

Wechselkurse
Zunächst hatte jede Region ihr eigenes Zahlungsmittel. Die Geldnoten konnten über einen freien Wechselkurs, nach Angebot und Nachfrage, umgetauscht werden. Kaufleute konnten so den Warenaustausch überregional sicherstellen. Nach einiger Zeit zeigte sich, daß der Wechselkurs mancher Regionen zueinander stabil war. Zu anderen Gebieten schwankte dieser jedoch. Erklärt werden konnte dies durch verschiedene Produktivität und unterschiedliche Produkte. Während eine Region mehr landwirtschaftlich strukturiert war, überwog in anderen die industrielle Erzeugung. Der Wechselkurs stellte hier einen Ausgleichsmechanismus dar, der die Unterschiede in der Produktivität ausglich. Gebiete mit gleichartiger Erzeugung hatten stabile Wechselkurse. Hier war es dann sinnvoll, eine gemeinsame Währung zu begründen. Aus dem Euro-Desaster wußte man jedoch, daß eine gemeinsame Währung für wirtschaftlich völlig unterschiedliche Länder katastrophal sein mußte. So war die Stabilität der freien Wechselkurse der geeignete Maßstab für die Vereinigung von Währungsregionen. Mit der Zeit bildeten sich optimal aufeinander abgestimmte, unterschiedliche Währungsräume heraus. Dabei konnten Gebiete, wenn Nachteile durch eine gemeinsame Währung deutlich wurden, wieder aus dem Verbund austreten und ein eigenes Geld begründen.

Echte marktwirtschaftliche Demokratie
Durch das neue Geld war erstmals in der Geschichte richtige Demokratie möglich: Jede Mark, die jemand ausgibt, stellt in der Marktwirtschaft eine Stimme für ein Produkt bzw. eine Entwicklung dar. Wenn das Geld gleichmäßig verteilt ist, ermöglicht dies Demokratie. Wenn sich jedoch fast das ganze Geldvermögen, wie im »dunklen Zeitalter«, in der Hand weniger Personen befindet, haben diese auch die gesamte Stimmenmacht. Alles Abstimmen auf Zetteln und Papieren wird letztlich immer von der Geldmacht überboten und ist damit unwirksam. Eine Staatsgewalt, durch die skrupellose Funktionäre ihre Macht ausspielten und die Bevölkerung un-

terdrückten, war ebenfalls nicht mehr nötig, da sich fast alle Geschäfte nach den Gesetzen von Angebot und Nachfrage bei einem stabilen Geld regelten. Durch diese freie, ungezwungene Lebensweise änderte sich auch das Verhältnis der Menschen untereinander. Niemand hatte mehr Grund, Neid auf andere zu hegen, da jede Form des Wohlstandes aus eigener Leistung resultierte. Die Gepflogenheiten des »dunklen Zeitalters«, beispielsweise, daß jeder versuchte, bei den wenigen Superreichen Eindruck zu schinden, um eine bessere Position zu erlangen, hatten endgültig ausgedient. Die Stellung, die jemand in der Gesellschaft einnahm, resultierte nicht mehr aus den »Beziehungen« zu irgend jemandem, sondern nur noch aus der eigenen Leistung. Überraschend schnell ging der Wiederaufbau durch die Arbeitsteilung bei stabilem Geld vonstatten, die Arbeitszeiten sanken in dem Maße, in dem der Wohlstand wuchs. Bald war, durch Wegfall der Zinslasten, die 10-Stunden-Woche die Regel. Viele hörten mit 40 Jahren völlig zu arbeiten auf, da alle Bedürfnisse befriedigt waren. Damit war Zeit vorhanden, sich mit kulturellen und religiösen Dingen zu befassen.

Erstaunlich ist, daß diese Entwicklung dauerhaft und nicht an einen ständigen Zuwachs der Wirtschaftsleistung gebunden ist. Umweltprobleme, durch steigenden Energie- oder Rohstoffverbrauch, verbunden mit zunehmender Müllmenge, können so gar nicht erst entstehen. Niemand hätte sich solch ein Leben in der »dunklen Zeit« vorstellen können. Mit Recht nennt man diese Periode das »Goldene Zeitalter«.

Nach diesem optimistischen Szenario soll einmal der Frage nachgegangen werden, welche Versuche in unserer Vergangenheit unternommen wurden, um ein stabiles Wirtschaftssystem zu etablieren.

Zinsfreies Geld der Vergangenheit

»Säume nicht, dich zu erdreisten,
Wenn die Menge zaudernd schweift,
Alles kann der Edle leisten,
Der versteht und rasch begreift.«
Goethe

Oftmals wird die Forderung nach zinsfreiem Geld als utopisch bezeichnet. Kaum bekannt ist, daß gerade in unserer Geschichte die größte Schaffensperiode in solch eine zinslose Zeit fiel.

Kölner Dom

Das goldene Mittelalter[582]

»Im Mittelalter hatten die Menschen mehr Freizeit als heute.
Im Schnitt hatte jedes Jahr 115 arbeitsfreie Feiertage.«
Süddeutsche Zeitung, 6.4.1999

Das Mittelalter wird heute meist mit negativen Vorstellungen von Unterdrückung und Leibeigenschaft verbunden. Kaum jemand beachtet, daß diese Zeit in eine goldene und eine finstere Periode zu trennen ist. Dabei wird die goldene Zeit durch die Gotik charakterisiert und kann mit dem Zeitraum von 1150 bis 1450 eingegrenzt werden.

Zu Beginn des Mittelalters war es üblich, bei einem Herrscherwechsel die Münzen einzuziehen und neu zu prägen. Um 1150 begann Erzbischof Wichmann (1110–1192) aus Magdeburg damit, Münzen herauszugeben, die zweimal im Jahr zum Umtausch aufgerufen wurden. Ziel war es, die Steuern einfach und regelmäßig einzutreiben. Dabei wurden zwölf alte Pfennige gegen neun neue ausgetauscht, die Differenz war Steuer. Um die Münzen schnell und ohne viel Aufwand wieder einschmelzen und umprägen zu können, waren sie nur einseitig geprägt und aus dünnem Blech, daher ihr Name »Brakteaten« (bractes = dünnes Blech). Bald schon breitete sich diese Methode über das ganze Land aus. Das führte dazu, daß sich Geldhortung nicht mehr lohnte. Um dem nächsten Umtausch zu entgehen, wurde Geld zinslos weiterverliehen, da nur der Besitzer der Münzen die Umtauschgebühr zahlen mußte. Damit war Geld wieder reines Tauschmittel, nicht mehr Schatzmittel. **Das Ergebnis war die größte Entwicklungsperiode der deutschen Geschichte.** Damals waren die sozialen Unterschiede so ausgeglichen wie nie mehr im historischen Verlauf. Wer viel hatte, erwarb den Wohlstand durch Arbeit, nicht durch leistungslose Zinsen. Das Minimum der arbeitsfreien Tage pro Jahr lag bei 90, oftmals über 150. Sehr bald wurde auch der Montag als arbeitsfrei eingeführt, damit mußten die Handwerker nur vier Tage in der Woche arbeiten. Noch am Ausgang dieses Zeitalters, um 1450, konnte Erzbischof Antonin von Florenz es als selbstverständlich bezeichnen, daß für die Gewinnung des notwendigen Lebensunterhaltes eine kurze Arbeitszeit genüge und daß nur derjenige lange und viel arbeiten müsse, der nach Reichtum und Überfluß strebe. Die tägliche Arbeitszeit war z. B. bei Bergwerksknappen in Freiburg auf sechs Stunden begrenzt. Auch auf dem Land war die Ausbeutung zurückgedrängt, weil der geknechtete Bauer die Möglichkeit hatte, in den schnell wachsenden Städten einem Handwerk nachzugehen.

Das Einkommen war so hoch, daß sich etwa in Augsburg ein Tagelöhner mit seinem täglichen Verdienst fünf bis sechs Pfund des teuersten Fleisches leisten konnte. In Meißen mußten jedem Maurergesellen wöchentlich fünf Groschen Badegeld gegeben werden, in einer Zeit, in der ein einziger Scheffel Korn sechs Groschen und fünf Pfennige kostete. Der sächsische Scheffel faßte 103,8 l. Wie aus diesen Beschreibungen hervorgeht, kann von einer Ausbeutung der Arbeitskraft und von Leistungsdruck, wie oft behauptet, überhaupt gar keine Rede sein. Der Mensch lebte damals nicht, um zu arbeiten, sondern er arbeitete, um zu leben. Wie gewaltig dieser wirtschaftliche Aufschwung gewesen sein muß, zeigt die Entwicklung der Städte in Deutschland (Abb. 30).

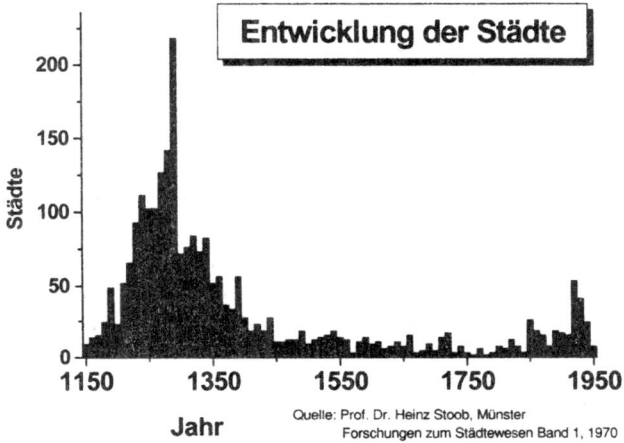

Abb. 30: Städteneugründungen in der Geschichte

Um 1300 wurde ein Höhepunkt der Städteneugründungen – als Maß für die wirtschaftliche Entwicklung – erreicht, der in der ganzen Geschichte vor und nach dieser Zeit nie mehr seinesgleichen fand. In der Zeit von 1150–1450 wurden die großen Dome und Kathedralen in Europa gebaut, finanziert durch freiwillige Spenden der Bürger. Allein schon hieraus wird deutlich, wie zuversichtlich die Menschen damals gewesen sein mußten. Wer spendet schon für ein Jahrhundertprojekt, wenn er nicht weiß, ob er morgen noch leben wird? Immerhin wurde in dieser Zeit die größte Zahl von Kulturdenkmälern im abendländischen Raum begründet. Dabei muß auch beachtet werden, daß die Einwohnerzahl von Deutschland damals viel geringer war als heute und es trotzdem, durch ein optimales Wirtschaftssystem, möglich war, große Leistungen zu erbringen. Wie positiv die Menschen in jener Zeit offenbar waren und dachten, zeigt die Tatsache, daß die begonnenen Bauten viele Jahrzehnte oder Jahrhunderte zur Fertigstellung benötigten. Das Beispiel dokumentiert, daß es Konjunktureinbrüche oder Wirtschaftskrisen gar nicht gegeben hat, da sonst solche Großprojekte nicht möglich gewesen wären.

Die Stadt Ulm begann beispielsweise im Jahr 1377 damit, einen Münster zu bauen, der die doppelte Einwohnerzahl von damals 10 000 Leuten fassen konnte. Interessant ist auch der Lebenswandel damals. So berichtete eine Schrift: »Das gewöhnliche Volk hat selten bei der Mittags- oder Abendmahlzeit weniger als 4 Gerichte, zur Sommerszeit überdies noch morgens als Frühstück Klöße mit in Butter gebackenen Eiern und Käse;

obendrein nehmen sie außer dem Mittagsmahl noch des Nachmittags als Vesperbrot, sowie zum Nachtessen Käse, Brot und Milch.« Die Vorstellung vom armseligen Hungergericht entspricht also keineswegs den historischen Tatsachen. Genauso sind Bauernhochzeiten überliefert, in denen eine Woche lang Überfluß herrschte. Der allgemeine Reichtum zeigte sich auch an der Kleidung, so trugen die Bauern Silberknöpfe, und die Kleidung war insgesamt sehr farbenfroh. Es gab Berichte, nach denen kaum eine Gaststätte in Deutschland zu finden war, in welcher man nicht aus Silbertellern zu essen bekam. Auch eine Ausbeutung über Bodenrente wurde oftmals dadurch verhindert, daß die festen Kosten der Stadtverteidigung auf den Grundbesitz umgelegt wurden. So verfügte Worms, jeder Bodeneigentümer habe »Wachtgeld« zu entrichten.

Die Situation änderte sich, als auf Druck von machtsüchtigen Kaufleuten hin schrittweise Geld eingeführt wurde, welches nicht mehr verrufen wurde. Mit der schrittweisen Einführung des »Ewigen Pfennigs« verschob sich damit die Vermögensverteilung innerhalb weniger Jahrzehnte so drastisch, daß die gotischen Bauten aus Geldmangel in ganz Mitteleuropa

nicht mehr fertiggestellt werden konnten. Überall in Europa wurden die Dome mehr als 300 Jahre nicht weitergebaut und somit erst im letzten Jahrhundert vollendet. Die wirtschaftliche Situation der Bevölkerung verschlechterte sich derart massiv, daß es Anfang des 16. Jahrhunderts zu blutigen Bauernkriegen kam. Die Zünfte waren nicht mehr für jeden frei, für die meisten war der Weg in die Selbständigkeit versperrt, es entstand eine neue Schicht der abhängigen Lohnarbeiter. Gleichzeitig wurden neue Entdeckungen und Erfindungen unterdrückt. So wurde beispielsweise der Vorläufer des mechanischen Webstuhls 1586 von der Zunft verboten und der Erfinder ermordet. Da sich die Menschen die schnelle wirtschaftliche Verschlech-

Ulmer Münster, Baustopp für 300 Jahre, nach der Einführung von Zinsgeld

terung einerseits nicht erklären konnten, die Kirche aber andererseits an dem neuen System verdiente und ihre Machtposition ausbauen konnte, kam es zu einem Rückfall in die Barbarei. Das Ergebnis waren u. a. Hexenverbrennungen, die ab 1484 zunehmend veranstaltet wurden. Das Augsburg der Fugger gehörte mit zu den ersten Plätzen, an denen die Münzverrufung auf vier Jahre hinausgeschoben wurde. Geld wurde dann nur noch hochverzinst verliehen. Beispielsweise brachte eine Anlage von 900 Gulden nach sechs Jahren 30 000 Gulden Zinsertrag. Bei den einem Bauern auferlegten Geldabgaben mußte er im Falle von Säumigkeit Zinsen zahlen, und zwar nach dem sogenannten »Rutscherzins«: für jeden Tag des Verzuges den verdoppelten Zinssatz. Nach vollständiger Einführung des Dickpfennigs (beidseitig geprägtes schweres Geld) konnten die Fugger sich zwischen 1480 und 1560 zu einer der mächtigsten Familien der damaligen Welt aufschwingen. Das finstere Mittelalter zog herauf.

Die Fugger – das finstere Mittelalter beginnt

»Es ist wenig bekannt, daß bereits im Mittelalter Frauen durchaus ›Karriere‹ machen konnten. Ganz selbstverständlich bewegten sie sich in der Welt des Handels und des Handwerks und verstanden es, sich bei ihren männlichen Konkurrenten Respekt zu verschaffen. Erst als sich die allgemeine wirtschaftliche Lage verschlechterte, änderte sich die Situation.«
WDR-Geschichtssendung, 11.4.1983

Die Geschichte der Fugger, die mit dem Ende des goldenen Mittelalters zusammenfällt, zeigt deutlich, wie sich das Vermögen durch Einführung von Zinsgeld rasch in wenigen Händen sammelt und wie sich dann die Macht zugunsten des Kapitals verschiebt. Gleichzeitig lassen sich auch deutliche Parallelen zur heutigen Zeit erkennen.

Im ausgehenden Mittelalter war es Christen verboten, mit Geld zu handeln. Obwohl dieses Verbot in den romanischen Ländern nur teilweise eingehalten wurde, war das Zinsverbot in Deutschland strengen Regeln unterworfen. In diesem Umfeld betrieb die Familie Fugger 1436 eine mittelständische Handelsfirma und unterschied sich noch nicht von vielen anderen Handelshäusern. Dies änderte sich erst, als Jakob Fugger, genannt der Reiche, die Leitung des Unternehmens Ende des 15. Jahrhunderts übernahm und das Zinsgeld wieder eingeführt wurde.

Schnell war der ehrgeizige Kaufmann bemüht, Monopolstellungen im Metallbereich aufzubauen. Dabei bauten die Fugger gezielt Abhängigkeiten des Adels durch Zinsleihgeschäfte auf. Bald war der deutsche Kaiser Maximilian I. so hoch verschuldet, daß er immer neue Kredite benötigte, um die alten Verbindlichkeiten zahlen zu können. Diese Beziehungen konnten die Fugger dazu benutzen, Konkurrenten auszuschalten. In vielen Streitigkeiten durfte das Handelshaus darauf bauen, daß der abhängige Kaiser ihre Position vertrat. Sogar vom richtigen Vorwurf des Monopolismus wurden die Fugger auf kaiserlichen Wunsch hin freigesprochen. Weil die Familie, so hieß es, ausschließlich mit eigenem Vermögen arbeite, halte der Kaiser ihre Geschäfte für »göttlich, billig und redlich und nicht für Monopolium«.

Innerhalb kurzer Zeit konnten die Fugger mit ihrem Kapital auf vielen Gebieten beherrschende Stellungen erreichen. Doch auch der religiöse Bereich wurde durch sie völlig seiner Aufgabe entstellt. So verdiente das Augsburger Handelshaus an den Ablaßgeschäften der katholischen Kirche mit, deren Geld durch ihre Kassen floß. Sie bestimmten sowohl die Wahl von Bischöfen, als auch die Besetzung des Papststuhls. Letztlich erleichterte das von der Kirche verbreitete Desinteresse an irdischen Gütern den Großkaufleuten, die Bevölkerung rücksichtslos auszubeuten. Die Machtverschiebung zum Kapital wurde dadurch deutlich, daß Maximilian I. sich für festliche Anlässe Schmuck und Gold von den Fuggern lieh und danach wieder zurückgeben mußte. Der Kaiser war zu dieser Zeit bereits so hoch verschuldet, daß an eine eigenständige Politik gar nicht mehr zu denken war. Demgegenüber mußte der Großteil der Bevölkerung hungern und in bitterer Armut leben. Verständlichereise war die Bevölkerung gegen Wucher, Zins und Monopol eingestellt. Um den moralischen Makel ihrer Geschäfte abzustreifen, kauften die Fugger den gewandtesten Rhetoriker der damaligen Zeit, Johannes Eck, der sich bemühte, Wucher- und Zinsgeschäfte von moralischen Zweifeln reinzuwaschen. Eck argumentierte mit dem »angemessenen Zins«, der dem Kapital zustehen würde, womit er die kapitalistische Idee vom leistungslosen Einkommen verteidigte. Die Fuggerei in Augsburg (eine Art Sozialhilfeheim) wurde gegründet, um den guten Charakter des Monopolisten hervorzuheben und von der Ausbeutung der Bevölkerung abzulenken. Daß Jakob Fugger für diese soziale Einrichtung gerade 25 000 Gulden aufwandte und zur gleichen Zeit einen Diamantschmuck für den gleichen Preis als Geschenk für seine Frau erwarb, wird kaum in der Geschichtsschreibung erwähnt. Die Fugger sind damit nicht als dunkle Ausbeuter und Kapitalisten in die Geschichte eingegangen, sondern als soziale Wohltäter. Auch die Wichtigkeit öffentlicher Meinungsbildung wurde von den Monopolisten erkannt. So brachten die Fugger, als Information der Geschäftspartner, eine Fuggerzeitung heraus. Auch die Zensur anderer Quellen war ein wichtiges Anliegen: Jakob Fugger ließ sich in Worms zum Aufseher über die Augsburger Buchdrucker ernennen und konnte so sicherstellen, daß nur genehme Nachrichten in der gewünschten Weise veröffentlicht wurden. Durch die Kapitalkonzentration und die damit verbundene Ausbeutung der Bevölkerung wurden drei Viertel der Deutschen zu geknechteten, armen Bauern. Im Volk entstand der berechtigte Wille nach einer Veränderung und es kam zum Bauernkrieg.

Bauernkrieg

Der Bauernkrieg

Dieser Aufstand war keineswegs nur auf den untersten Stand beschränkt, da mit den Bauern auch die Ritter verarmten und der gehobene Mittelstand in Deutschland immer weiter abrutschte. So entwickelte sich unter den Bauern, Rittern und Intellektuellen eine große Unzufriedenheit mit den Verhältnissen. Daß hier wieder die Augsburger Familie als Übeltäter erkannt wurde, zeigt auch die damalige Wortwahl. So hieß damals »Fuggern« soviel wie betrügen, und ein »Fuggerer« war mit einem Ausbeuter und Banditen zu vergleichen. Der Aufstand der Bauern richtete sich sowohl gegen die Unterdrückung und Ausbeutung durch die Fürsten, als auch gegen die Preistreiberei, künstliche Warenverknappung und Monopolisierung. Leider durchschauten die Bauern bis zum Ende nicht das geheime Zusammenspiel zwischen Kapital und Macht, also zwischen Monopolisten und dem Kaiser.

In den »Zwölf Memminger Artikeln« verlangten die Geknechteten die Abschaffung der Leibeigenschaft, freie Jagd und Fischfang, Senkung oder Abschaffung von Steuern, sowie die freie Wahl der Pfarrer durch die Gemeinden. Im zwölften und letzten Artikel wurde jedoch die »Beseitigung der Fugger, Welser und Höchstetter« sowie die Festschreibung von Geschäftskapital auf Maximalgrenzen gefordert. Es verwundert nicht, daß das große Kapital alle Hebel in Bewegung setzte, den Unmut der Bevölkerung zu unterdrücken, um das Ausbeutungssystem aufrechtzuerhalten.[583] Der Aufstand scheiterte zum großen Teil daran, daß die Bauern keine klare Konzeption hatten, wie eine neue Ordnung beschaffen sein müßte. Deshalb ließen sie sich auf Verhandlungen mit dem Adel ein, deren Vereinbarungen dann gebrochen wurden, sobald die Hinhaltetaktik erfolgreich war. Die Strafexpedition unter dem Truchseß von Waldburg ging dabei äußerst grausam gegen die Aufständischen vor. So wurden beispielsweise die Anführer auf einem eisernen Stuhl lebendig gebraten und die Bauern mußten das Fleisch essen.[584] Aus dem Bauernkrieg läßt sich die Lehre ziehen, daß blinde Gewalt sinnlos ist, wenn kein richtiges Konzept vorhanden ist, wie ein funktionierendes System auszusehen hat. Trotzdem besitzt der Bauernkrieg auch eine gewisse Vorbildfunktion für unsere Zeit. Immerhin handelte es sich dabei um die größte Erhebung unserer Geschichte. Verglichen mit damals ist unsere Bevölkerung heute nur mehr ein müder Haufen, der alles erduldet und über sich ergehen läßt. Hier sollte uns die Aussage des Reformators und Anführers im Bauernkrieg, Thomas Müntzer, eine Lehre sein, als er vor seiner Enthauptung erklärte: »Die Enkel fechtens besser aus!«

Ein gutes Beispiel dafür, daß es auch Menschen gab, die konkrete Vorstellungen von den Systemfehlern hatten und diese auch bekämpften, ist die Wära.

Mit Wära gegen Deflation und Wirtschaftskrise

Nicht nur im Mittelalter, sondern auch zur Zeit der großen Weltwirtschaftskrise in den dreißiger Jahren wurden verschiedene Versuche der Umsetzung von umlaufgesichertem Geld unternommen. Dabei spielte das Wära-Tauschgeld in Deutschland die Hauptrolle. Bereits bei Beginn der Wirtschaftskrise im Jahr 1929 wurde in Erfurt eine Tauschgesellschaft gegründet, innerhalb derer die Mitglieder ausschließlich mit Wära den Handel abwickelten. Ihrer Satzung zufolge verstand sie sich als eine private »Vereinigung zur Bekämpfung von Absatzstockung und Arbeitslosigkeit. Ihr Ziel ist die Erleichterung des Waren- und Leistungsaustausches unter ihren Mitgliedern durch die Ausgabe von Tauschbons«. Schon zwei Jahre später hatten sich der Tauschgesellschaft mehr als eintausend Firmen in ganz Deutschland angeschlossen. Die Unternehmen wiesen durch ein Schild auf die neue Währung hin: »Hier wird Wära angenommen«. Der Name Wära kam daher, daß man den Wunsch nach einem Geld ausdrücken wollte, das für stabile Preise sorgte. Die Verbindung zum normalen Geld wurde dabei nicht völlig getrennt, da die Wära jederzeit in solches Geld umgetauscht werden konnte. Im Land lief nun dieses Geld als Ersatzwährung um, die wieder einen Handel ermöglichte, da nun neuerliches Tauschmittel zum Warenaustausch vorhanden war. Nach den Vorstellungen Gesells waren diese Wärascheine mit einer Umlaufsicherung versehen, da die Scheine in regelmäßigen Abständen mit gebührenpflichtigen Klebemarken versehen werden mußten. Die aufzuklebende Gebühr betrug jeden Monat ein Prozent, wobei die Marken bei den örtlichen Wechselstellen gekauft werden mußten. Durch diese Strafgebühr war jeder bemüht, am Monatsende möglichst wenig Scheine in der Kasse zu haben und damit Kosten für die Klebemarken zu sparen. Dies wurde erreicht, indem entweder Waren gekauft wurden oder der Schein zinsfrei weiterverliehen wurde. Wenn alle Felder vollgeklebt waren, wurde der Schein am Jahresende wieder gegen einen neuen umgetauscht. Sehr schnell breitete sich das neue Geld auf Deutschland aus. Zwei Beispiele, Ulm und Schwanenkirchen, zeigen den großen Erfolg.[585]

Ulmer Wära[586]

Kurz vor der geplanten Einführung einer europäischen Einheitswährung scheint es, als gebe es keine Hoffnung, daß sich Arbeitslosigkeit, Staatsverschuldung und zunehmende Armut überhaupt noch bessern ließen. Zur Zeit der großen Weltwirtschaftskrise (1931) stand Deutschland vor einer ähnliche Situation. Kaum bekannt ist jedoch, daß damals bereits erste Schritte hin zu einer zinsfreien Währung unternommen wurden.

Am 25.6.1931 wurde die Ulmer Tauschgesellschaft von elf Personen gegründet. Ziel war die Belebung des Handels, der durch die damalige Deflation praktisch zum Erliegen gekommen war. Dabei übernahm man die sich schon seit 1929 ausbreitende Idee der »Wära«-Tauschwährung. Hintergrund der Idee waren die Erkenntnisse Silvio Gesells, daß Geld niemals gleichzeitig Tauschmittel und Wertaufbewahrungsmittel sein kann. Damals fielen die Warenpreise ständig, und es lohnte sich, Geld zu Hause als Wertaufbewahrungsmittel zu horten, statt es als Tauschmittel auszugeben. Wer gibt auch großzügig sein aufbewahrtes Geld her, wenn schon morgen alles noch billiger ist und man noch mehr dafür erhält? Ergebnis war letztlich das Verschwinden des Geldes vom Markt; Angebot und Nachfrage kamen nicht mehr zueinander, weil das Tauschmittel fehlte. Es gab auf der einen Seite Hungernde, andererseits waren die Lager voller Lebensmittel. Trotzdem kamen die benötigten Waren nicht dorthin, wo sie gebraucht wurden – weil das Geld fehlte! So sank beispielsweise der Absatz von Kartoffeln, obwohl Bedarf da war, auf ein Minimum. Häufig konnte der Bauer vom normalen Absatz gerade noch 5% verkaufen. Überall stieg die Arbeitslosigkeit, weil nichts mehr umgesetzt wurde, die Armut wuchs in ungeahnte Höhen. Insbesondere alle die, die vor der Deflation Schulden machten, konnten die Zinsen jetzt nicht mehr zahlen, da der reale Wert der Zinslast ständig stieg – das heißt, man mußte immer mehr Arbeitskraft für den gleichen Betrag aufwenden. Selbstmord war oftmals die einzige Möglichkeit, aus der Schuldenfalle zu entkommen. In dieser Zeit nun wurde die Idee der »Ulmer Wära« erdacht. Das neue Tauschmittel sollte fälschungssicher, umlaufgesichert und unabhängig von der Reichsmark sein. Fälschungssicher machte man die Wära, indem der Schein zur Gültigkeit einen Kontrollstempelaufdruck haben mußte. Die Umlaufsicherung, als Sicherheit gegen Hortung, wurde durch Klebemarken erreicht, die auf dem Geldschein jeweils zum angegebenen Datum aufgeklebt werden mußten. Die Klebemarken (ähnlich wie Briefmarken) konnten bei einer Wära-Geschäftsstelle käuflich erworben werden. Um den Kosten des Markenklebens zu entgehen, hatte jeder ein Eigeninteresse daran, den Schein nur kurze Zeit zu behalten und schnell weiterzugeben. Geldentzug aus der Wirtschaft, wie bei der Reichsmark, war damit ausgeschlossen. Es wurde festgelegt, daß bei der Ausgabe eine solche Wära genau einer Reichsmark entsprechen solle. Um einen Schutz gegen Kaufkraftschwankungen der Reichsmark zu haben, wurde beschlossen, diesen Wert jederzeit neu anzupassen, wenn die Kaufkraftänderung der Reichsmark größer als 5% im Jahr sein sollte.

Wie wurde das Gewerbe von Ulm überzeugt?
Um die Geschäftswelt in Ulm zu überzeugen, wurde eine großangelegte Werbeaktion mit Flugblättern gestartet, und gleichzeitig eine Wära-Zeitung gegründet. Häufig reichte schon das Angebot für die Unternehmen, dort werben zu können, als Argument, sich an der Tauschgesellschaft zu beteiligen. Was hatten die Firmen in Ulm auch zu verlieren? Niemand hatte Reichsmark, um bei ihnen einzukaufen, also war die Wära oftmals eine letzte Chance, dem Bankrott zu entgehen.
Der Erfolg war durchschlagend, schon kurze Zeit nach der Gründung waren 250 Unternehmen der Tauschgesellschaft beigetreten. Die zweite Auflage der Wära-Zeitung erreichte schon 7000 Stück. Überall erschienen in den Schaufenstern rote Plakate mit der Aufschrift: »Hier gilt Wära«.
Die Unternehmen bezahlten ihre Arbeiter mit Wära, und sie konnten

damit wieder einkaufen – der Geldkreislauf war geschlossen! Doch der Erfolg blieb nicht allein auf Ulm beschränkt, bald kamen aus allen Gegenden Deutschlands Anfragen für Informationsschriften. Die Übernahme der Ulmer Wära im ganzen Land war nur noch eine Frage der Zeit – so schien es jedenfalls.

Wie kam die Wära in Umlauf?
Die Wära gelangte entweder durch Eintausch gegen Reichsmark, durch die Mitglieder der Tauschgesellschaft, oder durch Darlehen gegen entsprechende Sicherheiten bei der Geschäftsstelle in Umlauf. Ein Rücktausch gegen Reichsmark war nur gegen Zahlung von 1% Gebühr möglich.

Das Ende der Wära
Doch wie ein Blitz aus heiterem Himmel kam mitten in die Arbeitsfreudigkeit die Nachricht der Beschlagnahmung von Prägeplatten und Wära-Scheinen in Gera durch das Thüringische Amtsgericht am 31.7.1931.

Wenig später – am 17.8.1931 – wandte sich das Reichsbank-Direktorium an die Polizei in Ulm und machte diese auf das »gefährliche Treiben« aufmerksam. Sie berief sich auf die »Verordnung des Reichspräsidenten zur Bekämpfung politischer Ausschreitungen«. Alle Aufklärung half nichts, weder der Hinweis darauf, daß es sich nicht um eine Währung im üblichen Sinn handle, weil sie nicht als Wertaufbewahrungsmittel dienen könne, noch die Bemerkung, daß sie einer privaten Verrechnungseinheit innerhalb der Tauschgesellschaft entspreche, konnten das Verbot verhindern. Die Regierung in Berlin erließ am 6.10.1931 schnellstens eine Notverordnung, in der die Benutzung jeglicher Art Notgeld verboten wurde.

Ulmer Wära

Wära-Wunder im Bayerischen Wald[587]

Wie in Ulm, so brachte die Wära auch in Schwanenkirchen, einem Dorf mit damals 500 Einwohnern am Rande des Bayerischen Waldes, für kurze Zeit Arbeit und Wohlstand zurück. Im Jahr 1930 wandte sich der Bergbauingenieur Hebecker, Besitzer eines Braunkohlebergwerkes aus Schwanenkirchen, an die Zentrale der Wära-Tauschgesellschaft. Der Betrieb seines gerade erworbenen Bergwerkes war bereits im Jahr 1927 wegen Unrentabilität eingestellt worden. Von den Banken erhielt er kein Geld, jedoch wurde ihm von der Tauschgesellschaft ein Kredit von 50 000 Wära eingeräumt. Der Betrieb begann wieder zu arbeiten, und 60 Arbeiter wurden zu 90% in Wära ausbezahlt, der Rest war Reichsmark, um Geld für Behörden und Geschäfte zu haben, die keine Wära annahmen. Der Absatz der Kohle war gesichert, da die 16 Kilometer entfernten Sirus-Werke in Deggendorf täglich 1500 Zentner Kohlen brauchten und sich dadurch hohe Transportkosten sparten. Zuerst waren viele Geschäfte skeptisch und nicht bereit, an der Tauschgesellschaft teilzunehmen. Doch Hebecker ließ sich nicht entmutigen und veranlaßte, daß die benötigten Waren von Mitgliedsfirmen geliefert und in der Bergwerkskantine verkauft wurden. Schnell erkannten die Unternehmer, daß ihnen ein Geschäft entging, und waren bereit, Wära anzunehmen. In den Kassen fand man fast nur noch Wära-Scheine. Die Tauschmittelscheine kreisten mit großer Geschwindigkeit, es entstand trotz Wirtschaftskrise eine Hochkonjunktur. Jedoch kam, wie in Ulm, bald das Ende. Die Notenbank hatte Angst, daß die Reichsmark verdrängt würde, und verbot die Wära. Das Bergwerk wurde geschlossen, und über die »Wära-Insel« brachen wieder Krise und Arbeitslosigkeit herein.

Wära-Schein

Das Wunder von Wörgl[588]

Wie die Wära in Deutschland, so wurden Versuche mit zinsfreier Währung auch in Österreich durchgeführt. Weltweit bekannt wurde hier das Experiment von Wörgl, einer Gemeinde in Tirol. Der damalige Bürgermeister Unterguggenberger erkannte das Elend seiner Gemeinde in der Weltwirtschaftskrise 1932. Zunehmend erlahmten Produktion und Handel, und sogar die Landwirte konnten kaum noch etwas absetzen, weil niemand Geld hatte, um die Nachfrage zu tätigen. Die Zahl der Arbeitslosen wuchs in ungeahnte Höhen und Gemeindesteuern konnten nicht mehr gezahlt werden.

Unterguggenberger schlug nun dem Gemeinderat vor,»Arbeitsbestätigungen« herauszugeben, die durch aufzuklebende Marken umlaufgesichert sein sollten. Der Bürgermeister schaffte es, die große Mehrheit Wörgls von der Idee zu überzeugen. Pro Kopf wurden zwei Schilling Arbeitswertscheine ausgegeben, während 153 offizielle Schillinge der Notenbank in Umlauf waren. Innerhalb kurzer Zeit kam wieder Leben in den Ort. Bereits kurz nach Ausgabe des Notgeldes füllte sich die Gemeindekasse mit rückständigen Steuern, und es konnte das erste Bauvorhaben, die Kanalisierung zweier Straßen, umgesetzt werden. Später erfolgte der Bau und die Asphaltierung von Straßen und Wegen. Sogar eine Skisprungschanze wurde gebaut. Die Lohnzahlung erfolgte ausschließlich in Arbeitswertscheinen. Um das Vertrauen der Bevölkerung zu gewinnen, war die Tauschwährung ganz durch Schilling gedeckt und voll konvertibel.

Augenzeugenberichte hielten den Aufschwung fest und berichteten gar davon, daß Steuern im voraus entrichtet wurden, um dem Markenkleben zu entgehen. Umfragen ergaben die volle Zufriedenheit der Menschen und belegten, daß das Geld zu keinem Zeitpunkt angezweifelt wurde, da es voll durch Schilling gedeckt war. Besonders die Geschäftsleute erklärten begeistert die belebende Wirkung auf den Handel. Bemängelt wurde lediglich, daß die Marken besser haften sollten ...

Daladier in Wörgl

Im Sommer 1933 besuchte der spätere französische Ministerpräsident Daladier das österreichische Wörgl. 1935 hielt Daladier eine Rede auf dem Kongreß der Radikalsozialisten, die den Hintergrund und die Funktion des Systems sehr gut erläutert. Einleitend führte Daladier an, er werde eine wirtschaftliche und geldtheoretische Lehrmeinung zeigen können, die berufen sei, die Bewegung von 1789 in wirtschaftlicher Hinsicht wieder aufzunehmen. Es sei möglich geworden, »eine erweiterte, ja verhundertfachte Güterherstellung durch ein neues Geld hervorzubringen.«Bisher seien »infolge der Durchsetzung der Verwaltungsräte, infolge des wechselnden Einflusses der Bank, die Aktien in Umlauf setzte und den Kredit verwaltete, in diesem Land der individualistischen Demokratie – in Frankreich – 200 Familien die unbestrittenen Gebieterinnen nicht allein der französischen Wirtschaft, sondern auch der französischen Politik selbst geworden.« Solche Gebilde hätte nicht einmal Richelieu im Königreich Frankreich geduldet, und so sei alles in Aufruhr versetzt worden. Daladier fuhr fort:»Ich hätte sicherlich nicht darüber gesprochen, wenn ich nicht in der Lage wäre, dieser Kritik ein Aufbauprogramm folgen zu lassen, das eine Fortsetzung der Bewegung von 1789 in wirtschaftlicher Hinsicht bedeutet.«»Ich halte von Tag zu Tag weniger von einer sogenannten Planwirtschaft. Wie sagte doch Proudhon 1848 in seinem berühmten Aufruf an die Arbeiter von Luxemburg? Wenn ihr an die Stelle eines Monopols ein anderes setzt, an die Stelle einer Vereinigung eine andere, werdet ihr schließlich, wie lauter eure Absichten auch sein müssen, vor denselben Zerstörungen, vor den selben Ruinen stehen.«»Unsere heutige Wirtschaftskrise ist eine Umsatzkrise. Man kann nicht sagen, daß wir es mit einer durch Überproduktion verursachten Krise zu tun haben, denn den Mengen von Getreide und sonstigen Waren, die man vernichtet, stehen Millionen Menschen gegenüber die Hungers sterben! Es handelt sich um eine Umsatzkrise, die wir in dem Maß überwinden werden, als wir die Kaufmöglichkeiten des Volkes herstellen und zur Entfaltung bringen werden.«»Ein nationales Arbeitsprogramm soll auch der Geldhamsterung ein Ende bereiten. Das Geld spielt im Wirtschaftskörper dieselbe Rolle wie das Blut im Körper des Menschen. Soll der Körper seine verschiedenen Lebensfunktionen erfüllen, muß der Kreislauf des Blutes ungehemmt vor sich gehen. So ist es auch notwendig, daß das Geld umläuft, damit die allgemeine Beschäftigung zur Wirklichkeit werde.«»Ich behaupte, daß man der Krise nicht Herr wird, solange man das Geldwesen nicht in der Hand hat, und ich betrachte sowohl die Inflation als auch die Deflation als einen Betrug; es ist das eine so falsch wie das andere. Nur durch die Anpassung des Geldumlaufs an das Warenangebot wird man der Umlaufskrise abhelfen und dadurch dem kleinen Gewerbe, dem kleinen Handel Frankreichs Hilfe bringen, deren Zusammenbruch durch die Krisenbestrebungen des Großkapitals verursacht wird.«»Ich will Ihnen einen bemerkenswerten Versuch zur Prüfung unterbreiten. Ich habe in der ›Illustration‹ (man druckt darin nichts, was den braven Bürgersmann aufschrecken könnte) einen Aufsatz von Herrn Bourdet gelesen, der sich nach einem tirolischen Dorf von 4000 Einwohnern, namens Wörgl, begeben hatte, das, angeregt durch

die Geldtheorien Silvio Gesells und der davon ausgehenden frei-
wirtschaftlichen Bewegung, einen beachtenswerten Versuch unternommen
hat. Ich habe mir die Sache selbst angeschaut, denn wir leben in einer Zeit,
in der wir nichts geringschätzen, nichts verachten dürfen. Ich habe lange
mit diesem Bürgermeister, dem nunmehrigen Altbürgermeister von Wörgl
verhandelt. Er verwaltete eine Gemeinde, wo seit dem Krieg niemand mehr
die Gemeindesteuern bezahlte und man seit 1919 keine Reinigungsarbeiten
ausführen lassen konnte, so daß die Wörgler Straßen zum Symbol der dort
herrschenden Verwahrlosung wurden. Es gab sogar einen Spottvers: ›Doch
das schlimmste aller Laster, Wörgl, ist dein Straßenpflaster.‹ Niemand zahlte
noch Steuern, niemand arbeitete. Die Zahl der Arbeitslosen stieg. Niemand konnte noch einkaufen. Ein Geschäft nach dem anderen wurde geschlossen. Der Bürgermeister setzte sich mit dem Pfarrer, dem Koopera-
tor, dem Obmann der Frontkämpfer usw. zusammen. Er rief im eigentlichen und aufrichtigen Sinn des Wortes eine ›nationale Vereinigung‹ ins
Leben und sagte zu den Leuten: ›Wir werden alle in diesem Wirbel zugrunde gehen. Wollen Sie daher das System, das ich Ihnen vorschlage,
anzuwenden versuchen?‹ Der Bürgermeister von Wörgl schuf alsdann sogenannte Arbeitswertscheine. Das sind höchst merkwürdige Scheine. Es
ist sozusagen ›Schwundgeld‹, denn es sind Geldscheine, denen die Eigentümlichkeit anhaftet, im Jahr 12 Prozent, monatlich 1 Prozent ihres Wertes
zu verlieren. Mit Zuhilfenahme solchen Geldes konnte der Wörgler Bürgermeister Gemeindearbeiten ausführen lassen; er ließ Straßen instand-
setzen, Wasserleitungen und Bäder bauen usw. Die Arbeitslosigkeit ging
zurück; das Geschäftsleben erholte sich zusehends. Wörgls Bevölkerung
war zufrieden, und die Freude hatte die Verzweiflung wieder verdrängt.
Die Bewohner haben mir erklärt, daß sie solches Geld, das sie leben läßt,
dem Goldwahn und anderen veralteten Idealen vorziehen.«»Aber entsteht
nicht etwa durch die Verhinderung des Sparens eine ernste Gefahr? Da
muß man eben beachten, daß die Kaufkraft dieser Scheine keine Verringerung erlitt. Übrigens meint man in Wörgl, daß das Sparen durch Hamstern
von Geldscheinen einer dahingegangenen Zivilisationsperiode angehöre,
Spargeld gehöre in die Sparkassen. Dieses Geld hat überaus beachtens-
werte Ergebnisse gezeigt. Zahlreiche Orte Österreichs haben seine Einführung verlangt. Auch ich will in meiner Heimatstadt, falls sie einer solch
erschreckenden Krise wie in Wörgl preisgegeben sein sollte, dieses System, wenn auch mit wesentlichen Abänderungen anzuwenden versuchen,
ehe ich mich jenem Fatalismus ausliefere, der in unserem Land so gang
und gäbe ist. Was immer auch an dem Wörgler Versuch auszusetzen wäre
– und das ist der einzige Schluß, den ich heute aus der Sache ziehe: wir
leben in einer Zeit, wo man versuchen muß, der Krise durch Vergrößerung

des Geldumlaufes und Verstärkung der Kaufmöglichkeiten der arbeitenden Bevölkerung Herr zu werden.« Bedingt durch den Ausbruch des Zweiten Weltkrieges war Daladier nicht mehr in der Lage, die Erkenntnisse für sein Land umzusetzen.

Das Ende des Experimentes

Wie in Deutschland mit der Wära, so schritten auch in Wörgl die Behörden ein und verboten das Arbeitswertgeld am 15.9.1933. Dabei wurde auf das alleinige Recht der Notenbank zur Geldemission hingewiesen. Damit war auch in Österreich der Versuch, aus dem fehlerhaften System auszusteigen, endgültig gescheitert.

Arbeitsbestätigung aus Wörgl

Am Ende des Rückblicks in die Geschichte läßt sich sagen, daß es durchaus immer wieder richtige Maßnahmen gegeben hat, eine stabile Ordnung zu etablieren. Bisher wurden jedoch alle Versuche früher oder später durch die Machthaber und Nutznießer eines Ausbeutungssystems niedergeschlagen.

Zusammenfassung und Ausblick

*»Wenn man mit Recht vom Faulen sagt, er töte die Zeit, so muß man
von einer Periode, welche ihr Heil auf die öffentlichen Meinungen, das
heißt auf die privaten Faulheiten setzt, ernstlich besorgen, daß eine
solche Zeit wirklich einmal getötet wird: ich meine, daß sie aus der
Geschichte der wahrhaften Befreiung des Lebens gestrichen wird.«*

Friedrich Nietzsche

Die Entwicklung unseres Finanzsystems läuft, wie gezeigt wurde, auf einen Endpunkt zu. Durch den Zins kommt es zu einer explodierenden Schuldenlast und auf der anderen Seite zur entsprechenden Vermehrungen der Geldvermögen bei wenigen Superreichen. Um die wachsenden Zinsforderungen erfüllen zu können, wird der einzelne durch den Staat und am Arbeitsplatz ausgebeutet. Die Globalisierung verschärft die Situation zusätzlich, da nun ganze Nationen in einen rücksichtslosen Verdrängungswettbewerb gezwungen werden.

In diesem System spielt die Sicherung der Lebensgrundlagen eine immer kleinere Rolle, der Umweltschutz verkommt zum bloßen Schlagwort, da Wachstum, zur Bedienung der Schulden, absoluten Vorrang erhält. Auch die Kultur muß unter diesen Umständen verfallen, was sich besonders in der Politik feststellen läßt. Die Politik ist letztlich nur noch ein Erfüllungsgehilfe der reichen Oberschicht und soll durch restriktive Maßnahmen die Schuldenzahlungen der Bevölkerung sicherstellen. Durch die Nähe der Regierenden zur reichen Klasse degenerieren diese zunehmend und werden für Korruption zugänglich.

Jeder Bereich der Gesellschaft wird im Zinssystem zwangsläufig pervertiert, die eigentlichen gesellschaftlichen Werte werden entwertet, da nur noch die Rendite zählt. Schöpferische Arbeit wird abfällig beurteilt, während leistungslose Zinsgewinne in der Gesellschaft an Ansehen gewinnen. Dabei ist dieses System allerdings von vornherein zum Zusammenbruch verurteilt, da die Zinslasten letztlich schneller wachsen als die reale Produktion und damit einen immer größeren Teil der Wertschöpfung beanspruchen. Auf der anderen Seite ermöglicht ein wachsendes Geldvermögen einer kleinen Gruppe Superreicher schließlich, alle Geschicke des Landes gezielt zu beeinflussen.

Durch die Einführung der Kunstwährung »Euro« hat sich die Herrschaft des Kapitals drastisch verschärft. Die Währungskrisen der letzten Jahre stellen in diesem Ablauf nur die ersten Vorzeichen eines gewaltigen Zusammenbruchs dar. Dabei bereitet sich die reiche Oberschicht offenbar gezielt auf einen solchen Schlag vor. Der Aktienmarkt wird beispielsweise angeheizt, um einen großen Teil der Bevölkerung zur Investition an der Börse zu animieren. Das ermöglicht der privilegierten Klasse den Ausstieg aus dem Aktienmarkt. Gleichzeitig werden die Finanzzentren gebündelt, um im Crash das eigene Vermögen zu sichern und eine effektive Umverteilung der Ersparnisse vom Mittelstand zu den Superreichen zu bewerkstelligen. Auch für die weitere Entwicklung nach dem Crash werden anscheinend intensive Vorbereitungen getroffen, um alles im Griff zu behalten. So wird schon seit einiger Zeit ein effizientes Überwachungsnetz aufgebaut, das es den Machthabern ermöglichen würde, jeden Unmut in der Bevölkerung gewaltsam zu unterdrücken.

Es besteht die reale Gefahr, daß unser System in einer Diktatur endet. Auch die Entwicklung eines Weltkrieges ist nach dem wirtschaftlichen Zusammenbruch durchaus vorstellbar. Da der finanzielle Niedergang weltweit erfolgen wird, werden sich auch die Lebensumstände der Menschen drastisch verschlechtern. Dadurch wächst die Gefahr, daß es in allen Krisenregionen weltweit zu gewaltsamen Konflikten kommt. Für Mitteleuropa stellt hier vor allem das große Waffenpotential Rußlands ein nicht zu unterschätzendes Risiko dar. Es ist durchaus denkbar, daß dieses Land nach einem völligen Zerfall des Wirtschaftssystems keine andere Möglichkeit mehr sieht, als eine Eroberung Mitteleuropas anzustreben. Fatalerweise befindet sich unsere militärische Situation bereits vor der Krise in katastrophalem Zustand und wird sich nach dem Crash noch wesentlich weiter verschlechtern. Dabei müßte es gar nicht so weit kommen, wenn die Menschen nicht immer den leeren Versprechen der Mächtigen erliegen würden. Eine Behebung der Fehler im Geldsystem wäre jederzeit durch eine Währungsreform möglich. Dies setzt allerdings eine aufgeklärte, an einer Besserung der Lage interessierte Bevölkerung und eine verantwortliche Führung voraus.

Wohin die Entwicklung unserer Welt letztlich geht, hängt nicht zuletzt von der Einstellung und dem Willen eines jeden einzelnen ab. Hier hilft es wenig, auf Führungskräfte oder eine »Mehrheit« zu vertrauen. Erstens haben die bisher leitenden Kräfte in Krisensituationen schon immer versagt und zweitens wurden Fortschritte in der Menschheitsgeschichte ausschließlich durch Minderheiten in Gang gesetzt. Selbst wenn dieses System in der schlimmsten Krise aller Zeiten untergeht, ist dies immer noch besser, als wenn sich die Umstände über einen langen Zeitraum verschlechtern. Wie alles Kranke in der Natur untergehen muß, damit Neues entstehen kann, so muß auch das explodierende Zinssystem letztlich zerfallen. Ein kompletter Zusammenbruch stellt dabei nicht nur ein fürchterliches Ereignis dar, sondern ist auch eine Chance für alle schaffenden Kräfte, eine neue, bessere Ordnung zu etablieren. Jeder ist deshalb dazu aufgerufen, seinen Beitrag zur Schaffung einer besseren Welt zu leisten.

Quellenverzeichnis

[1] Prof. Ruhland, System der politischen Ökonomie, Band 1–3, 1903–1908
[2] Prof. Dr. Helmut Hesse, Deutsche Bundesbank Auszüge aus Presseartikeln, 14.1.1997
[3] George Soros, Die Krise des globalen Kapitalismus, 1999
[4] Wirtschaftswoche 28.10.1999
[5] Börsen Zeitung, 15.2.2000
[6] Handelsblatt interaktiv, 15.9.1999
[7] Augsburger Allgemeine Zeitung, 30.10.1999
[8] Augsburger Allgemeine Zeitung, 31.8.1999
[9] Die Zeit, 32/1999
[10] UNO, Bericht über die menschliche Entwicklung 1996
[11] Südwestpresse, 23.4.1997
[12] Süddeutsche Zeitung, 6.11.1997
[13] Süddeutsche Zeitung, 29.5.1998
[14] Die Welt, 22.10.1997
[15] Augsburger Allgemeine Zeitung, 20.5.1998
[16] Frankfurter Allgemeine Zeitung, 22.9.1997
[17] Handelsblatt, 1.9.1998
[18] Augsburger Allgemeine Zeitung, 26.6.1998
[19] Süddeutsche Zeitung, 23.9.1999
[20] Die Welt, 22.9.1999
[21] Süddeutsche Zeitung, 27.4.1999
[22] Frankfurter Allgemeine Zeitung, 28.9.1998
[23] Die Welt, 25.4.2000
[24] Vincent Vickers, Wirtschaft als Drangsal, Rudolf Zitzmann Verlag, 1950, zitiert und kommentiert von G. Hannich aus dem Original
[25] Die Welt, 24.2.2000
[26] Antizinsenzyklika Bullarium Romanum Benedicti XIV.-Tom. I. 258–260, zitiert und kommentiert von G. Hannich
[27] Die Welt, 13.9.1999
[28] CNN news, 28.12.1999; zitiert und übersetzt von G. Hannich aus dem Original
[29] Yahoo Schlagzeilen, 2.2.2000
[30] Frankfurter Allgemeine Zeitung, 27.11.1999
[31] Bundeshaushaltsplan, eigene Berechnung
[32] Die Welt, 16.2.2000
[33] Die Welt, 4.11.1999
[34] Statistisches Bundesamt Wiesbaden
[35] Süddeutsche Zeitung, 3.11.1999
[36] Süddeutsche Zeitung, 9.9.1999
[37] Die Welt, 1.12.1997
[38] Statistisches Bundesamt Wiesbaden
[39] Blick durch die Wirtschaft, 19.6.1997
[40] Handelsblatt interaktiv, 14.9.1999
[41] Süddeutsche Zeitung, 14.10.1999

302

42 Die Woche, 24.4.1998
43 Augsburger Allgemeine Zeitung, 15.9.1997
44 Focus online, 27.12.1997
45 Die Welt, 7.10.1999
46 Sonntag aktuell, 13.9.1998
47 Süddeutsche Zeitung, 2.6.1999
48 Süddeutsche Zeitung, 24.12.1998
49 Rentenberechnung durch PC-Programm Rentenversicherung 1996;
   Bundesministerium für Arbeit und Sozialordnung
50 Handelsblatt interaktiv, 4.11.1999
51 Augsburger Allgemeine Zeitung, 11.3.2000
52 Die Welt, 13.9.1999
53 Handelsblatt interaktiv, 31.1.2000
54 Die Welt, 15.11.1999
55 Süddeutsche Zeitung, 15.11.1999
56 Die Welt, 15.9.1999
57 Die Welt, 14.1.1998
58 Die Welt, 13.3.1998
59 Welt am Sonntag, 4.10.1998
60 Die Welt, 18.6.1999
61 Deutsche Bundesbank, Jahresabschlüsse westdeutscher Unternehmen
   von 1990 bis 1995, April 1997
62 Augsburger Allgemeine Zeitung, 28.9.1999
63 Die Welt, 3.12.1997
64 Handelsblatt, Internet Nachrichten, 27.4.1998
65 Die Welt, 15.10.1997
66 Die Welt, 24.9.1998
67 Süddeutsche Zeitung, 29.1.2000
68 Der Spiegel, Heft 40/1997
69 Reuters Internet-Kurzmeldung, 8.6.1998
70 Die Welt, 7.2.2000
71 Süddeutsche Zeitung, 18.3.2000
72 Die Welt, 16.3.2000
73 Süddeutsche Zeitung, 22.3.2000
74 Handelsblatt interaktiv, 29.3.2000
75 Handelsblatt interaktiv, 17.3.2000
76 Allgäuer Zeitung, 11.3.2000
77 Focus, Internet Kurzmeldung 1997
78 Yahoo Schlagzeilen, 22.2.2000
79 Die Welt, 8.5.1998
80 Süddeutsche Zeitung, 27.12.1999
81 Süddeutsche Zeitung, 8.5.2000
82 Süddeutsche Zeitung, 20.9.1999
83 Die Welt, 9.3.2000
84 Die Welt, 9.3.2000
85 Augsburger Allgemeine Zeitung, 21.7.1999
86 Handelsblatt interaktiv, 11.1.2000
87 Die Welt, 8.11.1999
88 Focus online, 26.2.1998

[89] Süddeutsche Zeitung, 29.4.2000
[90] Die Welt, 30.11.1999
[91] Die Welt, 12.7.1999
[92] Raum und Zeit 86/1997
[93] Junge Freiheit, 22.5.1998
[94] Inter Info, 12/99
[95] CNN interaktiv, 10.6.1999
[96] Deutsche Bundesbank, Ergebnisse der gesamtwirtschaftlichen Finanzierungsströme, Monatsbericht 6/99
[97] Creutz Helmut, Das Geldsyndrom, Telefonische Anfrage 12/97
[98] Frankfurter Rundschau, 28.10.1994
[99] Handelsblatt, 28.12.1999
[100] Dennis Meadows, Die Grenzen des Wachstums, deutsche Auflage
[101] Frankfurter Allgemeine Zeitung, 21.9.1998
[102] Prof. Binswanger, Süddeutsche Zeitung 15.3.2000
[103] Inhalte und Zitate entnommen aus: Meadows Dennis, Die Grenzen des Wachstums, deutsche Auflage
[104] Süddeutsche Zeitung, SZ am Wochenende, 13.11.1999, zusammengefaßt aus dem Original von G. Hannich
[105] Marx Karl, Das Kapital, 1862, zitiert von G. Hannich aus dem Original
[106] Die Welt, 21.2.2000
[107] Deutscher Bundestag, 13. Wahlperiode – 123. Sitzung, Bonn 13.9.1996
[108] Focus online, 28.12.1997
[109] Die Welt, 20.3.2000
[110] Die Welt, 7.12.1999
[111] Süddeutsche Zeitung, 8.7.1999
[112] Süddeutsche Zeitung, 16.11.1999
[113] Süddeutsche Zeitung, 13.4.2000
[114] Süddeutsche Zeitung, 22.9.1999
[115] Süddeutsche Zeitung, 6.4.2000
[116] Die Welt, 26.11.1999
[117] Der Spiegel, 10.3.1998
[118] Handelsblatt online, 23.7.1998
[119] Der Steuerzahler, Mai 1996
[120] Süddeutsche Zeitung, 3.9.91999
[121] Augsburger Allgemeine Zeitung, 19.4.2000
[122] Die Welt, 26.11.1997
[123] Süddeutsche Zeitung, 30.3.2000
[124] Süddeutsche Zeitung, 15.12.1998
[125] Augsburger Allgemeine Zeitung, 18.3.2000
[126] Die Welt, 27.3.2000
[127] Inter Info, 12/99
[128] Frankfurter Allgemeine Zeitung, 18.3.1999
[129] Die Welt, 30.6.1999
[130] Die Welt, 12.7.1999
[131] Süddeutsche Zeitung, 5.10.1999
[132] Süddeutsche Zeitung, 30.3.2000
[133] Frankfurter Allgemeine Zeitung, 24.8.1998
[134] Augsburger Allgemeine Zeitung, 7.4.2000

304

135 Die Welt, 17.6.1999
136 Süddeutsche Zeitung, 6.4.2000
137 Süddeutsche Zeitung, 3.9.1999
138 Die Welt, 6.8.1998
139 Prof. Ruhland, System der politischen Ökonomie, Band 1–3, 1903–1908, zusammengefaßt und zitiert von G. Hannich aus dem Original
140 Le Bon, Psychologie der Massen, Kröner Verlag, 15. Auflage, 1982, zusammengefaßt und zitiert von G. Hannich aus dem Original
141 W. Borgius, Die Schule-Frevel an der Jugend, 1930, zitiert aus dem Original von G. Hannich
142 Süddeutsche Zeitung, 25.11.1999
143 Spiegel online, 20.2.1998
144 Die Welt, 23.9.1997
145 Euro, Das europäische Wirtschaftsmagazin, 4/98
146 Süddeutsche Zeitung, 28.6.1997
147 Nachfrage bei Prof. Martens, Deutsche Bundesbank, bei Bankentagung Ulm 4/97
148 Die Welt, 23.12.1996
149 Neue Zürcher Zeitung, 1./2.6.1996
150 Handelsblatt interaktiv, 15.3.2000
151 Frankfurter Allgemeine Zeitung, 17.1.2000
152 Prof. Milton Friedman, Deutsche Bundesbank, Auszüge aus Presseartikeln, 12.9.1997
153 Süddeutsche Zeitung, 26.11.1996
154 Deutsche Bundesbank, Auszüge aus Presseartikeln, Süddeutsche Zeitung, 6.6.1995
155 Bundesanstalt für Arbeit 6/98 und Süddeutsche Zeitung 30.7.1998
156 Berliner Zeitung 27.3.1998
157 Die Welt, 13.7.1998
158 Dr. Martin Lusser, Präsident des Direktoriums der Schweizer Nationalbank; Deutsche Bundesbank, Auszüge aus Presseartikeln, 6.9.1995
159 Frankfurter Allgemeine Zeitung, 23.10.1998
160 Handelsblatt, 21.8.1998
161 Handelsblatt, 26.3.1998
162 Der Spiegel, 5.10.1997
163 Dieter Haferkamp, Direktorium Deutsche Bundesbank, Presseartikel Deutsche Bundesbank, 8.7.1998
164 Die Welt, 13.4.2000
165 Börsen Zeitung, 16.9.1998
166 Die Welt, 19.10.1998
167 Prof. Dr. Hesse, Landeszentralbank Bremen, Niedersachsen und Sachsen-Anhalt; Presseartikel Deutsche Bundesbank, 23.1.1997
168 Deutsche Bundesbank/Auszüge aus Presseartikeln, Handelsblatt vom 22.9.1997
169 Süddeutsche Zeitung, 26.1.2000
170 Süddeutsche Zeitung, 2.3.2000
171 Deutsche Bundesbank, Auszüge aus Presseartikeln, Handelsblatt, 15.8.1997
172 Süddeutsche Zeitung, 23.4.2000
173 International Herald Tribune, 20.12.1997

[174] Die Welt, 24.8.2000
[175] Süddeutsche Zeitung, 26.6.2000
[176] Süddeutsche Zeitung, 25.8.2000
[176a] Die Welt, 1.9.2000
[177] Süddeutsche Zeitung, 30.8.1999
[178] Prof. Dr. Jochimsen, Präsident der Landeszentralbank Nordrhein-Westfalen, Deutsche Bundesbank, Auszüge aus Presseartikeln, 3.7.1997
[179] Focus online, 21.4.1998
[180] Die Welt, 31.3.2000
[181] Die Welt, 31.5.1999
[182] Die Welt, 21.9.1999
[183] Die Zeit 20.5.1998
[184] Süddeutsche Zeitung, 2.10.1997, über die Kohl-Biographie des langjährigen Bonner Büroleiters der SZ, Klaus Dreher; zitiert von G. Hannich aus dem Original
[185] Zitiert in der Zeit, 12.12.1997
[186] Handelsblatt online, 22.1.1999
[187] Die Welt, 9.9.1998
[188] Handelsblatt interaktiv, 25.10.1999
[189] Frankfurter Allgemeine Zeitung, 22.2.1999
[190] Die Welt, 29.5.1998
[191] Handelsblatt interaktiv, 15.10.1999
[192] Deutsche Bank Börsennachrichten online, 28.1.1999
[193] Handelsblatt online, 20.1.1998
[194] Handelsblatt online, 8.1.1999
[195] Handelsblatt online, 1.2.1999
[196] Süddeutsche Zeitung 22./23.11.1997
[197] Handelsblatt online, 29.10.1998
[198] Yahoo Schlagzeilen, 22.2.2000
[199] Die Welt, 4.2.1999
[200] Spiegel Kurzmeldung, 8.5.1998
[201] Frankfurter Allgemeine Zeitung, 10.11.1997
[202] Frankfurter Allgemeine Zeitung, 18.8.1998
[203] Der Spiegel online, 14.9.1998
[204] Die Welt, 20.7.1998
[205] Die Welt, 29.4.2000
[206] Süddeutsche Zeitung, 23.7.1998
[207] TeleData Börseninformation, 28.1.1999
[208] Handelsblatt online, Internet Meldung, 29.9.1998
[209] Die Welt, 12.1.1999
[210] Frankfurter Allgemeine Zeitung, 2.2.1999
[211] Frankfurter Allgemeine Zeitung, 14.6.1999
[212] Handelsblatt online, 15.1.1999
[213] Frankfurter Allgemeine Zeitung, 17.12.1998
[214] Handelsblatt online, 22.1.1999
[214a] Financial Times, 3.4.2001
[215] Süddeutsche Zeitung, 7.2.2000
[216] Die Welt, 3.11.1999
[217] Süddeutsche Zeitung, 13.3.2000

306

[218] Süddeutsche Zeitung, 29.3.2000
[219] Süddeutsche Zeitung, 16.2.2000
[220] Soros George, Die Krise des globalen Kapitalismus, 1998, zitiert aus dem Original von G. Hannich
[221] Börsen-Zeitung, 24.9.1997
[222] Deutsche Bundesbank, Monatsbericht Dezember 1999
[223] Frankfurter Allgemeine Zeitung, 26.2.1997
[224] Der Spiegel, 14.12.1998
[225] Der Spiegel, 8.9.1997
[226] Handelsblatt online, 23.12.1999
[227] Frankfurter Allgemeine Zeitung, 16.10.1997
[228] Die Welt, 28.7.1998; Interview mit dem Börsenexperten Harry S. Dent
[229] Die Welt, 7.2.2000
[230] Süddeutsche Zeitung, 19.7.1999
[231] Die Welt, 13.9.1999
[232] Die Welt, 14.3.2000
[233] Die Welt, 22.3.2000
[234] Börse online, 16.3.2000
[235] Die Welt, 23.3.2000
[236] Financial Times Deutschland, 22.3.2000
[237] Börsen Zeitung, 19.10.1999
[238] Süddeutsche Zeitung, 2.3.2000
[239] Augsburger Allgemeine Zeitung, 1.4.2000
[240] Die Welt, 2.3.2000
[241] Die Welt, 25.10.1999
[242] Süddeutsche Zeitung, 22.2.2000
[243] Die Welt, 29.3.2000
[244] Prof. Dr. Helmut Hesse, Präsident der Landeszentralbank Bremen, Niedersachsen und Sachsen-Anhalt, Deutsche Bundesbank, Auszüge aus Presseartikeln, 23.1.1997
[245] Deutsche Bundesbank, Monatsbericht 5/98
[246] Handelsblatt interaktiv, 13.4.2000
[247] Die Welt, 7.1.2000
[248] Spiegel online, 22.9.1998
[249] Süddeutsche Zeitung, 12.12.1997
[250] Die Welt, 10.3.2000
[251] Handelsblatt interaktiv, 10.3.2000
[252] Süddeutsche Zeitung, 29.1.2000
[253] Handelsblatt, 8.4.1997
[254] Financial Times, 8.2.1995
[255] Frankfurter Allgemeine Zeitung, 29.10.1998
[256] Dennis Meadows, Die Grenzen des Wachstums
[257] Prof. Dr. Helmut Hesse, Präsident der Landeszentralbank Bremen, Niedersachsen und Sachsen Anhalt, Deutsche Bundesbank, Auszüge aus Presseartikeln, 11.1.1996
[258] Deutsche Bundesbank/Auszüge aus Presseartikeln, Börsen-Zeitung, 23.3.1996
[259] Frankfurter Allgemeine Zeitung, 24.2.1999
[260] Die Welt, 20.4.2000
[261] Financial Times Deutschland, 16.3.2000

262 Die Welt, 27.3.2000
263 Die Welt, 10.3.2000
264 Süddeutsche Zeitung, 9.3.2000
265 Süddeutsche Zeitung, 20.3.2000
266 Hamburger Abendblatt, 28.2.2000
267 Die Welt 24.2.2000
268 Süddeutsche Zeitung, 16.2.2000
269 Frankfurter Allgemeine Zeitung, 7.4.1999
270 Die Welt, 4.4.2000
271 Süddeutsche Zeitung, 4.11.1999
272 Die Welt, 6.10.1999
273 CNN, 7.3.2000
274 Handelsblatt interaktiv, 22.3.2000
275 Die Welt, 20.4.2000
276 Börsen Zeitung, 23.3.2000
277 Die Welt, 24.12.1999
278 Börsen Zeitung, 13.12.1997
279 Handelsblatt interaktiv, 31.3.1998
280 Die Welt, 14.8.1997
281 Süddeutsche Zeitung, 2.11.1999
282 Die Welt, 25.10.1999
283 Handelsblatt interaktiv, 17.3.2000
284 Süddeutsche Zeitung, 25.4.2000
285 Handelsblatt interaktiv, 9.3.2000
286 Die Welt, 18.10.1999
287 Die Welt, 14.3.2000
288 Süddeutsche Zeitung, 21.3.2000
289 Handelsblatt interaktiv, 17.2.2000
290 Handelsblatt Interaktiv, 6.12.1999
291 Focus online, 21.2.1998
292 Die Welt, 24.9.1999
293 Süddeutsche Zeitung, 22.9.1999
294 Süddeutsche Zeitung, 9.9.1999
295 Ogger Günter, Die Gründerjahre, Knaur Verlag, 1982, zusammengefaßt und zitiert von G. Hannich aus dem Original
296 Hugo Ritter, Der Mensch und das Geld, 1954, zusammengefaßt von G. Hannich aus dem Original
297 Hugo Ritter, Der Mensch und das Geld, 1954, zusammengefaßt von G. Hannich aus dem Original
298 Canadian Geographic, Dec. 89/Jan. 90, The Great Depression, übersetzt und zusammengefaßt von G. Hannich aus dem Original
299 Bundeszentrale für politische Bildung, Weimarer Republik, Informationen zur politschen Bildung, 4. Quartal 1998, zusammengefaßt von G. Hannich aus dem Original
300 Frankfurter Allgemeine Zeitung, 23.10.1999, Zusammenfassung aus dem Original von G. Hannich
301 Frankfurter Allgemeine Zeitung, Magazin 10/98
302 Süddeutsche Zeitung, Internetausgabe 26.2.2000, zusammengefaßt von G. Hannich aus dem Original

[303] Süddeutsche Zeitung, 11.1.2000
[304] Wirtschaftswoche, 29.10.1998
[305] Süddeutsche Zeitung, 27.2.2000, zusammengefaßt von G. Hannich aus dem Original
[306] Frankfurter Allgemeine Zeitung, 23.10.1999
[307] Handelsblatt interaktiv, 15.3.2000
[308] Reuters Meldung, 2.2.1999
[309] Neue Solidarität, 17.1.1996
[310] Augsburger Allgemeine Zeitung, 16.10.1998
[311] Die Welt, 13.10.1999
[312] Die Welt, 30.3.2000
[313] Bayerischer Rundfunk, Kulturjournal, 3.11.1996
[314] Zitiert aus Der Spiegel, 26.11.1998
[315] Die Zeit, 5.2.1998
[316] Stern online, 22.1.1998
[317] Die Welt, 29.6.2000
[318] Augsburger Allgemeine Zeitung, 19.8.1999
[319] Augsburger Allgemeine Zeitung, 9.4.1999
[320] Süddeutsche Zeitung, 25.9.1998
[321] Handelsblatt interaktiv, 14.7.1999
[322] Süddeutsche Zeitung, 30.11.1998
[323] Süddeutsche Zeitung, 2.6.1999
[324] Computerwoche, 51/1998
[325] Die Welt, 10.3.1998
[326] Süddeutsche Zeitung, 26.8.1998
[327] Die Welt, 9.12.1998
[328] Die Welt, 22.2.2000
[329] Süddeutsche Zeitung, 10.1.2000
[330] abc news, 23.11.1999
[331] Die Welt, 22.6.1999
[332] Die Welt, 31.3.2000
[333] Süddeutsche Zeitung, 11.3.2000
[334] Augsburger Allgemeine Zeitung, 16.3.2000
[335] Süddeutsche Zeitung, 20.11.1999
[336] Der Spiegel, 26.11.1998
[337] Süddeutsche Zeitung, 8.10.1998
[338] Süddeutsche Zeitung, 23.11.1998
[339] Die Welt, 17.3.2000
[340] Der Spiegel, 10.11.1998
[341] Süddeutsche Zeitung, 8.4.1999
[342] Augsburger Allgemeine Zeitung, 20.5.1998
[343] Focus online, 9.3.1998
[344] Neue Zürcher Zeitung, 29.1.1999
[345] Die Welt, 22.6.1999
[346] Frankfurter Allgemeine Zeitung, 29.11.1999
[347] Handelsblatt interaktiv, 28.3.2000
[348] Handelsblatt interaktiv, 3.4.2000
[349] Die Welt, 13.5.2000
[350] Frankfurter Allgemeine Zeitung, 4.12.1999

351 Die Welt, 20.2.1998
352 Süddeutsche Zeitung, April/1998
353 Reuters Meldung, 7/1998
354 Süddeutsche Zeitung, 7.1.2000
355 Die Welt, 18.3.2000
356 Der Spiegel, 27/1997
357 Süddeutsche Zeitung, 8.1.2000
358 Inter Info, 12/99
359 Die Welt, 3.7.1998
360 Süddeutsche Zeitung, 28.10.1999
361 Süddeutsche Zeitung, 28.10.1999
362 Die Welt, 25.8.1997
363 Die Welt, 29.10.1999
364 Handelsblatt interaktiv, 12.4.2000
365 Süddeutsche Zeitung, 26.11.1999
366 Süddeutsche Zeitung, 16.3.2000
367 Augsburger Allgemeine Zeitung, 29.1.2000
368 Augsburger Allgemeine Zeitung, 9.3.1998
369 Augsburger Allgemeine Zeitung, 1.4.1998
370 Die Welt, 29.9.1997
371 Inter Info, 2/2000
372 Die Welt, 12.2.2000
373 Berliner Morgenpost, 2.2.2000
374 Die Welt, 4.2.2000
375 Die Welt, 31.3.1998
376 Spiegel Meldung, 19.6.1998
377 Die Welt, 14.4.1998
378 Augsburger Allgemeine Zeitung, 13.10.1998
379 Süddeutsche Zeitung Magazin, 7/1998
380 Thomas Niemann und New Scientist, 10.1.2000
381 Augsburger Allgemeine Zeitung, 10.2.1996
382 Spiegel online, 8.11.1999
383 Augsburger Allgemeine Zeitung, 12.5.1997
384 Handelsblatt interaktiv, 4.4.2000
385 Handelsblatt interaktiv, 25.2.2000
386 Süddeutsche Zeitung, 4.1.2000
387 Süddeutsche Zeitung, 27.3.2000
388 Frankfurter Allgemeine Zeitung, 24.3.1999
389 Süddeutsche Zeitung, 14.7.1999
390 Focus online, 8.7.1998
391 Süddeutsche Zeitung, 27.3.2000
392 Die Welt, 14.10.1999
393 Die Welt, 4.12.1999
394 Süddeutsche Zeitung, 17.2.2000
395 Augsburger Allgemeine Zeitung, 4.12.1998
396 Die Welt, 13.9.1999
397 Die Welt, 8.9.1999
398 Die Welt, 13.1.2000
399 Die Welt, 16.4.1999

310

[400] Süddeutsche Zeitung, 5.7.1999
[401] Handelsblatt interaktiv, 26.4.1999
[402] Handelsblatt interaktiv, 18.3.2000
[403] Süddeutsche Zeitung, 13.4.1999
[404] Die Welt, 14.4.2000
[405] Die Welt, 19.4.2000
[406] Die Welt, 15.3.2000
[407] Handelsblatt interaktiv, 7.12.1998
[408] Süddeutsche Zeitung, 26.8.1998
[409] Süddeutsche Zeitung, 13.11.1998
[410] Süddeutsche Zeitung, 17.9.1999
[410a] Financial Times Deutschland, 2.10.2001
[410b] Die Welt, 26.9.2001
[410c] Financial Times Deutschland, 26.9.2001
[410d] Handelsblatt.com, 3.10.2001
[410e] Augsburger Allgemeine Zeitung, 27.9.2001
[410f] Die Welt, 29.9.2001
[410g] Financial Times Deutschland, 23.10.2001
[410h] Die Welt, 29.9.2001
[410i] Süddeutsche Zeitung, 16.10.2001
[410j] Die Welt, 19.10.2001
[410k] Die Welt, 20.10.2001
[410l] Die Welt, 25.10.2001
[411] Zitiert aus dem Spiegel, 26.11.1998
[412] Die Welt, 5.10.1999
[413] Prof. Ruhland, System der politischen Ökonomie, 1908
[414] Süddeutsche Zeitung, 25.2.2000
[415] Süddeutsche Zeitung, 4.5.1999
[416] Süddeutsche Zeitung, 13.4.1999
[417] Augsburger Allgemeine Zeitung, 10.4.1999
[418] Süddeutsche Zeitung, 4.1.2000
[419] Handelsblatt interaktiv, 25.2.1999
[420] Handelsblatt interaktiv, 21.4.1999
[421] Spiegel online, 5.2.1999
[422] Die Welt, 22.3.2000
[423] Die Welt, 17.9.1999
[424] Handelsblatt interaktiv, 29.3.2000
[425] Die Welt, 24.3.2000
[426] Inter Info, Linz, 9/99
[427] Augsburger Allgemeine Zeitung, 12.6.1999
[428] Süddeutsche Zeitung, 14.6.1999
[429] Russia Today, 2.7.1999
[430] Der Spiegel online, 1.4.1999
[431] Augsburger Allgemeine Zeitung, 10.6.1999
[432] Süddeutsche Zeitung, 31.5.1999
[433] Handelsblatt interaktiv, 9.4.1999
[434] Die Welt, 1.4.1999
[435] Handelsblatt interaktiv, 17.6.1999
[436] Süddeutsche Zeitung, 8.5.2000

[437] Süddeutsche Zeitung, 30.6.1999
[438] Süddeutsche Zeitung, 28.5.1999
[439] Augsburger Allgemeine Zeitung, 20.4.1999
[440] Frankfurter Rundschau, 22.2.1999
[441] Süddeutsche Zeitung, 22.2.1999
[442] Carl von Clausewitz, Vom Kriege, Rowohlt, 1963
[443] Handelsblatt interaktiv, 2.9.1999
[444] AP-Meldung, 4.10.1999
[445] Spiegel online, 15.12.1998
[446] Handelsblatt interaktiv, 16.4.1999
[447] Süddeutsche Zeitung, 12.1.2000
[448] Süddeutsche Zeitung, 2.12.1998
[449] Inter Info, 10/99
[450] Süddeutsche Zeitung, 9.11.1999
[451] Die Welt, 18.10.1999
[452] Die Welt, 10.3.2000
[453] Frankfurter Allgemeine Zeitung, 29.12.1998
[454] Die Welt, 9.12.1998
[455] Süddeutsche Zeitung, 29.6.1999
[456] Handelsblatt interaktiv, 25.6.1999
[457] Frankfurter Allgemeine Zeitung, 21.12.1998
[458] Handelsblatt interaktiv, 5.2.2000
[459] Lycos Nachrichten, 31.1.2000
[460] Süddeutsche Zeitung, 29.11.1999
[461] Süddeutsche Zeitung 14/15.6.1999
[462] Handelsblatt interaktiv, 4.12.1998
[463] Süddeutsche Zeitung, 30.10.1998
[464] Süddeutsche Zeitung, 20.11.1999
[465] Die Welt, 18.11.1999
[466] Focus online, 2.4.1997
[467] Open Contact news, 18.6.1999
[468] Süddeutsche Zeitung, 18.4.2000
[469] Süddeutsche Zeitung, 11.11.1999
[470] Die Welt, 8.7.1998
[471] Augsburger Allgemeine Zeitung, 15.4.2000
[472] Augsburger Allgemeine Zeitung, 28.7.1999
[473] Augsburger Allgemeine Zeitung, 10.12.1999
[474] Handelsblatt interaktiv, 5.2.2000
[475] Die Welt, 21.1.2000
[476] Die Welt, 25.4.2000
[477] Handelsblatt interaktiv, 31.8.1999
[478] Handelsbaltt interaktiv, 17.12.1999
[479] Die Welt, 15.2.1999
[480] Inter Info, 12/99
[481] Süddeutsche Zeitung, 13.1.2000
[482] Die Welt, 14.12.1999
[483] Handelsblatt interaktiv, 17.12.1999
[484] Handelsblatt interaktiv, 27.1.2000
[485] Süddeutsche Zeitung, 7.4.2000

486 Russia Today, 10.9.1999
487 Augsburger Allgemeine Zeitung, 25.9.1997
488 Süddeutsche Zeitung, 8.1.2000
489 Die Welt, 10.3.1999
490 Die Welt, 9.5.2000
491 Die Welt, 8.8.1997
492 Augsburger Allgemeine Zeitung, 10.12.1999
493 Süddeutsche Zeitung, 14.4.1998
494 Handelsblatt interaktiv, 19.5.1999
495 Süddeutsche Zeitung, 30.4.1999
496 Spiegel, 14.3.1997, Grafik über Aufteilung der russischen Streitkräfte, Interpretation von G. Hannich
497 Yahoo Schlagzeilen, 20.9.1999
498 Süddeutsche Zeitung, 24.3.2000
499 Handelsblatt interaktiv, 10.11.1999
500 Süddeutsche Zeitung, 28.3.2000
501 Die Welt, 20.4.2000
502 Handelsblatt interaktiv, 27.3.2000
503 CNN, 28.1.2000
504 AP Meldung, 10.5.2000
505 Frankfurter Allgemeine Zeitung, 1.12.1999
506 Süddeutsche Zeitung, 20.4.2000
507 Die Welt, 29.4.2000
508 Die Welt, 5.3.2000
509 Die Welt, 22.9.1999
510 Süddeutsche Zeitung, 7.9.1999
511 Die Welt, 10.9.1999
512 Die Welt, 9.9.1999
513 Handelsblatt interaktiv, 11.1.2000
514 Süddeutsche Zeitung, 10.9.1999
515 Augsburger Allgemeine Zeitung, 28.10.1999
516 Frankfurter Allgemeine Zeitung, 1.7.1999
517 Reuters Meldung, 16.3.1999
518 Handelsblatt Nachrichten online, 15.9.1998
519 Die Welt, 21.8.1998
520 Augsburger Allgemeine Zeitung, 19.11.1997
521 Süddeutsche Zeitung, 18.4.1997
522 Focus online, 24.3.1998
523 Augsburger Allgemeine Zeitung, 13.1.1999
524 Handelsblatt interaktiv, 18.6.1999
525 Handelsblatt Nachrichten online, 25.8.1998
526 Frankfurter Allgemeine Zeitung, 6.5.1999
527 Der Spiegel, 11.1.1999
528 Neue Zürcher Zeitung, 7.1.1998
529 Die Welt, 9.7.1999
530 Die Welt, 12.11.1997
533 Süddeutsche Zeitung, 15.2.2000
534 Süddeutsche Zeitung, 3.6.1998
535 Augsburger Allgemeine Zeitung, 6.2.1998

[536] Die Welt, 3.3.1999
[537] Augsburger Allgemeine Zeitung, 18.12.1998
[538] Spiegel online, 17.12.1998
[539] Frankfurter Allgemeine Zeitung, 1.7.1999
[540] Handelsblatt interaktiv, 11.1.1999
[541] Frankfurter Allgemeine Zeitung, 23.11.1998
[542] Handelsblatt interaktiv, 18.10.1999
[541] CNN, 23.11.1999
[542] Handelsblatt interaktiv, 6.3.2000
[543] Handelsblatt interaktiv, 25.5.1999
[544] Washington Times, 2.2.2000
[545] Handelsblatt interaktiv, 3.2.2000
[546] Handelsblatt interaktiv, 16.3.2000
[547] CNN interactive, 6.7.2000
[548] Handelsblatt interaktiv, 2.9.1999
[549] Die Welt, 29.4.1998
[550] Frankfurter Allgemeine Zeitung, 14.6.1999
[551] Frankfurter Allgemeine Zeitung, 8.6.1998
[552] Spiegel, 15.5.1998
[553] Handelsblatt interaktiv, 29.1.2000
[554] Süddeutsche Zeitung, 25.5.1998
[555] Handelsblatt interaktiv, 18.10.1999
[556] Handelsblatt interaktiv, 11/1998
[557] Süddeutsche Zeitung, 14.10.1999
[558] Frankfurter Allgemeine Zeitung, 1.7.1999
[569] Die Welt, 23.4.1998
[560] Handelsblatt interaktiv, 10.2.2000
[561] Die Welt, 28.9.1999
[562] Süddeutsche Zeitung, 2.6.1999
[563] Die Welt, 6.2.1998
[564] Augsburger Allgemeine Zeitung, 13.10.1999
[565] Augsburger Allgemeine Zeitung, 18.4.2000
[566] Forschungen für den Zivil- und Katastrophenschutz 1975–1985, Bundesamt für Zivilschutz, Band 18, 1986
[567] Nach dem Atomschlag, Pergamon Press, 1983
[568] Gerfried Hehn, Zivilschutzforschung, Band 19, Bundesamt für Zivilschutz, 1987
[569] Major v. Dach, Gefechtstechnik, Schweizer Unteroffizierverband, 1980, zusammengefaßt von G. Hannich aus dem Original
[569a] Süddeutsche Zeitung, 15.11.2001
[569b] Welt am Sonntag, 11.11.2001
[570] Silvio Gesell, Die Natürliche Wirtschaftsordnung, 1984, zitiert von G. Hannich aus dem Original
[571] Silvio Gesell, Der Abgebaute Staat, zitiert von G. Hannich aus dem Original
[572] Silvio Gesell, Der Abbau des Staates, 1921, zitiert von G. Hannich aus dem Original
[573] Gottfried Feder, Der deutsche Staat, 1924
[574] Prof. Dr. Artur Woll, Beschäftigung, Geld und Preisniveaustabilität – Empirische Untersuchung zum Inflationsproblem, Land Nordrhein-Westfalen, 1977

314

575 Deutsche Bundesbank, Sonderdruck 7, Geldpolitische Aufgaben und Instrumente
576 Frankfurter Allgemeine Zeitung, 30.3.2000
577 Prof. Dr. Helmut Hesse, Präsident der Landeszentralbank Bremen, Niedersachsen und Sachsen Anhalt, Deutsche Bundesbank, Auszüge aus Presseartikeln, 14.1.1997
578 Wendelin Hartmann, Mitglied Direktorium Deutsche Bundesbank, Auszüge aus Presseartikeln, Deutsche Bundesbank, 6.10.1995
579 Badische Neueste Nachrichten, 4.7.1995
580 Wall Street Journal Europe, 9.6.1998
581 ZDF, Die Bedrohung – Das organisierte Verbrechen, 23.3.1993
582 Karl Walker, Das Geld in der Geschichte, 1959, zusammengefaßt von G. Hannich aus dem Original
583 Ogger Günter, Kauf Dir einen Kaiser, Knaur Verlag, 1979, zusammengefaßt von G. Hannich aus dem Original
584 Engels Friedrich, Der deutsche Bauernkrieg, 12. Auflage, Dietz Verlag, Berlin, 1975
585 Werner Onken, Modellversuche mit sozialpflichtigem Boden und Geld, Lütjenburg, Fachverlag für Sozialökonomie, 1997, zusammengefaßt von G. Hannich aus dem Original
586 Chronik über Wilhelm Ulrich (1885–1969)
587 Franz Fischer, Der Dritte Weg, Zeitschrift, zusammengefaßt von G. Hannich aus dem Original
588 Fritz Schwarz, Das Wunder von Wörgl, 1951, zusammengefaßt von G. Hannich aus dem Original

Weitere Bücher des Autors:

Geldcrash – So retten Sie Ihr Vermögen

Der Krisenwegweiser

Was wäre, wenn eine Finanzkrise Ihr gesamtes Vermögen entwertet? Den wenigsten ist bewußt, daß ihr Vermögen zunehmend bedroht wird: Sowohl Währungs- als auch Schuldenkrisen gefährden das Ersparte. Dabei ist auch das laufende Einkommen von steigenden Steuerlasten und einer Umverteilung von der Mittelschicht zu wenigen Superreichen bedroht. Die kommende Entwicklung kann durch die Kenntnis unseres Geldsystems vorhergesagt werden. Dies ermöglicht Ihnen, Ihr Vermögen vor Verlusten zu schützen. Der ungünstig investierende Anleger wird vom Zusammenbruch überrascht und verliert seine Sicherheit und Freiheit. Es wird sich zeigen, daß hohe Rendite nicht gleich finanzielle Garantie ist. Dieses Buch zeigt Schwachstellen in Ihrer Vermögensplanung auf und gibt Hinweise, worauf Sie bei der Krisensitzung achten müssen.

Günter Hannich, **Geldcrash – Der Krisenwegweiser**, So retten Sie Ihr Vermögen, Dritte überarbeitete und erweiterte Auflage 10/2001, ISBN 3-980522-1-0, 160 Seiten mit sechs Karikaturen und 20 Grafiken, kart., 14,8 x 21 cm, 15,90 EUR

»Krisenwegweiser – Angst vor dem Crash? Die Aktienmärkte streben von Rekord zu Rekord. Aber das war auch 1929 so. ... (Günter Hannich) zeigt in seinem Bändchen mögliche Krisenszenarien auf. Keine Panikmache. Doch etwas Nachdenklichkeit hat bisher den wenigsten Geldanlegern geschadet.«
Handelsblatt 28.12.1999

»Der wichtigste Schritt zu einer sicheren Anlage besteht darin, selbst die Verantwortung für sein Eigentum zu übernehmen. ›Auf die meisten Experten ist ebenso wenig Verlaß wie auf Aussagen von Notenbanken über anstehende Zinssenkungen‹, sagt Buchautor Günter Hannich (›Geldcrash – So retten Sie Ihr Vermögen‹).«
Die Welt, 16.3.2001

Dieses Buch können Sie beziehen über:
Kopp Verlag
Graf-Wolfegg-Str. 71 • D-72108 Rottenburg
Tel.: (0 74 72) 98 06 - 0 • Fax: (0 74 72) 98 06 - 11
Email: info@kopp-verlag.de

Bloß weg!

Ihr zweites Standbein im Ausland

Frust bei der Arbeit, steigende Steuern und die Bedrohung durch Krisen senken zunehmend die Lebensqualität in Deutschland. Dabei ist zu erwarten, daß sich die Situation in den nächsten Jahren noch weiter verschärfen wird. Durch ein zweites Standbein im Ausland gewinnen Sie demgegenüber Freiheit und Unabhängigkeit. Um dieses Projekt zu verwirklichen, ist es notwendig, sich sowohl mit den Vor- und Nachteilen als auch den Anforderungen an ein Auslandsdomizil zu beschäftigen. Checklisten und ausführliche Informationen in diesem Buch erleichtern den Schritt zum neuen Domizil.

Günter Hannich, **Bloß weg! Ihr zweites Standbein im Ausland. Wie Sie Krisen, Frust und Steuern entkommen**, Neuerscheinung 10/2002, ISBN 3-9808522-2-9, broschiert, 160 Seiten, 15,90 EUR

Dieses Buch können Sie beziehen über:
Kopp Verlag
Graf-Wolfegg-Str. 71
D-72108 Rottenburg
Tel.: (0 74 72) 98 06 - 0
Fax: (0 74 72) 98 06 - 11
Email: info@kopp-verlag.de

Sprengstoff Geld
Wie das Kapitalsystem unsere Welt zerstört

Das Buch »Sprengstoff Geld« ist das erste Buch des Autors und gibt Ihnen einen kurzen, umfassenden Überblick zur Funktion unseres Systems und stellt damit die kurze Zusammenfassung des vorliegendes Buches dar. Es zeigt Lösungen auf, wie dieses System stabilisiert werden kann. Ein historischer Rückblick verdeutlicht die Entwicklung. Arbeitslosigkeit, Umweltzerstörung, Wirtschaftskrisen und die daraus entstehenden Ungerechtigkeiten sind keineswegs Zufall, sondern logische Folgen in der Endphase eines explodierenden Geldsystems. Die Geschichte zeigt deutlich, daß sich eine bessere Ordnung nur dann durchsetzen kann, wenn das alte System an seinen inneren Widerständen zerbrochen ist.

Günter Hannich, **Sprengstoff Geld – Wie das Kapitalsystem unsere Welt zerstört**, Dritte Auflage 2000, ISBN 3-9808522-0-2, 144 S., 14,8 x 21 cm, über 30 Grafiken, neun Karikaturen, 15,90 EUR

Lesermeinungen:

»Mir ist keine Arbeit auf diesem Gebiete bekannt, die den umfangreichen Stoff so kurz und prägnant dem Leser nahebringen kann. Gerade weil es für uns einfacheren Leute geschrieben ist und nicht nur für Akademiker, macht das Buch so sympathisch! ... Hier wird einem die ganze Dramatik klar, mit der wir auf den Zusammenbruch zusteuern und der unvermeidlich ist.« E. W.

»Von dem Buch ›Sprengstoff Geld‹ bin ich hellauf begeistert. Es spricht mir aus der Seele! Ich habe es gleich zweimal gelesen. Es zeugt von hohem Sachverstand und es wird wenig polemisiert.« M. G.

Dieses Buch können Sie beziehen über:
Kopp Verlag
Graf-Wolfegg-Str. 71
D-72108 Rottenburg
Tel.: (0 74 72) 98 06 - 0
Fax: (0 74 72) 98 06 - 11
Email: info@kopp-verlag.de

Informationsdienst

Günter Hannich plant in Zusammenarbeit mit dem Kopp Verlag die Herausgabe eines regelmäßigen Informationsdienstes. Dieser wird aktuelle wirtschafts- und finanzpolitische Ereignisse und Entscheidungen analysieren und kommentieren. Es werden konkrete Strategien erarbeitet, wie jeder seine Ersparnisse und sein Eigentum in einer äußerst wahrscheinlichen Krisenzeit schützen kann.
Nähere Informationen dazu erhalten Sie bei:

Kopp Verlag
Graf-Wolfegg-Straße 71
72108 Rottenburg
Telefon 0 74 72/98 06 - 0
Telefax: 0 74 72/98 06 - 11
E-mail: info@kopp-verlag.de

Die Einführung des Euro war der Preis für die deutsche Wiedervereinigung

Bei der Wiedervereinigung Deutschlands war der internationale Druck auf die Bundesregierung so massiv, daß die Zusammenführung der beiden deutschen Staaten nur um den Preis der Aufgabe der D-Mark zu erlangen war.

Laut einem Regierungsdokument sagte Helmut Kohl in einem vertraulichen Gespräch mit dem damaligen US-Außenminister Baker: »Diesen Entschluß habe ich gegen deutsche Interessen getroffen.« Bei den Wiedervereinigungsverhandlungen mit den alliierten Siegermächten in Straßburg »habe ich die dunkelsten Stunden meines Lebens durchgemacht«, gestand Kohl dem *Spiegel*. Thatcher und Mitterrand gingen mit unglaublicher Härte und Kompromißlosigkeit vor, um die starke D-Mark zu beseitigen und die Macht der ihnen verhaßten Bundesbank zu brechen.

Eine solche, nur auf machtpolitischen Interessen basierende Währungsunion ist zum Scheitern verurteilt. Alle ökonomischen Gründe sprechen derzeit gegen den Euro. Der Autor dieses brisanten Buches zeigt logisch und für jedermann nachvollziehbar, warum der Euro wirtschaftlich und politisch in einer Katastrophe enden wird, deren Folgen kaum absehbar sind.

Aufgrund seiner Erkenntnisse über die Finanzsysteme konnte der Autor die Rußland- und Brasilienkrise über ein Jahr im voraus richtig vorhersagen. Lassen Sie sich mit diesem Buch von ihm beraten, wie Sie Ihr Vermögen und das Ihrer Familie vor der kommenden Entwertung retten können.

gebunden
192 Seiten
zahlreiche Abbildungen
ISBN 3-930219-37-9
14,90 EUR

KOPP VERLAG
Graf-Wolfegg-Straße 71
D - 72108 Rottenburg
Telefon (0 74 72) 9806-0
Telefax (0 74 72) 9806-11
Info@kopp-verlag.de
http://www.kopp-verlag.de

Die Verschuldung der Länder, Unternehmen und Privathaushalte hat bereits globalen Charakter angenommen

Allein in Deutschland liegt die Staatsverschuldung bei über 1,2 Billionen Euro und wächst pro Sekunde (!) um weitere 1297 Euro. In den USA ist die Situation noch drastischer. Hier hat die Gesamtverschuldung 30 Billionen Dollar erreicht – umgerechnet auf die Privathaushalte liegt die Verschuldung der USA bei unglaublichen 250000 Euro pro Haushalt.
Ganze Nationen stehen unmittelbar vor dem Bankrott. Und auch die Unternehmen haben sich weltweit unter dem Globalisierungsdruck über alle Maßen verschuldet. Oft übersteigen die Ausgaben für den Schuldendienst die Ausgaben für die Löhne um ein Vielfaches. Entlassungen und Arbeitslosigkeit sind die Folge.
Längst werden die Schulden nicht mehr getilgt, die Zinsen nicht mehr gezahlt, sondern durch neues Schuldenmachen werden Tilgung und Zinsen zur alten Schuld geschlagen. Daß dieses System auf ein apokalyptisches Ende zusteuert ist unübersehbar. Die Weltwirtschaft wird in eine Krise von bislang unbekannten Ausmaßen stürzen. Günter Hannich fordert eine radikale Abkehr von unserem Zinseszins- und Schuldensystem in seiner jetzigen Ausprägung und zeigt dem Leser, wie er die kommende Schuldenkrise am besten überstehen kann.

Eine Zeitbombe tickt, die jederzeit explodieren kann. – Die nächste große Weltwirtschaftskrise hat bereits begonnen.

gebunden
192 Seiten
zahlreiche Abbildungen
ISBN 3-930219-41-7
14,90 EUR

KOPP VERLAG
Graf-Wolfegg-Straße 71
D - 72108 Rottenburg
Telefon (0 74 72) 9806-0
Telefax (0 74 72) 9806-11
Info@kopp-verlag.de
http://www.kopp-verlag.de